Kopf und Küche

Jürgen Dollase

Kopf und Küche

Die Reise ins Innere des Geschmacks

Von der ersten Auster bis zu den besten Küchen Europas

Mit Fotos von Thomas Ruhl
und Jürgen Dollase

AT Verlag

Für Bärbel, Sophie und Sheila

© 2015
AT Verlag, Aarau und München
Lektorat: Petra Holzmann
Fotos: Thomas Ruhl (TR), www.port-culinaire.de,
zusätzliche Reportagebilder von Jürgen Dollase (JD)
Grafische Gestaltung: AT Verlag
Satz: Claudia Neuenschwander
Bildaufbereitung: Vogt-Schild Druck, Derendingen
Druck und Bindearbeiten: Westermann Druck, Zwickau
Printed in Germany

ISBN 978-3-03800-875-0

www.at-verlag.ch

Inhaltsverzeichnis

Einleitung

Liebe Leserinnen, liebe Leser,

es gab eine lange Zeit in meinem Leben, in der ich viele Lebensmittel gar nicht erst angerührt habe. Der Grund dafür lag weit zurück in der Kindheit – so hat man es mir jedenfalls immer erzählt. Wir lebten damals im Ruhrgebiet, und zwar in Duisburg-Bruckhausen, wo es kaum blauen Himmel zu sehen gab. Die Kinder, die dort im Schatten der Thyssen-Hütte groß wurden, waren alle ziemlich blass, weil ohne Immissionsschutzgesetze und Abgasfilter ständig ein Dunstschleier über der Stadt lag. Je nach Wetterlage war er sogar rötlich, wenn der Staub von der Duisburger Kupferhütte im Süden der Stadt herüberwehte. Wenn meine Mutter die Fenster putzte, waren sie wenige Stunden später wieder schmutzig. Und ich spielte derweil in einer graubraunen Umgebung, in der Farben nur sehr spärlich vorhanden waren.

Aber es gab einen Lichtblick. Meine Großeltern wohnten im nicht weit entfernten Oberhausener Stadtteil Alstaden, ganz in der Nähe des Ruhrparks und – noch viel besser – auf einem der wenigen Bauernhöfe, die es dort noch gab. Das war für mich das Paradies, weil ich dort den ganzen Tag in den großen Gärten herumlaufen, auf dem nahen stillgelegten Bahndamm in den Pfützen Kaulquappen sammeln oder den Bauern beim Dreschen in der Scheune zusehen konnte. Ich hatte auch ein gutes Verhältnis zu den vielen Tieren, vor allem zu einer Gänseherde, die mich immer – wie ich das interpretierte – mit großem Schnattern begrüßte, wenn ich auf den Hof kam.

Eines Tages stand eine Gans auf dem Tisch, gebraten als festtägliches Essen. Ich konnte – wie man mir später erzählte – mit der Situation überhaupt nicht umgehen. Die Erkenntnis, dass man die Tiere, mit denen ich den ganzen Tag zu tun hatte, tatsächlich umbringen und essen würde, machte mich völlig ratlos und hatte Konsequenzen, die mich jahrzehntelang begleitet haben. Natürlich habe ich die gebratene Gans nicht angerührt und von diesem Tag an auch so gut wie kein anderes Fleisch mehr gegessen. Geflügel war für mich viele Jahre lang völlig tabu, und Frikadellen habe ich nur gegessen, weil man mir immer gesagt hatte, die kämen aus der Fabrik. Das war dann für mich in Ordnung, weil ich sie so nicht mit den Tieren in Verbindung brachte. Frikadellen sollten jahrzehntelang das einzige Fleisch bleiben, das ich anrührte. Und weil im Zusammenhang mit diesen Ereignissen auch sonst meine Vorlieben beim Essen in bestimmte Richtungen wiesen, hieß es immer: »Der Junge übertreibt.« Das fiel aber nicht so sehr auf, weil die Ernährung in den Fünfziger- und Sechzigerjahren ohnehin nicht besonders abwechslungsreich und schon gar nicht besonders luxuriös war.

Meine geschmackliche Wahrnehmung war damals also weitgehend neutralisiert. Erst einmal wurde mit dem Kopf alles ausgeschaltet, was ohnehin nicht in Frage kam, und der karge Rest durfte auf keinen Fall irgendetwas an sich haben, was allzu weit von meinen Vorlieben abwich – etwa Schinken mit Speckrand, Gelees aller Art und damit auch jede Sülze, jede Form von schwabbeligem Fett und so weiter und so fort. Meine Sinne waren also

Illustrationen von Oliver Sebel aus meiner wöchentlichen Kolumne »Geschmackssache« im Feuilleton der FAZ.

nicht auf das gerichtet, was man wahrnehmen kann, sondern ausschließlich darauf, so schnell wie möglich alles auszusortieren, was ich nicht essen wollte. Das blieb im Prinzip so bis zu meinem fünfunddreißigsten Lebensjahr.

In meiner Zeit als Rockmusiker wurde ich zu einem der ersten Anhänger der Hamburger-Restaurants und fiel dadurch kaum auf. Wenn wir nach einem Konzert noch etwas essen wollten, gab es für unsereins oft nur die Hamburger-Ketten. »Unsereins« sage ich deshalb, weil ich zeitweilig mit langen Haaren, schwarz lackierten Fingernägeln und Schminke rund um die Augen auch mal gar nichts zu essen bekam. Da ich mit meiner Gruppe »Wallenstein« einigen Erfolg hatte, kam es immer wieder zu für mich etwas »brenzligen« Situationen. Als Chef der Gruppe schickte mich die Plattenfirma zu Sendereisen (also von einem Radiosender und Interview zum nächsten) oder auch zu Presseterminen ins Ausland. Da saß ich dann zum Beispiel in Paris in einem Hotel, hatte ein Gespräch mit einem Journalisten nach dem anderen und wurde abends natürlich auch zum Essen eingeladen. Ich habe damals durchaus schon das eine oder andere gute Restaurant von innen gesehen. Das Einzige aber, was mich damals wirklich beschäftigte, war, ob es auf der Speisekarte irgendetwas gab, was ich essen konnte. Alternativen zu meinen Frikadellen waren oft kaum zu finden. Wann immer möglich, landete ich bei irgendetwas vom Kalb, am liebsten noch bei Kalbsgeschnetzeltem. Aus heutiger Sicht habe ich mich so durchgewurstelt; wenn dann irgendwo in der Bretagne im Sommer Freunde an einem Tisch zusammensaßen und Austern und Muscheln aßen, saß ich dabei, aß Brot und Käse und trank Wein.

Dieses Buch setzt an dem Punkt an, an dem sich alles änderte und wo ein Weg begann, der mich zu dem gemacht hat, was ich heute bin, und der mich Tag für Tag immer weiter in die faszinierende Welt der kulinarisch-sinnlichen Wahrnehmung geführt hat. Sie werden anhand vieler biografischer Details und einer großen Menge von Anekdoten und Hintergrundinformationen miterleben können, wie sich ein »Saulus zum Paulus« wandelt, wie es einmal ein Kollege geschrieben hat. Und Sie werden sich vielleicht auch in dem einen oder anderen Detail wiederfinden, zum Beispiel wenn Sie Probleme mit Austern haben oder überhaupt gewisse Schwierigkeiten, ihre eigene kulinarische Prägung – sagen wir – ein wenig zu modifizieren. Vor allem aber wird es um die grenzenlose Welt des Schmeckens gehen, um die wunderbare Fähigkeit des Menschen, unglaublich detaillierte kulinarische Wahrnehmungen zu machen, die gleichzeitig so überragend nicht nur mit der täglichen Ernährung, sondern auch mit dem täglichen Leben zu tun haben. Ich möchte Sie mitnehmen auf die wichtigsten und prägendsten und anregendsten Begegnungen meines »zweiten«, kulinarischen Lebens, und Sie werden von vielen Dingen hören, von denen Sie vielleicht noch nie etwas gehört haben.

Leser und Leserinnen, die meine Arbeit kennen und vor allem auch mein letztes Buch »Himmel und Erde« gelesen haben, sind mit meiner Art, Geschichten zu erzählen, vielleicht schon vertraut. Es geht oft sehr klar und einfach und informativ zu, wenn die Dinge klar und einfach und informativ dargestellt werden können. Und es wird komplexer und neuartiger und ungewohnter, wenn die Dinge eben so sind. Ich werde Ihnen von den modernsten und merkwürdigsten Köchen berichten, und so automatisch oft einen Blick in die Zukunft der Ernährung richten. Ich versuche aber auch, all das zu reflektieren und in einen großen Zusammenhang zu stellen, was uns die kulinarischen Traditionen an Gutem und Unverzichtbarem gebracht haben. Unsere geschmacklichen Fähigkeiten sind unbegrenzt und im Grunde eine »demokratische« Fähigkeit, die man auch dann erleben kann, wenn man nicht alle paar Tage in einem neuen Gourmetrestaurant sitzt. Am Ende des Tages geht es nicht um Schickimicki- und Szenerestaurants, nicht um Gourmettempel und den neuesten kulinarischen Trend, sondern um die individuelle Begegnung des Menschen mit einer der wichtigsten Konstanten des Lebens, der genussvollen Ernährung. Und selbstverständlich ist diese Begegnung am schönsten und übrigens auch am sinnvollsten, wenn sie in aller Freiheit geschieht – ohne Dogmen, ohne angebliche Regeln und vor allem ohne Instrumentalisierung des Kulinarischen für alle möglichen Zwecke. Wundern Sie sich also nicht, wenn Sie hier von der Klassik bis zur Avantgarde und von technisch geprägten bis zu zutiefst bodenständigen Küchen lesen. Nur auf einem Detail muss ich bestehen: Essen Sie mit Kopf und nicht kopflos. Ich wünsche Ihnen viel Vergnügen.

Mönchengladbach, im Juni 2015
Jürgen Dollase

(Foto TR)

DIE ERSTE AUSTER

Austernbänke in Cancale in der Bretagne. (Foto JD)

Da saß ich nun in unserem Zimmer in der zweiten Etage des Hotels »Le Querrien« in Cancale in der Bretagne und war erst einmal ziemlich ratlos. In Sekunden gingen mir Unmengen von Details durch den Kopf. Aber was sollte ich machen? Ich hatte mir diese für mich immer noch dramatische Zuspitzung selbst eingebrockt. Das musste ich unbedingt noch schaffen, und heute sollte es sein. Punkt! Es hatte sich mit dem Essen in den letzten Jahren eigentlich alles recht gut entwickelt. Die Zeiten, in denen ich nur Fast Food gegessen und alles vermieden hatte, was von Frikadellen, Rotkohl mit viel Butter und höchstens einmal etwas Kalbsgeschnetzeltem oder Wiener Schnitzel abwich, waren vorbei. Meine Frau Bärbel hatte mich langsam, aber stetig auf Kurs gebracht, ich hatte schon eine Menge Dinge probiert, zu Hause auch mehr oder weniger die Küche übernommen, und wir fingen an, die ersten Gäste zu größeren Menüs einzuladen.

Zu dieser Zeit, also ganz zu Beginn der Neunzigerjahre, war ich von der Rockmusik wieder zur Malerei zurückgekehrt, und es hatte sich ein interessanter Rhythmus ergeben. Ich malte von morgens früh gegen acht Uhr bis in den späten Nachmittag und ging dann in die Küche. Tagsüber machte ich mir während des Malens Notizen und plante meine nächsten kulinarischen Experimente, die dann abends realisiert wurden. Davon, dass ich am Ende des Jahrzehnts hauptberuflich über Essen schreiben würde, war überhaupt nichts in Sicht und schon gar nichts geplant, ich war einfach nur infiziert vom Kulinarischen, und als Kreativer natürlich auch an kulinarisch Kreativem und grundsätzlich an Neuem interessiert. Aber – eine Auster hatte ich bis jetzt noch nie probiert. Es war so etwas wie das letzte Tabu, vielleicht auch des-halb, weil selbst Bärbel, die mir immer ein leuchtendes Vorbild beim Essen von Innereien oder allerlei Meeres-getier war, von Austern bisher nichts wissen wollte. Und das ausgerechnet in der Austern-Hochburg Cancale! Natürlich sind wir immer wieder an die Mole und zu dem kleinen Austernmarkt spaziert und haben uns darüber gefreut, wie selbstverständlich hier Austern gegessen wurden – ganz ohne Schickimicki-Attitüde – von Kindern bis zu den ganz Alten, genussvoll, morgens, mittags und abends und zwischendurch. Es ließ sich einfach nicht mehr verschieben.

Im Hotel »Le Querrien« waren wir gelandet, weil unser damaliger Hund »Sheila«, ein wunderbarer, blonder Bouvier de Flandre, leider zunehmend die absolut rassetypische Angewohnheit entwickelt hatte, uns zu bewachen. Das führte dazu, dass Restaurantbesuche mit Hund für uns nicht mehr möglich waren. Das letzte Essen – oder besser: der letzte Versuch eines Essens mit Sheila fand in einem Restaurant in Savigny-lès-Beaune im Burgund statt. Der Service musste die Teller einen Tisch weiter abstellen, weil sich niemand mehr unserem Tisch nähern durfte ... Danach gaben wir die Versuche auf. Sheila wollte einfach nicht – egal, ob wir vorher mit ihr gewandert waren, ob sie vorher gegessen hatte oder nicht, es half nichts. Im »Le Querrien« aber hatten wir die Möglichkeit, mit Blick auf die Bucht und – je nach Wetter – auch auf den Mont-Saint-Michel das Essen aus dem Restaurant mit aufs Zimmer zu nehmen. Das wäre alles sehr angenehm gewesen, wenn wir nicht nach einigen Gerichten Probleme mit der Menge an Sahne bekommen hätten, die hier in den Tagliatelle mit Garnelen und ähnlichen Dingen verarbeitet wurde. Außerdem hatte die Küche hier und da ihre Schwächen, und so schrammten wir auch regel-

Unser erster Hund Sheila. (Foto JD)

mäßig am Rande eines ernsthafteren »Esskollers« vorbei. Es fehlten uns noch die Austern in der Palette und damit die Möglichkeit, Gutes, aber Leichtes zu essen. Fische und anderes Meeresgetier waren im »Querrien« ansonsten sehr gut, weil die Hotelier-Familie Tachet auch einen Fischkutter besaß. Der fischende Bruder des Besitzers war –

wie wir später feststellten – auch der Lieferant für den genialen Fisch- und Gewürzkoch Olivier Roellinger (siehe Reise 2 bis 4).

Ich bestellte also einen Teller mit sechs Austern. Da lagen sie nun, geöffnet und auf Eis, voller Wasser und mit einem Stück Zitrone an der Seite.

FÜR KOPF UND KÜCHE
AUSTERN AUF EIS, VOLLER WASSER UND MIT ZITRONE?

Im Laufe der Zeit hat sich bei mir im Zusammenhang mit den wachsenden Kenntnissen über die Sensorik auch das stark verändert, was ich als traditionellen Umgang mit bestimmten Produkten eigentlich mit Begeisterung übernommen hatte. Das gilt ganz besonders für den Umgang mit Austern. Natürlich ist es eine schöne, erfrischende Sache, eine kalte Auster zu schlürfen. Nur – diese Art der Degustation wird der Auster überhaupt nicht gerecht, weil die Kälte dafür sorgt, dass wir einen wesentlichen Teil des Aromas der Auster nicht wahrnehmen. Da die Wahrnehmung von Kälte die der Aromen zunächst oder auch auf längere Zeit blockiert, bekommen wir im Grunde bei einer auf Eis gekühlten Auster kaum etwas mit. Außer vielleicht, wenn wir die kalte Auster in den Mund nehmen und einige Zeit dort belassen würden. Auch das Schlürfen der Auster, also das Schlucken, ohne sie zu zerbeißen, ist kontraproduktiv und degradiert die Auster zu einem kühl-maritimen Effekt, bei dem man nur wenig vom Aroma der Auster mitbekommt. Da muss man also durch und kann nicht die Auster einfach so schnell wie möglich durch den Mund schleusen und dann so tun, als hätte man Austern gegessen. Man muss sich also gewissermaßen zu dem Glibber bekennen, ihn im Mund akzeptieren und die Auster zerkauen.

Aber der Reihe nach. Eine Auster, die noch vor kurzer Zeit im Wasser war, ist auch innen voller Wasser. Wer oft mit Austern zu tun hat, kann meist am Gewicht der Auster schon erkennen, ob sie voller Wasser und damit ziemlich frisch ist. Man entwickelt im Laufe der Zeit ein Gefühl dafür, wie sich das anfühlt. Viele Verkäufer an den Austernständen klopfen die Austern kurz gegeneinander. Hört es sich hohl an, sind sie nicht voll Wasser, also nicht frisch oder aus anderen Gründen ausgetrocknet. Wenn man die Auster öffnet, sollte man nicht nur – wie es oft heißt – das erste Wasser abschütten, sondern auch noch das zweite. Wenn man das erste Wasser abschüttet, gibt die Auster in kurzer Zeit wieder neues Wasser ab. Der Vorgang wiederholt sich auch nach dem Abschütten des zweiten Wassers. Der Grund für das wiederholte Abschütten ist, dass das zu Beginn in der Schale enthaltene

Wasser normales Meerwasser ist, während die Auster uns eigentlich mit einem intensiv jodig schmeckenden Wasser versorgen kann, das sie erst freigibt, wenn man das überschüssige Wasser abgießt. Das Abgießen des Wassers sorgt also für eine Intensivierung der Flüssigkeit in der Schale.

Was die fast immer als Begleitung zu findende Zitrone angeht, bin ich der Meinung, dass die Auster zu den wenigen Naturprodukten gehört, die keinerlei Würze brauchen und Zitrone oder ähnliche Dinge schon gar nicht. Die bei guter Qualität außergewöhnlich komplexe Aromenstruktur mit ihrer Vielzahl von jodigen, aber auch mineralischen Noten kann man nur schmecken, wenn man nicht durch weitere Aromen gestört wird. Die Zugabe von Zitrone simplifiziert das Austernaroma, weil es Teile von deren Aroma überdeckt. Insofern gilt der Satz vieler Klassiker, dass man ein optimales Produkt nicht weiter verbessern kann. Aber in einer umfassenderen Sicht, die in diesem Buch explizit praktiziert werden soll, gibt es natürlich auch völlig andere Aspekte. Man kann sich der Auster nähern, um sie so zu erfahren, wie sie ist. Man kann sich ihr aber auch nähern, um mit ihr etwas zu machen, was ohne sie nicht möglich ist. Und in diesen Fällen kann es sehr wohl höchst interessant sein, die Auster mit weiteren Aromen zusammenzubringen (oder auch anderen, eher sensorisch motivierten Zutaten, siehe die Beispielrezepte). In jedem Falle gilt, dass die Auster nur so lange »kommunikationsfähig« bleibt, wie man extrem sensibel mit diesen Zutaten umgeht. Wir reden also von einzelnen Tropfen von Zutaten oder zum Beispiel von der wundervollen Kombination mit einem Apfelschaum, den man ganz frisch von einem säuerlichen Apfel gewinnt. Dieser Schaum ist so zart im Aroma, dass er exakt die Intensität hat, die von einer Auster »vertragen« wird. Die vielen warmen Zubereitungen entsprechen zwar oft auch der Vorgabe, dass man sie ohne Auster nicht realisieren kann, bringen aber meist eine so starke Verkürzung des Aromas mit sich, dass die Auster einfach nicht genug gewürdigt wird.

So saß ich dann also vor meinen ersten sechs Austern, wild entschlossen, durchaus konzentriert, aber nicht ohne Zweifel. Mir gingen noch ganz schnell ein paar Sachen durch den Kopf, zum Beispiel, dass die Austern noch leben. Ich hatte den Bart berührt, und er hatte sich tatsächlich ein Stückchen zurückgezogen. Glücklicherweise baute sich durch diese Berührung auf die Schnelle keine persönliche Beziehung zu den Austern auf, sodass ich mich darauf beschränken konnte, ihren vorschriftsmäßig frischen Zustand zu konstatieren. Sie sahen irgendwie rein optisch nicht besonders übersichtlich aus, und man konnte sehen, dass sie ziemlich glibberig sein würden. Sicherheitshalber hatte ich auch nicht irgendeine Sondergröße bestellt, sondern ganz normale Exemplare (im Nachhinein vermute ich die Größe 4), damit ich nicht plötzlich mit einem übervollen Mund dastand und nicht wusste, wo ich mit dem ganzen ungewohnten Glibber hin sollte. Apropos »Glibber«: Auch diese Assoziation kam natürlich, und das wie gesagt schon beim Blick auf die Austern in ihren Schalen. Ich erinnerte mich, dass ich vor meiner Zeit als Gourmet eine unglaubliche Panik vor allem hatte, was auch nur irgendwie weich und schwabbelig war, also zum Beispiel vor Sülzen (die ich – was völliger Unsinn ist – grundsätzlich für schwabbelig hielt) und vor fetten Fleischstücken. Vor allem dieses Fett löste bei mir grundsätzlich einen Würgereiz aus, selbst dann, wenn ich es – von der Panierung verdeckt – bei dem durchaus geliebten Schnitzel Wiener Art zu spät entdeckte. Schwabbelig war für mich einfach grundsätzlich unseriös und hatte für mich eine ganze Menge unschöner Konnotationen.

Ich nahm also eine Auster in die Hand, schüttete etwas Wasser ab und war ein wenig erstaunt, dass schon ein Hauch von Meeresduft um meine Nase strich. Dann schlürfte ich sie mit einer entschlossenen Geschwindigkeit aus der Schale, musste kurz würgen, kaute dreimal schnell und … war völlig überwältigt. Ich wusste buchstäblich in einer Zehntelsekunde, dass dieses fantastische Aroma wie ein Biss in einen neuen Kosmos war, den ich noch nicht kannte, aber längst liebte. Schon als kleiner Junge in Duisburg-Bruckhausen war der kurze Ausflug an den Rhein bei Alsum für mich das Tor zur großen Welt gewesen. Der Rhein, das war ein ganz bestimmter Duft, natürlich nicht nach Algen, aber irgendwie maritim, und wenn irgendwo ein toter Fisch mit etwas Strandgut lag (das gab es damals auch am Rhein noch), hatte ich keinerlei Ekel vor Verfall und Müll, sondern nahm vor allem einen typisch maritimen Geruch wahr, den ich später in den Hafenbecken vieler Fischereihäfen wiedergefunden habe.
Was das mit den hochfeinen, nach Algen, Jod und maritimem Terroir schmeckenden Austern zu tun

hat? Anscheinend eine Menge, weil viele maritime Dinge bei mir grundsätzlich positiv besetzt waren. Später habe ich bisweilen in Interviews gesagt, dass ich möglicherweise immer ein Gourmet war, es aber wegen einer Entwicklung, die damit lange nichts zu tun hatte, nie entdeckt habe. Heute bin ich ganz entschieden der Meinung, dass es vielen Menschen genauso geht. Sie wissen einfach nicht, dass ihnen vielleicht ein ganzer Kosmos an Freuden, Genüssen und tiefen Erlebnissen offenstehen könnte, weil ihnen jeder Kontakt in dieser Richtung bisher gefehlt hat. Ich jedenfalls aß schon die zweite Auster mit viel Genuss und einem tiefen Blick in das komplexe Aroma, und als alle sechs Austern verspeist waren, wusste ich, dass ich ein neues Lieblingsprodukt gefunden hatte. Es schmeckte so, wie es in Cancale an verschiedenen Stellen roch. Vorne an der Mole, am kleinen Austernmarkt, wo man bei Ebbe die Gestelle sehen konnte, auf denen die Säcke mit Austern lagen. Es schmeckte wie die Bucht rechts vom »Querrien«, in der sich immer Algen und Tang ansammelte, es schmeckte, wie die Gischt roch, wenn sich bei windigem Wetter die Wellen an der felsigen Küste bei Saint-Malo brachen, es schmeckte, wie meine Hände rochen, wenn ich Muscheln gesammelt hatte, es schmeckte, wie es bei »Chez Mazo« roch, dem Austernladen an der Ecke, in dem auch Olivier Roellinger einen Teil der Austern für sein Gourmetrestaurant bezog. Es war ein Biss ins Meer, eine Verbindung von drinnen und draußen, sinnlich, weil so viele Wahrnehmungen möglich wurden, und ich brauchte nichts anderes zu tun, als das so zu nehmen, wie es ist.

Ich versuchte natürlich, meine Eindrücke so gut wie möglich an Bärbel weiterzugeben. Wenige Tage später traute sie sich dann tatsächlich auch an die

Austern, mit exakt dem gleichen Effekt. Von da an gehörten Austern – zumindest in den Gebieten mit Austernzucht – zum täglichen Einkauf. Heute, wenn ich die Qualität der Austern auch schon mal nach ihrer unterschiedlichen Herkunft analysiere, gehören für mich vor allem die flachen Austern (Huître plate) von einer exquisiten Qualität zu den besten unbehandelten Produkten, die es gibt. Die Auster ist in dieser Qualität eine »Fruit de mer de méditation« – wenn man so will. So etwas sagt man – analog – sonst nur von hervorragenden Weinen.

FÜR KOPF UND KÜCHE
AUSTERN UND ANDERE ROHE PRODUKTE

Erst einmal eine kleine Warnung. Wir haben nach dem Genuss von Austern einige Male Probleme bekommen, die wir in den klassischen Bereich der Lebensmittelvergiftung einordnen müssen. Es hat sich über viele Jahre herauskristallisiert, dass man die Austern sicherheitshalber nicht nur auf ihre Frische (siehe oben) kontrollieren, sondern unbedingt auch an ihrem Scharnier riechen sollte. Riecht es da in irgendeiner Weise nach Klärschlamm oder Ähnlichem, sollte man die Auster nicht essen. Es kann sein, dass sich dort minimale Ablagerungen finden, weil man die Austern nicht gut genug gewaschen hat. Diese Ablagerungen können aus den Becken stammen, in denen Austern, die nicht im offenen Meer gezüchtet werden, liegen. Wenn eine Auster beim Öffnen nach diesem Schlamm riecht, sollte man sie ohnehin auf keinen Fall essen. Wenn sie am Scharnier deutlich so riechen, sollte man allerdings ebenfalls schon vorsichtig sein.

Aber nun wieder zu Angenehmerem. Es gibt einen klassischen, häufig zitierten Ausspruch, der da – sinngemäß – lautet: »Wir können dann von guter Küche reden, wenn die Produkte so schmecken, wie sie schmecken.« Er stammt von einem der berühmtesten französischen Autoren kulinarischer Werke, Maurice-Edmond Sailland, genannt Curnonsky (1872–1956). Natürlich hat dieser Satz einen interessanten Kern, der viel mit einer guten, klassisch orientierten Küche zu tun hat. Ich habe ihn dennoch schon einmal als letztlich unsinnig kritisiert. Was ist zum Beispiel mit Fleisch? Sollen wir Fleisch roh essen, weil wir nur so den – dann nicht besonders spannenden – Eigengeschmack wahrnehmen? Warum ich gerade bei der Auster auf diesen Satz komme, liegt daran, dass im Zusammenhang mit Austern auffallen kann, dass es kaum Produkte wie sie gibt, die roh und ohne jede Manipulation großartige kulinarische Erlebnisse bescheren. Roh essen kann man natürlich im Prinzip alles, aber ein Genuss von großer Komplexität und Ausstrahlung ist dabei extrem selten. Am ehesten vielleicht noch bei einigen Früchten, wie etwa bei perfekt gereiften Erdbeersorten (zum Beispiel Mara des Bois) oder vollendet gereiften Aprikosen. Man kann aber zum Beispiel Fische und Krustentiere so dezent garen oder verarbeiten, dass man einen Teil des natürlichen Aromas erhält. Es gibt die berühmten Carpaccios von Jakobsmuscheln oder auch Tatar von rohen Langustinen, bei denen eine Menge typischer, roher Aromen erhalten bleibt, wenn man sie denn extrem zurückhaltend behandelt und sie nicht mit Produkten kombiniert, die exakt diese Qualität wieder zunichtemachen.

Philipp Brandt, der Chef vom Hotel und Restaurant »Genueser Schiff« in Hohwacht an der Ostsee, präsentierte uns einmal (im Zusammenhang mit Diskussionen über lokale Produkte und ihre kulinarischen Qualitäten) einen erkennbar frisch gefangenen Kabeljau auf einem Tablett. Ich bat darum, ihn im Ganzen und so zurückhaltend wie möglich zu garen. Abends gab es dann einen Fisch, der zum besten gehört, was ich in Deutschland jemals aus heimischem Fang auf dem Teller hatte. Der Fisch war so gegart, dass er an der Gräte noch fast roh war und ein fantastisch frisches und jodiges Aroma hatte.

Auch für den Umgang mit Austern in der Küche ist äußerste Sensibilität notwendig. Wer zum Beispiel eine Austernvariation machen möchte, sollte erstens dafür sorgen, dass es immer auch ein pures Exemplar pro Person gibt, um eine Referenz für das unbehandelte Produkt zu haben. Ansonsten sollte man absolut minimalistisch vorgehen, also von Kräutern zum Beispiel nur kleine Blättchen verwenden, von Pfeffer nur den allerbesten und davon winzige Partikel, von Flüssigkeiten nur Tropfen. Geht man so vor, kann natürlich eine von sechs Austern auch eine gratinierte sein (ich habe für diesen Punkt aber noch eine ganz spezielle Lösung, siehe unten). Die Auster kann als Teil eines Gerichtes durchaus noch eine spezielle Wirkung haben.
Für Spezialisten, die dem Austernaroma so weit wie möglich auf den Grund gehen wollen, empfiehlt sich etwas, was allerdings schwierig zu realisieren ist, nämlich eine Verkostung von Austern unterschiedlicher Herkunft. Solche Quervergleiche (wie sie beim Wein ja relativ häufig vorkommen) sind die hohe Schule und immer sehr aufschlussreich. Benötigt werden am besten

Austern der recht üblichen Größe 3. Die Größe 2 ist etwas zu groß und wird von vielen Leuten nicht so gerne im Ganzen gegessen, die Größe 4 ist zu klein. Die Austern sollten etwa eine halbe Stunde vor dem Servieren ein wenig Zimmertemperatur abbekommen.

Hier nun Rezepte für Austernvariationen, die vor allem die Gesetze der Sensorik berücksichtigen, und das bedeutet in diesem Falle an allererster Stelle, dass der Charakter des empfindlichen, aber komplexen Aromas des Hauptproduktes erhalten bleiben soll. Weil die Vorbereitungen für die einzelnen Variationen unterschiedlich lange dauern, habe ich die Zubereitungen, die am Vortag oder morgens oder mindestens einige Stunden vor dem Essen stattfinden sollten, an den Anfang gesetzt.

Außer der *Auster pur* gibt es noch folgende Rezepte. Aus technischen Gründen muss man von den Gelees mehr herstellen, als man braucht.

Austernvariationen

Auster mit Salzwassergelee: 200 ml Mineralwasser ohne Kohlensäure, 12 g grobes Meersalz, 1 gestrichener TL Agar-Agar

✳✳ Das Wasser erhitzen und das Meersalz unter leichtem Rühren darin auflösen. Das Agar-Agar vorsichtig einrühren und ebenfalls auflösen. Die Flüssigkeit unter dauerndem Rühren einige Sekunden lang aufkochen. Vom Herd ziehen, leicht abkühlen lassen und in eine kleine, rechteckige Form füllen. Im Kühlschrank fest werden lassen. Zum Servieren das Gelee aus der Form stürzen, erst in Scheiben von etwa 6 mm Breite, dann in Würfel schneiden. Pro Auster 4 Würfel verwenden. ✳✳

Kalte Auster mit warmem Austerngelee: 100 ml Austernwasser, 1 gestrichener TL Agar-Agar

✳✳ Einige Austern auslösen und in einem feinen Sieb abtropfen lassen, um das Austernwasser zu gewinnen. Die Flüssigkeit noch zweimal durch ein feines Sieb passieren, dann in einem kleinen Topf erhitzen, das Agar-Agar zugeben und auflösen, einmal kurz aufkochen und so in eine Form füllen, dass die Flüssigkeit etwa 1 cm hoch steht. Im Kühlschrank fest werden lassen. Kurz vor dem Servieren entnehmen und unter dem Grill (Salamander) so weit erwärmen, dass das Gelee leicht weich wird. Pro Auster etwa 2 TL warmes Austerngelee verwenden. ✳✳

Austerngratin, purifiziert: 1 Schalotte, 1 mittlere Knoblauchzehe, 1 EL frisches Paniermehl, etwas Sahne

✳✳ Die Schalotte und die Knoblauchzehe schälen und in sehr feine Würfel schneiden. Mit dem Paniermehl vermengen und mit Hilfe der Sahne zu einer Paste verrühren. Die Paste flach in einer Gratinschale ausstreichen und unter dem Grill (Salamander) nicht zu dunkel gratinieren. Abkühlen lassen, dann in ungleichmäßige Stücke von etwa ½–1 ½ cm Länge brechen. Pro Auster 2 Stücke verwenden. ✳✳

Auster und frischer Apfelschaum: Für diesen Schaum braucht man einen guten Entsafter, der nicht nur puren Saft produziert, sondern auch eine Schaumschicht auf dem Saft. 2 Golden-Delicious-Äpfel

✳✳ Die Äpfel entkernen, aber nicht schälen. In grobe Stücke schneiden und in den Entsafter geben. Für die Austern jeweils 1 EL von dem sich auf dem Saft ansammelnden Schaum verwenden. Normalerweise braucht dieser Schaum keinen Stabilisator wie Lecithin und ist recht stabil. ✳✳

Auster und Tripmadam: Tripmadam oder eine andere Fetthennen-/Mauerpfeffer-Sorte. Pro Auster werden ein paar kleine Stücke gebraucht.

SENSORISCHE ANMERKUNGEN

Die **pure Auster** ist die Referenzgröße, die man braucht, um die Qualität der Auster festzustellen und ihrem Aroma ohne jede Einschränkung nachzuspüren. Bei der **Auster mit Tripmadam** geht es um die Erweiterung des jodigen Aromas der Auster durch vegetabile Aromen, die im Falle der Fetthenne kein pointiertes weiteres Aroma bringen,

Austernvariationen. (Foto TR)

sodass der jodige Charakter der Auster erhalten bleibt. Man nimmt diese vegetabile Ergänzung etwas verzögert wahr, weil sich die Aromen erst kurz nach dem Biss auf ein Krautelement entwickeln. Natürlich spielt hier auch die frische, »knackige« Textur eine Rolle. Sie erhöht den Frische-Eindruck gewissermaßen noch ein Stückchen.

Die *Auster mit Apfelschaum* ist einer der besten natürlichen Akkorde, die ich kenne. Die Aromen von Apfel und Auster scheinen füreinander gemacht zu sein, allerdings nur in einer Form wie hier, bei der der Apfel als Schaum nur sehr wenig Masse hat. Mit der Apfelsorte kann man ein wenig experimentieren, man kann auch zum Beispiel in säuerlichere Varianten wie Granny Smith oder Boskop o. Ä. gehen. Wichtig ist, dass es zu einer echten Vermischung der beiden Aromen kommt. Das spielt sich übrigens – wenn man sich beim Schmecken stark konzentriert – auf zwei Ebenen ab. Einerseits hat man den Eindruck, Auster und Apfel präzise getrennt wahrzunehmen. Andererseits gibt es ein Mischaroma, bei dem sich die beiden zu Neuem verbinden und einige weitere aromatische Aspekte entwickeln.

Bei der *Auster mit Salzwassergelee* kommt das Gelee kalt aus dem Kühlschrank und ist damit kälter als die Auster. Im Mund ergibt das einen interessanten Ablauf. Der erste Eindruck kommt von der Auster, weil man das Austernwasser schneller wahrnimmt als das kältere Wassergelee. Dann blendet das Salz auf, gefolgt von mehr Austernaroma vom Zerbeißen der Auster. Die sich ergebende Anreicherung des Salzgehaltes ergibt einen sehr maritimen, natürlich wirkenden Effekt.

Die *Auster mit warmem Austerngelee* bringt einen reinen Durchblende-Effekt, weil die Aromen von Gelee und Auster quasi identisch sind. Solche Durchblende-Effekte von warm nach kalt haben immer einen wichtigen Grund: Man nimmt das Aroma durch die zeitliche Staffelung intensiver wahr – in diesem Falle wegen der Temperaturunterschiede auch aromatisch spektraler.

Das purifizierte *Austerngratin* ist der Versuch, das beliebte, aber sensorisch oft ziemlich unsinnige klassische Austerngratin zu zitieren, und zwar ohne gleichzeitig die Auster zu »schädigen«. Es ist im Grunde so etwas wie ein Spiel mit dem assoziativen Hintergrund. Man bekommt über die gratinierten Partikel die Idee eines Gratins und einen Hauch von Gratin-Aroma, die Auster bleibt in ihrer ganzen Pracht aber das bestimmende Element, und das auch deshalb, weil die zeitliche Reihenfolge erst der Auster Raum gibt und dann dem Gratin-Aroma, das man erst durch Zerkauen aufschließen muss.

Hier noch ein kleiner Spezialgag: Es war ausgerechnet einer unserer besten klassischen Köche, der Drei-Sterne-Koch Claus-Peter Lumpp vom Restaurant »Bareiss« in Baiersbronn, der mir einmal eine besonders moderne, effektive und sinnige Austernvariante serviert hat. Ich nahm die Auster ohne weitere Hintergedanken in den Mund und erlebte plötzlich so etwas wie Meeresrauschen. Des Rätsels Lösung: Lumpp hatte ein paar Peta-Zeta-Körner in die Auster gegeben, die sich im Mund auflösten und dabei anfingen zu knistern … Wenn Sie so etwas zur Verfügung haben, ist es immer eine weitere Variation wert.

Gasse in Riquewihr im Elsass. (Foto JD)

REISE O

SPARGEL UND EINE
FISCHSUPPE IM ELSASS

Rückblende. Das wichtigste Ereignis für meine kulinarische Entwicklung war wahrscheinlich ein Essen in Riquewihr im Elsass, dem mittelalterlichen Ort, der tagsüber von Touristen überflutet wird und an ruhigen Tagen oder abends immer noch einen erstaunlichen Zauber entfaltet. Ich glaube, es war 1983, also unmittelbar nach dem Ende meiner Zeit als Rockmusiker, und ich kam mit Bärbel nach Riquewihr, weil ich dort im Zusammenhang mit Konzerten in Colmar schon einmal gewesen war und ihr den Ort zeigen wollte. Mit der Elsässer Küche hatte Riquewihr für mich allerdings noch gar nichts zu tun. Wir schlenderten damals die Rue du Général de Gaulle hinunter und entdeckten plötzlich gegenüber vom Stammhaus des Weingutes Preiss-Zimmer ein paar Fenster im Hochparterre mit einem Schild »Atelier du Peintre« und einem kleinen Stilleben, das uns irgendwie gefiel. Wir gingen hinein in zwei unaufgeräumte und ambulant eingerichtete Räume und fanden einen Maler vor einer Staffelei, der definitiv so aussah, wie man sich einen Maler vorstellt, und der definitiv keine Lust hatte zu malen. Martin, wie ihn alle nannten, hieß eigentlich Robert Martin und hatte sich den Künstlernamen R. Maraux zugelegt, war groß und stattlich, mit längeren, dunklen Haaren und Vollbart. Zu verkaufen hatte er fast nichts. Später erzählte er uns, dass die Bilder fast immer sofort gekauft wurden und er fast nie Vorräte hätte. Jedenfalls hatte er eine schöne, kleine Innenansicht einer eher ländlichen Küche mit Schrank und Tisch zu verkaufen und wir wurden uns schnell einig ... womit er sofort einen Grund hatte, die Arbeit einzustellen und erst einmal einen Schluck mit uns zu trinken. Aber das war nicht alles. Wenig später lud er uns zum Essen ein. Ein paar Freunde seien da und es gäbe Spargel und seine berühmte Fischsuppe mit Garnelen.

Garnelen, die mich immer an Regenwürmer erinnerten? Fischsuppe? In mir schrillten sämtliche Alarmglocken. Wir hatten solche und ähnliche Einladungen nie angenommen, weil es mein Problem mit dem Essen gab. Aber – Martin war wirklich in Hochform und es schien unbedingt eine gute Gelegenheit zu sein, hier im Elsass einmal jemanden näher kennenzulernen. Kurzum, wir sagten zu und standen abends pünktlich vor dem »Musée de la poste et de la communication« im Château de Riquewihr, in dem Martins Lebensgefährtin Astrid Mull Direktorin war, und in dem sie in der zweiten Etage einige Räume bewohnten. Was sich entwickelte, war ein ziemlich französischer Abend. Mit uns trafen ein französisches Paar und einige Freunde von Martin ein. Astrid, die noch mit einem TV-Interview in ihrem Museum befasst war, schickte uns mit dem Hinweis, in welchem Regal sich der Aperitif befinde, in die Wohnung, die zuerst einmal überhaupt nicht nach Einladung und Vorbereitungen eines Essens aussah. Während also Astrid das Interview gab, ging es erst einmal ans Abwaschen und Decken des Esstisches. Martin war auch noch nicht da, sondern irgendwie irgendwo noch hängen geblieben. Als er dann erschien, trafen auch eine Reihe von Winzern ein, denen er erzählt hatte, dass ich ein bekannter Rockmusiker sei. Martin hatte Spargel mitgebracht, den wir natürlich gemeinsam schälten. Es gab ihn später mit Schinken und Mayonnaise, damals eine Novität für uns und heute das Rezept, das wir in der Saison am häufigsten kochen. Es schmeckte mir nicht schlecht. Vor allem aber fanden wir das Treffen äußerst entspannt, und ich gab mich tatsächlich der Hoffnung hin, dass die angedrohten Garnelen tatsächlich noch einmal an mir vorbeigehen würden.

FÜR KOPF UND KÜCHE
SPARGEL NACH ART DES HAUSES

Wir wohnen am Niederrhein, also in einer der vielen Gegenden in Deutschland, die behaupten, dass genau hier der beste Spargel der Welt wächst. Natürlich spielt das »Terroir« beim Spargel eine große Rolle, aber vor allem das Wetter, die verwendete Sorte, die Lagerung usw., ich will das jetzt hier nicht ausbreiten. Wie wir den Spargel zu Hause essen, hat eine Menge mit dem Elsass zu tun. Gegart wird er in Salzwasser (wie fast immer mit grobem Meersalz französischer Herkunft hergestellt) und genau überwacht, damit er wirklich al dente ist. Dazu gibt es Salzkartoffeln (in diesem Zusammenhang fast immer die Sorte Charlotte) und eine Mayonnaise, die im Laufe der Jahre eine aromatisch elaborierte Form angenommen hat. Zu den Bestandteilen zählen Sherryessig, Orangensaft und Curry. Diese Kombination bringt eine wunderschön feine Würznote, die im Zusammenhang sehr gut passt. Für die Herstellung gilt der alte Grundsatz, dass man zunächst die Basisbestandteile ohne Öl sehr gut vermischen muss. Dann kommt die erste Emulsion, bei der das Verhältnis von Öl zu wässrigen Elementen (also den anderen Elementen) nie mehr als 1:3 sein darf. Wenn man diese Bindung stabil hergestellt hat, kann man das Öl auch in größeren Mengen hinzufügen. Für das Aroma ist wichtig, dass man nicht allzu viel Öl bis zur gewünschten Bindung benutzt, weil man sonst einen zu dominanten Ölgeschmack hat. Aus diesem Grunde verzichte ich auch weitgehend oder ganz auf das Eiweiß.

Wenn die Orangen sehr intensiv schmecken, kommt man auch mit einem Löffel Orangensaft aus. Statt auf gekochten oder anderen »normalen« Schinken setze ich auf den »Jambon cru fumé d'Alsace« von Siedel in Ribeauvillé, und zwar mit einem nicht zu hohen Speckanteil.

Das ist aber noch nicht alles, weil zu diesem Spargelgericht unbedingt auch der passende Wein gehört. Er ist hier sozusagen ein fester Bestandteil des Akkordes, der viel mit der Frucht- und Gewürznote der Mayonnaise und dem Schinken zu tun hat. Anders als Sie es bei üblichen Zubereitungen finden werden, nehmen wir Gewürztraminer, und zwar am besten einen der blumigen, aber nicht so süßlich-schweren Art. Unsere Favoriten sind dafür seit etlichen Jahren die Grand-Cru-Gewürztraminer aus dem Hause Meyer-Fonné in Katzenthal (in der Nähe von Colmar). Sie produzieren dort normalerweise drei gute Gewürztraminer. Wir bevorzugen nach Möglichkeit (er ist nicht immer zu bekommen) den Dorfburg Vieilles Vignes, weil er zu diesem Spargel-Gericht hervorragend passt.

Und noch etwas kulinarisch-politisch nicht unbedingt Korrektes, Sie werden das vielleicht kennen: Wenn es Frühjahr wird, eilt der Spargelappetit der Saison gerne ein Stück voraus. Vor allem bei Bärbel ist das sehr ausgeprägt, was regelmäßig dazu führt, dass wir schon den ersten Treibhausspargel probieren. Und – was soll ich sagen – es war nicht nur einmal der Fall, dass dieser Spargel der beste der ganzen Saison war. War er das, weil er der erste war? Vielleicht. Aber vor allem ist es ein bestimmter Erzeuger mit einem bestimmten Terroir. Hier nun das detaillierte Rezept:

Spargel mit zweierlei Schinken, Orangen-Curry-Mayonnaise und Gewürztraminer

FÜR 4 PERSONEN

Spargel: 1,4 kg weißer Spargel (möglichst gleichmäßig dicke Stangen der besten Sorte), etwa 2,5 l Wasser, 25 g grobes Meersalz
※※ Spargel schälen und die Enden etwa 2 cm lang abschneiden. Das gesalzene Wasser in einem Bräter oder großen, flachen Schmortopf sprudelnd aufkochen. Den Spargel einlegen und bei geschlossenem Deckel garen. Der Spargel ist gar, wenn man mit der Spitze eines scharfen Messers problemlos hineinstechen, den Spargel aber nicht mehr anheben kann. Spargel entnehmen und auf einem Küchentuch kurz abtropfen lassen. ※※

Salzkartoffeln: Pro Person 3–4 mittelgroße Kartoffeln der Sorte Charlotte, 2 l Wasser, 20 g grobes Meersalz
※※ Die Kartoffeln schälen, waschen und mit kaltem Wasser aufsetzen. Das Salz dazugeben und bei leicht geöffnetem Deckel nicht zu stark sprudelnd garen. Die Kartoffeln sind gar, wenn man mit der Spitze eines scharfen Messers problemlos hineinstechen, aber die Kartoffeln nicht mehr anheben kann. Das Wasser abschütten, die Kartoffeln im Topf kurz nachtrocknen. ※※

Orangen-Curry-Mayonnaise: 1 Eigelb von einem mittelgroßen oder größeren Ei plus etwas Eiweiß (also kein komplettes Ei), 1 EL Sherryessig, 1 Prise Zucker, 1 Prise Salz, 1 TL Dijonsenf, 2 EL frisch gepresster Orangensaft, 1 Prise Pattaya-Curry (Nils Henkel), Sonnenblumenöl
※※ Das Ei aufschlagen und das Eiweiß zu etwa zwei Dritteln abschütten. Das Ei in einen Rührbecher geben und alle anderen Zutaten bis auf das Öl hinzufügen. Mit dem Stabmixer auf höchster Stufe gründlich vermischen. Dann etwa 1 EL Öl dazugeben und abermals gründlich vermischen.

Ist die Emulsion auf diese Weise stabil fixiert, kann man Öl in größeren Partien zugeben. Die Mayonnaise ist fertig, wenn sie deutlich dicker geworden ist und ein gehäufter Löffel entnommen werden kann, ohne dass die Mayonnaise vom Löffel fließt. *Anmerkung:* Ist das Ei sehr groß, kann man auch ausschließlich mit Eigelb arbeiten. Die Reduktion des Eiweißanteils dient dazu, die Menge an Flüssigkeit so gering wie möglich zu halten, damit man nicht zu viel Öl zur Bindung braucht. Je geringer die notwendige Ölmenge, desto intensiver das Aroma. ※※

FERTIGSTELLUNG

Pro Person 2 Scheiben Kochschinken und einige vom Stück geschnittene Teile Jambon cru fumé d'Alsace (Boucherie Siedel, Ribeauvillé), Gewürztraminer Meyer-Fonné, Dorfburg Vieilles Vignes oder Kaefferkopf Grand Cru, Kartoffeln und Spargel auf den Teller geben, die Mayonnaise in einem zusätzlichen Schüsselchen reichen.

Noch einmal zurück in die Küche von Astrid und Martin. Die Garnelen gingen nicht an mir vorbei. Irgendwann machte sich Martin an den Küchengeräten zu schaffen, die dort lose auf irgendwelchen Kisten standen, und wenig später füllte ein durchdringender Knoblauchgeruch den Raum. Und dann kam die Suppe, mit Aioli, Garnelen und Brot, es roch streng und alle machten sich mit Begeisterung ans Essen. Ich nicht, aber ich aß die Suppe mit den Garnelen, hart an der Grenze zu misslichen Situationen, aber mit Todesverachtung. Ich fiel jedenfalls nicht weiter auf und war dann bei aller Panik doch überrascht, wie harmlos sie schmeckten – Knoblauch hin,

(Foto TR)

Knoblauch her. Es ging, und ich konnte mir eigenartigerweise sogar vorstellen, dass man so etwas auch noch besser hinbekommen könnte. Der Abend war also gerettet, und niemand wusste, welche Mutprobe ich gerade hinter mich gebracht hatte. War es Gruppendruck? Eindeutig. Zu diesem Zeitpunkt waren mir meine Probleme mit dem Essen längst so peinlich, dass ich sie am liebsten nicht erwähnte. Und dann wirkt eben der Gruppendruck ganz ausgezeichnet. Heute erlebe ich immer wieder, wie Leute ohne jedes Zögern ganze Listen von No-Gos von sich geben (gemeint sind hier nicht Allergien …) und damit nicht eine Spur von Problemen haben. Und wenn man dann ein wenig nachfragt – vielleicht nach bestimmten schlechten Erfahrungen oder nach ihrem Kenntnisstand – erlebt man oft kulinarisch ganz erheblich verbogene Persönlichkeiten, oft voller Unwissen und mit fehlender Offenheit für neue Erfahrungen und Geschmackserlebnisse, aber dennoch häufig im Vollbesitz der Meinung, bei ihnen sei alles in Ordnung. Kann man das wirklich so sehen? Weil alles nur »Geschmackssache«, also ausschließlich jedem Individuum überlassen ist? Wenn man die komplexen Zusammenhänge zwischen Essverhalten, dem Individuum und der Gesellschaft sieht, gibt es nur eine Schlussfolgerung: Das Essverhalten ist ein extrem sozial relevantes Verhalten, und wer dort Defizite hat, ist durchaus mit jemandem zu vergleichen, der die eigene Sprache nicht richtig beherrscht oder nicht lesen, schreiben oder rechnen kann. Ich habe das einmal in einem Interview noch etwas weiter zugespitzt und gesagt: »Schlecht essen ist wie sich nicht waschen.«

Einer der Gewürztraminer von Meyer-Fonné in Katzenthal. (Foto TR)

Das Essen bei Martin und Astrid war so etwas wie die Stunde Null. Von diesem Tag an ging es mit meiner Esserei rasant aufwärts, ein »neues« Produkt jagte das andere, und selbst wenn es hier und da anfangs noch kleine Schwierigkeiten gab (wie etwa beim Essen von purem Speck und manchem Fett), führte das nie zu einer Ablehnung des Produktes, sondern immer nur zu der Erkenntnis, dass ich da nicht ganz so weit war, wie ich kommen wollte. Ganz nebenbei kam auch schnell die Erkenntnis, dass man beim Kochen im Prinzip alles selbst in der Hand hat – vorausgesetzt, man lernt es richtig. Das klingt selbstverständlich und harmlos, traf dann aber bei mir auf eine Persönlichkeitsstruktur, die in solchen Dingen zu großer Konsequenz neigt. Wenn schon Kochen, dann auch bitte richtig, und wenn schon essen, dann war ganz schnell klar, dass wir in die besten Restaurants gehen mussten.

Martin und Astrid wurden übrigens gute Freunde. Gelernt habe ich von Martin kulinarisch allerdings nichts mehr. Er war eben doch eher eine etwas schillernde Figur, Freimaurer, machte dies und das und kam aber nie wirklich problemlos zurecht. Er rauchte viel, trank gerne und redete dann ziemlich viel, und zum Malen hatte er auch keine richtige Lust. Dabei hätte er sich ein gutes Leben machen können, weil er seine Bilder immer sofort verkaufen konnte. Aber – die Bilder waren eben ein wenig wie aus einer vergangenen Zeit, mit einem Hauch von van Gogh und anderen Impressionisten und einem eigenen Charme. Er starb viel zu früh, sicher auch bedingt durch seinen Lebenswandel. Seine Asche wurde in einer kleinen Zeremonie auf einem der nahen Berge verstreut. Astrid treffen wir heute noch bei jedem unserer Aufenthalte im Elsass – eine enge Freundschaft seit nunmehr über dreißig Jahren.

REISE 2
OLIVIER ROELLINGER I –
»LE COMPTOIR« UND
DIE GEWÜRZE

Gewürzdekoration bei Olivier Roellinger in Cancale. (Foto JD)

Zu Beginn der Neunzigerjahre kamen drei sehr wichtige Bücher auf den Markt. 1991 war es »Le Livre de Michel Bras«, 1993 – in einer erstaunlich zügig erscheinenden deutschen Übersetzung – »Die neue Küche Kataloniens« von Ferran Adrià und 1994 das Buch des bretonischen Fisch- und Gewürzspezialisten Olivier Roellinger von den »Maisons de Bricourt« in Cancale. Diese Bücher hatten zum Zeitpunkt ihres Erscheinens etwas von einer Offenbarung, weil in ihnen jeweils deutlich über die klassisch-französische Küche hinausgedacht wurde. Besonders das Buch von Roellinger entpuppte sich als genialer Wurf, weil hier ein Koch plötzlich mit einem in sich geschlossenen System von Küche an die breite Öffentlichkeit trat, das in seiner kreativen Dichte und präzisen Strukturierung einfach keine Vorbilder hatte. Roellinger arbeitete in einer damals unbekannten Art mit Gewürzen, und zwar meist mit eigens hergestellten Gewürzmischungen, die quasi von Gericht zu Gericht verschieden waren. Er benutzte eine ganze Reihe damals in Europa wenig bekannter Gewürze und schuf beispielsweise die Gewürzmischung für seinen »Saint-Pierre retour des Indes« oder eine Gewürzmischung für das Agneau de prés salés namens »Grande caravan«, die beide vielleicht hier und da ein wenig an Curry erinnerten, im Grunde aber durch ihre Individualität und Perfektion in der Feinabstimmung von sofort überzeugender, exorbitanter Qualität waren. Dazu später mehr, wenn es um die Bedeutung des Essens in Roellingers Restaurant geht.

Olivier Roellinger hatte in seinem Buch eine Quelle für Gewürze namens »Le Comptoir« in Saint-Malo erwähnt. Noch bevor ich zum ersten Mal in seinem Restaurant gegessen habe, interessierte uns dieser Laden. Es ist zwar noch nicht so furchtbar lange her, aber Saint-Malo hatte vor zwanzig Jahren noch einen sehr viel interessanteren Mix von touristischen Läden auf den Hauptstraßen und einer ganzen Reihe eher individueller Geschäfte abseits der Trampelpfade. »Le Comptoir« lag »intra muros« direkt am kleinen alten Fischmarkt und sah von außen wie eine etwas chaotische Épicerie aus, die sich vor allem mit viel Tee und Kaffee beschäftigte. Aber das täuschte gewaltig. Tatsächlich war es eine Art Aladins Wunderlampe für Gewürze mit einem Bestand, der in den Jahren zuvor in enger Zusammenarbeit zwischen der Besitzerin, Madame Annick-Royer, und Olivier Roellinger zusammengetragen wurde. Wie weit diese Zusammenarbeit ging, habe ich teilweise erst später erfahren – vor allem bei der Geschichte rund um eine Gewürzmischung namens »Trebizonde«. Ich fand diese Mischung absolut verführerisch. Sie war relativ mild und hatte ein ganz originelles, sehr breites Würzspektrum. Ich hatte noch niemals vorher so etwas gerochen und war begeistert, ohne noch zu wissen, was ich eigentlich damit anfangen könnte. Außerdem hatte ich endlich einmal das Gefühl, so etwas wie eine geheime Zutat gefunden zu haben, die nur an einer Stelle der Welt existierte und ganz spezifische, einmalige Erfahrungen ermöglichte. Madame hatte dazu ein Blatt mit Empfehlungen für den Einsatz anzubieten, und sie empfahl »Trebizonde« für weißes Geflügel, also für eine Variante eines Hühner- oder Putencurrys. Ich nahm eine größere Portion mit nach Hause und probierte sie dann auch irgendwann einmal mit einem Ragout von weißem Geflügel. Das Ergebnis fand ich gut, aber irgendwie ohne den Zauber, den ich in dem Gewürz zu riechen glaubte (es war vor allem die Nase, die zuerst beeindruckt war).

Zufällig beschäftigte mich gleichzeitig ein anderer Einfluss, und zwar bei den Chocolats, also den kleinen »Pralinen«, bei denen französische Chocolatiers ebenfalls zu dieser Zeit verstärkt begannen, mit exotischen Aromen zu experimentieren.

Da wir immer schon sehr viel Interesse an guten Chocolats hatten (und als Folge dieser Entwicklung übrigens von vielen Desserts – selbst in besten Restaurants – enttäuscht sind), hatte ich begonnen, Schokolade mit anderen Aromen zu kombinieren. Das Grundmaterial lernte ich ebenfalls durch Roellingers Buch und das »Comptoir« kennen. Roellinger schwor auf eine bestimmte Sorte Schokolade, nämlich »Guanaja« von Valrhona. Ich besaß einige der kiloschweren Gastronomie-Platten und machte mich an die Arbeit. Ich experimentierte mit dunklen Früchten, mit scharfen Aromen, mit Kräuter-Infusionen oder mit Olivenöl, und eines Tages – an die Details erinnere ich mich leider nicht – landete »Trebizonde« in einer dickflüssigen, warmen Schokolade. Es war sensationell. Obwohl ich im Laufe der Zeit noch ein paar Änderungen vorgenommen habe (unter anderem eine Anreicherung mit bester Vanille und Kardamom), hatte ich von Anfang an den Eindruck, hier eine Art Zaubertrank zu haben: unergründlich, neuartig, intensiv und irgendwie nicht mehr zu übertreffen. Bis zum heutigen Tage serviere ich diese »Chocolat chaud« immer wieder. Sie ist nach wie vor sehr dickflüssig, wird in kleinen Mokkatassen serviert und mit kleinen Löffeln gegessen. Trinken kann man sie nicht. Weil ich für »Trebizonde« so eine effektive Verwendung gefunden hatte, brauchte ich bei unseren jährlichen Besuchen in Saint-Malo eine immer größere Menge. Bei einem dieser Besuche fragte mich Madame Annick-Royer einmal erstaunt, was ich denn eigentlich damit mache? Ich sagte ihr, dass ich eine »Chocolat chaude« damit verfeinere. »Eine Chocolat chaud?!«, fragte sie, sichtlich entsetzt, zurück. Ich nickte. Sie verschwand kopfschüttelnd in ihrem Lagerraum.

Als eines Tages klar wurde, dass sie das Comptoir in Saint-Malo schließen und nur noch ihr Geschäft im Markt von Rennes betreiben würde, fragte ich sie bei unserem letzten Besuch, ob sie ein Rezept für die »Trebizonde«-Mischung habe. Sie verschwand in dem kleinen, noch chaotischeren Lagerraum hinter dem Geschäft und kam nach geraumer Zeit mit einem alten Block zurück, auf dem gefühlte vierzig Zutaten standen. Geben wollte sie mir die Liste aber nicht. Später, in einem meiner Gespräche mit Olivier Roellinger, kam zufällig einmal die Sprache auf »Trebizonde« und meine Begeisterung für diese Gewürzmischung. Sein Gesicht nahm den Ausdruck eines milden Lächelns an. »Wissen Sie, von wem die Mischung ist?«, fragte er. »Nein«, sagte ich, »sie hat es uns nicht gesagt, ich nehme aber doch an, dass sie von ihr ist.« »Sie ist von mir«, antwortete Roellinger. »Es ist eine meiner ganz frühen Mischungen, als ich noch alles Mögliche ausprobiert habe. Ich fand sie zu kompliziert, mit zu vielen Teilaromen. Madame hat mich dann gefragt, ob sie sie trotzdem verkaufen darf und sich danach immer wieder bei mir Nachschub geholt.« »Trebizonde« gibt es also nicht mehr, es sei denn, jemand würde Roellinger davon überzeugen, sie für ihn herzustellen. Er selbst hat mittlerweile übrigens eine Gewürzmischung für eine warme Schokolade, die deutlich anders ist…

Dass im »Comptoir« Produkte verkauft wurden, die Roellinger verwendete oder selbst angefertigt hatte, eröffnete mir eine Menge an neuen Perspektiven. Dabei waren bei Weitem nicht nur die Gewürzmischungen, sondern auch die Einzelgewürze interessant. Und davon wiederum nicht nur die neuen, die man vorher in der Spitzenküche kaum jemals verwendet hatte, wie etwa »Vadouvan« oder »Annatto«, sondern auch die altbekannten. Man konnte im »Comptoir« lernen, dass es von jedem Gewürz sensationelle Qualitäten gibt, die mit der üblichen Handelsware kaum Ähnlichkeit haben. Das galt für alle Gewürze, selbst Nelken und Wacholderbeeren, für ganze Batterien von Pfeffersorten und natürlich für Salze. Wohlgemerkt: Zu dieser Zeit befasste sich so gut wie kein Koch damit, dass es unter den Gewürzen exquisite Qualitäten gibt, die man wegen ihrer Qualität in den Mittelpunkt einer Kreation stellen kann. Die unausweichliche Folge war bei mir eine Sensibilisierung für Gewürzqualitäten und – unmittelbar damit verbunden – später dann bei professionellen Besuchen in Restaurants, in denen viele Gewürze zum Einsatz kamen, immer wieder Unverständnis ob der Verwendung von banalen Gewürzqualitäten oder Gewürzmischungen. Das Problem ist dabei bis auf den heutigen Tag ein Art des Kochens, die gerade beim Würzen viel zu viel auf Automatismen

setzt. So, wie viele Köche immer noch automatisch die meisten Produkte und Zubereitungen salzen und pfeffern, gehen sie auch mit den Gewürzen um. Es scheint keinerlei System zu geben, keine Überlegungen zu Zusammenhängen, zur möglichen Struktur der Akkorde und schon gar nicht irgendwelche Subtilitäten, die dem Essen ungekannte Noten oder auch einmal einen Hauch des Geheimnisvollen geben. Was die Gewürze angeht, sind die meisten Köche – wie allgemein im aromatischen Bereich – noch weit hinter den Möglichkeiten zurück.

Soweit also die frühen Kontakte zu Gewürzen im »Comptoir« in Saint-Malo und die ersten Konsequenzen daraus. So merkwürdig das sein mag: Ich habe bei diesen Super-Gewürzen zum ersten Mal wirklich über die Bedeutung von Produktqualität nachgedacht, also nicht etwa bei Steinbutt oder Lamm, sondern ausgerechnet bei einer »Zutat« wie Gewürzen. Vielleicht deshalb, weil man sich gerade bei ihnen an Standards gewöhnt hatte und die Spitzenqualitäten ganz besonders auffielen.

FÜR KOPF UND KÜCHE
VON GUTEN PRODUKTEN UND DEM SCHWIERIGEN UMGANG MIT IHNEN

Es ist eine entscheidende Erkenntnis auf dem Weg zu einem guten Verständnis der Kochkunst, festzustellen, welche Bedeutung Produkte und Produktqualitäten eigentlich haben können. Natürlich gibt es den von vielen Spitzenköchen gebetsmühlenartig wiederholten Satz, dass das Produkt der eigentliche Star in der Küche sei, und dass ohne eine hervorragende Produktqualität keine wirklich gute Küche denkbar ist. Das stimmt sicherlich weitestgehend, ist aber für den normalen Konsumenten eine sehr abstrakte Aussage. Bei mir war die Folge dieser Erkenntnis nach rund zehn Jahren, in denen ich an eigenen Rezepten arbeitete, erst einmal niederschmetternd. Damals, zu Beginn der zweiten Hälfte der Neunzigerjahre, war ich noch Privatkoch und hatte noch nicht beruflich mit der Kochkunst zu tun. Ich hatte keine anderen Einkaufsquellen als die in unserer Gegend, der Großhandel war mir noch verschlossen und allgemein gab es noch nicht wie heute eine Unmenge von

Online-Shops, in denen man buchstäblich alles bekommen kann, was es gibt. Mir war klar, dass ich eines Tages große Probleme mit den Produkten bekommen würde, weil ich mit den Qualitäten, die ich normalerweise verwenden musste, nicht weiterkam. Heute sage ich immer wieder, dass es von absolut jedem Produkt, selbst von Karotten und Sellerie und natürlich Kartoffeln, Spitzenqualitäten gibt, die man so gut zubereiten kann, dass das jeder Esser sofort merkt. Die Konsequenz aus dieser Einsicht war bei mir auch, dass ich mich von diesen Zeiten rund um die Gewürze von Olivier Roellinger und bis auf den heutigen Tag unablässig bemühe, die besten Produkte zu finden und mit ihnen zu arbeiten. Roellinger war in seinem Buch übrigens einer der ersten Köche, die nicht nur ihre Lieferanten nannten, sondern sie auch ausführlich beschrieben. Ich konnte also zu ihnen fahren (sie kamen alle aus der näheren Umgebung) und die Produkte selbst kaufen.

Aber: Man sollte mit Gewürzen und völlig unbekannten Produkten sehr sensibel umgehen. Nach den ersten Kontakten mit den neuen Gewürzwelten brachen bei mir wenig später alle Dämme. Wir wohnen nicht weit von Belgien und den Niederlanden entfernt und hatten schon immer Interesse an den vielen Geschäften mit asiatischen Lebensmitteln, die es dort bereits seit Jahrzehnten gibt. Die »Chinesenviertel« (es sind eigentlich eher asiatische Viertel) in Amsterdam oder Den Haag oder in der Nähe des Bahnhofs von Antwerpen hatten uns immer schon angezogen. Mit dem neuen »Rückenwind« von Roellingers Gewürzen gab es in meiner Küche einen Kreativitätsschub in größerem Ausmaß. Ich probierte alles kreuz und quer und fing wenig später an, geradezu jedes mir unbekannte Produkt auszuprobieren. Und da wurde man in den asiatischen Läden natürlich immer wieder fündig. Die Folge war, dass ich mich langsam, aber sicher in eine kreative Sackgasse bewegte. Mit ein paar merkwürdigen Wurzeln oder getrockneten Fischen war es bald nicht mehr getan, und die Gerichte bekamen eine Art unerfreuliche Fremdartigkeit. Nichts schmeckte mehr wirklich gut, und in der Rückschau kann ich auch nicht mehr so genau sagen, ob ich die eine oder andere Idee vielleicht heute als besonders interessant einordnen würde. Ich musste also auf die Bremse treten und wieder stabilere Bezüge finden. Und auch dafür war Roellinger das geeignete Vorbild – wie die nächste Reise zeigen wird.

Hier aber nun erst einmal ein auch heute immer noch von Roellingers Gewürzen inspiriertes Dessert-Rezept. Ich verwende dabei Dessert-Aromen, die bis heute leider immer noch nicht so intensiv behandelt werden, wie es sinnvoll wäre. Schokolade und Gewürze und dunkle Beeren und eine frische Fruchtsäure ergeben ein faszinierendes Geschmacksbild – vielleicht auch deshalb, weil sich der Zuckeranteil deutlich in Grenzen hält.

Gewürzschokolade mit Kardamomkuchen, Schoko-Kichererbsen-Praline, Beeren-Honig-Lack und Beerenragout

FÜR 4 PERSONEN

Schokolade: 100 g Kuvertüre Valrhona Guanaja, 200 g Rohmilch oder Vollmilch, 8 cm beste Zimtstange, je 1 Prise Curry, Kardamom und Vanillepulver (aus Vanillestangen)

※※ Kuvertüre und Milch in einem kleinen Topf bei mittlerer Hitze erwärmen. Wenn die Kuvertüre zu schmelzen beginnt, mit einem Holzlöffel langsam umrühren. Wenn sie aufgelöst ist, die Flüssigkeit für etwa 1 Minute unter zügigem Rühren aufkochen bis sie bindet. Vom Herd ziehen und die Aromen zugeben. Umrühren, noch einmal kurz aufkochen und abgedeckt für 24 Stunden an einem kühlen Platz, aber nicht im Kühlschrank (!) ruhen lassen. ※※

Kardamomkuchen: Handelsübliche Backmischung für Brownies, Kardamom

※※ Den Brownie-Teig nach Vorgabe anrühren. Dann so mit Kardamompulver abschmecken, dass man die Würze gerade eben wahrnehmen kann. ※※

Schoko-Kichererbsen-Pralinen: 1 Glas küchenfertige Bio-Kichererbsen, 2 EL Sahne, 110 g Kuvertüre Valrhona Guanaja, 1 gehäufter TL tasmanischer Leatherwood-Honig, ½ TL Aceto Balsamico, 1 Prise Curry Goa (Ingo Holland), 1 Prise Muskatblütenpulver, 1 Silikonmatte (Gastroflex) mit Vertiefungen von etwa 5 × 2,5 × 1 cm

※※ Die Kichererbsen abschütten, abspülen und mit der Sahne pürieren. Die Kuvertüre im Wasserbad schmelzen, dann mit dem Kichererbsenpüree und den Aromen zu einer homogenen Masse verarbeiten. In die Vertiefungen der Silikonmatte füllen, leicht mit Folie abdecken und mindestens 24 Stunden im Kühlschrank kühlen. ※※

Beeren-Honig-Lack: 6 Brombeeren, 10 Himbeeren, 20 Blaubeeren, 50 ml Gemüsefond, Wasser, 1 gehäufter EL Blütenhonig

※※ Die Beeren in eine Kasserolle geben, mit Fond und Wasser bedecken, aufkochen und leicht köchelnd nicht zu weich garen. Zerdrücken, den Honig zugeben und etwa 30 Minuten weiter köcheln. Durch ein feines Sieb in eine neue Kasserolle passieren, dabei die Beeren gut ausdrücken. Aufkochen und zu sirupartiger Konsistenz reduzieren. Vor dem Servieren abkühlen lassen. ※※

Ragout von Beeren, Zesten und Kumquats: 2 EL Sultaninen, Rhum agricole, Wasser, 4 große Brombeeren, 6 Himbeeren, 8 Blaubeeren, 4 Zwergorangen (Kumquats), 4 kandierte Streifen von Orangenschalen (hier von Lilamand in Saint-Rémy-de-Provence), 2 TL Beeren-Honig-Lack (siehe oben)

※※ Die Sultaninen in einer kleinen Glasschüssel mit einer Mischung aus bestem Rhum Agricole und Wasser bedecken und 6 Stunden ziehen lassen. Dann abgießen und kurz auf einem Küchentuch abtropfen lassen. Die Zwergorangen erst in etwa 4 mm breite Scheiben, dann in quadratische Stücke schneiden. Die kandierten Orangenschalenstreifen in ähnlich kleine Stücke schneiden. Alle Zutaten mit den 2 TL Beeren-Honig-Lack vermischen, dabei die Früchte zerdrücken, bis ein homogenes Ragout entsteht. ※※

FERTIGSTELLUNG

Schokoladensplitter, einige Blätter Thymian, Koriander und kleine Basilikumblättchen, Kakaopulver, gezupfte Stückchen vom Kardamomkuchen

Pro Teller jeweils 1 Kichererbsenpraline vor dem Einsetzen über einem Küchenrost mit Kakaopulver bestreuen. Wie auf dem Bild anrichten.

REISE 3
OLIVIER ROELLINGER II –
DAS TOR ZU EINER
NEUEN WELT

Schafe auf den Salzwiesen in der Bucht des Mont Saint-Michel in der Bretagne. (Foto JD)

Eines sehr schönen Tages im Jahre 1995 war es dann endlich soweit. Ich hatte eine Reservierung in den »Maisons de Bricourt« in Cancale, also bei Olivier Roellinger, dessen Buch ich zu diesem Zeitpunkt schon beinahe auswendig kannte. Wie üblich musste ich mich allein auf den Weg machen, weil unser Hund Sheila nicht restaurantfest war (siehe unter Reise 1) und – was noch schlimmer war – nicht gut darauf reagierte, wenn sein Rudel nicht wenigstens teilweise irgendwo um ihn herum zu finden war. Bärbel verzichtete also auf den Besuch, war aber unbedingt dafür, dass ich einmal in dieses Restaurant kam. Es sollte übrigens noch eine ganze Reihe von Jahren dauern, bis wir zum ersten Mal zusammen bei Roellinger waren. Diese bizarre Situation, die sich Hundefreunde bestens vorstellen können, andere Zeitgenossen aber meist überhaupt nicht, führte dann zu einer besonders schönen Geste Roellingers. Aber dazu später.

Auch in diesem Jahr waren wir wieder im »Le Querrien«, unten am Hafen am Quay Duguay Trouin, zu Gast. Der Weg zu Roellinger führte an einer ununterbrochenen Reihe von Restaurants vorbei, die so kurz vor Mittag noch damit beschäftigt waren, die letzten Vorbereitungen zu treffen. Dann ging es den Berg hoch in die Oberstadt, wo ich am Platz vor der Kirche quasi nur geradeaus zu gehen brauchte und wenig später vor der Tür zu einer Art Vorgarten stand, der zu einem Bau-Ensemble in traditionellem Stil gehörte. Neben der Tür gab es ein unauffälliges »Maisons de Bricourt«-Schild und einen kleinen Kasten mit einer nicht besonders virtuos handgeschriebenen Karte. Ich ging hinein und ins Haus und stand in einem privat wirkenden Vorraum, der ein wenig von einem alten Herrenhaus hatte. Wenig später saß ich an einem Tisch mit Blick auf den Ententeich und in den kleinen, von einer Mauer umgebenen Garten und harrte der Dinge, die sich da sehr zügig, entspannt und professionell entwickelten.

Meine Haltung zu diesem Zeitpunkt (1995) war – bei aller Vorfreude und nach all den spannenden Erfahrungen mit der neuen Gewürzwelt Roellingers – nicht die eines Fans. Wohlgemerkt: Ich war noch Privatkoch und das Schreiben über Essen war überhaupt kein Thema. Ich wollte lernen und sonst gar nichts, und wenn ich schon Geld für Spitzenrestaurants ausgab, musste dabei auch etwas ganz Praktisches für mich herauskommen. Ein Essen bei Roellinger sollte also zeigen, wie man mit den mir nun schon bekannten Gewürzen optimal umgeht. Ich habe übrigens damals schon nach den wichtigen Restaurantbesuchen Notizen gemacht. Wenn ich sie heute lese, kommen sie mir allerdings etwas arg schnell im Urteil vor, offensichtlich davon geprägt, dass ich zu diesem Zeitpunkt noch nicht so viele Weltklasse-Restaurants besucht hatte und manche Dinge nicht umfassend genug einordnen konnte.

Hier eine der Original-Notizen, die ich bei diesem ersten Besuch zu einem der Emblem-Gerichte Roellingers gemacht habe, dem »St. Pierre ›Retour des Indes‹«:

»Drei Stücke St. Pierre, quasi pur, nicht gesondert aromatisiert, auf ziemlich plattgekochtem Wirsing, nach Butter und Cumin schmeckend. Frischer Koriander in einiger Menge, Chutney von Mango usw. (süß und fruchtig). Sauce von flüssiger Konsistenz. Teller haben aber eine kleine Senke in der Mitte, die Sauce sammelt sich immer dort. Alles zusammen sehr harmonisch und interessant, aber nicht ganz unbekannt, um nicht zu sagen: ähnlich. Im Gesamtgeschmack nicht etwa Curry o. Ä. dominant, sondern eher Cumin und diese Richtung. Die vielen Gewürze

der Mischung neutralisieren sich u. U. etwas. Klarere Verhältnisse wären vielleicht besser.«

Auch beim nächsten Besuch ein Jahr später hielt sich die Tendenz, dass ich immer meinte, man könne die Gewürze auch etwas kräftiger einsetzen. Hier wieder ein Ausschnitt:
»Nochmals Fazit: sehr gut und ohne Fehler und Belastungen. Wieder eine Anzahl sehr interessanter Details und Highlights (Hummer, Desserts, Invitation à la voyage). Aber: Es könnte noch prägnanter, selbstbewusster sein, nach dem Motto: Hier geht es vorwärts.«

Im Juni 1999, einige Monate vor Beginn meiner Arbeit für die F.A.Z., hieß es dann:
»Es bleibt – auch nach Gespräch mit Madame Roellinger – der Eindruck, Roellinger bemühe sich sehr, auf keinen Fall zuviel von seinen Gewürzen unterzubringen. Das ist schade, es gäbe da sicherlich Möglichkeiten, mit den Gewürzen zu arbeiten, ohne den Pfad der Tugend – auch hier durchaus die klassisch-französische Küche und nicht die kalifornische Fusion-Küche – zu verlassen.«

Das klingt für mich heute teilweise etwas seltsam. Tatsächlich war ich immer sehr viel stärker beeindruckt, als es diese Notizen verraten. Nach dem ersten Besuch zum Beispiel habe ich meiner Frau buchstäblich jede Kleinigkeit berichtet und wir haben tagelang darüber diskutiert. Aber – die wirkliche Bedeutung Roellingers wurde mir erst im Laufe der Jahre klar. Erst dann wurde für mich (und viele Köche) deutlich, wie unglaublich präzise und sensibel seine Arbeit mit dem Meeresgetier war, und sein feiner, nie plakativer Gewürzeinsatz wurde zum großen Vorbild für eine überragende Gewürzküche.

Doch bei diesem ersten Besuch habe ich erst einmal – unabhängig von den Wertungen – viel registriert und gestaunt, über viel rohen Fisch und allerlei Muscheln (wie etwa die feinen Petoncles), natürlich über den damals schon berühmten »St. Pierre ›Retour des Indes‹« (mit der Gewürzmischung hatte ich schon gearbeitet), eine von Früchten begleitete Taube, wunderbare Aprikosen, die mit einer Art Zuckersirup übergossen wurden, in dem eine ganze Reihe exotischer Gewürze untergebracht waren und eine Mousse au chocolat, wie ich sie noch nie gegessen hatte. Bei meinem zweiten Besuch 1996 habe ich dann das große Menü mit dem Titel »Image du pays Malouin« (es kostete damals 640 FF, also etwa 190 DM) gegessen. Es gab zum Beispiel wieder unterschiedlich aromatisierte rohe Muscheln, Austern mit Tomatenmarmelade, winzige »Solettes« (also kleine Seezungen), denen er nur einen Hauch von Garung in einer Nussbutter gab und sie mit neuen Kartoffeln und Pfifferlingen begleitete, einen sagenhaft aromatisierten Hummer »aux saveurs de l'Ile aux epices« mit einem ebenfalls sagenhaften Feigenchutney, kleine Felsenrotbarben, das berühmte Agneau de prés salés mit der Gewürzmischung »Grande Caravan« und unter den herausragend feinen Desserts auch eines unter Verwendung des Rums »Invitation à la voyage« mit seinem unergründlichen Gewürzstrauß. Ich bin heute, fast zwanzig Jahre später immer noch der Überzeugung, dass ein solches Menü von Roellinger in Höchstform nach wie vor zu den ganz großen kulinarischen Anlaufpunkten in der Welt der Kochkunst gehört.

Roellinger öffnete für mich das Tor zu einer neuen kulinarischen Welt also nicht nur wegen der Gewürze, sondern auch wegen einer ganzen Reihe von Kochtechniken, wegen der Art und Weise, mit

Produkten umzugehen, wegen des wirklich wundervoll zu essenden Menüs, wegen der Desserts, die ich für ebenso bemerkenswert wie seine Fischküche halte, und auch wegen der feinen, zurückhaltenden Art des Meisters selbst. Am Ende des ersten Essens standen nicht Roellinger, sondern seine Frau und der Maître am Ausgang. Nach ein paar Worten sprach ich sie mit einem speziellen Wunsch an. Ich erzählte ihnen von Bärbel und Sheila und unseren Problemen mit den Restaurantbesuchen und fragte sie, ob ich nicht irgendetwas zum Mitnehmen haben könnte, vielleicht einen Gang oder etwas vom Dessert. Der Maître lächelte, Madame eher nicht. »Ich glaube nicht, dass er so etwas macht«, meinte sie, »aber ich werde ihn fragen.« Sprach's und verschwand mit einem Achselzucken. Ich stand und wartete, der Maître musste wieder an die Arbeit und Madame kam nicht zurück. Nach gut 15 Minuten kam Roellinger aus der Küche, in der Hand einen Obstkarton voller Päckchen und Behälter, mit seinem typischen Lächeln und ein paar Fragen, wie es mir denn gefallen hätte. Im Hintergrund stand Madame, immer noch etwas gequält lächelnd, der braungebrannte Maître war wieder da, und ich machte mich auf den Rückweg ins »Querrien«. In der Kiste waren eine komplette Vorspeise mit einer Variation von Araignée und ein komplettes Dessert, so verpackt, dass ich es quasi wie im Restaurant servieren konnte. Und so hatte Bärbel ihre erste Kostprobe von Roellingers Küche in unserem Hotelzimmer mit Blick auf die Bucht.

FÜR KOPF UND KÜCHE
DIE ARBEIT MIT GEWÜRZEN

Die Arbeit mit Gewürzen ist keine ganz normale Abteilung der Küche, wie etwa die Arbeit mit Gemüse oder zum Beispiel mit Wildgeflügel. Der Grund ist, dass diese Arbeit unter Umständen so ausfallen kann, dass einige der klassischen Regeln der Kochkunst in Bedrängnis geraten können und – noch wesentlich folgenreicher – dass man einige Regeln der klassischen Kochkunst revidieren muss. Es gilt zum Beispiel als völlig unumstritten, dass man, sagen wir, ein Stück Kabeljau nicht mit einer so dicken Schicht von Currypulver malträtiert, dass man den Fisch nicht mehr schmecken kann. Das klingt plausibel, muss aber noch spezifiziert werden. Es könnte ja auch sein, dass man aus Gewürz plus Produkt einen Mischgeschmack bilden möchte. Das Produkt ist dann zwar nicht mehr wirklich klar zu erkennen, wird aber zum Teil einer Mischung, die ohne das Produkt nicht denkbar wäre. So etwas kann zum Beispiel für die berühmten gratinierten Austern gelten, die zwar nicht mehr das Austernaroma in aller Finesse erkennen lassen, aber trotzdem einen spezifischen Gesamtgeschmack ergeben. Im Grunde gilt das auch für viele Länderküchen, in denen Gewürze eine große Rolle spielen, also die indischen Currys oder viele Gerichte der vorderasiatischen oder nordafrikanischen Küche, bei denen mit großen Mengen von Gewürzen gearbeitet wird, die verwendeten Grundprodukte aber oft nur begrenzt zu erkennen sind. Andererseits macht es in meinen Augen überhaupt keinen Sinn, wenn Tiere dafür sterben, dass sie zum Element eines Hamburgers von Fast-Food-Ketten werden, wo sie mit einer so starken und nachhaltigen Gewürzmischung überzogen werden, dass man auch auf das Fleisch verzichten und es durch irgendetwas anderes ersetzen könnte.

Die Verwendung größerer Mengen von Gewürzen ist also nicht unbedingt ein Tabu. Es kommt eben zum Beispiel darauf an, ob die Verwendung von Gewürzen zu einem so genuinen Bestandteil einer Küche wird, dass eine schleichende Erosion kulinarischer Grundwerte wie etwa der Produktqualität die Folge ist. Und wenn dann einmal eine wirklich gute Produktqualität keine Rolle mehr spielt, weil man sie in einer solchen Art von Küche ohnehin nicht identifizieren kann, wären wir auf dem Wege zu Fast Food und in industrielle Geschmacksbilder.

Es gibt ein paar Grundtendenzen (um das Wort »Regel« zu vermeiden), die man auf dem Weg zu einer intelligenten Verwendung von Gewürzen beachten sollte:

– Das **Trennen von Gewürzen und Produkten** ist ein sehr guter Weg. Roellinger hat seinen »Saint-Pierre ›Retour des Indes‹« mit einer Gewürzsauce begleitet, die er auf dem Teller klar getrennt vom Fisch servierte. Der Fisch wurde klassisch-optimiert gegart, und der Esser hat durch die Trennung der Elemente die Möglichkeit, so zu dosieren, wie es ihm am sinnvollsten erscheint oder so, wie er es vielleicht ausprobieren möchte. Bei dieser Technik spielt es eine große Rolle, ob man durch die verwendeten Mengen zum **Signalisieren guter Proportionen** kommt. Die verwendete Menge Würzjus bei Roellinger ließ keinen Zweifel daran, dass man nicht viel Gewürz braucht, um die gewünschte Wirkung zu erzielen. Ähnlich ging er mit Chutneys und ähnlichen Würzzubereitungen vor: Die Menge signalisierte regelmäßig, dass es sich um eine dezent einzusetzende Zutat handelt.

– Oft hat auch die **Konsistenz von intensiv gewürzten Saucen** etwas mit den Proportionen zu tun. Wenn man zum Beispiel ein Stück Lammrücken in einer Currysauce liegend präsentiert, kommt es oft sehr auf deren Konsistenz an. Eine intensive und gleichzeitig durch viel Bindung dickflüssige Sauce wird am Fleisch kleben und so dem Bissen viel Würze mitgeben. Eine dünnflüssige Sauce dagegen nimmt man nur in sehr geringen Quantitäten mit auf und bekommt dann auch nicht so viel Würze für das Fleisch mit.

– Eine der besonders sensiblen Techniken befasst sich mit der Verwendung von **Gewürzen zur Intensivierung des Produktgeschmacks.** Man würzt so, dass das Gewürz eigentlich kaum festzustellen ist. Auch dafür liefert – indirekt – Olivier Roellinger ein Beispiel. Seine Gewürzmischung »Grand Caravan« für Lamm hat eine faszinierende Wirkung. Wenn man am Glas mit der Mischung riecht, erinnert sie an das, was sie – im weitesten

Sinne – ist, nämlich ein Curry. Es riecht durchaus kräftig, und man kann sich leicht vorstellen, dass man davon nicht zu viel einsetzen sollte. Tatsächlich bekommt das Fleisch bei normaler Dosierung (eine dezente Menge, nach dem Bräunen in der Zwischenphase leicht einmassiert) »nur« ein wundervolles Aroma, das durchaus nicht so wirkt, als käme es von einer intensiven Gewürzmischung. Die Röstaromen des Fleisches und die Gewürzmischung verbinden sich ideal zu einem geradezu natürlichen Geschmacksbild. Wie kommt das? Die Mischung ist so etwas wie ein ausgetüftelter Geschmacksverstärker, der die im Lammfleisch enthaltenen Aromen aufnimmt und verstärkt. Sie ist damit das, was man in der traditionellen Küche gerne von Salz und Pfeffer behauptet, wobei auffallen muss, dass einfache Salze und Pfeffer, die für alle möglichen Produkte und Zubereitungen verwendet werden, natürlich nicht wirklich spezifisch passende Gewürze sind, sondern – vor allem bei gleichzeitiger Verwendung bei mehreren Produkten innerhalb eines Gerichtes – dem Ganzen eher einen Salz- oder Pfefferschleier verleihen.

Für das Lamm mit »Grande Caravan« benutze ich übrigens folgende Technik: Ich arbeite meist mit Lammracks von etwa 6–8 Koteletts. Das Fleisch wird ohne jedes Gewürz und bei nicht so großer Hitze angebraten, und zwar mit dem einzigen Ziel, rundum eine möglichst gleichmäßige Bräunung zu bekommen. Es erreicht dabei eine Kerntemperatur, die schon mal deutlich jenseits der 40 Grad auskommen kann, manchmal auch die 50 Grad schon überschreitet. Danach entnehme ich das Fleisch und lasse es etwa 5 Minuten neben dem Herd ruhen. Dabei würze ich es mit »Grande Caravan«, natürlich begrenzt und dafür sehr gleichmäßig auf dem Fleisch verteilt. Das Fleisch wird dabei mit dem Pulver regelrecht eingerieben. Anschließend kommt es in den auf 180 Grad vorgeheizten Ofen (bis zu einer Kerntemperatur von 56 Grad). Zum Abschluss folgen rund 8–10 Minuten leicht abgedeckt in der Wärmeschublade (hier erreicht es etwa 65 Grad und hat am Ende der Ruhezeit 59 Grad). Das Fleisch wird aufgeschnitten und bekommt auf dem Teller ein paar Körner Fleur de Sel. Salz und Pfeffer sind also beim Garvorgang nicht beteiligt.

Um zu guten Aromatisierungen mit einer Mischung wie »Grande Caravan« zu kommen, sollte man sich kritisch an die Sache heranpirschen – am besten immer im Vergleich mit dem ungewürzten Produkt. »Kritisch« bedeutet hier vor allem über einen längeren Zeitraum und mit viel Distanz beim Probieren.

Wer jemals mit eigenen Mischungen in die Nähe einer Qualität wie »Grande Caravan« kommen will, muss davon ausgehen, dass die wirklich großartigen kulinarischen Kombinationen Ergebnis eines längeren Prozesses sind. Man kann Glück und die eine oder andere hervorragende Teilidee haben. Bis zu einem Stadium, in dem eine solche Qualität komplett in sich stimmig ist und vor allem auch regelmäßiges Reproduzieren möglich macht, ist es dann aber noch sehr weit. Das »Heranpirschen« sollte auch bei eigenen Mischungen immer im Vergleich zum ungewürzten Produkt stattfinden, weil nur so klar wird, ob man sich wirklich im Bereich der Verbesserung und Ausweitung oder nicht vielleicht doch bei der Überlagerung und Begrenzung von Aromen befindet.

– Die ganz hohe Schule des Würzens spielt sich bei der *Arbeit mit Hintergrundaromen* ab (siehe dazu die Erläuterungen in Reise 12). Es ist ein Würzen, bei dem die Produktaromen der einzelnen Elemente einer Komposition scheinbar oder weitgehend unbehelligt bleiben, sich dann im Zusammenhang (also bei den Akkorden) aber eine immer ein wenig unerklärliche, »geheimnisvoll« wirkende Veränderung ergibt. Sie entsteht dadurch, dass die Hintergrundaromen im Idealfall so zusammenwirken, dass sie quasi neue, unbekannte Aromen erzeugen. So etwas empfindet man im Idealfall unbedingt als große Kochkunst. Von der Kochlegende Auguste Escoffier (1846–1935, Autor u. a. des »Guide culinaire«) erzählt man sich die Geschichte, dass er zur Abrundung einer Suppe kurz vor dem Servieren einen Thymianzweig durch die Flüssigkeit zog und damit nicht ein strammes Thymianaroma erzeugte, sondern einen Hauch von irgendwas, der die Besonderheit des Ganzen verstärkte. Man kann solche Effekte auch sehr gut erzielen, wenn man zum Beispiel eine mit Wein hergestellte Sauce unmittelbar vor dem Servieren noch mit ein paar Tropfen frischen Wein (am besten von dem, den man dazu trinkt) abschmeckt.

– Zum Schluss noch ein ganz einfacher Punkt, der sich vor allem für Gerichte mit Variationen von einem Produkt empfiehlt (wie etwa die Austernvariation in Reise 1). Es ist immer gut, wenn man nicht nur bei der Arbeit mit Gewürzmischungen, sondern auch bei Aromatisierungen in einem weiteren Sinne das Ausgangsprodukt einmal möglichst pur und unverfälscht als Teil des Gerichtes einsetzt. Dann hat jeder Esser eine Referenz und so etwas wie einen Bezugspunkt, der in guten Fällen die Variationen als Bereicherung empfinden lässt. In schlechten natürlich auch als überflüssig …

Beim folgenden Rezept nutze ich einerseits die Roellinger-Gewürzmischung »Grande Caravan« und die Anreicherung eines Tomatenkompotts mit Honig, die ebenfalls auf Roellingers Einfluss zurückzuführen ist. Dazu kommt dann eine Art bodenständige Umgebung, die kochtechnisch durchaus ausgefeilt ist und zeigt, wie natürlich und wirkungsvoll sich die Gewürze in einem solchen Zusammenhang entwickeln können.

(Foto TR)

Lammrücken mit Tomatenkompott, konfierten La-Ratte-Kartoffeln und Auberginenpüree

FÜR 2 PERSONEN,
ALS MENÜPORTION FÜR 4 PERSONEN

Lammrücken: 1 küchenfertiges Lammrack am Stück, Olivenöl, 2 Scheiben jungen Knoblauch von etwa 1 cm Dicke, 4 Zweige Rosmarin, Gewürz-mischung »Grande Caravan« (Epices Roellinger), 50 ml Gemüsefond

✳ Den Ofen auf 180 Grad Ober- und Unterhitze vorheizen. In einer beschichteten Pfanne 2 EL Olivenöl erhitzen. Die Knoblauchscheiben hinein-geben und langsam bei mittlerer Hitze anrösten. Nach einigen Minuten die Rosmarinzweige zugeben. Dann – immer noch bei mittlerer Hitze – das Lammrack in die Pfanne legen und rundum (also auch von den Seiten) gleichmäßig anbräunen. Dabei immer wieder mit der Flüssigkeit in der Pfanne überglänzen und darauf achten, dass Knob-lauch und Rosmarin nicht zu dunkel werden. Lamm entnehmen und neben dem Herd 5 Minuten ruhen lassen. Die Pfanne mit dem Gemüsefond ablöschen und die Flüssigkeit reduzieren. Das Lamm rundum mit Grande Caravan würzen/ein-massieren, etwas Fond aus der Pfanne über das Fleisch geben und im Ofen auf etwa 56 Grad Kern-temperatur bringen (an den Enden kann es etwas mehr sein). Entnehmen, mit Alu-Folie abdecken und 10 Minuten in der Warmhalteschublade (oder zwischen zwei tiefen Tellern) ruhen lassen. ✳

Konfierte La-Ratte-Kartoffeln: Pro Person 3 mittlere La-Ratte-Kartoffeln, Salzwasser

✳ Kartoffeln schälen und in Salzwasser (10 g gro-bes Meersalz pro Liter Wasser) knapp vorgaren. Die Kartoffeln sind fertig, wenn man sie mit einem in sie gestochenen spitzen Messer so gerade eben noch anheben kann. In der Zwischenzeit die Flüssigkeit in der Pfanne der Lammgarung fast komplett reduzieren. Die vorgegarten Kartoffeln

abschütten und abtropfen lassen, dann in die Pfanne geben und langsam kolorieren/konfieren. Die Kartoffeln sind fertig, wenn sie deutliche Röstnoten haben (siehe Bild). ✳

Tomatenkompott mit Kastanienhonig und Basilikum: 4 große Fleischtomaten oder Flaschen-tomaten, Olivenöl, Zitrone, Gemüsefond, Kastanien-honig, 8 große Basilikumzweige

✳ Die Tomaten vom Stielansatz befreien und längs vierteln. 4 EL Olivenöl in einer mittleren Kas-serolle erhitzen, Tomatenstücke zugeben und anschmelzen lassen. Dabei einige Male umrühren. 1 EL Zitronensaft und 100 ml Gemüsefond dazu-geben. So weit reduzieren (was je nach Größe der Tomaten etwas unterschiedlich sein kann), dass die Tomaten zum größeren Teil von Flüssigkeit umgeben sind. Dann sechs Basilikumzweige hal-bieren, dazugeben und sie so weit zusammenfallen lassen, dass sie ebenfalls weitgehend von Flüssigkeit umgeben sind. Deckel auflegen und den Ansatz 1 Stunde konfieren lassen. Ziel ist eine enge Vermi-schung des Tomaten- und Basilikum-Aromas. Danach die Basilikumzweige entnehmen und 1 EL Kastanienhonig einrühren. Ohne Deckel und unter mehrmaligem Umrühren weitere 30 Minuten langsam reduzieren. Vom Feuer ziehen und leicht abkühlen lassen. Zum Servieren die Blätter von den restlichen zwei Basilikumzweigen lösen und in etwa 3 mm dicke Streifen schneiden. Kurz vor dem Servieren einen Teil der Streifen unterheben, die anderen obenauf streuen. ✳

Auberginenpüree mit Tapenade noir, Parmesan und Haselnussöl: 1 mittelgroße Aubergine, Olivenöl, Zitrone, 50 ml Gemüsefond, Tapenade noir (hier: Château d'Estoublon), 30 g Parmesan, Haselnussöl

✳✳ Die Aubergine vom Blattansatz befreien und grob würfeln. In einer Kasserolle 4 EL Olivenöl erhitzen, die Würfel dazugeben, mit Zitronensaft beträufeln und unter mehrmaligem Wenden kräftig anbraten. Hitze reduzieren, Fond angießen und bei aufgelegtem Deckel 30 Minuten konfieren lassen. Dann pürieren und mit der Tapenade, dem Haselnussöl und dem mit einer Micro-plan-Reibe geriebenen Parmesan so abschmecken, dass sich ein Mischgeschmack zwischen Aubergine und Tapenade mit einem Hauch von Nussaroma ergibt. ✳✳

FERTIGSTELLUNG

Mit Fleur de Sel, ausgelösten Stückchen von gerösetem Knoblauch und Jus von der Lammgarung wie auf dem Bild anrichten. Das stark geröstete Stück Fleisch neben dem Auberginenpüree ist ein Reststück Lamm (das bei den Racks normalerweise nicht »abfällt«). Ich habe es mit dem Knoblauch und dem Rosmarin zusammen in die Pfanne gegeben, um eine gute Basis zum Anbraten des Lammracks zu bekommen. Wenn Sie ein solches Stück haben, ist das natürlich eine weitere Bereicherung.

In der Küche. (Foto TR)

Doraden-Carpaccio von Olivier Roellinger. (Foto JD)

REISE 4
ROELLINGER, ROBUCHON UND DIE ZWEI PYRAMIDEN

Der erste Kontakt mit der Küche von Olivier Roellinger war für mich also ziemlich aufwühlend. Das lag aber nicht nur daran, dass mich das Essen überzeugt hatte. Es gab da durchaus Details, die mich nicht so ganz begeistern konnten, wie etwa sein Umgang mit einem Taubenrezept. Roellinger war eben nicht unbedingt Spezialist für Fleisch, er hat diese kleine Schwäche später aber mit Hilfe der richtigen Mitarbeiter problemlos ausgebügelt. Nein, was mich am meisten beschäftigt hat, war, dass er gleich mit einer ganzen Anzahl von Gerichten stark von der üblichen Küche abwich. Im Grunde konnte man eine lange Liste von Abweichungen zusammentragen – ohne dass man zu dem Schluss kommen konnte, er sei kein hervorragender Koch. Das traf mich zu diesem Zeitpunkt besonders intensiv, weil ich einerseits schon sehr an neuen Entwicklungen in der Kochkunst interessiert war, andererseits aber auch – zumindest in handwerklicher Hinsicht – eine ziemlich klare kulinarische Orientierung hatte, die komplett französisch war und damit auch eine solide klassische Fundierung hatte.

Ich muss nun einen Bogen schlagen, um die ganze Tragweite von Roellingers Arbeit einzuordnen. Es gab damals – anders als das heute der Fall ist – einen weitgehend anerkannten besten Koch der Welt, der von vielen Medien, vor allem aber vielen professionellen Köchen und den besseren Privatköchen ganz klar favorisiert wurde. Es war der französische Drei-Sterne-Koch Joël Robuchon, der zu diesem Zeitpunkt – nach seinem Aufstieg zum Drei-Sterne-Koch im Restaurant »Jamin« – 1994 bis 1996 im »Restaurant Joël Robuchon« in der Avenue Raymond-Poincaré in Paris arbeitete. Die Lage war damals deutlich anders als heute, weil es zum Beispiel noch keine

wirksamen internationalen Rankings wie die britische Liste »The World's 50 Best Restaurants« gab. Weder Heston Blumenthal noch Ferran Adrià oder René Redzepi (alle drei ehemalige »Beste Köche der Welt« in dieser Liste) hielten sich jemals für die besten Köche der Welt, noch wurden sie von den meisten Kollegen so gesehen. Sie waren und sind das moderne Ergebnis einer Ranking-Manie, in der viele Qualitätskriterien ziemlich durcheinander geraten. »Der beste Koch der Welt« war in der Mitte der Neunzigerjahre eine informelle Bezeichnung, die oft und gerne zitiert und diskutiert wurde. Man verband sie zu diesem Zeitpunkt immer wieder mit Robuchon, der in dieser Rolle ziemlich konkurrenzlos schien. Er war das professionelle Vorbild, dessen aufwendige Kochtechnik in Verbindung mit seinen oft auf den ersten Blick nicht besonders aufwendigen Kompositionen viele Köche zutiefst beeindruckte. Sein legendäres Kartoffelpüree entstand nicht nur dadurch, dass man – wie es manchmal salopp hieß – so viel Butter wie möglich in dem Püree unterbrachte, sondern vor allem dadurch, dass Robuchon die Herstellung mit einer ganzen Reihe von wohldurchdachten Schritten anging, während man üblicherweise mit ein paar Handgriffen auskam. Er war der Koch, der auch sehr einfache, traditionelle Gerichte in einen Zustand brachte, der unglaublich war. Dabei blieb er ganz Vertreter der klassisch fundierten, französischen Haute Cuisine, die er im Grunde lediglich zu neuen Höhen führte. Als er dann einmal bei einer Tomatensuppe Tabasco einsetzte, war das schon fast eine Revolution. Robuchon und ein Fertigprodukt! Und dazu noch eines, das man normalerweise unter Banalitätsverdacht hatte und in der anspruchsvollen Küche – zumindest offiziell – nie benutzte.

Diese Tomatensuppe und ihr trickreicher Aufbau waren schuld daran, dass ich einhakte und begann, Robuchons Kochtechnik extrem sorgfältig zu studieren. Robuchon ging in Details und geschmackliche Tiefen, die neuartig waren. Der Grund war eine Analyse des Produktgeschmacks und der aromatischen Zusammenhänge, die weit über das übliche, meist aus dem klassischen Fundus erlernte Verhalten seiner Kollegen hinausging. Man kochte das eben so und so, und die Großmeister waren dabei etwas sorgfältiger und verwendeten besonders oft Foie gras oder Trüffel zur Verfeinerung des Geschmacksbildes – salopp gesprochen. Robuchon war aber jemand, der gerne den Produktgeschmack analysierte und seine weiteren Zutaten sozusagen daran andocken ließ. Bei der Tomatensuppe etwa verstärkte er verschiedene Aspekte des enorm schillernden Tomatenaromas – und das mit den Mitteln, die ihm dafür geeignet erschienen. Und dabei fand er eben auch einen Aspekt, der sich am besten mit Tabasco herauskitzeln ließ. Also wurde das so gemacht. Dass diese Kleinigkeit bereits für Verwunderung in der Kochwelt sorgte, macht verständlich, warum sich viele Köche (und auch Gastronomieführer) so lange und intensiv über den für ihre Verhältnisse gigantischen Gewürzeinsatz bei Olivier Roellinger aufregten.

Dass ich mit dem, was ich von meinem Referenzkoch Joël Robuchon gelernt hatte, so gut zurechtkam, liegt vielleicht auch daran, dass ich seine Technik ziemlich undogmatisch rezipiert habe. Für ein klassisches Kartoffelpüree – um bei diesem Beispiel zu bleiben – gab es eben keine bessere Rezeptur, als Robuchon sie entwickelt hatte. Das bedeutete für mich aber nicht, dass damit automatisch ein klassisches Kartoffelpüree auch das

bestmögliche Kartoffelpüree war. Man kann zum Beispiel Kartoffelpüree statt mit Butter auch mit Olivenöl machen oder – ein besonders wirkungsvoller Eingriff – es leicht ansäuern, zum Beispiel mit einem exzellenten Essig wie einem Vin-Santo-Essig, den ich lange Jahre dafür benutzt habe. Das sahen damals viele Kollegen von Robuchon ganz anders. Für sie war er der Höhepunkt der klassisch-französischen Kochkunst und damit der Kochkunst überhaupt, und dazu gab es dann natürlich keine Alternativen. Für mich dagegen war es damals sehr viel wichtiger, dass es einen Koch gab, der immer wieder neue Finessen entdeckte, der für eine ungeheuer präzise Arbeit stand und einen neuen Anspruch gegenüber dem entwickelte, was in der Küche möglich war. Ich wollte besser werden und von denen lernen, die mir zeigen konnten, wo und wie dies möglich ist. Und dennoch: Im Grunde hielt ich auch damals schon das Feld für alle Richtungen weit offen.

Noch Jahre nach Ende der ersten Phase seiner Arbeit als Restaurant-Koch der Spitzenklasse, von der er sich – ziemlich überraschend – im Jahre 1996 zurückzog, konnte man in einer frühen Phase seines »zweiten« kulinarischen Lebens als TV-Koch seinen Stil deutlich erkennen. In der TV-Sendung »Cuisinez comme un grand Chef« lud Robuchon viele berühmte Kollegen ein, mit ihm zusammen jeweils ein Rezept zu kochen. Ausgangspunkt war immer das Rezept des Gastkochs, während Robuchon mithalf und immer wieder Fragen zur Präzisierung der Arbeit stellte. Ihm dabei zuzusehen, wie er die Salzkörner geradezu einzeln auf einem Stück Fleisch verteilte, war ein reines Vergnügen. Auf meinem Weg ins Innere des Geschmacks sollte sich später ganz deutlich zeigen, wie sehr eine maximale Präzision etwas mit der

Entwicklung bestimmter Geschmackserlebnisse zu tun hat.

Trotz meiner – zu diesem Zeitpunkt noch nicht besonders strukturierten – Offenheit gegenüber den Entwicklungen der Kochkunst gab es für mich den entscheidenden Kick bei Roellinger. Was er machte, war fantastisch und komplett anders als fast alle Dinge, die ich bisher erfahren hatte. Aber wie stehen dann die Dinge da, die bisher mein Weltbild bestimmt hatten? Im Prinzip nicht schlecht. Aber es entwickelte sich nun langsam aber sicher eine andere Vorstellung, bei der es nicht mehr nur darum ging, darüber nachzudenken, was denn nun die Kochkunst ausmacht, sondern auch darum, was die Kochkunst sein und werden kann.

DIE ZWEI PYRAMIDEN

Bis zu dem Zeitpunkt, an dem deutlich alternative Formen des Kochens begannen, die vorhandene Vorstellung von Kochkunst zu verändern, war die kulinarische Welt – Nouvelle Cuisine hin, Nouvelle Cuisine her – gut geordnet. Was als gut zu gelten hatte, war ziemlich unumstritten. Man wusste um die »richtigen« Produkte und Zubereitungen, und im Grunde genommen war auch ziemlich klar, was man machen musste, um drei Michelin-Sterne zu bekommen. Für Leute, die ihr kulinarisches Weltbild vor allem rund um die französische Haute Cuisine aufgebaut haben, ist das auch heute noch so. Ich vergleiche dieses System, dessen Werte im Übrigen sehr viel mit der Entwicklung des Michelin-Führers zu tun haben, mit einer Pyramide.

Die erste Pyramide hat eine breite Basis und führt zu einer immer enger werdenden Spitze.

Der erwähnte Joël Robuchon war in diesem System so etwas wie eine personifizierte Spitze. Natürlich gibt es in diesem System auch Entwicklungen, die aber im Grunde interne Entwicklungen sind und eher der Stabilisierung und der Perfektionierung des Systems dienen, als über das System hinauszuweisen. Das System grundlegend zu verlassen oder wesentlich zu verändern, ist nicht vorgesehen. Es lebt davon, dass seine Werte von Köchen wie Gästen anerkannt sind und sich über die Generationen mehr oder weniger perpetuieren – ob beim Publikum oder bei den Köchen. Bis auf den heutigen Tag haben sich die Werte dieses Systems nicht zuletzt in der Ausbildung der Köche und in vielen Lehrwerken erhalten. In einem solchen System lebt es sich nicht schlecht, weil die Werte klar und berechenbar sind. Niemand muss größere Überraschungen fürchten, und wer sich systemkonform verhält, bekommt in der Regel auch viel Unterstützung. Wenn man das Verhalten von Gourmets, von Köchen oder auch von fast allen Kritikern vor diesem Horizont betrachtet, werden viele Zusammenhänge klar – zum Beispiel auch die oft geradezu aggressive Ablehnung der sogenannten Molekularküche. In dem Maße, wie durch die Arbeiten kreativer Köche dieses System in Frage gestellt wird, verändert sich auch der Blick auf die Kochkunst insgesamt.

Ich benutze für die aktuelle Entwicklung gerne das Bild, dass auf der Spitze der ersten Pyramide heute *eine zweite Pyramide* steht, und zwar mit der Spitze nach unten. Heute sind wir an einem Punkt angekommen, an dem sich ein Bereich auftut, der nach oben hin offen ist, also unendliche Möglichkeiten hat. Diese Entwicklung kann man an einer Kochkunst zwischen europäischer Experimentalküche, den vielen ethnischen Küchen der

Welt oder den hoch entwickelten Formen in Japan oder China leicht nachvollziehen. Eine interessante Frage ist nun, welche Beziehung dieses neue System zu dem alten hat. Viele Anhänger des alten Systems und besonders oft Köche der »alten Schule« haben die Befürchtung, dass mit neuen Formen die alten Werte verloren gehen. Aus meiner Sicht ist das nicht so. Aber es geht sehr wohl darum, vor dem Hintergrund einer weltweit verstandenen und ästhetisch weit gespannten Kochkunst die kulinarischen Werte präziser zu definieren. Das klingt für europäische Ohren sicher immer noch verständlich, weil man vermutlich davon ausgeht, dass man am Ende doch eine ganze Menge von den klassischen Werten der französischen Kochkunst erhalten kann. Nun – das wird sicher noch für längere Zeit so bleiben und viele Punkte wie etwa die Produktqualität betreffen. Aber – um einmal zwei ganz einfache Beispiele für anders geartete Entwicklungen zu nehmen: Eine nach klassischen Prinzipien gut aufgebaute, vielschichtige Sauce wird nicht das alleinige Vorbild für eine gute Sauce bilden, sondern es wird dazu kommen (und so weit ist es auch teilweise schon), dass man auch andere Formen von Saucen wie etwa reduzierte und angereicherte Säfte akzeptiert. Und – wenn manche Vertreter der avantgardistischen Küche Gemüse verbrennen und anschließend karamellisieren, wird es auch mit den Gedanken zur Produktqualität ein wenig schwierig. So etwas kam nie vor. Aber wenn es denn eine gute und interessante Rolle in einem Gericht spielen kann: Warum soll man darauf verzichten? Es wird also letztlich um übergeordnete, universeller gültige Kriterien für die Qualität von Kochkunst gehen. Dazu später mehr.

Nach dem ersten Besuch bei Olivier Roellinger war jedenfalls klar, dass die üblichen Texte zur Koch-kunst, die in Büchern, Zeitschriften und Zeitungen damals ein ziemlich einheitliches Bild verbreiteten, grundsätzliche Schwächen hatten und für mich mehr und mehr uninteressant wurden. Wohlgemerkt: Damals war ich noch ausschließlich mit der Malerei und dem Kochen beschäftigt und dachte noch nicht eine Sekunde daran, jemals über Essen zu schreiben. Aber – was ich las, brachte mir nur selten etwas, und es stand fast immer in einem mehr oder weniger großen Gegensatz zu dem, was ich selbst bei kreativen Köchen wie eben zum Beispiel Roellinger erlebt habe. Dieser Abschied von den Automatismen des alten Geschmacks ist übrigens bis auf den heutigen Tag etwas, was vielen Anhängern der alten Gourmandise partout nicht gelingen will. Um einmal ein Bild aus der Musik zu benutzen: Sie benehmen sich ein wenig so wie Fans des Rock'n' Roll, die irgendwann einmal ihre Musik gefunden haben und alle weiteren Entwicklungen im Grunde für überflüssig halten.

REISE 5

MICHEL BRAS
ODER: WIE WICHTIG
IST PRÄZISION?

Der französische Kreativkoch Michel Bras aus dem Ort Laguiole in der kargen Landschaft des Aubrac, der für seine Messer bekannt ist, war mir vor allem durch sein Buch »Le Livre de Michel Bras« aus dem Jahre 1991 aufgefallen. Dieses Buch fasste eine Arbeit zusammen, die sich später als wegweisend für viele unterschiedliche Aspekte der Küche herausstellen sollte. Schon das Titelbild war für damalige Verhältnisse revolutionär, weil dort ausschließlich eine große Ansammlung verschiedener Gemüsesorten und Kräuter abgebildet war. Was folgte, war eine Küche, die kochtechnisch gesehen äußerst präzise wirkte und vom Stil her in damals unbekannter Form fast ausschließlich mit den Produkten der Gegend arbeitete. Wegen der Verwendung auch ungewöhnlicherer Kräuter (er listet im Anhang 64 davon auf) galt Bras danach erst einmal als Kräuterkoch, was aber der Komplexität seines Ansatzes nicht entsprach. In diesem Buch fand sich übrigens auch ein Dessert, das vielleicht sogar Leute kennen, die normalerweise mit der Spitzenküche wenig zu tun haben. Es war der weltberühmte, kleine, runde Schokoladenkuchen mit flüssigem Inhalt, der normalerweise beim Servieren angeschnitten wird und dann seinen Inhalt über den Teller ergießt – im Original »Le biscuit de chocolat ›coulant‹ aux arômes de cacao, sirop chocolaté au thé d'Aubrac« genannt. Was mich besonders beeindruckte, war aber eine Art feinsinnige Küchenarbeit, die so gar nichts mehr mit kraftstrotzenden Köchen, die so aussahen, wie man sich Metzger vorstellt, zu tun hatte. Bras war schlank bis dünn und sah eher wie ein Intellektueller aus. In der Küche ging es zu wie in einem Labor, alle Produkte wurden überaus sorgfältig und präzise behandelt. Im Laufe der Jahre entwickelte sich diese Technik immer weiter, und als Bras im Jahre 2002 seine Arbeit abermals in

einem Buch zusammenfasste (»Bras: Laguiole, Aubrac, France«, erschienen ursprünglich in der Éditions du Rouergue, deutsch als »Die Küche des Michel Bras«, 2003 im Christian Verlag), waren die Kreativköche der Welt ohne Ausnahme schwer beeindruckt. Das mag vor allem daran gelegen haben, dass Bras die Gerichte schon damals so anrichtete, wie es heute fast auf der ganzen Welt verbreitet ist, also mit diversen Elementen, die oft voneinander getrennt auf dem Teller liegen und manchmal ein fast abstraktes Bild ergeben. Außerdem wurden die Saucen ausgestrichen oder als Punkte oder Linien gesetzt oder auch einmal ein einzelnes Kräuterblatt aufgelegt – offensichtlich nicht zur Dekoration, sondern weil es genau in dieser Präsentationsform eine klare Bedeutung signalisierte.

Auffällig war auch, dass Bras meist Produkte sehr unterschiedlicher Art benutzte, also kurz gegarte und geschmorte, rohe, harte und weiche, kalte und warme, also oft in unterschiedlichen Aggregatzuständen, wie ich das später genannt habe. In diesem zweiten Buch wurde noch mehr Sorgfalt und noch mehr von offensichtlich minutiös durchdachten Konzepten präsentiert, als dies beim ersten Buch der Fall war. Ich hatte die Entwicklung in den Neunzigerjahren vor allem über Rezepte in französischen Zeitschriften verfolgt, bei denen sich Bras großer Beliebtheit erfreute.

Es war also dringend notwendig, Bras in Laguiole zu besuchen und sich an Ort und Stelle von der Qualität seiner Arbeit zu überzeugen. Die Fahrt dorthin habe ich in angenehmer Erinnerung, weil wir am Abend zuvor ziemlich spät in einem eher einfachen Hotel gelandet waren und dort natürlich gegessen hatten. Das Essen habe ich nicht mehr in Erinnerung, dafür eine andere Szene, die auch heute noch in Frankreich (aber auch in Italien oder Spanien) auf dem Land immer mal wieder passieren kann. Man brachte uns routinemäßig eine Weinkarte, die ziemlich gebraucht und nicht unbedingt danach aussah, als ob man in diesem Restaurant größere Sorgfalt auf die Pflege des Kellers verwendet. So war es dann auch. Einerseits. Andererseits hatte man offensichtlich über Jahre hinweg vergessen, die Preise an die Preisentwicklung im Allgemeinen und die der Weine im Besonderen anzupassen. Es gab also an diesem Abend zu eher bürgerlich-normalem Essen einen 86er Léoville-las-Cases zu einem Preis, der nur minimal über dem Preis lag, den ich für den Jahrgang bei Markteinführung im Kopf hatte. Ein guter Sommelier hätte wahrscheinlich den halben Keller aufgekauft.

Am nächsten Tag ging es dann Richtung Laguiole und in eine immer karger werdende und beeindruckendere Landschaft. Irgendwann sahen wir ein »Raumschiff« auf einer Bergkuppe, eine wahrlich futuristische, weiße Architektur, und erkannten sofort das Restaurant mit seinen angeschlossenen Hoteltrakten. Weil wir noch etwas Zeit hatten, fuhren wir ein Stückchen weiter in das nicht besonders spektakuläre Landstädtchen Laguiole, wo wir natürlich ein paar Messer kauften. Dann ging es zurück ins Restaurant und in eine Atmosphäre, die viel Zen und Moderne, ein wenig Science-Fiction, ein wenig Labor, aber so gar nichts von Ländlichkeit oder Bio-Rustikalität ausstrahlte. Hier herrschte eher der Geist, und der kurze Blick in die Küche bestätigte diesen Eindruck. Ordnung, vor allem viel Platz und mit Tüchern belegte Edelstahltheken. Etwas ganz Besonderes eben, ein kulinarischer Wallfahrtsort, der auch wirklich so aussah. Durch den ganz in Weiß gehaltenen Gastraum floss ein kleiner Bach, und ich war mir vollkommen sicher,

dass nun etwas wirklich Wichtiges passieren würde. Das war dann auch so, aber in einer Richtung, an die ich niemals gedacht hätte.

Nach beeindruckend andersartigen Kleinigkeiten zu Beginn ging es an ein Gericht, das ich in ähnlicher (aber nicht gleicher) Form schon aus dem Buch kannte. Serviert wurden zwei dickere Scheiben Foie gras mit ein paar Fleur de Sel-Körnern und etwas gemahlenem Pfeffer obenauf. Dazu kam eine halbierte, mittelgroße, dunkel geröstete Zwiebel, ein dünnes Stängchen einer speziellen Lauchsorte (»Cèbe de Lézignan«) und ein zitroniger, leicht süß-sauer wirkender Jus. Bei der Sorgfalt, die ich Bras und seiner Küche unterstellt hatte, war ich mir sicher, dass hier jede Nuance genau austariert war und ihren Sinn machte. Der Schock war beträchtlich. Weder die Fleur-de-Sel-Dosis noch der Pfeffer schienen eine irgendwie berechnete Beziehung zur Foie gras zu haben, und die Zwiebel, die offensichtlich als wichtigstes, weil intensivstes Element zur Foie gras kam, war die reine Katastrophe. Wegen ihrer viel zu kräftigen Röstnoten drückte sie das Aroma der Foie gras quasi in jeder Proportion zur Seite und entpuppte sich schlicht und einfach als sinnlos. Es sah nach Präzision aus und war doch das Gegenteil. Konnte so etwas Absicht sein? Mit Sicherheit nicht. Aber es konnte unabsichtlich so passiert sein, weil eben viele Köche bestimmten Ideen folgen, aber ihre eigenen Kreationen oft nur bruchstückhaft und selten im Ganzen aus der Position des Gastes heraus essen.

Spätestens an diesem Tag wurde mir klar, dass man den ganzen Bereich rund um die Proportionen neu denken sollte, und dass die Kochkunst diesem doch offensichtlich so entscheidenden Bereich nie wirklich Beachtung geschenkt hatte. Mal klappte es, dann wieder nicht, und wenn es klappte, wussten die Köche meist nicht, warum sie das so gemacht hatten, weil sie es eben nach alter Sitte »aus dem Bauch heraus« gemacht hatten. Natürlich kann man Röstzwiebeln und Foie gras zusammenbringen, aber wirklich sinnvoll wird dieser Akkord erst, wenn man bestimmte Proportionen äußerst präzise einhält. Auch sonst gab es bei unserem Essen noch ein paar Merkwürdigkeiten. Manches war sehr gut, wie etwa die sagenhafte Versammlung von »Grünem«, »Gargouillou de jeunes légumes« genannt, oder die Grünspargel-Variante mit sehr schön bodenständigen Aromen von Brotkruste, Kräutern, Schinken und Milchhaut. Etwas matt fiel dagegen die Kombination von dünnen Scheiben Kabeljau mit Kräutern aus, weil sich bei den Akkorden doch sehr viele Zufälligkeiten ergaben, die kaum sinnvoll schienen. Und ein ganz besonderer »Höhepunkt« war ein Stück Onglet de Bœuf, das so gravierend untergart war, dass es beim Einstechen der Gabel auf dem Teller noch wackelte wie rohes Fleisch. Vielleicht würde ich diese Gerichte heute hier und da ein wenig positiver, ein wenig »avantgardistischer« sehen. Damals waren wir eher entsetzt. Das Fazit ist klar: Man kann das Buch so verstehen, wie ich es verstanden habe. Wie weit diese Vorstellung mit den Realitäten im Restaurant übereinstimmt, ist dann eine ganz andere Frage. Meine Meinung zur Bedeutung von Michel Bras hat sich durch dieses Essen nicht wesentlich geändert. Vielleicht ist es wie bei musikalischen Noten, an denen man auch schon eine Menge erkennen kann. Vollendet wird das Ganze aber eigentlich erst dann, wenn es eine Interpretation gibt, die Großes daraus macht.

FÜR KOPF UND KÜCHE
PROPORTIONEN

Die Bedeutung von Proportionen kann man nur ermessen, wenn man sich einmal die Mühe macht, sie praktisch und konzentriert auszuprobieren. Zu diesem Zweck habe ich einen Versuch konzipiert, den Sie so oder ähnlich zu Hause problemlos realisieren können. Im Kern stehen Thunfischwürfel, die jeweils anders aromatisiert bzw. begleitet sind und ein gutes Medium dafür abgeben, einmal die eigene Geschmackswahrnehmung zu beobachten. Aus Sicherheitsgründen sollten Sie für diesen Versuch »normalen« (also nicht den allerfettesten Thunfischbauch), aber sehr frischen Thunfisch in »Sushi-Qualität« verwenden. Dazu müssen Sie nicht unbedingt den Fisch an einem mediterranen Hafen abholen. Das, was wir hier üblicherweise als Sushi bekommen, ist in der Regel tiefgekühlt.

Zeichnung von Oliver Sebel für die F.A.Z.-Kolumne »Geschmackssache«.

Thunfischvariationen, sensorisch, mit Degustationsnotizen

Basis: Thunfischwürfel von etwa 1,8–2 cm Seitenlänge. Aus sensorischen Gründen sollten die Würfel erst etwa 15 Minuten vor dem Einsatz aus dem Kühlschrank genommen werden, damit sie bei der Degustation immer noch deutlich kühl sind.

Variation 1: Pur, ohne jede Bearbeitung, als Referenzprodukt zum Vergleich mit den anderen Variationen

Degustation: Der Fisch schmeckt fleischig, am Anfang etwas neutral, weil man zuerst einmal die Temperatur wahrnimmt. Mit der Erwärmung im Mund entwickelt sich das erstaunlich komplexe Aroma des Thunfisches, das nicht unbedingt besonders maritim wirkt, aber auffällig tief und nachhaltig. Man hat ein wenig den Eindruck, als ob das Fleisch schon gewürzt wäre.

Variation 2: Einseitig angebraten

✳✳ Dazu den Würfel in etwas Olivenöl ohne Hast anbraten, bis die Farbveränderung an der Seite etwa ein Drittel der Höhe erreicht hat. Der Fisch hat dann von unten leichte Röstnoten und ist oben schon warm, aber nicht gegart. ✳✳

Degustation: Normalerweise gilt bei Fleischstücken wie zum Beispiel einem Rinderfilet, dass erst die Kombination aus angebratener Oberfläche (Maillard-Reaktion) und den weiteren Aromen bis zum noch leicht blutigen Kern das volle Aroma des Stückes bringt. Beim Thunfisch irritiert, dass man das angebratene und das rohe Stück gleichzeitig wahrnimmt und es durch die angebratenen Teile zu einer Schwächung des rohen Aromas kommt. Das liegt vor allem daran, dass man den warmen Teil aromatisch sofort wahrnimmt, während der rohe noch aufgeschlossen werden muss, sich dabei aber nicht so frei entfalten kann wie bei einer komplett rohen Degustation.

Variation 3: Roh, in leicht angeröstetem Sesam und gemischtem Pfeffer gewälzt

✳✳ Dazu etwas Sesam in einer kleinen beschichteten Pfanne ganz kurz anrösten. Den Würfel darin wälzen, bis an ihm rundum Sesamkörner kleben. Auf dem Teller dann etwas Pfeffer aus einer Mühle mit 5 Pfeffersorten darüber geben. ✳✳

Degustation: Diese klassische, häufig zu findende Aromatisierung macht sehr viel Sinn, weil die nussigen Aromen des angerösteten Sesams ganz ausgezeichnet zum Thunfisch passen. Die Textur der Sesamkörner ist kein Problem, sodass sich erst ein schönes Mischaroma bildet und dann das Thunfisch-Aroma pur mit einer leicht pfeffrigen Anreicherung durchblendet.

Variation 4: Roh, rundum mit einem stark fruchtigen Olivenöl (hier: Cornille, Maussane-les-Alpilles) aromatisiert, darauf ein Stück von grüner Olive (hier: Olives cassées, in einer Salzlake)

Degustation: Es handelt sich um eine weitere klassische, sehr gut zusammenpassende Aromatisierung. Olivenöl und Olivenstück werden zwar zuerst wahrgenommen, fügen sich aber schnell in das Aroma des Fisches ein und runden dessen Herzhaftigkeit sehr schön ab. Je nach Proportion ist der Vorgang des Aufblendens unterschiedlich.

Variation 5: Roh, mit leicht angerösteter Pekannuss

Degustation: Normalerweise ist eine Kombination von Fisch und Nüssen schnell ein Problem, weil die expressive Textur der Nuss erst einmal alles blockiert und es eine Frage ist, ob sich der Fisch dagegen überhaupt noch durchsetzen kann. Beim Thunfisch mit seiner kräftigen Stammwürze ist dies aber kein Problem, sondern wirkt erstaunlich sinnvoll. Es kommt zu einem – gut schmeckenden – Durchblenden von Nuss- zu Fischaroma, das aber

Thunfischvariationen. (Foto TR)

so frühzeitig stattfindet, dass das Aroma des Thunfisches noch ganz klar durchkommt. Vom Typus her passen die beiden Aromen sehr gut zusammen – ähnlich wie es beim Sesam der Fall ist.

Variation 6: Roh, auf einem Sockel stark gekühlter Avocadocreme mit einem Tupfer Avocadocreme obenauf

✳✳ Für die Creme Avocadofleisch mit Zitrone und Honig pürieren und leicht süß-sauer abschmecken. Mindestens 30 Minuten kühlen. ✳✳
Degustation: Die Kombination Thunfisch und Avocado kommt gerade in moderneren Restaurants relativ häufig vor – auch in Verbindung mit einer gewissen Süße und Kälte. Tatsächlich radiert die Avocadocreme das Thunfischaroma vollständig aus, was nicht nur an der Süße des Honigs liegt, sondern auch am Aroma der Avocado pur. Es gibt solche Kombinationen, die dann im Prinzip nicht schlecht schmecken, aber sensorisch komplett kontraproduktiv sind.

Variation 7: Roh, mit bester Sojasauce und Misopaste
Degustation: Diese klassisch-japanische Kombination ist im Prinzip sehr gut, weil die Aromen sehr gut zusammenpassen. Das gelingt allerdings nur mit einer sehr präzisen Dosierung. Ein oder zwei Tropfen einer guten, intensiven Sojasauce reichen schon aus, und von der Misopaste, die noch etwas länger im Mund wirkt als die Sojasauce, sollte man ebenfalls nur ein ganz kleines Stückchen nehmen. Bei schlechten Proportionen überdeckt die Sojasauce schnell die Finesse des Fischaromas.

Noch einmal zurück zu einem Aspekt bei Michel Bras. Wenn man heute über die Küche als eine Art Labor redet, wird so gut wie jeder an die Molekularküche, an ein paar merkwürdige Geräte und besonders an allerlei Chemikalien denken, mit denen man Essbares in teilweise sehr ungewöhnliche Formen bringt. Was man bei Michel Bras und anderen Köchen der besonders feinen Art erleben kann, ist eine andere Art von Labor, das eher einem medizinischen Kabinett und manchmal auch ein wenig einem Operationssaal gleicht. Alles ist klinisch sauber, es herrscht eine extreme Ordnung und alles läuft sehr systematisch ab. Die »Mis en place« genannte Arbeit, also das Vorbereiten der Produkte für das Fertigstellen der Gerichte, findet weit vor dem Service statt. Die Fisch- und Fleischstücke sind vorbereitet und liegen unter Folien in Kühlschränken oder in Kühlschubladen, und alles, was schon fertig gegart oder zubereitet ist, ist ebenfalls perfekt konserviert und gelagert. Die Kräuter, Salate und Gemüsestücke werden zum Anrichten der Teller bisweilen einzeln auf Leinentüchern ausgebreitet, nichts muss mehr zurechtgeschnitten oder auf Größe gebracht werden. So oder ähnlich machen es die professionellsten Profis, und als ich bei Bras in die Küche sah, fiel der Meister allein schon deshalb auf, weil er mit seiner hageren Gestalt und seinem oft etwas ernsten Gesichtsausdruck absolut so wirkte wie ein Chefarzt. Kann das ein Vorbild sein, oder ist es nur die Folge von hysterischen Hygienevorschriften der Behörden, die aus gutem Grund trotzdem sicherheitshalber eingehalten werden, weil Verfehlungen in diesem Sektor für ein renommiertes Restaurant die schiere Katastrophe sind?

Denken Sie nicht so viel über solche Dinge nach, sondern gewöhnen Sie sich am besten zu Hause beim Kochen zumindest ein wenig an ein solches System. Sie werden sehen, dass es einfach besser ist, und die Fertigstellung eines so präzise vorbereiteten Gerichtes oft sogar das reinste Vergnügen macht.

DIE IDEE EINER NEUEN SENSORIK – HARALD WOHLFAHRT UND DIE FOLGEN

Pochierte Felsenauster von Harald Wohlfahrt. (Foto JD)

Die Reise ins Innere des Geschmacks hat manchmal seltsame Wege und merkwürdige Zeitverschiebungen genommen. Wir saßen einmal in Straßburg im »Crocodile« von Émile Jung und aßen allerlei Gerichte aus dem Programm, die überraschend wenig mit dem Elsass zu tun hatten, sondern eher kreativ schmeckten – zum Beispiel die Rotbarben mit Combava, Gemüsejulienne, Soba-Nudeln und einer kleinen, krossen Frühlingsrolle, einem sehr guten Stück Rindfleisch (»pièce de bœuf grillée«) mit einer Pimiento-Vinaigrette, Schinkenwürfeln und Pommes gaufrette, oder einer Hühnerbrust mit in Kreuzkümmel gegartem Reis, Koriander und konfierter Zitrone. Émile Jung hatte sich bis zum Ende seiner Karriere immer eine schöne Offenheit bewahrt. Aber das soll jetzt hier nicht das Thema sein. Es kam zu einer merkwürdigen Situation zwischen Bärbel und mir. Wir redeten über den Teller, den wir gerade aßen, weil es hierbei anscheinend unterschiedliche Wahrnehmungen gab. Irgendwann sagte ich dann, sie möge doch einmal bitte dieses Stück mit jenem und ein wenig von der Sauce und ein kleines krosses Stück nehmen (ich weiß leider nicht mehr exakt, was es war). Man habe dann am Anfang eigentlich nur die Wahrnehmung von dem krossen Element. Dann würde das Gemüse (ich nenne das jetzt einfach so) durchblenden und gleichzeitig könnte man im Hintergrund wahrnehmen, wie sich die Gewürze in der Sauce entwickeln und dabei immer wieder von den anderen Elementen leicht modifiziert werden. Bärbel stellte die Elemente mit dem Löffel zusammen und schob ihn in den Mund. Ihr Gesicht hatte einen Ausdruck, als ob sie irgendwie sehr weit in die Ferne blickt. Dann kam ein ungläubiges Lächeln und die Frage, seit wann ich das denn wüsste? Ich konnte darauf nicht antworten, erwähnte aber einige Gerichte bei Harald Wohlfahrt (Restaurant »Schwarzwaldstube« im Hotel Traube Tonbach in Baiersbronn), die mir in diesem Zusammenhang aufgefallen waren. An diesem Tag haben wir jedenfalls noch lange über diese Art der Wahrnehmung und die Vermittlung der Wahrnehmungen geredet, und an diesem Tag kam auch die Idee, so etwas einmal in einem Buch zu veröffentlichen (es wurde die »Geschmacksschule«, die im Jahr 2005 erschienen ist).

Bei unseren frühen Besuchen bei Harald Wohlfahrt hatte ich schon die Beobachtung gemacht, dass vor allem seine kleinen Gerichte zu Beginn eines Menüs irgendetwas Geniales an sich hatten. Natürlich habe ich bei ihm im Laufe der Jahre eine Menge von sehr guten und oft auch überragenden Gerichten gegessen. Aber diese Kleinigkeiten zu Beginn hatten immer einen ganz besonderen Reiz. Mit dieser Meinung war ich auch nie alleine. Viele andere Gäste hatten ebenfalls den Eindruck, dass dort irgendetwas so funktioniert, wie man es bei den anderen Gerichten nicht findet. Das ließ mir natürlich keine Ruhe und ich begann, mir die Dinge genauer anzusehen – immer mit dem Problem, dass diese Kleinigkeiten eben tatsächlich sehr klein und meist mit einem oder zwei Bissen verschwunden sind. Was war das Geheimnis? Was musste man machen, um ebenfalls eine solche Qualität hinzubekommen?

Es fiel auf, dass Wohlfahrt oft eine ganze Reihe von Elementen benutzte, also nicht nur eine winzige Kleinigkeit mit einer zweiten kombinierte. Und es fiel mir schnell auf, dass diese Elemente sensorisch oft verschieden waren. Es gab zum Beispiel Rohes und Gegartes, Krosses und Weiches, Kaltes und Warmes, und das auch noch in allen möglichen Zwischentönen. Hier ein paar Beispiele: Da war ein

Carpaccio von Thunfisch mit einer Paprika-vinaigrette, in der auch kleine, al dente gehaltene Paprikastückchen enthalten waren. Dann ein »Croquante von Meeresfrüchten«, also eine Garnele, die in dünne Teigstreifen eingewickelt und dann frittiert war – wobei dann die Teigstreifen kross wurden. Ein kleiner Salatring außen um das Carpaccio und eine süß-sauer gehaltene Sauce rundeten ab. Einmal war es eine vierteilige Sardinenvariation, dann wieder eine Variation vom Aal mit einem Stück Aal, das in eine Kartoffelscheibe eingeflochten und kross ausgebacken und von Pinienkernen und einem Tomatencoulis begleitet war. Teil zwei war ein Mille-feuille vom Räucheraal mit sehr dünnen Radieschenscheiben und Crème fraîche, Teil drei eine Terrine vom Räucheraal mit Kräuterschicht und Gelee, Teil vier ein kleines gebackenes Teigsäckchen mit einer Füllung von Aal und Kartoffelpüree.

Ja, man amüsierte sich prächtig bei diesem differenzierten Wahrnehmen der sensorischen Vielfalt, was ja Sinn solcher Kleinigkeiten vorab sein sollte. Später im Menü amüsierte man sich natürlich auch, aber eher etwas anders und nicht in der gleichen, leichten, eleganten Art. »Warum?«, war die Frage, und sie konnte schnell beantwortet werden: Weil Wohlfahrt den Gerichten im weiteren Verlauf des Menüs nicht in gleichem Ausmaß eine solche Struktur gab, die unterschiedlichen sensorischen Mittel also nicht in der gleichen, konsequenten Form einsetzte.

Die nächste Frage war natürlich, warum man denn so viel Vergnügen an diesen kleinen Kompositionen hatte. Es war vor allem die Tatsache, dass der Mund deutlich mehr zu tun hatte, also deutlich mehr Informationen bekam, als wenn er zum Beispiel mit etwas Kartoffelpüree und einem kleinen

Stück Fisch und einer Meerrettichcreme zu tun hätte. Püree und Fisch und Creme haben eine ähnliche Konsistenz und vielleicht auch eine ähnliche, eher lauwarme Temperatur. Im Mund vermischt sich so etwas schnell zu einer homogenen Masse mit einem Mischaroma aus den drei Elementen. Man bekommt also neben der Information, dass die Elemente alle ähnlich weich sind und nicht zerkaut werden müssen, nur noch aromatische Informationen. Bei den sensorisch durchstrukturierten Amuse-Bouche bei Wohlfahrt gab es eine Menge mehr an Informationen, und man kam ganz automatisch dazu, diese Vielfalt auch wahrzunehmen.

So weit, so »einfach«. Das war aber nicht alles. Trotz der geringen Menge von Materialien bei diesen Kleinigkeiten war deutlich festzustellen, dass man sie nicht gleichzeitig, sondern zeitlich versetzt beziehungsweise mit einem zeitlichen Ablauf wahrnahm. Der Anfang der Wahrnehmung war nicht von Aromen bestimmt, sondern in erster Linie von Texturen und auffallenden Temperaturen. Wenn man also bei den Miniaturen von Harald Wohlfahrt auf etwas Krosses biss, war das erst einmal die dominante Wahrnehmung gegenüber weicheren Elementen. Und wenn man etwas Kaltes in den Mund nahm, war das erst einmal gegenüber den warmen Elementen dominant. Dabei blieb es dann aber nicht. Nach der initialen Dominanz der sensorisch extremeren Elemente nahm man die weniger auffälligen Elemente durchaus wahr – aber eben erst etwas später. Dabei ergaben sich regelmäßig Effekte wie das Durchblenden von Aromen oder ein langsames Vermischen von Aromen. Bei der oben genannten, mit Teigstreifen frittierten Garnele dominierten erst einmal die krossen Teigstreifen die Wahrnehmung. In dem Maße, wie man sie zerkaute und dabei gleichzeitig im Hintergrund die Garnele zerbiss, nahm man zuerst das Aroma der Teigstreifen und dann das der Garnele wahr, das quasi durchgeblendet wurde. Am Ende dominierte das Aroma der Garnele mit einem dezenten Hintergrund von den ehemals krossen Teigstückchen.

Apropos »krosse Teigstückchen«. Bleiben wir noch einen Moment bei diesem Beispiel. Wenn man solche Elemente frittiert, kann es zu sehr unterschiedlichen Ergebnissen kommen. Auf der einen Seite könnte ein solcher Teigstreifen so gerade eben kross sein. Er schmeckt dann »neutral« kross, und man bekommt ausschließlich das Aroma des Teiges. Wenn die Streifen aber zum Beispiel sehr dunkel aussehen, sind sie sehr stark frittiert und haben Röstnoten entwickelt, die durchaus im Zusammenhang eine eigene Rolle spielen können. Sind sie sehr dunkel, entwickeln sie unter Umständen bittere Noten, die den ganzen Zusammenhang empfindlich stören können. Es gäbe dann bei dem Garnelenbeispiel nicht ein Durchblenden von Krossem auf das Aroma der Garnele, sondern eine Vermischung von bitteren Aromen mit der Garnele und damit ein vermutlich unerwünschtes Resultat.

Aus solchen frühen Gedanken ergab sich dann die Überlegung, dass man für eine gute Sensorik sensorisch bewusst kochen musste, also auf solche Zusammenhänge zu achten hatte.

Soweit erst einmal zu den Erlebnissen mit den ausgetüftelten Amuse-Bouche-Kreationen bei Harald Wohlfahrt.

FÜR KOPF UND KÜCHE
GESCHMACKSKURVEN UND SENSORISCHE STRUKTUR

Von diesen Erfahrungen aus ließ sich das Zusammenspiel einzelner Elemente und der Aufbau von Gerichten sehr konsequent durchdenken.

Eine der wesentlichsten Entdeckungen ergab sich aus den beobachteten zeitlichen Verläufen. Mir wurde schnell klar, dass jedes Produkt einen eigenen zeitlichen Verlauf der Wahrnehmung hat – egal ob ein Löffel Eis, eine Walnuss, eine Sauce, eine Kartoffel oder selbst ganz einfaches Wasser. Wie sich das Wasser – das ja im üblichen Verständnis nicht über Aroma im engeren Sinne verfügt –, im Mund verhält, hängt ganz entscheidend von seiner Temperatur ab. Ein Nebeneffekt meiner Überlegungen war nämlich auch, dass die Wahrnehmung etwas mit der Körpertemperatur zu tun hat: Wenn ein Produkt Körpertemperatur hat, spielt die Wahrnehmung der Temperatur keine besondere Rolle. Je weiter die Temperatur von der Körpertemperatur abweicht, desto auffälliger ist sie auch sensorisch und – ein weiteres Detail – blockiert zunächst die Wahrnehmung des eigentlichen Aromas. Das kann man selbst sehr schnell mit Hilfe unterschiedlich temperierter Säfte ausprobieren. Jedes Produkt hat also eine eigene Geschmackskurve (so der Name, den ich später für diesen Effekt herangezogen habe). Diese Kurve habe ich dann noch in vier Bereiche unterteilt, und zwar in den Beginn des »Effektes« (»Attack«), was zum Beispiel von einer extrem unauffälligen Flüssigkeit mit Körpertemperatur bis zu einem krachend krossen Chip oder einem extrem kalten Eis reichen kann; in den Bereich, in dem das Aroma sich voll entfaltet hat (»Plateau«); in den Bereich, in dem es nachlässt (»Decay«, was bei Fleisch zum Beispiel den Übergang zu einer wenig aromatischen Phase mit viel Fleischfaser bedeuten kann); und in den Bereich nach dem Schlucken (»Sustain«), den Nachhall, der bei stark gewürzten Elementen in der Regel besonders groß ist. Wegen der notwendigen internationalen Kompatibilität habe ich international kommunizierbare Bezeichnungen für die vier Abschnitte gewählt.

Dem ein oder anderen Leser werden diese Begriffe vielleicht nicht ganz unbekannt sein. Ich habe sie in Anlehnung an die elektronische Musik und die Arbeit mit Synthesizern gewählt. Ich war früher ja professioneller Rockmusiker und gehörte als Keyboarder zu den Musikern, die sehr früh mit Synthesizern gearbeitet haben. Man definiert in der Musik die sogenannte Hüllkurve mit den Elementen Attack, Decay, Sustain, Release. Auf Tasteninstrumente (Synthesizer mit Tastatur) bezogen bezeichnet zum Beispiel »Attack« das, was passiert, wenn ich die Taste drücke. Der Ton kann sofort da sein oder erst mit Verzögerung »aufblenden«. Dass es beim Essen offensichtlich ganz ähnlich ist, finde ich eine interessante Erkenntnis, die in meinen Augen auf eine Art Naturgesetzlichkeit schließen lässt. Auch in der Musik kann man selbstverständlich nicht nur die elektronische Tonerzeugung mit dieser Unterteilung beschreiben, sondern auch jedes natürliche Instrument bis hin zur menschlichen Stimme.

Der nächste Schritt nach den Geschmackskurven war die Überlegung, dass sich in der Realität beim Essen meist verschiedene Elemente auf Löffel oder Gabel einfinden und diese Elemente in der Regel verschiedene Geschmackskurven haben. Das Verhältnis dieser Kurven zueinander und die Effekte, die sich dabei ergeben, machen schließlich weitgehend die sensorische Struktur eines Essens aus. Ich sage »weitgehend«, weil natürlich die Wahrnehmung über die Nase auch noch eine Rolle spielt. Dominierend sind dabei auf den ersten Blick zeitliche Verläufe. Auf den zweiten Blick stellt man auch sehr schnell fest, dass man von Räumlichkeiten, von vorne und hinten und einem plastischen Geschmacksbild reden kann. Wenn man zum Beispiel einen Löffel Vanilleeis mit einem krossen Plätzchen kombiniert, wird man – je nach Lage der Details – erst Kälte und Krosses wahrnehmen. Und wenn man dann etwas weiter kaut, wird man feststellen, dass sozusagen im Hintergrund das Eis schmilzt und sein Aroma freigibt. Auch diese Erkenntnisse, die ich dann im Laufe der Jahre weiter ausgebaut habe, entwickelten sich in der Folge des Nachdenkens über die Amuse-Bouche-Gerichte bei Harald Wohlfahrt (weitere Details und viele Beispiele finden sich in meiner »Geschmacksschule« aus dem Jahr 2005).

Festzuhalten ist: Jede Küche und jedes Gericht hat also eine bestimmte *sensorische Struktur,* und zwar unabhängig davon, ob es sich zum Beispiel um Gerichte aus einer

Imbissstube, um Brauhausküche, um klassische Spitzenküche oder um avantgardistische Kompositionen handelt. Mal ist sie recht einfach, mal extrem kompliziert, und es ist bei Weitem nicht so, dass jeder Koch dabei auch in der Theorie wüsste, was er tut. Die moderne Sensorik ist ein sehr neues Fach, das vor allem mit dem handwerklichen Aspekt der Kochkunst zu tun hat.

Eine Sonderform ist das, was ich *strukturalistische Küche* genannt habe. Bei der strukturalistischen Küche handelt es sich um eine Küche, bei der eine komplexe, variantenreiche sensorische Struktur zum Programm gehört. Bei Gerichten, die nach diesem Konzept durchgearbeitet sind, findet man üblicherweise auffällig viele unterschiedliche Texturen und Temperaturen – neben der Aromatik natürlich. Bis auf den heutigen Tag kann man erleben, dass selbst als hervorragend eingestufte Köche große Probleme mit der sensorischen Struktur ihrer Gerichte haben. Ein Beispiel: Ich habe einmal in einem Drei-Sterne-Restaurant ein Carpaccio von der Jakobsmuschel bekommen, auf das der Koch größere Stücke Walnuss gestreut hatte. Der geneigte Leser wird jetzt schon wissen, was das Problem war. Wenn man ein solches Stück in der angebotenen Größe mit den dünnen Scheiben Jakobsmuschelfleisch kombiniert, hat man auf der Nuss zu kauen, ohne aromatisch überhaupt irgendetwas von dem Muschelfleisch mitzubekommen.

WIE ISST MAN DAS? ANALYSE EINES GERICHTES UNTER SENSORISCHEN ASPEKTEN

In der Praxis gibt es auf der Seite des Essers mit der Sensorik ein spezielles »Kommunikationsproblem«. Man sitzt als Esser also vor einem Teller mit einem Gericht, das eine vom Koch gut durchdachte sensorische Struktur hat. Aber: Wie isst man das alles so, dass es auch so ankommt, wie es vom Koch geplant ist? In meiner »Geschmacksschule« habe ich für meine Beispiele fast ausschließlich Löffelgerichte eingesetzt, also kleine Kompositionen auf einem Löffel, die man komplett in den Mund schieben kann und bei denen dann klar ist, dass sie so gegessen werden, wie sie geplant sind. Proportionen und alle zeitlichen Verläufe sind hierbei zweifelsfrei definiert. Wenn man aber vor einem Teller mit einer ganzen Reihe von Elementen sitzt, stellt sich natürlich die Frage, wie man das essen soll, um ein Maximum von dem mitzubekommen, was der Koch sich dabei gedacht hat. Und wenn er sich nichts dabei gedacht hat, sollte es ja darum gehen, dass man alles selbst so sinnvoll wie möglich kombiniert. Muss der Gast vielleicht eine Art Vorbildung haben, um bestmöglich zu essen? Sagen wir es einmal so: Es ist besser und er hat mehr davon, wenn er einen Blick auf das »Angebot« auf dem Teller wirft und sich dann beim Essen entsprechend seinen Erkenntnissen orientiert. In diesem Stadium der Reise ins Innere des Geschmacks ist es vielleicht eine gute Idee, einmal eine solche Begegnung mit einem etwas anspruchsvolleren Teller durchzuspielen.

Mein Beispiel stammt von Harald Wohlfahrt. Die Vorspeise hat den Titel: »Pochierte Felsenauster in Ponzu-Gelee mit Seegurke, Imperial-Kaviar und Limonenöl«. Zuerst einmal geht es um die Beschreibung dessen, was man ohne Weiteres erkennen kann (siehe Abbildung Seite 66/67). In der Mitte des Tellers befindet sich eine Scheibe einer Austernterrine mit einem Boden und einem Deckel von Ponzu-Gelee. Oben auf der Scheibe liegt eine Nocke Imperial-Kaviar mit etwas Schnittlauch. Rundum gibt es verschiedene Elemente, teilweise Meeresfrüchte, teilweise Gemüse. Man erkennt Stücke der seltenen Percebes- (Enten-)Muscheln, Seegurke, Salicornes, Algenstückchen, sehr kleine Gemüsestückchen, aufgerollte Zucchinistreifen, die mit einem Seeigelschaum gefüllt sind und verschiedene Kräutertriebe.

Diese Vorspeise ist natürlich eine typische Spitzenküchen-Vorspeise, die man so nur in den besten Restaurants der Welt bekommt. Sie vereint kostbare und seltene Produkte, die alle bestens zubereitet sind, sodass sich der Gast unbesorgt mit der Finesse des Ganzen befassen kann. Ich habe diesen Teller aber in erster Linie ausgewählt, um die sensorische Struktur solcher Gerichte bei Harald Wohlfahrt einmal ein wenig genauer zu betrachten – nicht wegen der Seltenheit der verwendeten Produkte.

Zu Beginn fällt auf, dass Wohlfahrt weitgehend im maritimen Bereich bleibt und die Produkte offensichtlich mit Absicht in einer bestimmten Größe und Reihung angeordnet sind. Es ist naheliegend, mit der Terrine zu beginnen, vielleicht etwas Kaviar dazu zu nehmen und dann entweder abwechselnd oder im Akkord mit der Terrine die rundum angeordneten Elemente zu probieren. Man kann diese Elemente natürlich auch einzeln probieren, hat dann aber teilweise keine Möglichkeit mehr, sie im Zusammenhang mit der Terrine zu schmecken, weil sie nur in geringer Menge vorhanden sind. Ist das Absicht? Oder hat hier einmal wieder die Dekorationslust gesiegt, die einfach eine schöne Optik als einen sehr wichtigen Aspekt ansieht? Gut, es wird eine Rolle gespielt haben, aber bei Wohlfahrt darf man immer davon ausgehen, dass die im engeren Sinn kulinarischen Gründe den Ausschlag geben.

Wohlfahrt zeigt bei diesem Gericht eine ausgefeilte sensorische Struktur, die dem Gast eine recht große Freiheit lässt, ohne dass das Prinzip damit gefährdet würde. Weil er mit diesen Produkten in einem sensiblen Bereich ist, bei dem zum Beispiel große Texturkontraste kontraproduktiv wirken könnten, verzichtet er auf sie, um die Wahrnehmung der einzelnen Elemente nicht zu gefährden. Stattdessen gibt es eine sehr differenzierte Staffelung der Texturen, die unterschiedlich lang im Mund bleiben und dadurch eine Art Tiefenstaffelung der Wahrnehmung ergeben. Es gibt schmelzende Elemente für den Hintergrund (wie etwa das Gelee oder den Seeigelschaum), es gibt solche wie den Kaviar, der im Prinzip

Gebeizter Thunfischbauch mit provenzalischem Gemüse
und gehobeltem Bottarga. (Foto JD)

auch nicht zerkaut werden muss, aber wegen seiner etwas festeren Hülle dennoch aromatisch erst leicht verzögert aktiv wird, oder die Seegurke und die Percebes, die eine elastische Textur haben und sich erst aromatisch zeigen, wenn man sie zerkaut. Diese vergleichsweise wenig aggressive Struktur der Texturen hat einen wichtigen Effekt, den man nicht sofort auf Anhieb erkennen kann. Aber dazu gleich mehr. Was ist nun der Effekt einer solchen texturellen Binnendifferenzierung? Wohlfahrt umspielt mit diesen Varianten das gemeinsame maritim-jodige Aroma der Elemente. Die jeweils leicht unterschiedlichen Aromen, die in der Begleitung zur Terrine und zum Kaviar immer wieder kleine Akzente setzen, erscheinen wegen der unterschiedlichen Texturen leicht versetzt. Der Effekt ist, dass man quasi den ganzen Mund voll von maritim-jodigem Aroma hat – in immer neuen Schattierungen. Dabei spielt dann auch die Reihenfolge der Elemente keine ganz so große Rolle. Und weil hier einige eher ungewöhnliche Produkte in ungewöhnlichen Kombinationen im Spiel sind, ist das Ausmaß an Kreativität groß. Es ist wahrscheinlich, dass man sagt: »So etwas habe ich noch nie irgendwo gegessen.«

Ein interessanter Nebeneffekt, der vor allem Gourmets auffallen dürfte, die schon öfter Kombinationen mit Kaviar gegessen haben, ist die besonders gute Inszenierung des Kaviar-Aromas. Es kommt häufig vor, dass Kaviar eher demonstrativ als Luxusprodukt eingesetzt wird, dann aber im Zusammenhang gar nicht besonders auffällt. Das liegt oft an den Texturen oder Temperaturen der »Umgebung«. Etwas Kaviar auf einem warmen, weißen Fisch sieht vielleicht dekorativ aus, macht aber kaum Sinn, weil der Kaviar Erwärmung nicht gut verträgt. Auch die Kombination von Kaviar mit kaltem Räucherfisch und einem rustikalen Brot macht wenig Sinn, weil in diesem Falle die harten Texturen vom Brot den Kaviar überlagern. In diesem Wohlfahrt-Rezept ist das deutlich anders. Es gibt kaum texturelle Konkurrenz, und das aromatische Umfeld ist exakt das, was das Kaviar-Aroma unterstützt. Er schmeckt hier also ganz ausgezeichnet, weil er ganz ausgezeichnet inszeniert ist.

Es ist ziemlich klar, dass das Beispiel von Harald Wohlfahrt für den normalen Privatkoch allein schon deshalb etwas schwierig zu realisieren ist, weil er kaum über die seltenen Produkte verfügen kann. Für meine zwei Rezept-Beispiele zu diesem Thema habe ich deshalb zu Produkten gegriffen, die relativ einfach zu bekommen sind, und dazu Rezepte entwickelt, die die Idee von sensorisch vielfältig und kontrolliert aufgebauten Gerichten verfolgen. Wohlgemerkt: Es geht dabei nicht nur um »irgendetwas Krosses«, sondern auch um zeitliche Verläufe und vielerlei Beziehungen der Elemente untereinander. Das erste Rezept ist etwas einfacher und klassischer, das zweite moderner und komplexer.

Warmer Lachs auf Räucherlachscarpaccio mit Apfel, Crème fraîche mit Räucherfisch und Tempura von weißen Bohnen

FÜR 4 PERSONEN ALS VORSPEISE

Warmer Lachs: 2 Stücke Lachs à etwa 160 g in 4 quadratischen Stücken von etwa 5 x 5 cm Seitenlänge (auch tiefgekühlt möglich), 1 EL Olivenöl, Fleur de Sel

❊❊ Das Olivenöl in einer beschichteten Pfanne dünn ausstreichen und bei mittlerer Hitze erwärmen. Die Lachsstücke hineingeben und ohne Hast einseitig so weit garen, dass er auf etwa ein Drittel die typische Farbveränderung des gegarten Lachses zeigt. Beim Anrichten mit etwas Fleur de Sel würzen. ❊❊

Apfelstreifen: 1 Apfel der Sorte Granny Smith, Zitrone, Pfeffermischung aus der Mühle

❊❊ Den Apfel parallel zum Boden in etwa 3 mm dicke Scheiben schneiden, dann seitlich vom Kerngehäuse in dünne Streifen. Mit etwas Zitronensaft beträufeln, um die Oxidation zu verhindern, und mit etwas Pfeffermischung aus der Mühle würzen. ❊❊

Crème fraîche: 150 g Crème fraîche, 1 Packung geräucherte Forellenfilets, Zitrone, Curry

❊❊ Die Forellenfilets in kleine Stückchen zerteilen. Die Crème fraîche mit so viel Stückchen Forellenfilet vermischen, dass sich eine ausgewogene Balance zwischen den Aromen ergibt. Mit 1 TL Zitronensaft und 2 Prisen Curry würzen, kühl bereithalten. ❊❊

Tempura von weißen Bohnen: Handelsübliche Tempuramischung, getrocknete große weiße Bohnen, über Nacht eingeweicht

❊❊ Die Tempuramischung nach Packungsangabe anrühren, sie sollte eher dickflüssig sein. Das Öl in der Fritteuse auf 180 Grad vorheizen. Die Bohnen abschütten und abtrocknen, durch die Tempuramischung ziehen und hellbraun frittieren. Auf einem Küchentuch abtropfen lassen. ❊❊

FERTIGSTELLUNG

150 g Räucherlachs, Olivenöl, Zitrone, 4 gehäufte TL Parmesan (mit Microplane-Reibe gerieben), verschiedene Sorten Fetthenne

❊❊ Den Räucherlachs rechteckig auslegen (siehe Bild), mit etwas Olivenöl und einigen Spritzern Zitrone beträufeln und pro Teller 1 gehäuften TL Parmesan darüberstreuen. Den warmen Lachs in eine Ecke setzen, eine Nocke Crème fraîche, 3 Tempura-Bohnen und einige Apfelstreifen dazulegen. Die Stückchen Fetthenne kommen auf die Crème fraîche. ❊❊

Anmerkung: Der Lachs wird nur einseitig und nur zum Teil angebraten, weil er auf diese Weise ein »komplettes« Aroma bekommt. Von unten hat er leichte Röstnoten, dann folgt der Teil mit Eiweißgerinnung (der »gegarte« Teil) mit dem typischen Aroma des gegarten Fisches. Die oberen Schichten haben noch eindeutig den frischen, jodigen Geschmack des rohen Fisches, sind aber schon warm und gar. Die optimale Temperatur für diese obere Schicht ist 39 Grad. Während der Fisch in der Pfanne gart, kann man mit dem Finger die Temperatur der oberen Schicht abzuschätzen versuchen. Wenn er quasi Körpertemperatur erreicht hat, sich also nicht deutlich kühler oder wärmer anfühlt, ist er richtig.

Muscheln und Beeren

Muscheln

※※ 500 g Miesmuscheln, zubereitet nach dem Rezept Seite 140. Die Muscheln auslösen, die eine Hälfte warm halten, die andere Hälfte für das Tatar grob hacken. Den Sud passieren und bereithalten. ※※

Muscheltatar: Vorbereitete, gehackte Muscheln, 15 g Butter, Paniermehl, Blätter von 2 Stängeln Blattpetersilie, 6 mittlere Basilikumblätter, 6 mittlere Minzblätter

※※ In einer beschichteten Pfanne bei etwas mehr als mittlerer Hitze die Butter aufschäumen lassen. 1 gehäuften EL Paniermehl dazugeben und zu Butterbröseln rösten. Auf einem Küchentuch abtropfen lassen. Dann die Brösel mit den Muscheln vermischen. Die Blattpetersilie nicht zu fein hacken, Basilikum und Minze in Streifen schneiden. Ebenfalls mit den Muscheln vermischen. ※※

Gelierter Muschelsud: Abpassierter Muschelsud, Xanthan

※※ Den Sud in einem kleinen Topf erhitzen, je nach Menge etwa 1 gestrichenen TL Xanthan einrühren, einmal aufkochen und zur Seite stellen. ※※

Kartoffel: 1 längliche Kartoffel, Salzwasser, Butter

※※ Die Kartoffel mit der Schale vorkochen. In einer beschichteten Pfanne die Butter schmelzen, die Kartoffel zugeben und langsam rundum Farbe annehmen lassen, bis die Haut leicht verschrumpelt ist. ※※

Beerenlack: 4 große Brombeeren, 10 Himbeeren, Mineralwasser, 1 gehäufter TL Blütenhonig

※※ Die Beeren in einen kleinen Topf geben und Mineralwasser zugießen; die Beeren sollten nicht ganz bedeckt sein. Bei geschlossenem Deckel 15 Minuten garen. Dann mit einer Gabel leicht zerdrücken, den Honig dazugeben und weitere 15 Minuten köcheln lassen. In einen sauberen Topf abpassieren, dabei die Beeren gut ausdrücken. Zu einer sirupartigen Konsistenz einkochen. ※※

Beerenbrot: Weizenmehl 405, Hefe, Vollmilch, Zucker, 1 Ei, Olivenöl, Salz, mindestens 8 Himbeeren und 4 große oder 8 kleine Brombeeren (Die Zahl hängt davon ab, ob sich eine gute Sättigung des Teiges ergibt und der Teig andererseits noch zusammenhält.)

※※ Die Menge lässt sich aufgrund der Zutaten nicht kleiner realisieren. Für die Stücke von Beerenbrot werden nur 1–2 Brötchen benötigt. In einer kleinen Kasserolle 50 ml Milch erhitzen. In eine große Rührschüssel etwa 1 Handvoll Mehl geben und in der Mitte eine kleine Vertiefung machen. Eine halbe Packung Hefe hineinbröseln, die erhitzte Milch darübergießen und 1 Prise Zucker dazugeben. Die Schüssel mit einem Tuch abdecken und die Hefe an einem warmen Ort gehen lassen. Dann 1 Ei und 3 EL Olivenöl einrühren und mit weiterer Milch zu einem eher festen Teig verarbeiten. Von diesem Teig eine Kugel von etwa 10 cm Durchmesser abnehmen und die Beeren daruntermengen, und zwar so viele, dass der Teig noch gut zusammenhält. Davon kleine Kugeln von etwa 7 cm Durchmesser abteilen und im auf 200 Grad vorgeheizten Ofen mit Umluft etwa 13 Minuten zu leichter Bräunung backen. ※※

FERTIGSTELLUNG

Brombeeren, Himbeeren, kleine Basilikumblätter

※※ Wie auf dem Bild mit wenig Überlappungen anrichten. ※※

REISE 7
FERRAN ADRIÀ, RESTAURANT »EL BULLI«

Ferran Adrià im Kreise spanischer und deutscher Spitzenköche. (Foto JD)

Von meinen vielen Kontakten mit dem spanischen Avantgardisten möchte ich für die Reise ins Innere des Geschmacks über zwei ganz unterschiedliche Besuche berichten. Der erste hat etwas mit dem Eckart-Witzigmann-Preis im Jahre 2005 zu tun. Witzigmann hatte Adrià zu seinem internationalen Koch des Jahres gewählt und mich gebeten, bei der Preisverleihung anlässlich einer Gala im Neuen Schloss in Stuttgart die Laudatio zu halten. Aus diesem Grunde hielt ich es für dringend notwendig, Adrià noch einmal selbst zu treffen und im persönlichen Gespräch ein wenig mehr über seine Gedanken zu erfahren. Wie üblich haben wir auch in diesem Fall versucht, den Termin in eine zusammenhängende Tour zu integrieren. Wir waren in Südfrankreich unterwegs und landeten in einer schönen Unterkunft in der Nähe von Céret, um von dort aus die Gegend zwischen Pyrenäen-Ausläufern und Mittelmeer zu besuchen. Es ging also erst einmal an die Küste Richtung Collioure und Banyuls-sur-Mer – nach Collioure wegen der Atmosphäre, die mittlerweile aber so touristisch »gekippt« ist, dass es uns nicht besonders viel Spaß machte. Dann nach Banyuls-sur-Mer wegen des Angebots an Süßweinen, was mir schon wesentlich mehr Vergnügen bereitete. In guten deutschen Restaurants wird zwar hin und wieder einmal ein Banyuls zu einem Schokoladendessert gereicht, aber der ist dann meist von recht bescheidener Qualität. Natürlich gibt es hier unten allerlei Spezialcuvées und alten Banyuls und hervorragende Erzeuger, deren Weine oft wirklich meditative Tropfen sind, die auch einen höheren Preis rechtfertigen. Außerdem verwende ich alten Banyuls auch bei einigen Gerichten, zum Beispiel bei konfierten Wachtel- oder Taubenkeulen, die ich anbrate, mit altem Banyuls ablösche und diesen dann mit etwas Sojasauce von allerbester Qualität

ergänze. Diese Aromenmischung macht aus den Keulen, die normalerweise kein besonders gutes Aroma haben, eine echte Delikatesse.

An dem Tag, als wir über die spanische Grenze zu Adrià fuhren, war das Wetter erst einmal recht gut. Wie üblich brachen wir ziemlich früh auf, um mit Sophie noch ein wenig in der Gegend herumzulaufen und ein paar Orte anzufahren, die ich aus sehr viel früheren Zeiten noch kannte (dazu später im Zusammenhang mit Adriàs Kompagnon Juli Soler mehr Details). Dann ging es über Roses und die enge Bergstrecke zum »El Bulli«, wo wir wegen eines gegenüber dem normalen Programm noch etwas ausgeweiteten Menüs ein wenig früher zum Essen verabredet waren. Wir probierten an diesem Abend 32 Gerichte, die natürlich oft nur kleine Degustationen waren, aber das Spektrum seiner Arbeit zu diesem Zeitpunkt sehr gut wiedergaben. Der sagenumwobene und sehr oft – speziell von der klassisch orientierten Seite der Köche und Gäste – nicht wirklich verstandene Koch war zu diesem Zeitpunkt auf der Höhe seines Schaffens. Die Ideen flossen zügig, alles war bestens organisiert, es gab prächtige Bücher und er war der mit großem Abstand bekannteste Koch der Welt, der es in allen möglichen Ländern auf die Titelseiten der Magazine geschafft hatte. Hier im »El Bulli«, wo er schon seit 1983 kochte, sah es nicht wirklich nach Weltstar und nicht wirklich nach Gourmettempel und schon gar nicht nach dem Mittelpunkt des Molekularküchen-Universums aus. Die ganze Anlage liegt weit außerhalb des Ortes und hat immer noch ein wenig den Charakter eines Ausflugsrestaurants – im Innern vielleicht noch mehr als von außen. Zuerst sah man natürlich die ultramoderne Küche mit ihrer Unmenge von Köchen. Im eigentlichen Gastraum aber gab es immer noch einen ländlichen Charme und quasi nichts, was nach Hightech aussah. Aber für so etwas hatte man kaum einen Blick übrig, weil das Interesse natürlich vor allem einer Küche galt, die in vielen Details weit entfernt von jeder »normalen« Vorstellung von Gerichten lag. Hier erst einmal einige dieser Gerichte aus dem Menü.

Caipirinha-nitro con concentrado de estragón: Die erste Kleinigkeit ist sofort spektakulär und entspricht dem, was die Welt von der Molekularküche erwartet. Es ist ein nach dem brasilianischen Cocktail benanntes Caipirinha-Sorbet, das direkt mit flüssigem Stickstoff angerührt und gehärtet wurde. Dazu ein Löffel mit einem kleinen grünen Kügelchen, eine Estragonkonzentration. Man isst zuerst dieses Kügelchen mit seinem nachhaltigen Aroma, das im Mund einen »Gewürzraum« (siehe Glossar) von ziemlicher Intensität erzeugt. Dann isst man die Caipirinha-Sorbetkugel dazu und hat dann eine enorme Frische im Mund. Das Sorbet hat durch die Härtung im flüssigen Stickstoff eine Art Schale. Es platzt im Mund, ist also nicht wie ein Eis, das im Mund schmilzt. Durch dieses Platzen gibt es einen Effekt wie bei einer Rakete: Der Gewürzraum ist noch von Estragon bestimmt, dann wird er plötzlich von dem Caipirinha-Aroma überschwemmt.

Aceitunas sféricas: Serviert wird ein Glas mit Oliven und ein paar Kräutern darin, zumindest scheint es so. Tatsächlich handelt es sich um »Sphären«, um eine flüssige Zubereitung mit Olivenöl, die in einem Kalziumchloridbad eine dünne Haut erhält, die sie dann wie eine Olive aussehen lässt. Diese sphärische Olive kann man im Mund mit der Zunge leicht zerdrücken. Sie platzt dann und überschüttet den Mundraum mit Olivenaroma.

Im Vergleich zum Essen einer natürlichen Olive ist dieses Geschmackserlebnis deutlich intensiver.

Marshmallow de piñones: Es handelt sich um einen Marshmallow (»Mäusespeck«) in Form eines Würfels, der mit leicht gerösteten und dann gemahlenen Pinienkernen bestreut ist, selbst das Aroma von Pinienkernen hat und wie ein entmaterialisiertes Aroma schmeckt. Üblicherweise sind Pinienkerne recht mächtig und dicht im Geschmack. Hier hat man das Aroma, aber eine deutlich leichtere, luftigere Textur. Es wirkt wie von einer gewissen Schwere befreit.

Arlette ibérica: Die Leichtigkeit spielt bei diesen Kleinigkeiten (wie hier dem iberischen Schinken) eine große Rolle. Adrià nutzt die diversen Techniken, um einerseits den assoziativen Kontext (siehe Glossar) präzise anzusteuern, die Erwartungen dann aber auf seine Art »überzuerfüllen«. Was sonst eine gewisse rustikale Schwere hat, wird luftig und leicht und extrem fein. Und weil es so ist, nimmt man es auch wesentlich sensibler wahr. In diesem Falle gibt es eine Art von hauchdünnen, gebackenen Teigbrücken, auf denen extrem dünn geschnittener Schinken liegt.

Caramelo de aceite de calabaza: Eine weitere der dynamisch platzenden Zubereitungen, dieses Mal in Form eines dünnen Zuckerbonbons mit Kürbisfüllung. Man nimmt dieses Bonbon in den Mund, es fühlt sich hart an, dann löst es sich langsam auf und platzt plötzlich.

Mozzarella sférica: Wie oben die Oliven, werden hier Mozzarellakugeln serviert, und zwar auch noch sozusagen in den typischen, handelsüblichen Mozzarellabehältern. Man bekommt die Haut und die flüssige Füllung, beide von Mozzarella gemacht, aber durch die Veränderung der Texturen deutlich anders schmeckend. Es handelt sich um eine Variante unter Verwendung der Sphärifikation, die hier eine neue Qualität erreicht. Während die Oliven noch sehr wie Oliven schmeckten und ebenso wie weiche Oliven wirkten, die dann eben zerplatzen, ist der Effekt hier anders. Die Veränderung wirkt wegen der noch stärkeren texturellen Irritation gegenüber einer »echten« Mozzarellakugel so andersartig, dass so etwas wie ein neues Produkt entsteht. Dass das Aroma gar nicht so weit abweicht, spielt kaum eine Rolle. Man stellt sich auch nicht die Frage, ob so etwas denn nun nötig ist. Es ist neuartig und überzeugt in seiner Wirkung.

Soweit einige der begrenzten, speziellen Effekte, die zu Beginn des Menüs in schneller Folge demonstriert werden – ein wenig mit Betonung der Sphärifikation, bei der Flüssigkeiten eine Hülle gegeben wird, die dann mit großer Wirkung plötzlich platzt. Dass Adrià die Sphärifikation gleich in mehreren Varianten demonstriert, ist typisch für die jährlich wechselnden Menüs, in denen die jeweils neuen Entdeckungen einen breiten Raum bekommen. Danach geht es in komplexere Gefilde.

Deshielo 2005: (Der Titel ist schwierig zu übersetzen, vielleicht passt am besten: »Schmelzendes 2005«). Adrià hatte einmal angekündigt, dass er der Antithese auch die Synthese folgen lassen wird. Dieses Gericht ist ein Beispiel dafür, dass er nicht nur den existierenden Formen von Essen einzelne neue Techniken hinzufügen, sondern aus diesen neuen Elementen auch innovative Gerichte entwickeln will. Im Mittelpunkt steht zunächst einmal

ein Tintenfisch-Eis. Dazu kommen diverse Eispulver von u. a. Karamell, Süßholz und Kaffee, ein Pinienkernsorbet, dünne, krosse Zuckerplättchen, Blüten und Kräuterstückchen. Wenn man nun an die Erkenntnisse zur Sensorik in Reise 6 zurückdenkt, wird sofort klar, dass es hier mit den vielen unterschiedlichen und dazu teilweise ein wenig verfremdet wirkenden Elementen eine Menge von neuartigen Zusammenhängen gibt. Sie bilden zusammen durchaus so etwas wie eine »neue« Küche, die mit existierenden Gerichten anderer Köche sehr wenig zu tun hat. Die Rezeption solcher und ähnlicher Gerichte fand übrigens kaum statt. Die internationale Presse stürzte sich auf die immer neuen »Gags« Adriàs und wartete Jahr für Jahr auf das neue Programm für die Saison und auf die neuesten Gags aus der Kreativschmiede des Meisters, dem »El Bulli Taller« in Barcelona (siehe Reise 8).

Ensalada »folie«: In diesem »verrückten« Salat sind ebenfalls eine ganze Reihe von Einzelerfindungen zusammengefügt – und das mit einem ähnlichen Effekt wie bei »Deshielo 2005«. Am Rand liegt ein Pulver von extrem fein gemahlenen Macadamianüssen, die in dieser Konsistenz ein völlig anderes Produkt als die ganzen Nüsse sind und zum Beispiel auch sehr gut als Begleitung anderer Produkte eingesetzt werden können. Dazu kommen winzige Artischocken, Salicornes, verschiedene »Airs« (u. a. von Sardine), mit Olivenöl getränktes Brot, sauer konfierte Knoblauchzehen und eine der sphärischen Oliven. Wie »Deshielo 2005« scheint es sich um eine Demonstration zu handeln, was man mit den neuen Elementen alles anfangen kann – nicht unbedingt mit einem bestimmten Plan, aber im Ergebnis sehr wirkungsvoll.

Mejillones de roca con gargillou de algas y herbas frescas: Der Aufbau des Gerichtes ist klar. Auf der einen Hälfte des Tellers liegen verschiedene Muscheln, auf der anderen verschiedene Algen und Kräuter. Die Muscheln sind nicht besonders intensiv behandelt, die Algen und Kräuter schmecken alle relativ kräftig säuerlich und salzig. Das Konzept ist, die eine Seite in beliebiger Reihenfolge mit der anderen zu kombinieren, um so zu einer Vielzahl von Beziehungen zwischen Muscheln und Algen/Kräutern zu kommen. Das Ergebnis ist allerdings etwas spröde, weil eine Art Katalysator fehlt, der dem Ganzen einen besseren Zusammenhang gibt, als das hier der Fall ist. Durch die Überwürzung von Algen und Kräutern werden diese zwar in gewisser Weise homogenisiert, verlieren aber auch Eigengeschmack. Es hat sich im Verlauf der Jahre vor allem bei Köchen, die viel mit Kräutern und Pflanzen arbeiten, dazu sicher mehr Wissen angesammelt, als Adrià das hier präsentierte. Im Gegensatz zu den beiden vorherigen Gerichten geht es hier eben um Naturprodukte, die allein und ohne Eingriffe nicht so funktionieren wie eine Ansammlung von bereits bearbeiteten Elementen (Artefakten).

Higado de rape en fondue con kumquat al sésamo: Ein sehr spezieller Gang, der ausgerechnet da ansetzt, wo sich viele Gäste gut auskennen dürften, nämlich bei einem Fondue. Der Service serviert ein Fondue-Set, wobei im Topf aber nicht Fett, sondern eine heiße Brühe von Thunfisch und Algen (also nach japanischem Vorbild) zu finden ist. Dazu werden einige Scheiben Seeteufel-Leber serviert, die in Frankreich als Foie de Lotte zu den älteren, in letzter Zeit wiederentdeckten Kultprodukten gehören. Weitere Elemente sind eine Soja-Air und mit Sesam bestreute Kumquats.

Man bekommt die Anweisung, die Seeteufelleber nur wenige Sekunden in der heißen Flüssigkeit zu erhitzen, sie dann in die Soja-Air zu tauchen und als Kontrast nach einigen Bissen von den Kumquats zu nehmen. Die Leber wird in diesem Verfahren sehr fein aromatisiert und vor allem nur dezent gegart, was ihr sehr viel von ihrem empfindlichen Eigengeschmack lässt. Mit der Kumquat bekommt man einen so rachenputzenden Kontrast, dass man quasi wieder bei Null ist – allerdings mit einem Gewürzraum, der die weiteren Wahrnehmungen beeinträchtigt. Man schmeckt die Leber danach anders, und es ist nicht gesagt, dass sie dann besser schmeckt, weil man einige Nuancen nicht mehr mitbekommt.

Terroso: Was er bei dem Muschel-Algen-Teller nicht gemacht hat, also dem Ganzen eine Art Zusammenhang zu geben, einen Raum, einen Hintergrund, vor dem sich die Inszenierung abspielt, zeigt er nun bei »Terroso«. Wieder gibt es eine ganze Versammlung von Elementen mit einer gewissen Beziehung zur Vorstellung von »Erde«. Sie werden hier mit einer Consommé von Kartoffeln kombiniert. Elemente sind zum Beispiel ein trockenes Eis von Erdnuss und Süßholz, eine Sesam-Air, ein sehr fester Miso-Schaum (etwa in der Konsistenz von Isolierschaum), Quinoa-Sprossen, ein Reisgelee von schwarzem Reis, Champignons in Würfeln und Gelee-Ravioli von Steinpilzen. Das Ganze sieht extrem neuartig aus und schmeckt auch so. Es gibt allerdings ein technisches Problem, weil sich die Zubereitungen in der Flüssigkeit teilweise auflösen und so nach etwa der Hälfte der Degustation eine eher diffuse Mischung entsteht.

Ostra a la plancha con gelatina de pino y germinado de borraja al aceite de hojas de li: Bei diesen komplexeren Gerichten wird deutlich, dass Adrià nicht nur an anderen Formen und anderen Aromen interessiert ist, sondern dass sich seine Forschung immer auch auf die Rezeption und die Mechanismen der geschmacklichen Wahrnehmung erstreckt. In diesem Falle wechseln sich Austern mit anderen Elementen ab. Das Ganze liegt in einer Reihe und man bekommt den Hinweis, von links nach rechts zu essen. Einer mittelgroßen, a la plancha gebratenen Auster (etwa in Körpertemperatur) folgt ein Gelee von Pinienkernen, das nach der Auster – pardon – ein wenig medizinisch schmeckt. Dann gibt es einen Austernschaum mit stark zitronigem Anteil und einem erstaunlich vegetabilen Nachhall, dann wieder eine Auster und zum Schluss Borretsch – alles hinterlegt mit einer Spur von Vinaigrette. Man ahnt das Prinzip, sieht aber mehr Perspektive, als hier wirklich realisiert wird. Vielleicht müsste es zu solchen Ideen große Probeserien geben, bis dann die Wirkung des jeweils neuen Elementes so speziell und/oder spektakulär ist, dass sich eine eigene Qualität ergibt (siehe dazu auch Reise 16 und Glossar, Stichworte: Gewürzraum und Zirkeldegustation).

Soweit einige Beispiele aus dem Menü, das in seiner dichten Folge an Informationen alles hinter sich ließ, was es an anderen Stellen der Welt an Menüs zur damaligen Zeit gab. Wie gesagt: Dies sind zwölf Beispiele von 32 servierten Gängen. Mit einem »normalen« Essen hatte das alles nur sehr bedingt zu tun. Es war eine kulinarische Erfahrung allererster Güte, bei der nur völlig abgestumpfte Feinde der Moderne auf die Idee kommen können, es mit einem der üblichen Menüs der Spitzenküche zu vergleichen. Muss man eine solche Erfahrung überhaupt als »Essen« einordnen? Ich bin dagegen, eine solche Frage zu stellen, weil sie impliziert, dass dies hier sozusagen außer Konkurrenz stattfindet. Dem ist aber nicht so, und wenn man den Zusammenhang mit der spanischen Tapas-Kultur und dem sieht, was sich dort an Moderne entwickelt hat, wird schnell klar, dass sich dies – so alternativ es auch sein mag – im Grunde ganz natürlich entwickelt hat, quasi »gewachsen« ist. Adrià ist vielleicht einige Schritte (oder auch sehr viele Schritte) vorausgegangen, er hat das System aber im Grunde nie verlassen und wollte es auch nie verlassen. Was aber oft unvollständig rezipiert wird, ist die Tatsache, dass es sich bei seinen Entwicklungen nicht nur um kulinarische Entwicklungen im engeren Sinne handelt, sondern auch um gastronomische. Es geht auch immer um eine andere oder weiterentwickelte Art des Essens, um eine Intensivierung des gastronomischen Komplexes insgesamt, um mehr Vergnügen, um mehr Spannung, um Fantasie, ja, teilweise auch um das Vordringen von Kunst. Ich werde darauf noch an verschiedenen Stellen zu sprechen kommen.

Nach dem Essen bat man uns auf die Terrasse, wo Adrià während des weiterlaufenden Service immer wieder einmal zu uns kommen konnte, um meine Fragen im Zusammenhang mit der Laudatio für den Eckart-Witzigmann-Preis zu beantworten. Betreut wurden wir derweil von Adriàs Geschäftsführer Juli Soler, was sich wiederum zu einer ganz speziellen Geschichte entwickelte.

AUSFLUG JULI SOLER UND DIE ALTEN ZEITEN

Es war mir bekannt, dass Juli Soler ein großer Freund der Rockmusik und ein enger Freund verschiedener Rockgrößen war. Um es einmal an einem Beispiel zu erläutern: Als kurz vor unserem Besuch die Rolling Stones in New York ein Klubkonzert zum Warmspielen vor ihrer neuen Tournee gaben, ließen sie aus aller Welt ein paar besonders gute Freunde einfliegen. Juli Soler gehörte dazu. Wie dem auch sei, Soler wusste, dass ich früher Rockmusiker war und erinnerte sich sogar an ein paar Details aus unseren internationalen Konzertaktivitäten.

Wir erzählten also ein wenig hin und her und vor allem über verschiedene Rockmusiker, die wir aus unterschiedlichen Perspektiven her kannten: Soler, weil er lange Jahre Rockkonzerte veranstaltet hatte, ich, weil ich im Laufe der Zeit natürlich auch viele international berühmte Kollegen kennengelernt hatte – meist auf Festivals, wo man zusammen auftrat, teilweise aber auch aus Studios, in denen man parallel aufgenommen und teilweise Wochen zusammen verbracht hatte. Aber das ist eine andere Geschichte. Ich erwähnte jedenfalls in einem Nebensatz, dass ich zu Beginn der Siebzigerjahre auch einmal ein paar Tage hier in der Nähe war, und zwar in Sant Pere Pescador, wo es damals eine Menge Leute aus Viersen hinzog, der Stadt, wo ich Abitur gemacht habe und in den Sechzigerjahren zur Jazz-Community gehörte. Von San Pere aus sind wir eines Tages zu einem Konzert von »Soft Machine« in eine große Disco nach Lloret de Mar gefahren. Ich erinnere mich schon deshalb gut daran, weil es zu einem merkwürdigen Zwischenfall kam. Man hielt mich – obwohl ich weder mit Mike Ratledge noch Hugh Hopper oder Robert Wyatt auch nur die geringste Ähnlichkeit hatte –

für einen der Musiker und machte bei meiner Ankunft einen ziemlichen Wind. Ich sah damals allerdings auch recht auffällig aus. Meine blonden Haare waren extrem lang, ich benutzte Nagellack, war oft auch mal mehr oder weniger geschminkt und trug immer sehr extreme Kleidung – vor allem farblich. Jedenfalls sah ich eher nach Rockmusiker aus, als die doch ziemlich zurückhaltend auftretenden Musiker der Gruppe. Das Ganze war auch von der Veranstaltung her ein gewisses Missverständnis. »Soft Machine«, die mit ihrem experimentellen Jazz-Rock damals für mich größten musikalischen Einfluss hatten, passten absolut nicht in die Umgebung einer spanischen Feriendisco mit einem Publikum, das sich eher für populäre Hits interessierte. Das Konzert war jedenfalls grandios, auch wenn die Musiker irgendwie für sich spielten. »Interessant«, sagte Soler nach meiner Geschichte, »ich war damals der Veranstalter und habe mit ›Soft Machine‹ noch eine Menge mehr Konzerte in Spanien gemacht.«

Die Welt ist klein, und der Abend auf der Terrasse des »El Bulli« wurde langsam gemütlich – während es gleichzeitig ganz furchtbar zu regnen begann. Adrià kam erst einmal kurz und blieb dann sehr lange, und das aus einem einfachen Grund. Wir hatten uns mächtig in die Details geredet und fingen beide an, auf immer neuen Blättern irgendwelche Zeichnungen und Skizzen zu machen, teilweise übereinander, teilweise der eine in die Zeichnung des anderen malend und so weiter. Später sagte Bärbel dazu, es hätte ausgesehen, als ob zwei Druiden sich gegenseitig etwas vorzaubern wollten. Zu diesem Zeitpunkt (2005) hatte ich die »Geschmacksschule« fertiggestellt und war dabei natürlich von Adrià beeinflusst worden, aber insgesamt in der zusammenhängenden Theorie auch noch ein gutes Stück weiter gegangen. Alles, was Adrià auch an diesem Abend zubereitet hatte und was er darüber hinaus noch zum Verständnis seiner Arbeit sagte, verstand ich sofort. Wir arbeiteten sozusagen an den gleichen Dingen aus unterschiedlichen Blickwinkeln, er vor allem als Experimentator, der die kulinarische Welt in einer Weise beeinflusst hat, wie noch kein Koch zuvor, ich mehr als Theoretiker.

Als Ferran Adrià in Stuttgart auf meine Laudatio antwortete, hat er übrigens heillos übertrieben, was diesen Abend angeht. So lange haben wir dort auch nicht gesessen … Man kann Ausschnitte davon in einem Film sehen, den Stefan Quante vom WDR zu diesem Zeitpunkt über mich und meine Arbeit gedreht hat. Der Film hatte den Titel »Der Guru mit der feinen Zunge«. Die Laudatio, die ich bei der Veranstaltung im Neuen Schloss in Stuttgart gehalten habe, finden Sie auf Seite 306.
Dieser Abend im »El Bulli« endete für uns mit einer ziemlich stressigen Rückfahrt, weil es natürlich wieder über die enge, ungesicherte kleine Bergstraße Richtung Roses ging und es gleichzeitig dunkel war und wie aus Kübeln goss. Im Laufe der Jahre habe ich Adrià immer wieder in ganz verschiedenen Zusammenhängen getroffen und eine Menge mit ihm erlebt. Zu den interessantesten Dingen gehörte damals vor allem ein Besuch in seiner Werkstatt in Barcelona, dem »El Bulli Taller«. Mehr dazu in der nächsten Reise.

Immer dabei. Sophie vor dem Mont Saint-Michel. (Foto JD)

REISE 8
FERRAN ADRIÀ, »EL BULLI TALLER«

Ein Fischstand in La Boqueria, dem berühmten Markt in Barcelona. (Foto JD)

Das ZDF hatte im Jahre 2005 in der Sendung »Aspekte« einen Bericht über meine Arbeit und die »Geschmacksschule« gezeigt, in dem ich die Geschmacksskurven und einige andere Dinge erläutern konnte. In diesem Zusammenhang ging es auch um einige weitere Formen der Zusammenarbeit, so auch um eine sechsteilige Kochkunst-Mini-Serie für »Aspekte«, die ich dann zusammen mit Joachim Wissler realisierte. Es ging aber ebenso um das berühmte »Taller« von Ferran Adrià in Barcelona, jene Kreativwerkstatt, in der er seine neuen Ideen entwickelte. Ich hatte von Adrià ohnehin eine Einladung und konnte dann einen weiteren Termin für das ZDF vermitteln.

Das »El Bulli Taller« liegt mitten in der Altstadt von Barcelona, nur ein paar Schritte von den Ramblas entfernt und trotzdem völlig ruhig und quasi nicht zu finden. Zur Straße hin gibt es nur ein großes Tor mit ein paar Klingeln. Von da geht man in das alte Stadtpalais und über einen Hof, dann über Treppenhäuser in die erste Etage eines hinteren Gebäudeteils, in dem Adrià in hohen, alten Räumen sein »Atelier« untergebracht hat. Schon seit ein paar Jahren hatte sich für ihn ein Arbeitsrhythmus ergeben, der für ein Restaurant und einen Koch sehr selten ist – wenn nicht überhaupt einmalig: Sein Restaurant »El Bulli« war nur vom Frühjahr bis zum Herbst geöffnet. Im Winter zog sich Adrià in sein Atelier zurück und zwar mit einer Kernmannschaft von Mitarbeitern. Diese Kernmannschaft bestand aus einer Art von Sous-Chefs, die für die jeweiligen Abteilungen der Küche zuständig waren. Sie – wie in einem normalen Restaurant – »Postenchefs« zu nennen, trifft die Sache vielleicht nicht ganz. Es gab für die jeweilige Saison ganze Heerscharen von Köchen zu trainieren, während Adrià selbst nicht mehr mitkochte, sondern eher

eine Art Oberaufsicht führte. Diese Kernmannschaft war fest angestellt, während die Saisonkräfte aus einer riesigen Anzahl von Bewerbern ausgewählt, zum größeren Teil als »Praktikanten« geführt und auch nicht großartig bezahlt wurden – wenn überhaupt. Köche aus aller Welt rissen sich zu diesem Zeitpunkt darum, einmal hier zu arbeiten, und ein großer Teil der heute kreativsten Köche der Welt hat hier auch schon gearbeitet, darunter beispielsweise die mehrfache Nummer eins der Welt: René Redzepi vom »Noma« in Kopenhagen. Die kulinarische Welt wartete mittlerweile darauf, was Adrià in der neuen Saison bieten würde und entsprechend war auch der Druck, ständig etwas Neues zu finden. Das Ende von »El Bulli« als normales Restaurant hat auch etwas damit zu tun, dass in dieser Richtung erst einmal nicht mehr viel zu entdecken war. Wer nicht nur ein paar Details von Adriàs Arbeit kennt, sondern sein gesamtes, minutiös dokumentiertes Werk, wird das sofort einsehen.

Ich betrat im »Taller« einen eher dunklen Flur, der sich zu einigen ineinander übergehenden Räumen öffnete und hatte erst einmal das Gefühl, in einer Art Galerie zu sein. Adrià hat die Angewohnheit, seine gesamte Arbeit in allen Details zu dokumentieren. Einmal öffnete er mir einen Schrank mit flachen Schubladen, in denen – wie kostbare Manuskripte – eine Menge Notizbücher und Kalender lagen, und zwar seit seinen ersten Tagen als Küchenchef im »El Bulli«. »Ich habe«, sagte er in seinem sehr schwer zu verstehenden, katalanisch geprägten Französisch, »hier nicht nur jedes Menü aufgeschrieben, sondern auch jede Änderung in einem Menü, die ich jemals für einen Gast gemacht habe.« Bizarr, aber andererseits auch sehr vernünftig. Die meisten Köche haben immer noch gewisse Schwächen in der Organisation und Dokumentation ihrer Arbeit und sind oft noch nicht einmal in der Lage, in kurzer Zeit Rezepte für Veröffentlichungen zu liefern. Erst die Arbeit Adriàs hat in den letzten Jahren viele von ihnen dazu gebracht, ebenfalls saubere Dokumentationen anzulegen. Ferran Adrià jedenfalls, der immer ein sehr bodenständiger Mensch geblieben ist, scheint sein Leben lang gewusst zu haben, dass er einmal Großes vollbringen wird und dass die Dokumentation von jedem seiner Schritte eine Aktion ist, für die die kulinarische Welt noch einmal sehr dankbar sein wird. Andererseits hat er diese Arbeit den Historikern auch gleich abgenommen, weil er regelmäßig große Prachtbände veröffentlicht hat, in denen absolut alles verzeichnet war, was er in den jeweiligen Jahren an Gerichten konzipiert oder an Texten veröffentlicht hat. Adrià ist auch in diesem Sektor mit großem Abstand der innovativste Koch. Für mich war es absolut elektrisierend, einen Blick in die Werkstatt und die Schubladen und auf das ganze »System Adrià« werfen zu können.

Ich hatte schon sehr früh, noch vor dem ersten, in Deutschland erschienenen Adrià-Buch begonnen, das Kochen nicht nur nach einzelnen Rezept-büchern zu erlernen, sondern die Sache ein wenig wissenschaftlicher anzugehen. Die wissenschaft-liche Arbeit hatte mir immer gefallen, ich hatte nach meinem Staatsexamen in Musik- und Kunst-pädagogik im Jahre 1979 auch eine Dissertation begonnen. Die Promotion habe ich dann nach ersten größeren Entwürfen aber nicht mehr weiter-betrieben, weil ich mit meiner Band »Wallenstein« endlich größeren kommerziellen Erfolg hatte, Stücke von mir in den Charts standen und ich bis zu zweihundert Konzerte im Jahr spielen musste. Da hat man für so etwas wirklich keine Zeit mehr.

Aber das Interesse an einer präzisen Arbeit blieb irgendwo im Hinterkopf erhalten, auch wenn die Reise ins Innere des Geschmacks in den frühen Zeiten erst einmal eine Reise war, bei der nicht ganz klar war, wohin es denn eigentlich gehen sollte. In der allerersten Phase gab es auch für mich immer nur ein Vorbild: die klassisch-französische Spitzenküche. In diesem Zusammenhang fing ich an, alle irgendwie zugänglichen Kochbücher inter-nationaler Spitzenköche zu kaufen und die Rezepte zu studieren. Und dann kam das, was eine gewisse Distanz zu den einzelnen Büchern brachte, nämlich die Erkenntnis, dass sich die Meister ihres Faches anscheinend nicht ganz einig waren und in allen möglichen Punkten Abweichungen zeigten – vor allem auch bei technischen Daten wie etwa den Garzeiten. Diese Distanz führte dann zur Anlage von Karteikarten, auf denen ich mögliche Daten zu Lamm oder Aubergine oder Wolfsbarsch zusam-mengetragen habe. Ich fing an, Übersichten und Tabellen herzustellen, um vielleicht irgendwie auf diese Weise der besten Technik und den besten Kombinationen auf die Spur zu kommen. Mitten in dieser Phase, 1993, erschien dann das erste Buch von Adrià (auf Deutsch: 1995). Aus heutiger Sicht wirken die Rezepte schon fast wie Mainstream. Damals waren sie sehr kreativ, aber bei Weitem noch nicht so weit von der kreativen Konkurrenz entfernt, wie das später der Fall war. Sie passten mehr in den allgemeinen kreativen Aufbruch der frühen Neunzigerjahre rund um Roellinger, Bras oder Gagnaire. Aber es gab dort zwei Besonder-heiten. Einmal ging es explizit um Kreativität, und zwar mit den Unterabteilungen »Inspiration«, »Variation« und »Assoziation«. Und dann gab es dort Tabellen, die Adrià benutzte, um eine Art systematischen Zugang möglich zu machen. Wenn zum Beispiel eine bestimmte Sauce die Basis eines

Gerichtes werden sollte, verwendete er eine Liste von Fischen, aus denen er den passenden auswählte, und benutzte für die Beilagen eine andere. Diese Listen halfen ihm dabei, bei den Überlegungen zu Kombinationsmöglichkeiten nicht irgendetwas zu vergessen. Das war wirklich noch nicht sehr viel, aber ich konnte daraus – ganz praktisch – die Erkenntnis ableiten, dass man nicht nur auf zufällige Eingebungen warten musste, sondern es durchaus sehr viel Sinn machte, sich allen Bereichen der Kochkunst systematisch zu nähern.

Und Systematik war auch im »Taller« ein ganz großes Thema. Es gab dort einen Raum, den sie »die Kapelle« nannten und der das Reich eines Mitarbeiters war, der nur an der Theorie arbeitete. Der eher dämmrige Raum war abgesehen von vielen Büchern vor allem mit einer Menge Stellwände ausgestattet, auf denen die Grafiken und Übersichten entstanden, die Adrià zu seiner Arbeit anfertigte und die zum Beispiel in seinem

letzten Großwerk über die letzten Jahre von »El Bulli« eine sehr wichtige Rolle spielen. Man konnte bei diesen Grafiken und Übersichten, die alle noch nicht vollständig waren, ganz klar erkennen, dass die kreative Arbeit nicht nur dokumentiert, sondern vor allem strukturiert und zum Teil auch initiiert wurde. Sie waren ganz eindeutig eine Erklärung für die Art der Kreativität Adriàs, die im Laufe der Zeit einen immer systematischeren Eindruck machte. Hier wurde eben nicht irgendwie aus dem Bauch heraus gearbeitet, sondern hier wurde – quasi wissenschaftlich – das existierende und potenzielle Material für die Küche und seine Möglichkeiten erforscht. Ich benutze mit Absicht das Wort »Material« und nicht »Produkt«, weil die Forschung in alle Richtungen ging – also auch zu technischen Geräten, zu Produkten aus aller Welt, zu allen möglichen Kochtechniken, unter denen natürlich auch die eine Rolle spielten, die bisher nicht in der Spitzenküche verwendet wurden.

AUSFLUG LA BOQUERIA

Am Tag der Dreharbeiten für »Aspekte« ging es zwischendurch in die berühmten Markthallen »La Boqueria«, die nicht weit entfernt vom »Taller« liegen. Man wollte ein paar Aufnahmen von Adrià in »normaler« Umgebung und dazu am besten einen zwanglosen Marktbummel mit Adrià und mir haben, bei dem er mir ein paar Sachen zeigt. Das klappte – sagen wir – begrenzt. Es wurde nämlich schnell klar, dass Adrià hier wirklich zu Hause ist. Das war seine Welt, das waren seine Leute, bodenständige Markthändler und all die wunderbaren Gestalten, die sich auf diesem Markt – Touristen hin, Touristen her – immer einfinden. Alle hier kannten den Meister. Aber es gab rein gar nichts, was in irgendeiner Weise darauf hindeutete, dass hier ein Weltstar der Küche mit einem un-geheuren Bekanntheitsgrad stand und dort bodenständige Händler, die auch noch die letzte Innerei der Tiere verkaufen.

Adriàs »privater« Geschmack ist ganz normal und sehr bodenständig, wie das bei vielen Spitzenköchen der Fall ist. Wie viele Spanier isst er vor allem die regionalen Gerichte gerne und sieht gleichzeitig keinerlei Gegensatz zu seiner kreativen Arbeit. Aber er ist auch als Kreativer keiner der Kunstfiguren, wie man sie in anderen Kunstgattungen schon mal antrifft, also Menschen, die mit den sie umgebenden Realitäten eigentlich nicht mehr zurechtkommen. Ich erinnere mich an Szenen, in denen das sehr deutlich wurde, zum Beispiel an einen Abend nach einer Veranstaltung beim berühmten baskischen Gastronomie-Kongress »Lo mejor de la gastronomia«. Am Nachmittag fand dort eine Podiumsdiskussion mit vier Stars der kreativen Küche und vier Journalisten aus vier Ländern statt, moderiert von Rafael García Santos, dem enorm aktiven Veranstalter des Kongresses. Neben Adriàs saßen dort der Brite Heston Blumenthal, der italienische Altmeister Gualtiero Marchesi und der französische Alt-Kreative Michel Guérard (immer noch ein hochgeehrtes Vorbild Adriàs), ein französischer, ein britischer, ein italienischer Journalist und ich. Abends sollte es ein Essen beim Drei-Sterne-Koch Martín Berasategui geben.
Ich traf um etwa 21.30 Uhr ein und war der Erste. Langsam wurde in einem Vorraum ein Super-Schinken nebst Bier aufgebaut, und um 22 Uhr war die Runde ziemlich plötzlich komplett da. Es wurde laut, es wurde viel Schinken gegessen und schon allerlei Bier dazu getrunken. Dann ging es ins Restaurant, wo natürlich Berasateguis hochfeine und

miniaturisierte Küche das Thema war. Wir saßen an einem runden Tisch, und ich erinnere mich noch daran, dass es mir kaum möglich war, irgendwelche Notizen zu machen, weil Berasategui und seine 35-köpfige Küchenmannschaft es darauf angelegt hatten, ihren Gästen einmal vorzuführen, wie schnell und leistungsfähig ihre Küche ist. In nur knapp mehr als einer Stunde gab es 16 Gänge. Wenn man seinen Teller beendet hatte, kam links eine Hand, die abräumte, und rechts eine mit dem nächsten Teller. Natürlich gab es auch zu jedem Gericht einen anderen Wein. Alles war wirklich nur mit Mühe in dieser Geschwindigkeit nachvollziehbar. Wie dem auch sei: Es war vor allem interessant, Adrià bei diesem Essen zu erleben. Alle anderen Gäste benahmen sich eher normal. Niemand fiel besonders auf, man hatte ja schließlich genug zu tun. Adrià aß schnell und extrem konzentriert. Er schmeckte nach, überlegte ganz offensichtlich und war dann fertig, um alsbald wieder mit seiner rauen Stimme (wenn er in Form ist, redet er viel und laut) wildeste Gespräche in alle möglichen Richtungen zu führen. Cool ist wirklich etwas anderes. Besonders auffallend fand ich allerdings eine merkwürdige Verhaltensweise, die ich ein wenig von mir selbst kenne. Ab und zu hielt er inne und verfiel fast in so etwas wie eine Starre. Er hatte sich offensichtlich in seinen Gedanken irgendwo eingehakt und musste mal eben irgendetwas durchdenken und klären. Das dauerte vielleicht eine halbe Minute. Dann ging es weiter mit dem Essen und den wilden Gesprächen. Ein paar Mal ging das so, es war wirklich sehr klar zu erkennen.

Aber zurück zu »La Boqueria«. Das Kamerateam kam kaum mit, und man musste keine einzige Szene stellen, weil sich alles in so großer Dichte entwickelte, dass man nur »draufhalten« musste. In kurzer Zeit stellte er mir Dutzende von Leuten vor, wir bekamen Proben hier und Proben da, gingen zu den Tapas-Bars und probierten ein paar Sachen a la plancha, und alle lehnten es ab, dass Adrià irgendetwas bezahlte. Am meisten freute er sich, als er an einem Stand einen der letzten Trüffel der Saison geschenkt bekam. »Den esse ich heute Abend mit meiner Frau«, sagte er, »ganz einfach, mit Brot und Butter und Salz und Rührei.«

Diese Spannweite zwischen Avantgarde-Küche, Theorie und Bodenständigkeit ist übrigens ein Merkmal, das sehr viele der besten internationalen Kreativen haben. Aber zurück ins »Taller«, zurück zu Beobachtungen am Tag vor dem Dreh, wo ich allein und ohne Störungen die Arbeiten beobachten konnte.

Ein Teil des Areals war also die Kapelle, ein Teil Büro, dazwischen viele Galerieschränke, in der ersten Etage mit flacher Decke der Bereich für Ferran Adriàs Bruder Albert (einer der besten und einflussreichsten Pâtissiers der Welt, Koch, Berater und Vertrauter) und dann der eigentliche Küchenbereich, der stilistisch irgendwo zwischen professioneller Küche und Labor angesiedelt war. Auf den Tischen standen die modernsten Küchengeräte, es gab Tische mit Plätzen für das Kreativteam, jeder mit einem Laptop ausgestattet und eine Menge von Dosen und Behältern mit allen möglichen Aromen und Zutaten. Gearbeitet wurde hier strikt nach einem Plan, der sich im Laufe des Sommers im »El Bulli« entwickelt hatte. Ich hatte ja bereits gesagt, dass Adrià zu diesem Zeitpunkt nicht mehr selbst in der Küche des Restaurants mitkochte. Dort probierte und überwachte er, zog sich aber oft

auch kurz zurück, um – neben aktuellen Änderungen und Optimierungen – Notizen zu machen. So ergab sich im Restaurant ein großer Teil der Ideen, die im Winter dann im Atelier ausprobiert wurden.

An diesem Tag ging es im »Taller« unter anderem um Steinpilze in einer durchsichtigen Geleehülle, genauer: um warme Steinpilze in einer durchsichtigen und ebenfalls warmen Geleehülle. Der fortgeschrittene Privatkoch unter den Lesern wird das heute als durchaus machbar ansehen. Aber tatsächlich musste natürlich erst einmal ein Material und ein Bindemittel gefunden werden, das glasklar ist, trotzdem ein gutes Aroma hat und vor allem temperaturstabil ist. Die Arbeit ging zum Teil nach dem Trial-and-Error-Prinzip. Die Köche probierten Formen, Materialien, immer wieder den Geschmack und kamen schließlich an einen Punkt, an dem sie fanden, man könne die Ergebnisse jetzt dem Meister vorstellen. Adrià kam in Freizeitkleidung dazu, hatte schnell etwas zu kommentieren, während seine Leute ihm mit erkennbar viel Respekt zuhörten. Adrià fragte zurück, die Spezialisten gaben Antworten zu Alternativen, und zwischendurch lief immer wieder jemand zu seinem Laptop, um bestimmte Dinge zu notieren. So ging das den ganzen Tag, zu diesem Zeitpunkt kurz vor Beginn der Saison dann immer auch mit dem Ziel, bestimmte Punkte im geplanten Menü noch auszufüllen oder zu verbessern. Das Ganze konnte schon ein wenig an eine aufwendige Operninszenierung erinnern, bei der sich von den Konzepten bis zur Aufführung ja ebenfalls an allen Ecken und Enden und in allen möglichen Bereichen etwas tut. Oder an die Art, in der Haut Couture entsteht.

Zwischendurch tauchte zum Beispiel ein junger Designer auf, der ganze Kisten voller neuer »Teller« präsentierte. Adrià war dazu übergegangen, die neuen Kreationen auch auf jeweils neuen und unterschiedlichen Schüsseln, Platten oder was auch immer zu präsentieren. Diese Gebilde sahen oft eher wie Kunstwerke und nicht wie Essgeschirr aus, sie passten aber in ihrer Funktion durchaus immer zuverlässig zu den Gängen, für die sie gedacht waren. In den Reflexionen über die Gerichte ging es übrigens an diesem Tag nie darum, ob die Gäste so etwas verstehen, ob sie so etwas mögen, oder ob das zu schwierig für das Publikum ist. Es ging ausschließlich um die Idee und darum, wie man sie am besten und klarsten umsetzen kann.

Die kreative Freiheit, die sich hier und insgesamt in der Arbeit Adriàs zeigt, ist der Schlüssel für seinen großen Erfolg. Mit dieser Konsequenz kommt er zu so auffallend neuartigen und spektakulären Ideen, dass sie einfach attraktiv werden müssen. In Deutschland etwa hat es noch nie einen Koch gegeben, der auch nur annähernd eine solche Kreativität wie Adrià im Restaurant gewagt hätte. Ich vergleiche die Situation der Restaurants immer gerne mit dem Unterschied zwischen Oper und Musical. Die Oper ist subventioniert, und es kommt immer wieder vor, dass extrem kreative Regisseure mit viel Aufwand Inszenierungen produzieren, die anschließend beim Publikum nicht besonders gut ankommen. Das irritiert dann vielleicht einmal kurzfristig, führt aber auf Dauer nicht dazu, dass man von diesen Experimenten abweicht. Dort muss man eben sein Geld nicht wirklich selbst verdienen. Ein Restaurant muss sein Geld selbst verdienen (oder zumindest weitgehend) und muss sehen, dass es seine Gerichte verkaufen kann. Es ist – so gesehen – nicht Oper, sondern Musical, der kom-

merzielle Ausläufer, der sich selbst finanziert. Dann ist natürlich auch die Kochkunst, die unter solchen Umständen möglich ist, nicht Oper, sondern Musical, also vorwiegend auf Verkäufliches konzentriert. Ich bin und bleibe aber der Meinung, dass sich wirklich extrem Kreatives auch gut verkaufen würde. Wenn die Gäste Schlange stehen, um ein ganz besonderes Essen wenigstens einmal probieren zu können, hätte man diesen Zustand. Ein Essen von solcher Attraktivität mit der entsprechenden Nachfrage existiert nur an wenigen Plätzen auf dieser Welt, nicht aber in Deutschland. Interessant ist in diesem Zusammenhang, dass zum Beispiel das »Noma« in Kopenhagen (mit Adrià-Schüler René Redzepi) wie das »El Bulli« ebenfalls einen solchen Typus repräsentiert und ebenfalls weit im Voraus ausgebucht ist. Redzepi sagt übrigens über seine Zeit bei Adrià, dass für ihn die wichtigste Erkenntnis nicht ein paar spezielle Zubereitungen waren, sondern die Einsicht, wie viel kreative Freiheiten man in der Küche hat, und dass man sie erfolgreich nutzen kann.

Das »Dal Pescatore«, das Restaurant der Familie Santini.
(Foto Philippe Schaff)

REISE 9
»DAL PESCATORE« – PASTA ODER PASTA?

Das Restaurant »Dal Pescatore« in dem zu Canetto Sull'Oglio gehörenden Weiler Runate ist eines der italienischen Drei-Sterne-Restaurants und ein echter Familienbetrieb. Es liegt mitten in der Poebene unweit Cremona und Parma, sehr ruhig in der Nähe von einem Nebenfluss des Po und in einer Landschaft, die man lieben lernen muss. Sie ist spröde, auf den ersten Blick ohne viele Höhepunkte, aber vielleicht gerade deshalb von einer beträchtlichen Atmosphäre. Nicht weit von hier ist übrigens auch Brescello, der Ort, in dem die legendären Don-Camillo-Filme gedreht wurden. Falls Sie sich ein wenig an die Atmosphäre erinnern sollten: Es ist hier tatsächlich so, und das immer noch. Wir waren natürlich auch in Brescello und haben die Kirche und den quasi unveränderten Platz vor der Kirche besichtigt, sind den Weg zum Deich gegangen und haben uns die Gegend ein wenig angesehen.

Nach den Erfahrungen aus vorhergegangenen Besuchen im »Dal Pescatore« hatte ich die Idee, einmal zurückzukommen und ausschließlich die Pastagerichte des Hauses zu essen. Sie hören richtig: Es gibt in diesem Drei-Sterne-Restaurant tatsächlich eine ganze Reihe von Pastagerichten. Aber was für welche! Ein paar Details dazu haben sich auch international verbreitet, zum Beispiel Berichte über die Nonna (Großmutter) Santini, die noch immer für die Pasta verantwortlich ist, und über die Tatsache, dass man für jede der verschiedenen Pasta-Sorten verschiedene Eier benutzt (was nicht ganz stimmt). Entscheidend für den Stil des Hauses ist aber, dass man sich ganz wesentlich um die Produkte und Traditionen der Gegend kümmert. Das hat man immer so gemacht, damit ist man berühmt geworden und das bleibt dann natürlich auch so. Was hier immer wieder beeindruckt,

ist die Arbeit in der Familie dieses schon seit 1926 existierenden Restaurants. Da ist Bruna, die Großmutter, dann Nadia Santini als Küchenchefin und Aushängeschild, schon mehrfach an verschiedenen Stellen als beste Köchin der Welt ausgezeichnet. Ihr Mann macht den Service, Sohn Giovanni wird Nadia Santinis Nachfolger und sorgt für die moderneren Aspekte, die Schwiegertochter ist ebenfalls im Service. In dieser Dichte und Qualität erinnert das ein wenig an die »Auberge de l'Ill« in Illhaeusern im Elsass, bei der die Verhältnisse nicht unähnlich sind (man kennt und schätzt sich auch sehr). Ankunft und Abschied im »Dal Pescatore« sind übrigens immer von sehr viel Herzlichkeit geprägt, und in vielen Fällen taucht gleich die ganze Familie zur Begrüßung und Verabschiedung der Gäste auf. Aber zurück zu dem »Versuchsaufbau«, also dem Plan, ausschließlich Pasta-Gerichte zu probieren und Erkenntnisse darüber zu gewinnen, wie weit man mit der Optimierung traditioneller Gerichte oder Aromenbilder kommen kann. Es gab dort zum Beispiel:

Agnoli in Hühnerbrühe: An den Anfang des Menüs haben die Santinis einen Klassiker des Hauses gestellt, der eigentlich wenig mit der Spitzenküche zu tun hat, sondern eher dokumentiert, wo sie ihre Wurzeln haben. Das Rezept stammt von Großmutter Bruna, ist eine Variante der klassischen »Agnoli mantovani« und besteht aus ganz »normalen« Zutaten, also der mit Fleisch gefüllten Teigtasche (die den Tortellini nicht unähnlich ist) und der Hühnerbrühe. Alles war gut, die Garung, die Füllung, der Biss, die Brühe. Ich verstand sofort, dass dies nicht nur die Basis ist, sondern auch selbstverständlich der Ausgangspunkt für alle weiteren Arbeiten. Das Essen hatte man also traditionell und optimiert gelassen, servierte dann aber einen für meine Begriffe so ungewöhnlichen Wein dazu, dass das Ganze schon wieder erstaunlich originell schmeckte. Es war ein Lambrusco Mantovano, ein nicht besonders komplizierter und feiner Wein, der aber einen enormen Aromenstrauß von Früchten und Gewürzen hat.

Tortelli di Zucca: Dann kam das, was ich mir erhofft hatte und von einem früheren Besuch schon kannte: die Tortelli mit Kürbisfüllung, eine der ganz großen Spezialitäten des Hauses und von der Familie in eine Kostbarkeit verwandelt, die irgendwo zwischen Praline und Schmuckstück liegt. Es gab davon nur drei Exemplare auf dem Teller, aber die schienen mit einer unglaublichen Sorgfalt behandelt zu sein. Kürbis, Amaretti und kandierte Senffrüchte (Mostarda) sorgten für ein Aroma, das schillernd war, aber nie in den Verdacht geriet, irgendetwas mit einem Dessert zu tun zu haben. Unterstützt wurde die Herzhaftigkeit von vorsichtig darüber geriebenem Parmigiano, der eine ganz präzise Balance zur Süße hielt. Beeindruckend war auch die Sensorik, die ja schließlich die Voraussetzung dafür ist, dass eine solche Kostbarkeit auch so wirken kann, wie sie wirken soll. Wäre zum Beispiel der Teig zu weich, würde er sich schnell mit der Füllung vermischen und man würde sie nicht wirklich in allen ihren Nuancen wahrnehmen. Wäre er »molto al dente«, würde er die Füllung überlagern. Hier aber war er genau so eingestellt, dass man erst einmal die Textur der Pasta registrierte. Dann blendete das Aroma der Füllung auf, während man gleichzeitig das Aroma der Pasta aufschloss. Es gab eine kurze Phase der Vermischung, bevor man wieder getrennt Pasta und den Nachhall der Füllung registrierte. Eine echte Delikatesse, und das mit diesen einfachen Ausgangsprodukten. Es war ganz klar, dass ich mir

sofort die Frage stellen musste, ob man so etwas nicht auch mit Schwäbischen Maultaschen machen könne. Natürlich kann man das. Aber während hier in Italien die Tortelli als hochgeschätztes Hauptprodukt auf dem Teller eines Drei-Sterne-Restaurants erscheinen, sucht man sie in den besten schwäbischen Küchen entweder vergeblich oder bekommt sie – halbwegs optimiert – bestenfalls in einer Nebenrolle. Das gibt zu denken.

Safranrisotto mit angerösteten Artischocken: So ganz konsequent wollten die Santinis das Pastamenü dann doch nicht durchziehen, sondern machten einen kleinen Abstecher in ein anderes Fach, in dem ebenfalls mit einfachsten Produkten und ganz aus der Tradition heraus gearbeitet wird. Und wieder war der Unterschied zu dem, was man landauf, landab als Risotto bekommt, beträchtlich. Der Unterschied lag vor allem darin, dass es nicht in Richtung Sahne oder Butter oder Olivenöl oder Parmesan ging, sondern zuerst einmal dahin, den Reis auch als Reis zu schmecken. Dieses Risotto war kein süffiges Gematsche, sondern die sorgfältige Inszenierung eines traditionellen Produktes, mit geradezu japanischer Sorgfalt fürs Detail gemacht. Safran und Reis konnte man getrennt wahrnehmen, weil der Reis eine gewisse texturelle und aromatische Länge hatte, und die leicht angerösteten Artischockenstückchen bildeten eine Art erdigen Hintergrund. »Wenn das der Boden ist, was braucht man da Bebauung?«, schrieb ich hinterher in der F.A.Z.-»Geschmackssache« dazu.

Ravioli/Occhi di Lupo: Es wurde schnell klar, dass man hier in diesem vielleicht besten italienischen Restaurant der Welt mit einer klaren Verbindung zu regionalen Ressourcen einfach eine vollkommen anders entwickelte Sensibilität gegenüber Pasta-

Gerichten hatte. Es gab Ravioli, die mit einer Aal-Zubereitung gefüllt waren (auch das ein klarer Rückgriff auf die Produkte der Gegend) und von frittiertem Fisch und Limone begleitet wurden. Das schmeckte so, als würde man irgendwo draußen am Flüsschen Oglio ein Holzfeuer machen und die Produkte frisch aus dem Fluss verarbeiten. Bei den Occhi di Lupo war es dann Giovanni Santini, der sich ein paar Freiheiten nahm mit einer ganzen Reihe von Gemüsesorten bis zu einer Käsefüllung und Bottarga dazu, aber auch bei diesem moderner schmeckenden Gericht ganz klar erkennen ließ, dass er mit den gleichen Grundlagen arbeitet, wie dies bei den Klassikern der Fall ist.

FÜR KOPF UND KÜCHE
REGIONALKÜCHE ALS SPITZENKÜCHE

Aus den Begegnungen mit der Familie Santini (und natürlich anderen Restaurants mit starker regionaler Prägung – vor allem in Frankreich und Italien) muss sich die Frage ergeben, warum man bei uns in Deutschland in der Spitzenküche meist einen Bogen um die Regionalküche macht. Das Bild ist im Grunde bizarr. Man kann an der Nordsee sein und bekommt mediterrane Küche, in den Alpen vielleicht asiatisch Inspiriertes, im Schwarzwald französische Küche, aber nur selten das, was man normalerweise in den Regionen erwarten darf und was dort in der bürgerlichen Küche auch allgemein angeboten wird. Auf der anderen Seite kann man zum Beispiel in Frankreich durch die Regionen fahren und bekommt in den besten Restaurants ganz selbstverständlich das, was die jeweilige Region zu bieten hat. In der Bretagne gibt es die lokalen Produkte und selbstverständlich auch viele Bezüge zu den traditionellen Gerichten der Gegend. Wenn beispielsweise Crêpe gemacht werden, werden sie in einer exquisit verfeinerten Form angeboten, und selbstverständlich landen auch die Schweine der Gegend und oft genug selbst »berüchtigte« Spezialitäten wie die Andouillette in irgendeiner Form in den Kompositionen der besten Köche. Olivier Roellinger legte Wert auf die Feststellung, dass er quasi ausschließlich mit Produkten der engsten Umgebung arbeitet. Eine solche Aussage führt natürlich geradewegs zu einem der wichtigsten Gegenargumente deutscher Spitzenköche, das hier zusammen mit weiteren Einwänden einmal etwas genauer betrachtet werden soll.

Argument 1: »Wir würden ja gerne mit lokalen Produkten arbeiten, aber hier gibt es nichts Vernünftiges.«
Viele deutsche Köche – aber auch Köche in Ländern, die vor allem andere Küchen kopieren – haben immer noch eine so fixe Orientierung an dem, was die klassisch-französische, die italienische, die spanische oder asiatische Küche ausmacht, dass sie betriebsblind geworden sind. Sie können sich einfach nicht vorstellen, dass man auch mit lokalen regionalen Produkten arbeiten kann, und wenn sie es tun, dann machen sie mit den regionalen

Produkten das Gleiche, was sie vorher gemacht haben. Dann kommt dann eben das Huhn aus einer Bioproduktion im nächsten Dorf, aber es wird mit asiatischen Aromen oder im mediterranen Stil weiterverarbeitet. In gewisser Weise haben diese Köche vielleicht sogar recht – zumindest auf den ersten Blick. Während in anderen Ländern mit großen kulinarischen Traditionen auch große Traditionen in der Erzeugung hervorragender Produkte bestehen, ist das bei uns nur begrenzt der Fall. Auf den zweiten Blick muss man sagen, dass die Köche, die sich über die schlechte Produktlage beklagen, zu einem nicht zu unterschätzenden Teil an dieser Entwicklung selbst schuld sind. Während sich in anderen Ländern fast alle Köche von Rang über Jahre hinweg einen Stamm von guten Erzeugern »heranziehen«, neigen viele deutsche Köche nach wie vor dazu, sich aus dem international tätigen Großhandel zu bedienen. Eigentlich müssten sie von selbst initiativ werden und sich um ihre Produzenten kümmern. Das gäbe Nachfrage, aber auch Einfluss auf die Qualität. Ich kenne französische Drei-Sterne-Restaurants, die sich Erzeuger »teilen«. In dem Fall, an den ich denke, kaufen sie gemeinsam die gesamte Lammproduktion eines Züchters auf. Sie haben und nutzen dann alle Möglichkeiten, zum Beispiel das Schlachtalter der Tiere, teilweise bestimmen sie auch deren Ernährung. Nach Jahrzehnten der Vernachlässigung der Beziehung zu lokalen Produzenten ist es also dringend nötig, eine Kurskorrektur vorzunehmen.

Argument 2a: »*Wir haben nichts gegen Kalbskopf und Co. Aber solche rustikalen Produkte gehören in die Wirtshäuser und die Regionalküche, nicht in die Spitzenküche.*«
Argument 2b: »*Was soll man an einer Schweinshaxe verfeinern?*«
Die langjährige Fremdorientierung vieler Köche hat sie in eine Situation gebracht, die eigentlich längst nichts mehr mit der Kochkunst zu tun hat. Ja, Kochkunst hat etwas damit zu tun, sehr gute Produkte noch besser zu machen, und manchmal hat sie auch etwas damit zu tun, exzellente Produkte mit viel Gefühl für die Zusammenhänge möglichst wenig zu behelligen, sondern sie so zu inszenieren, dass ihre Qualitäten komplett erhalten bleiben. Aber gerade die Verfeinerung des scheinbar Groben (ich benutze den Ausdruck »scheinbar«, weil es in meinen Augen im Prinzip keine »groben« oder für Verfeinerung ungeeigneten Produkte gibt) ist eine der vornehmsten Aufgaben des wirklichen kulinarischen Könners. Die Reise ins Innere des Geschmacks ist nicht nur etwas, was auf dem Luxus-Kreuzfahrtschiff stattfindet, sondern unbedingt auch eine Reise zu allen guten Produkten, die es gibt. Und da muss es selbstverständlich sein, gut aufgezogene Tiere (sagen wir: ein sorgfältig ernährtes und gemästetes Schwäbisch-Hällisches Schwein oder ein Kalb, das »sous la mère« schon mit der Mutter auf großen Wiesen unterwegs war) buchstäblich vom Kopf bis zum Schwanz zu verarbeiten. Wenn man an diesem Punkt etwas ganzheitlicher denkt, ist es eine besondere Art der Perversion, wenn zum Beispiel von einem Kalb in der Spitzenküche nur das Kalbsfilet verwendet wird. Man muss den Eindruck gewinnen,

dass viele Köche auch einfach nicht in der Lage sind, mit allen guten Produkten zu arbeiten, weil sie sich auf ein paar wenige Dinge spezialisiert haben.

Nehmen wir das Beispiel Schweinshaxe, ein Produkt, das fast ausschließlich in der allseits bekannten Form in großen Mengen in Brauhäusern und ähnlichen Etablissements und das immer in der gleichen Technik verarbeitet wird – vielleicht manchmal naturell, vielleicht manchmal mit einer Biersauce, aber nie mit dem Ziel, wirklich das Beste aus diesem Produkt herauszuholen. Ich habe schon vor Jahren vorgeschlagen, die Gerichte der Regionalküche einmal einer »Schwachstellenanalyse« (siehe Glossar) zu unterwerfen, also einmal die Vorurteile und Prägungen so gut wie möglich beiseitezulassen und sich auf das Produkt selbst und auf sonst gar nichts zu konzentrieren. Eine solche Schwachstellenanalyse kann eine sehr aufschlussreiche Sache sein (und sollte anschließend durch eine Positivliste der Möglichkeiten ergänzt werden, die man mit dem Produkt hat). Bei der Schweinshaxe etwa könnte man feststellen, dass in vielen Fällen die Kruste so extrem hart wird, dass man außer Textur kaum etwas hat. Oder man könnte feststellen, dass das Fleisch direkt am Knochen, also da, wo die Garung erst gegen Ende der Zubereitung beendet wird, nicht besonders attraktiv schmeckt, weil keine Würze und keine Glasur bis in diese Tiefen vordringt. Wie abenteuerlich die Qualitäten der Regionalküche manchmal sind, und wie groß das Potenzial für Verbesserungen ist, habe ich einmal an Beispielen aus einer süddeutschen Stadt untersucht. Hier ein kleiner Exkurs dazu:

EIN BAUERNSCHMAUS IM BRAUHAUS

Die »Versuchsanordnung« war eigentlich ganz einfach und in meinen Augen sehr plausibel. Ich wollte für eine F.A.Z.-»Geschmackssache« einmal seriöse Brauhäuser aufsuchen und das Essen dort etwas genauer betrachten. Es sollte nicht unbedingt darum gehen, die Qualitäten zu relativieren, also zu Sätzen zu kommen wie: »Für diesen Preis bekommt man wirklich eine Menge zu essen.« Nein, es sollte so gesehen werden, wie jedes andere Essen auch. Das Ergebnis war auch für mich interessant, weil auch ich die Brauhaus-Qualitäten normalerweise eher relativ betrachte.

Es gab ein Gericht namens »Bauernschmaus«, das zuerst einmal dadurch auffiel, dass die Portion riesig und geeignet war, selbst für schwerste Schwerarbeiter genügend Kalorien zu liefern. Ganz nebenbei: In dem Raum, in dem wir saßen, aßen mehrere Leute den »Bauernschmaus«. Niemand davon hatte – da bin ich mir ganz sicher – irgendetwas mit schwerer Arbeit zu tun – schon eher mit Übergewicht, ist man versucht zu sagen. Es gab (für 11,90 Euro) zwei Bratwürste, eine Scheibe Schweinsbraten, eine größere Menge Haxenfleisch auf Sauerkraut und zwei große Kartoffelknödel. Ich machte mich an die Details und kam zu Ergebnissen, die ich in dieser Konsequenz kaum erwartet hatte, weil dieser Teller durchaus zu denen gehörte, die normalerweise als üblich akzeptiert werden, ohne dass weiter über die Details nachgedacht wird. Tatsächlich gab es Merkwürdiges. Das Haxenfleisch hatte eine so harte Kruste, dass man sie kaum essen konnte. In Kombination mit dem weicheren Fleisch unter der Kruste stellte sich heraus, dass man wegen der harten Textur gar nicht feststellen konnte, wie es schmeckt. Ich schnitt etwas heraus und fand es eher fade, ohne irgendeinen angenehmen Fleischgeschmack. Das galt dann auch für den Schweinsbraten, der – allein und ohne die Sauce und das Sauerkraut – ebenfalls kein gutes Aroma hatte und kein Vergnügen bereitete. Überraschenderweise gehörten auch die Würste in diese Kategorie, was eher ungewöhnlich ist, weil Bratwürste meist mit einer kräftigen Gewürzmischung hergestellt werden. Bei den Knödeln fiel mir erst einmal eine Textur auf, die irgendwie industriell-elastisch wirkte – was besonders deshalb merkwürdig wirkte, weil sie ebenfalls wenig Aroma hatten. Und dann kam das Sauerkraut, das mit größeren Mengen Würze so kräftig geraten war, dass es quasi die Aromatisierung des ganzen Essens übernahm (von der Sauce einmal ganz zu schweigen). Es gab also im Grunde viele verschiedene Texturen und ein, zwei Elemente, die mit ihrer Würze auch die anderen »mitzogen«. Ich fand das sehr enttäuschend, weil hier quasi keinerlei Regeln der Kochkunst eingehalten wurden, sondern es rigoros oberflächlich ausschließlich um die Erzeugung eines »populären« Geschmacksbildes ging. Man muss sich dabei noch einmal in Erinnerung rufen, dass das ganze Image der deutschen Regionalküche, das ja für viele Leute im Lande durchaus ein gutes ist und im Zweifelsfalle auch einmal polemisch gegen das Essen anderer Länder verteidigt wird, auf solchen schlechten Qualitäten beruht! Gleichzeitig wird von ziemlich vielen Freunden dieser Brauhaus-Küche gerne ein in diesem Zusammenhang nun besonders merkwürdiges Feindbild gepflegt: die »Sterneküche«, die gerne als abgehoben und schicki-micki-lastig geschmäht wird. Was für eine seltsame Verdrehung der Fakten! Das Gute und oft auch durchaus Natürliche gilt als exaltiert. Das Schwache und stark von industriellen Geschmacksbildern Beeinflußte sozusagen als menschlicher! Da geht doch eine Menge durcheinander.

Doch weiter mit den Argumenten der Köche:
Argument 3: »*Wir haben es ja versucht, aber die Gäste wollen so etwas nicht. Sie kommen zu uns, weil sie auch einmal Hummer, Steinbutt, Foie gras und Trüffel essen wollen.*«
Das mag ja so sein, ist aber wieder eine Reaktion, die etwas mit den eigenen Verhaltensweisen der Köche zu tun hat. Es gibt in Deutschland nach wie vor nur wenige Adressen der Spitzenküche, die Regionalküche in so verführerischer Qualität anbieten, dass sich die Gäste um die Plätze reißen. Die Kette der natürlichen Steigerung von Qualität über einfache, regionale Küchen zu guten bis hin zu überragenden Regionalküchen ist in Deutschland wegen der zu starken Orientierung an Küchen anderer Länder unterbrochen. Während es zum Beispiel in vielen französischen Regionen auch in der Spitzenküche ganz

selbstverständlich die regionalen Klassiker in allerbester Qualität gibt, sucht man etwa die Schweinshaxe bei unseren besten Köchen vergebens. Nichts anderes macht die Familie Santini, die die ganz normalen Pasta-Klassiker in ungeahnte Höhen befördert. Man kann nicht hingehen und den Gästen einseitige Bedürfnisse nachsagen, wenn man gar nichts Alternatives anzubieten hat.

Argument 4: »Wir müssen uns international orientieren. Wir haben viele Gäste, die essen heute in London, morgen in Paris und übermorgen in New York ihre fangfrischen Langustinen, Bresse-Poularden und geangelten Wolfsbarsch. Wenn wir da nicht die gleichen Qualitäten haben, werden wir international nicht mehr wahrgenommen.«
Eine solche Aussage, die man so oder ähnlich immer noch und immer wieder finden kann, wird bald nur noch für sehr konservative Restaurants mit einem eher älteren Publikum gelten oder eben für internationale Business-Reisende, die man üblicherweise aber nicht als Gourmets erleben kann. Die Spitzenküche ist weltweit gesehen längst nicht mehr auf diesem »Trip«, der sich immer noch vor dem Hintergrund einer global verbreiteten französischen Spitzenküche zeigt. So lange Spitzenküche in allen Ländern in etwa ähnlich aussah, weil sie sich in den Fußstapfen der französischen Spitzenküche entwickelte, hatte das noch Gültigkeit. Heute und vor allem in Zukunft geht es mehr um regionale Identität, um ein kulinarisches Entertainment, das an jedem Platz der Welt originell und typisch ist und sich nicht immer wieder im Kreis dreht.

Aber noch einmal zurück nach Canneto Sull'Oglio zu den Santinis, mit denen man auch immer gut über alles Mögliche in der kulinarischen Welt plaudern kann. Ich hatte in Verona ein Buch von einem Restaurant gekauft, das mich schon wegen der Bilder ausgesprochen faszinierte. Sie sahen aus wie aus einer anderen Welt. Ich war sicher, dass mir Signore Santini präzise sagen konnte, was es damit auf sich hatte.

AUSFLUG »LA AMBASCIATA«

»Was halten Sie eigentlich vom ›La Ambasciata‹?«, fragte ich also Signore Santini. »La Ambasciata?«, antwortete er mit einem Gesichtsausdruck, der irgendwo zwischen Fatalismus und Verzweiflung lag, »das ist kein Restaurant. Das ist eine Theateraufführung.« Damit hatte er endgültig den Startschuss für einen Besuch gegeben. Wir fuhren also hin, durch weitere dröge Teile der Po-Ebene und landeten am Ende einer Dorfstraße, wo wir ein wenig im Schatten der Auffahrt zu einer Brücke über einen kleinen Nebenfluss des Po ein verwinkeltes, nicht sehr groß aussehendes Haus mit dem Schild »L' Ambasciata« fanden. Hier war nichts normal – anders kann man das nicht ausdrücken. Im Flur hingen ein paar Bilder der Art »Koch plus Papst«, was in Italien nicht weiter auffallen muss. Aber später, in einem Gang Richtung Toilette, musste ich wieder an das Papstbild denken, weil dort, säuberlichst eingerahmt, ein kompletter Satz Dessous zu finden war, dessen Einrahmung und Datierung wohl darauf schließen lässt, dass die Brüder Tamani auch nicht so ganz frommen Aktivitäten nahe stehen. Wie dem auch sei: Ohne Hilfe des Personals hätten wir vermutlich gar nicht erst den schmalen Weg zum eigentlichen Restaurant gefunden. Es war einfach alles so komplett übervoll dekoriert und zugestellt, wie wir es noch nie gesehen hatten. Überall Bilder, Bücherstapel und riesige Sammlungen von gastronomischen Antiquitäten, hoch gestapelt, in jede Ecke gedrückt, wie ein riesiges Antiquitätengeschäft. Das war sensationell, und das, obwohl es nun wirklich immer wieder Restaurants gibt, deren Einrichtung – sagen wir – nicht jedermanns Geschmack entspricht. Wir setzten uns also auf unseren Platz und waren für den Rest unseres Aufenthalts so beschäftigt wie selten, allerdings nicht unbedingt kulinarisch

im engeren Sinne. Antonio Santini hatte recht. Es begann eine Theateraufführung, in der es buchstäblich bis zur letzten Geste sehr, sehr italienisch zuging. Romano Tamani, der sehr wohlbeleibte Koch, residierte fast während des ganzen Essens an einem Ecktisch in der Nähe des Eingangs und empfing die Gäste, die erstens alle Italiener waren und zweitens sich eher wie enge Verwandte benahmen. Ab und zu verschwand er um die Ecke in die Küche, in die man durch ein großes Fenster vom Gastraum aus hineinsehen konnte. Das erinnerte einerseits an ein Aquarium, andererseits aber auch an eine Bühne, weil dort eben nur ab und zu Köche auftauchten und man Bewegungen, aber nicht wirklich viel vom Kochen sah. Romano Tamani tauchte ab und zu ebenfalls dort auf und absolvierte einen Auftritt. Mit wilden Gesten sah man ihn mit Pasta hantieren, Dinge von einem Topf in den anderen schütten oder irgendetwas probieren. Es dauerte aber nicht lange, da bog er wieder um die Ecke und nahm an seinem Tisch Platz. Bizarr. Natürlich war das alles eine irre Inszenierung. Aber auch irre Inszenierungen können einfach wunderbar sein. Das Essen war zwar nicht besonders gut, passte aber zu dieser Inszenierung. Bis hin zu einer Schokoladensalami am Schluss des Menüs, die so süß und historisch schmeckte, dass man eigentlich nach einem Bissen schon hätte aufhören müssen. Und zur Zabaione kam doch tatsächlich eine Art Lehrjunge mit großer Kochmütze und in einer großen, kupfernen Rührschüssel rührend aus der Küche und lieferte die ebenfalls irgendwie historisch schmeckende Zubereitung frisch ab Schüssel. Ein Jahr nach unserem Besuch verlor das Restaurant seinen zweiten Michelin-Stern. Das war abzusehen, macht aber nichts. Es war für uns eine der ganz großen kulinarischen Sehenswürdigkeiten.

Inzwischen neigte sich das Essen bei den Santinis seinem Ende entgegen, und es entwickelte sich die typische Stimmung, wenn man mittags und nicht abends isst – nicht ganz so ermattet vielleicht, aber sehr entspannt und hier auf dem platten Land auch ganz ohne Business-Hektiker, die mal eben irgendein Geschäftsessen einschieben wollen.

Wir sprachen noch am Tisch mit Antonio Santini, da wurde mir auf einmal bewusst, dass im Hintergrund eine prächtige Musik lief. Sie erinnerte irgendwie an einen alten Hollywoodfilm, bei dem nach dramatischem Verlauf eine wunderbar emotionale, besänftigende, sehr positive Musik im Abspann läuft. Es war sensationell passend und brachte mich wieder einmal zu Überlegungen, ob nicht ein Essen auf diesem Niveau, das man wie den Besuch in einem Konzert oder in der Oper angehen kann, von einer adäquaten »Inszenierung« noch erheblich profitieren könnte. Es gibt da in Shanghai bei Paul Pairet (»Ultraviolet«) einen Raum, in dem alles – vom Licht über Ton bis zu den Gerüchen – gesteuert wird und zusammen mit dem Essen ein synästhetisches Erlebnis ergibt. Ich habe vor einigen Jahren dazu einmal in der »Geschmackssache« ein Szenario entworfen, das die Verknüpfung mit Bildern aufnimmt. Ich möchte das hier erwähnen – auch wenn es etwas hart ist.

Also: Stellen Sie sich vor, Sie sitzen in einem Restaurantraum, in dem rundum Projektionsmöglichkeiten für Bilder und Videos geboten sind. Es gibt ein feststehendes Menü, das – wie ein Konzert – zu einem bestimmten Zeitpunkt beginnt. Alle Gerichte werden von passenden Bildern und Videos begleitet, man zeigt schöne Landschaften, Gemüsegärten und Ernte, es ist eine sehr angenehme Begleitung, und alle Gäste freuen sich über die kurzweilige Unterhaltung und den schönen Zusammenhang mit dem Essen. Als Hauptgericht gibt es einen Lammrücken nach südfranzösischer Art, und man sieht die Vegetation der Gegend und weidende Schafe und ihre Lämmer. Während alle den Gang genießen und die exzellente Qualität der Küche loben, gibt es plötzlich einen Umschnitt, mit einem recht lauten und sehr realistischen Ton … auf Schlachthausszenen, in denen die Lämmer getötet werden. Was würde mit Ihnen passieren, wenn in einer solchen Form die realen Umstände, die zu diesem Essen geführt haben, eine brutale Gleichzeitigkeit erleben würden?

Ich bin jetzt in wenigen Zeilen zufällig, und weil es sich so ergab, von der wunderbaren Schlussmusik im »Dal Pescatore« und der Erinnerung an einen Besuch im bizarren »La Ambasciata« bei Schlachthausszenen angekommen. All das gehört zusammen. Ob wir es verdrängen wollen oder nicht, und es sollte immer eine Rolle spielen.

Himmel und Erde (und Meer) 2015 und Avantgarde-Fassung

FÜR 4 PERSONEN ALS VORSPEISE ODER MENÜGANG

Die Arbeit der Santinis muss natürlich Folgen haben. Ich persönlich beschäftige mich schon seit Jahren auch mit der Küche meiner Region – was nicht besonders einfach ist, weil es am Niederrhein nicht sehr viele originelle Gerichte gibt. Hier meine aktuelle Fassung von »Himmel und Erde«, die ich um zwei maritime Elemente ergänzt habe, was ein wenig auf die nahen Niederlande verweist. Das Rezept ist recht wenig aufwendig – vorausgesetzt, man hat die Schalen bzw. Karkassen für die Krustentiernage im Haus. Bei uns ist das kein Problem, weil wir ziemlich regelmäßig Tiefkühl-Langustinen aus einer speziellen Court-Bouillon zur Optimierung von Tiefkühl-Krustentieren essen. Die anfallenden Karkassen sind eine prächtige Grundlage für einen Fond. Und noch eine kleine Besonderheit. Die Blutwurst stammt von einem Metzger ganz in der Nähe. Sie ist für mich das beste lokale Produkt, das ich hier bekommen kann. Sie schmeckt ... ein wenig »getreidig«, eine Bezeichnung, die der Metzger übrigens nicht nachvollziehen kann. Es liegt vermutlich an seiner – natürlich geheimen – Gewürzmischung und ein wenig Reife. Diese Blutwurst schmeckt am besten, wenn sie ein wenig eingetrocknet ist.

Blutwurst, angebraten: 1 Blutwurst, Olivenöl
✳✳ Von der Wurst zwei möglichst gerade Stücke von etwa 6 cm Länge abschneiden. Längs halbieren und die Haut entfernen. In einer beschichteten Pfanne bei mittlerer Hitze etwas Olivenöl erwärmen. Die Wurststücke mit der Schnittfläche nach unten in die Pfanne geben und bei nicht zu hoher Hitze etwa 5 Minuten vorsichtig anbraten. Ziel ist die Garung einer Schicht von etwa 3–4 mm Dicke. ✳✳

Blutwurst, roh: Aus der Blutwurst 12 Würfel von etwa 1,5 cm Kantenlänge (ohne Haut) schneiden. Kalt stellen.

Apfelkompott, stückig: 3 gegarte Salzkartoffeln mittlerer Größe, 2 Äpfel (z. B. Golden Delicious), 15 g Butter, 1 Zimtstange von 5 cm Länge, 2 Lorbeerblätter, 100 ml Gemüsefond
✳✳ Die Äpfel entkernen und in grobe Stücke schneiden. In einer mittleren Kasserolle die Butter aufschäumen lassen. Die Apfelwürfel dazugeben und andünsten, wie man das normalerweise mit Gemüsestücken oder Tomaten macht. Wenn die Apfelstücke erste Spuren der Garung zeigen, die Hitze reduzieren, den Fond angießen und die Aromen dazugeben. Bei geschlossenem Deckel etwa 20 Minuten garen. Dann den Deckel entfernen, Zimt und Lorbeer entnehmen und die Flüssigkeit reduzieren, bis sich ein »stückiges« Kompott entwickelt, also eine Mischung aus kompottierten und noch nicht kompottierten Teilen der Äpfel. Kurz vor dem Servieren mit den zerdrückten Salzkartoffeln vermischen. ✳✳

Garnelen: 12 große Garnelen mit Schale (tiefgekühlt, easy peel), Curry
✳✳ Die Garnelen unter fließendem heißem Wasser antauen, bis man sie aus der Schale lösen kann. 30 Minuten (oder länger) bei Zimmertemperatur weiter auftauen lassen. Dann mit einem scharfen Messer von außen entlang der Mitte so weit aufschneiden, dass sie sich aufklappen lassen. In der Pfanne vom Garen der Blutwurst auf der Fleischseite anrösten, dazu eventuell noch etwas Olivenöl nachgeben. Im Verlauf des Garens mit Curry würzen. Gegen Ende einige Male kurz wenden. ✳✳

Krustentiernage: Karkassen/Schalen von 1–2 kg Krustentieren, am besten Langustinen, Olivenöl, Wasser

✳✳ In einem ausreichend großen Topf 4 EL Olivenöl stark erhitzen. Grob zerhackte Karkassen dazugeben und kräftig anrösten, bis sie Röstspuren zeigen. Wasser angießen, bis die Karkassen knapp bedeckt sind. 2 Stunden bei leicht geöffnetem Deckel köcheln lassen. Dann mit einem Stampfer die Karkassen nochmals zerdrücken, damit auch der Inhalt des Kopfes vollständig ausgelöst wird. Nochmals 1 Stunde bei leicht geöffnetem Deckel köcheln. Vom Herd ziehen und über Nacht stehen lassen. Am nächsten Tag den Sud durch ein feines Sieb passieren und die Flüssigkeit auf ein Drittel einkochen. In kleine Behälter (100 ml) füllen und einfrieren. Für das Rezept werden 100 ml gebraucht, die aufgetaut und kurz erhitzt werden. ✳✳

Croûtons: 1 Scheibe Toast, 30 g Butter

✳✳ In einer beschichteten Pfanne 15 g Butter auflösen und die Toastscheibe bei mittlerer Hitze beidseitig leicht darin anrösten. Herausnehmen und auf einem Küchentuch abtrocknen lassen. Die Scheibe sollte dabei ein wenig fest werden. Die Ränder abschneiden, den Rest erst in Streifen, dann in Würfel schneiden. Den Rest der Butter erhitzen, die Würfel dazugeben und unter mehrmaligem Wenden rundum nicht zu stark anrösten. Auf einem Küchentuch abtropfen lassen. ✳✳

Oben: Himmel und Erde 2015.
Unten: Avantgarde-Version mit Erde aus zerdrückter, getrockneter und mit Sepiatinte gefärbter Kartoffel und einer Blutwurstmakrone auf Oblaten. (Fotos TR)

Apfelstäbchen: 1 Apfel, Zitrone

✳✳ Den Apfel, am Boden beginnend, in dünne Scheiben schneiden, dann links und rechts vom Kerngehäuse Streifen schneiden. Mit einigen Spritzern Zitrone beträufeln, um sie vor Oxidation zu schützen. ✳✳

FERTIGSTELLUNG

Marillenkompott oder mallorquinische Mandarinenmarmelade

✳✳ Den Boden eines tiefen, eher kleinen Tellers mit der Krustentiernage bedecken. Dann pro Teller 1 Stück gebratene Blutwurst (also 1 Stück weniger als auf dem Foto) und 3 rohe Blutwurstwürfel, 3 Garnelen, Apfelkompott, 2 kleine Portionen Marmelade, Croûtons und Apfelstäbchen wie auf dem Foto anrichten. ✳✳

Anmerkung: Sie werden sich wundern, wie gut das schmeckt und wie gut vor allem das Krustentier-Aroma mit der Blutwurst zusammengeht. Ich habe aber noch etwas Weiteres gemacht, nämlich eine Art **Avantgarde-Version von »Himmel und Erde«:** Für die »Erde« stehen gegarte und dann zerdrückte mehligkochende Kartoffeln, die ich mit Sepiatinte ziemlich schwarz gefärbt habe. Dazu kommen – für den »Himmel« – nicht Äpfel, sondern Oblaten, die der Rheinländer ganz sicher ebenfalls mit dem Himmel in Verbindung bringt. Die Oblaten werden bestückt nach Art einer Mandelmakrone, in diesem Falle aber mit einem Mischung aus unter dem Grill vorgewärmten bzw. geschmolzenen Blutwurstwürfeln, die mit etwas Apfelkompott und geschlagenem Eiweiß vermischt und dann im Ofen wie normale Makronen gegart werden. Weil hier Sepiatinte beteiligt ist, schmeckt auch diese Avantgarde-Version durchaus maritim.

REISE 10

EINE REGION ALS GESCHMACKSSCHULE – DAS ELSASS

Innenhof eines Restaurants in Riquewihr im Elsass. (Foto JD)

Einer der wichtigsten Aspekte bei der Reise ins Innere des Geschmacks hat etwas damit zu tun, wie sich der Geschmack auf allen Ebenen und in allen Verästelungen entwickelt. Die kreativsten Köche liefern vielleicht wesentliche neue Aspekte, aber meist nicht viele Zusammenhänge, und schon gar nicht solche, die mit dem täglichen Essen zu tun haben. Für mich war und ist die subtile Kenntnis einer der großen kulinarischen Regionen der Welt ein Thema dauernden Studiums und dauernder Auseinandersetzung. Im Elsass hat für uns vieles angefangen (siehe Reise 0), es hat sich aber auch seit Jahrzehnten immer weiter entwickelt. Das hat seine Gründe vor allem darin, dass hier alles Mögliche bestens zusammenkommt. Die Region hat eine ausgesprochen klar entwickelte, individuelle Regionalküche. Sie hat – auch dank eines steten Touristenstroms – eine große Gastronomie und eine Küche, die vom Supermarkt über viele Restaurants in allen Schattierungen bis zur absoluten Spitzenküche ein zusammenhängendes System bildet. Das Elsass hat spezifische Produkte, es hat hervorragende Erzeuger, es hat kleine, spezialisierte Läden, es hat den Wein und seine enge Wechselbeziehung mit dem Essen, es hat Klassiker und Erneuerer, junge und alte Meister, und eigentlich haben alle vor allem immer Essen im Kopf. Wenn man dies alles über viele Jahre beobachtet, entwickelt sich eine so komplexe Sicht auf das Kulinarische, wie es in kaum einer anderen Region – und mit diesen engen Bezügen zur deutschen Esskultur – möglich ist. Und hier hat man gewissermaßen das Original und nicht – wie oft im Badischen – eine Küche, die vom Elsass stark beeinflusst und im Übrigen bei Weitem nicht so komplett eingebettet ist. Ein deutscher Supermarkt und viele deutsche Geschäfte sind eben doch ein

wenig anders als die bei den Nachbarn nur ein paar Kilometer weiter.

In der berühmten »Auberge de l'Ill« in Illhaeusern habe ich für das Elsass ganz typische Szenen erlebt. Dieses Drei-Sterne-Restaurant zählt zu den ganz großen kulinarischen Institutionen Frankreichs und gehört nach wie vor zu den am besten besuchten Spitzenrestaurants. Man kann hier selbst an einem Wochentag und mittags ein volles Restaurant vorfinden; die Autos aus den anliegenden Ländern und die Art des Publikums verraten, dass es sich hier um eine internationale Attraktion handelt. Die Elsässer machen oft ihre Witzchen über die Autos vor der Auberge. Die großen Autos seien immer von den Schweizern oder den Deutschen, die kleinen, alten und verbeulten von den Franzosen, die eben ihr Geld eher für den Genuss als für teure Autos ausgeben. Aber das ist nicht das, was ich erzählen wollte – oder nur zum Teil. Man kann hier – vor allem am Sonntagmittag – wundervolle Szenarien erleben, weil dann nämlich auch die Einheimischen kommen und hier ihre Feste feiern: Hochzeiten, Taufen, Geburtstage, Jubiläen. Wenn sie etwas zu feiern haben, zieht es sie ganz automatisch in das beste Restaurant der Gegend, dorthin, wo man die Produkte und Rezepte aus der Gegend im besten Zustand bekommt, so wie es sich für ein Fest gehört. Das Wort »Gourmettempel« mag einem hier ab und an durchaus durch den Kopf gehen. Nicht aber dann, wenn die Elsässer zu »ihrer« Auberge kommen. Was sie dann essen, ist ziemlich klar. Die Klassiker, was sonst. Also die berühmte Foie gras der Auberge, den Zander auf Nudeln mit Sauerkraut oder das Reh aus den nahen Wäldern. Sie bekommen es hier, auch wenn sich auf der Karte natürlich auch avancierte Spezialitäten finden, die zeigen, dass Marc Haeberlin nach wie vor im Konzert der Großen mitmischen kann. Die Küche ist regional verankert, und es ist ganz selbstverständlich, dass die regionalen Klassiker immer auch Thema der Spitzenküche sind. Schon ein paar Kilometer östlich des Rheins ist das oft kein Thema mehr. Eher kocht man dort französische Klassiker, als dass man sich auf höchstem Niveau mit der eigenen Tradition beschäftigt.

Das große Thema ist für mich hier die Regionalküche in allen ihren Varianten. Und das heißt vor allem: nicht zu sehr den diversen Ratgebern glauben, sondern sich an Ort und Stelle und in Restaurants jeder Qualität damit befassen, wie man die Regionalküche angeht und angehen kann. Es wurde mir zum Beispiel schnell klar, dass viele Reiseführer und viele Berichte in Essenszeitschriften nicht wirklich gut recherchiert sind. Es scheint eher so, als schreibe man die Empfehlungen mehr oder weniger voneinander ab. Das »Wistub du Sommelier« in Bergheim etwa erfreute sich schon früh einer großen Unterstützung in allen möglichen deutschen Medien. Tatsächlich ist es ein eher mittelprächtiges bis enttäuschendes Restaurant, das durchaus nicht zu den besten der Gegend gehört. Oder der legendäre »Caveau Morakopf« in Niedermorschwihr, der ebenfalls immer wieder mit groben Arbeiten enttäuscht und ebenfalls nicht zu den besten Weinstuben der Region gehört. Man lernt übrigens erst nach einiger Zeit, den Tipps der Einheimischen, die ja gerne schon mal »fetischisiert« werden, eher zurückhaltend zu begegnen. Oft kennen sich die Einheimischen gar nicht besonders gut aus, weil sie – ganz normal – mal hier-, mal dorthin kommen, aber eher selten systematisch nach den besten Restaurants suchen. Es geht natürlich nicht darum, den Einheimischen

zu erklären, was denn nun die wirklich gute Elsässer Küche ist, aber sie denken oft ausschließlich von der Seite der bürgerlichen Küche her und sind sehr oft zufrieden, wenn ihre Bedürfnisse so einigermaßen bedient werden. Ich höre heute nach wie vor gerne zu, wenn mir jemand etwas über seine Restaurantbesuche erzählt, bleibe aber zurückhaltend.

Natürlich geht es mir und Bärbel wie vielen anderen Gästen: Wenn wir durch einen der Orte mit viel Gastronomie gehen, bleiben wir vor jeder Speisekarte stehen und möchten am liebsten in jedem der oft so appetitanregend aussehenden Restaurants essen. Wohin wir dann gehen, ist Dauerthema von morgens bis abends. Sie kennen das vielleicht. Irgendwann erinnert mich Bärbel immer daran, was wir schon alles erlebt haben mit unseren spontanen Entscheidungen, und dass wir oft in Restaurants waren, wo wir schon nach kurzer Zeit erkannten, dass die Küche uns keine größere Freude machen wird. Und trotzdem bleibe ich dabei, dass mir gerade in meiner Funktion als Kritiker auch solche Dinge regelmäßig (aber natürlich nicht allzu oft …) »passieren« sollten, damit ich den Kontakt zu den kulinarischen Realitäten nicht verliere. Wie schwierig manche Dinge sind, zeigt sich zum Beispiel an einem der Nationalgerichte, dem Baeckeoffa, dem Gericht mit dem geschmorten Fleisch von Lamm, Rind und Schwein, einem Schweinsfuß und Gemüse, angegossen mit Elsässer Wein und gegart in dem berühmten ovalen Tontopf.

FÜR KOPF UND KÜCHE
BAECKEOFFA

Unser erster und ziemlich prägender Kontakt mit einem guten Baeckeoffa fand im Hotel »Saint Nicolas« in Riquewihr statt. Wir waren dort vor längerer Zeit für einige Jahre regelmäßig Gäste, weil wir damals mit unserem großen Hund (Sheila, siehe Reise 1) recht gute Verhältnisse vorfanden. Wir konnten zum Beispiel das Essen vorbestellen und auf dem Zimmer essen, weil der Hund – wie gesagt – nicht restaurantfest war. Der Besitzer des Hotels hatte damals (also in den Achtziger- und frühen Neunzigerjahren) einen alten Koch als saisonale Kraft angeheuert, der uns mit verschiedenen, sehr traditionellen Rezepten schon häufig positiv aufgefallen war. Seine gratinierten Coquilles Saint-Jacques zum Beispiel hatten einen perfekten traditionellen Geschmack, wie es ihn auch bei Ducasse in seinen Bistros nicht besser gibt. Irgendwann haben wir dann auch Baeckeoffa vorbestellt, das er – im Gegensatz zu anderen Gerichten – wegen des notwendigen Marinierens immer nur auf Vorbestellung machte. Es schmeckte uns so ausgezeichnet, dass wir ihn um das Rezept baten. Den kleinen Zettel mit dem Rezept habe ich heute noch. Ab da waren wir anscheinend seine besten Freunde. Als wir ihn einmal oben in Schoenenbourg mit seiner Familie bei einem Sonntagsspaziergang trafen, stellt er uns mit glänzenden Augen vor, und alle schienen die ja gar nicht so komplizierte Geschichte zu kennen. Wie gesagt, wir waren von diesem spezifischen Geschmacksbild, dieser wunderbaren Balance zwischen Fleisch und Gemüse und der Säure vom Wein schwer beeindruckt.

Zu Hause ging es dann natürlich sofort an die Arbeit, und das mit gewissen Schwierigkeiten. Einerseits hatten wir nicht das richtige Fleisch, dann wieder schien der Wein nicht zu stimmen und langsam, aber sicher steuerte ich auch noch in eine Sackgasse. In meinem frühen Übermut war ich auf die Idee gekommen, dass man die Qualität durch bessere Stücke Fleisch vielleicht noch aufwerten konnte. Es landeten dann also tatsächlich Stücke vom Lammrücken und Schweinefilet im Baeckeoffa. Das war natürlich komplett falsch, weil der Geschmack eines guten Baeckeoffa gerade darauf beruht, dass auch fettigere Partien eingesetzt werden und keineswegs nur schieres Fleisch der besten Sorte. Wie dem auch sei, irgendwann hatte ich es dann verstanden und schaffte es tatsächlich, die Zubereitung zu stabilisieren und in gewisser Weise auch zu optimieren. Dass ich heute nach wie vor oft mit einem Wein von Jacques' Wein-Depot koche (dem Colombard von der Domaine Baumann), geht auf diese Zeit und die Erfahrungen mit dem Baeckeoffa zurück. Dieser Wein bringt einfach für viele Saucen und Gerichte eine perfekte Frische und Säurebalance mit sich, ist unaufdringlich und damit sehr »kulinarisch« und zudem auch noch ziemlich unempfindlich. Man kann mit einer Flasche ganz beruhigt einige Tage arbeiten, ohne größere Verschlechterungen zu befürchten.

Wir haben unsere reflektierten Erfahrungen immer wieder mit den Rezepturen und vor allem mit den Realitäten von Baeckeoffa in verschiedenen Restaurants verglichen und kamen oft zu dem Schluss, dass gerne etwas geschludert wird und die Qualität dieser Spezialität stark schwankt. Ein Grund ist zum Beispiel, dass manche Restaurants ein Baeckeoffa portionsweise anbieten, und diese Portionen wohl aus besonders großen Behältern (es ist nicht klar, ob sie das wirklich immer in den Tontöpfen machen) entnehmen. Man bekommt zum Beispiel keine Kartoffeln mit Röstnoten, wie sie sich normalerweise dann bilden, wenn der Ansatz mit einer Schicht Kartoffelscheiben abgeschlossen wird. Ein großes Manko ist auch die mangelnde Säure-Balance durch den Wein. Ausgerechnet hier im Elsass, wo im Prinzip keinerlei Mangel an säurebetonten Weinen ist, greifen viele Restaurants vermutlich zu Sparlösungen, die nicht in der Lage sind, ein wirklich gutes Baeckeoffa-Bild zu erzeugen. Bizarr ist auch, dass zum Beispiel Olivier Nasti, der Zwei-Sterne-Koch aus Kaysersberg in seinem Bistro »Winstub le Chambard« kein gutes Baeckeoffa hinbekommt. Ich habe einmal eine entsprechende, sehr detaillierte Kritik dazu geschrieben und bekam dann gerade von Profis sehr positive Rückmeldungen. Die Regionalküche ist eben ein ganz besonderes Fach, und nicht jeder Spitzenkoch ist automatisch dafür bestens geeignet. Man kann so etwas nicht mit der linken Hand machen.

Irgendwann fiel uns auf, dass verschiedene, gar nicht so schlechte Fassungen von Baeckeoffa in einigen Restaurants recht ähnlich schmeckten. Zufällig war ich wenig später in einem kleineren Laden und sah die Besitzerin eines Restaurants, die gerade ein paar Gläser Baeckeoffa kaufte. So ging das also, und ich dachte mir sicherlich zu recht, dass es Convenience-Produkte eben überall gibt und nicht nur in vielen normalen deutschen Küchen die Sauce Béarnaise aus dem Eimer kommt. Aber Ehre, wem Ehre gebührt: Jahre später haben wir – in einem Intermarché – ein Glas Baeckeoffa gefunden, das tatsächlich nicht schlecht ist. Es stammt von einer Firma namens »Produits de la Cigogne« und ist eine der besten Konserven, die ich kenne. Die großen Gläser mit 2 Litern Fassungsvermögen benutzen wir ab und zu als Notreserve, wenn ich keinerlei Lust oder Zeit mehr zum Kochen habe. Was dann entsteht, nenne ich gern »ein Bild«. Es schmeckt nach der Region, ist in sich durchaus stimmig und hat eine solide Qualität.

Baeckeoffa, optimierte Version

FÜR EINE BAECKEOFFA-FORM DER GRÖSSE 3, ALSO FÜR 4 PERSONEN

Hier nun das Baeckeoffa-Rezept des alten Kochs in Riquewihr in einer überarbeiteten Form. Die beiden wichtigsten Punkte sind der Wein und die Marinade. Beide führen zusammen zu der typischen Säure, die für das Gericht unerlässlich ist. Wenn man den ersten Bissen isst und den Eindruck hat, dass nicht sofort eine wunderschön eingebundene Weinsäure beteiligt ist, hat man den falschen Wein benutzt oder nicht lange genug mariniert. Der von mir normalerweise als Kochwein sehr geschätzte Colombard (siehe oben) ist mittlerweile aber nicht mehr unbedingt die erste Wahl. Der alte Koch empfahl einen sauberen, trockenen, nicht so teuren Elsässer Sylvaner, also einen Wein, bei dem man davon ausgehen kann, dass er über eine klar säurebetonte und typisch regionale Note verfügt. Dann kommt es darauf an, dass die Marinade zu einer Imprägnierung des Fleisches führt, die diesen Begriff wirklich verdient. Alle Stücke müssen am Ende vollkommen zart sein und einen klaren Säurehintergrund besitzen. Ich habe mindestens 24 Stunden Marinier-Zeit empfohlen. 36 Stunden wären besser.

VORBEREITUNG UND MARINADE

300 g nicht zu magere Rinderbrust, 300 g Schweinenacken, 200 g Lammschulter, 1 längs halbierter Schweinsfuß, 2 grob gewürfelte mittlere Zwiebeln, 2 in dickere Scheiben geschnittene Lauchenden von etwa 15 cm Länge, 4 grob gewürfelte mittlere Karotten, 8 Wacholderbeeren, 4 Nelken, 6 mittlere Lorbeerblätter, einige Zweige Thymian, 1 TL weiße Pfefferkörner, 1 Knoblauchzehe, 1 Flasche Sylvaner oder ein ähnlich trocken-fruchtiger Wein

✳✳ Das Fleisch in größere Würfel schneiden und mit den anderen Zutaten gut gemischt in einen großen, hohen Topf geben. Den Wein dazugießen, er sollte die Zutaten knapp bedecken. Den Deckel auflegen und mindestens 24, besser 36 Stunden marinieren. ✳✳

FERTIGSTELLUNG

Butter, festkochende Kartoffeln, 3 mittlere in Scheiben geschnittene Zwiebeln, 2 in Scheiben geschnittene Lauchenden von etwa 15 cm Länge, 3 grob gewürfelte mittlere Karotten, 4 Thymianzweige, 4 Lorbeerblätter, 6 Pimentkörner, passierte Marinade, grobes Meersalz, Pfeffer, Mehl, Wasser

✳✳ Den Ofen auf 180 Grad (Ober- und Unterhitze) vorheizen. Das Fleisch aus der Marinade nehmen, abtropfen lassen und von eventuell anhaftenden Partikeln säubern. Die Baeckeoffa-Form buttern. Die Fleischstücke und den halbierten Schweinsfuß einlegen. Eine Schicht in Scheiben geschnittene Kartoffeln darauf verteilen, mit grobem Meersalz bestreuen. Dann das Gemüse und die Aromenzutaten darübergeben. So viel der passierten Marinadenflüssigkeit angießen, dass das Gemüse noch nicht bedeckt ist (was normalerweise exakt passt). Den Abschluss bildet eine in Schuppen aufgelegte Schicht dünner Kartoffelscheiben. Diese Schicht salzen und pfeffern, dann leicht mit Mehl bestäuben. Den Deckel der Baeckeoffa-Form auflegen. Wasser und Mehl zu einem einfachen Teig kneten und die Form damit verschließen. Für 3 Stunden in den Ofen geben. Zum Servieren den Teigwulst aufbrechen. Dazu empfehle ich einen grünen Salat mit einer leicht säuerlichen Vinaigrette und einen guten, aber trockenen Riesling mit wenig Restsüße. ✳✳

Es gibt viele dem Baeckeoffa vergleichbare Produkte. Die interessantesten sind für mich diejenigen, die sich vom einfachen Supermarkt bis zur Spitzenküche finden. Dazu gehört zum Beispiel die berühmte »Pâté en croûte«, die Pastete im Blätterteigmantel, die man nun wirklich überall findet. Auch dort kann man aufs Beste die unterschiedlichen Qualitäten vergleichen, von einem typisch industriellen Produkt, bei dem ein eher beliebiges Fleisch mit viel Salz irgendwie in Form gebracht wird, bis hin zu den getrüffelten Luxusversionen in Spitzenrestaurants. Faszinierend sind für mich diese Luxusformate aber vor allem dann, wenn sie erkennbar nah am traditionellen Vorbild bleiben und demonstrieren, wie gut man ein solches Rezept machen kann. Ob dann ein Medaillon Foie gras und Trüffelstücke dazugehören, ist mir vergleichsweise egal. Auch die Pâté en croûte gehört übrigens im Elsass zu unseren Grundnahrungsmitteln, wenn wir nicht im Restaurant essen, sondern ein Abendessen in unserem Hotelzimmer oder auf dem Balkon machen, das fast immer aus diversen Mitbringseln besteht, die wir im Verlauf des Tages zusammengekauft haben. Foie gras ist natürlich ebenfalls regelmäßig dabei, und die Diskussionen darum, wie stark sie parfümiert sein darf oder wie sehr sie nach Leber schmecken sollte, reißen nie ab. Auch dieses Produkt, das bei uns eher selten zu bekommen ist und wenn, dann meist in den besseren Feinkostabteilungen der Großstadtkaufhäuser, gibt es im Elsass in jeder Qualität, von gestreckten Formen, die eher wie ein Mousse schmecken, bis zu teuren, individualisierten Exemplaren wie etwa der Terrine von »Les Foies gras de Liesel« (Colmar und Ribeauvillé), die mit ihrer äußerst feinen, aber ziemlich deutlichen Aromatisierung ein extrem »süffiges« und »festliches« Produkt ist.

FÜR KOPF UND KÜCHE
DER SAUMON SOUFFLÉ VON PAUL HAEBERLIN

Noch einmal zurück zur Pâté en croûte und ihren Verwandten, den vielen verschiedenen Blätterteigterrinen. Es gibt in der »Auberge de l'Ill« einen Klassiker aus der Hand des legendären Paul Haeberlin (1923–2008), den »Saumon soufflé«, also den soufflierten Lachs, an dem man die Arbeit von zwei Generationen von Spitzenköchen präzise verfolgen kann. Für Paul Haeberlin war der Ausgangspunkt die klassische, mit Lachs gefüllte Blätterteig-»Torte«, die man heute noch nach wie vor in den Auslagen vieler Metzgereien und Traiteurs sehen kann. Im Innern befindet sich ein Stück Lachs, das in eine sehr dicke Blätterteighülle verpackt ist und rundum eine Farce bekommt. Lachs war früher ein recht weit verbreiteter und billiger Fisch, und man konnte ihn längere Zeit einsetzen, wenn man ihn in eine haltbarere Form brachte. Durchgegart und luftdicht in einer Torte verpackt, hielt das populäre Produkt länger, außerdem sorgte die dicke Teighülle dafür, dass er immer noch etwas feucht gehalten wurde. Paul Haeberlin hatte offensichtlich einerseits das verborgene Potenzial des Fisches und andererseits auch die kulinarischen Mängel dieser Zubereitung erkannt. Der Lachs war oft zu weit durchgegart, und er war Teil eines nicht gut proportionierten Akkordes, bei dem man in der Regel vor allem den Blätterteig schmeckt. Dass der Lachs bei dieser Zubereitung übergart war, lag natürlich an der Hitze, die die dicke Blätterteigschicht nötig hatte, um eine attraktive Farbe und entsprechende Röstnoten zu entwickeln.

Haeberlin setzte in seiner Neuinterpretation auf eine Souffléschicht aus Hechtfleisch für den Lachs, und verzichtete auf die Teighülle. Das hatte den Vorteil, dass er nun die Garung des Fisches unter Kontrolle bekam und sie optimieren konnte, in diesem Falle auf eine Kerntemperatur von etwa 39 Grad, bei der der Lachs im Wesentlichen noch seine rohe Farbe hat, aber schon warm und gegart ist. Die Soufflé-Schicht hat obenauf leichte Bratspuren, die einen Hauch von Röstnoten bringen. Weil die Teighülle fehlt und die soufflierte Schicht weich ist, kann man natürlich den Lachs sehr viel besser schmecken. Die weiche Schicht hat eine ähnliche Textur wie der Fisch und vermischt sich schnell mit dem Aroma. Weil Paul Haeberlin aber den Blätterteig im Prinzip in diesem Zusammenhang nicht wirklich schlecht fand, hat er ihn sozusagen ausquartiert und legt ihn in Form eines kleinen Blätterteiggebildes neben den Fisch. Als Begleitung gibt es einen Sahnesaucenspiegel, so wie er in den vergangenen Jahrzehnten üblich war. Ganz nach klassischer Art hat das Gericht einen Angebots-Charakter. Wie viel Sauce und wie viel Blätterteig man nimmt, liegt beim Esser. Weil die Sauce aber eher dünnflüssig ist, hält sich die Menge, die man automatisch mit dem Fisch aufnimmt, in Grenzen. Was in vielen veröffentlichten Rezepten nicht festgehalten wird, ist die Qualität dieser Sauce, die eine präzise Balance zwischen einer gewissen Säure und einer sahnigen Cremigkeit hat und darüber hinaus auch so etwas wie eine Tiefenstaffelung mit Hintergrund und einigen frischeren, vordergründigen Aromen. Diese Plastizität ergibt sich vor allem durch die späte Zugabe von (oder: das »Abschmecken« mit) Riesling und Zitrone. Paul Haeberlin hat übrigens bis ins hohe Alter seine Saucen selbst kontrolliert. So weit, so klassisch. Das war für Paul Haeberlin aber noch nicht genug. Er wollte nicht, dass sich alles zu einem wohlschmeckenden Gemisch verbindet, sondern er wollte ein differenziertes kulinarisches Erlebnis, wie man es eben nur in einem hervorragenden Restaurant bekommt. Dafür sorgte ein würziges Tomatenconcassé, das mit seiner Spritzigkeit und Präsenz eine »satte« Würze in die Zubereitung brachte. Um die Ergänzung noch klarer zu machen, ist das Tomatenconcassé auch noch roh und kalt, was die sensorische Breite noch stärker erweitert. Der Saumon soufflé ist also ein hervorragend aus der Tradition entwickeltes und optimiertes Rezept.

Es gibt ihn heute immer noch, aber mittlerweile in einer nochmals überarbeiteten Version von Marc Haeberlin, die abermals die Entwicklung der Kochkunst hin zu mehr Leichtigkeit und einer filigraneren Struktur widerspiegelt. Bei der ursprünglichen Version von Paul Haeberlin war – aus meiner Sicht gesehen – die Soufflé-Schicht vergleichsweise dick und entwickelte mit ihrem Eiweiß-Anteil auch aromatisch noch sehr viel Eigenleben. Außerdem war die Sauce immer eine Sahnesauce und das ganze Gericht von einer gewissen Nahrhaftigkeit, wie man sie in einem mehrgängigen Menü heutzutage nicht mehr vertreten kann. Marc Haeberlin hat das weiter verbessert. Die Soufflé-Schicht ist heute so bemessen, dass sie noch besser zum Fisch passt. Es gibt keine Vermischung mehr, sondern eher eine Ergänzung zum Fisch, der als Hauptprodukt nun deutlicher im Mittelpunkt steht. Und auch die Sauce wurde weiter verschlankt – bei gleichbleibend gutem Geschmack. Wie bei vielen Köchen, die heute noch Rezepte mit klassischen Sahnesaucen im Programm haben, ist der Fettgehalt ausgedünnt und man nutzt oft eher Milch oder eine mit Milch verdünnte Sahne, um dadurch mehr aromatische Transparenz und Leichtigkeit in die Sauce zu bekommen. Zu Paul Haeberlin noch eine kleine Geschichte. Als ich eines Tages Marc Haeberlin nach seinen guten Adressen für Regionalküche gefragt habe, sprach er von einem Restaurant namens »Au Bon Pichet« in Sélestat, das zu diesem Zeitpunkt in keinem Restaurantführer verzeichnet war. Sein Vater (also Paul) würde dort an seinem freien Tag gerne hingehen. Wir kannten die Straße in Sélestat, in dem das Restaurant liegt, weil sie Teil des großen Wochenmarktes ist, der sich hier dienstags durch die ganze Altstadt zieht. Und so standen wir eines Tages vor dem unscheinbaren Haus, das damals noch ohne Bemalung wie eine völlig normale Kneipe aussah.

AUSFLUG PAUL HAEBERLIN UND DAS »AU BON PICHET«

Viele der besten Köche der Welt betonen immer wieder, dass sie privat große Freunde einer einfacheren Küche sind. Ich persönlich war von solchen Aussagen immer ein wenig enttäuscht, weil sie den Eindruck erwecken, die Köche würden ihr eigentliches Hauptfach nicht wirklich aus vollem Herzen betreiben. Da waren mir Aussagen von Alain Ducasse, er sei »très gourmet« schon wesentlich lieber. Ducasse meint damit übrigens nicht, dass er nur in Spitzenrestaurants isst oder essen kann, sondern dass er sich einfach für alles Essbare interessiert und alles sofort probiert, am liebsten natürlich etwas, was er noch nicht kennt. Dass Paul Haeberlin gerne ins »Au Bon Pichet« ging, hatte aber vor allem damit zu tun, dass er die wunderbar gemachte, rustikale Küche des Hauses enorm schätzte.

Auf der Karte entdeckten wir auch sofort den von Marc erwähnten »Pied de porc farci et desossé, purée de pommes de terre comme une Backeoffa«, also den getrüffelten Schweinsfuß, der Pauls absolutes Lieblingsgericht war. Es handelt sich dabei um einen ausgelösten Schweinsfuß, der zusammen mit Wirsing und Foie gras in ein Schweinenetz verpackt und gegart wird. So etwas gibt es immer wieder; in ähnlicher Form haben wir ihn auch schon einmal in einem Drei-Sterne-Restaurant (bei Gérard Boyer in Reims) gegessen, dort allerdings auch noch großzügig getrüffelt. Wer dies jemals gegessen hat und ein Faible für wirklich traditionelle französische Küche hat, wird so etwas lieben. Es schmeckt sehr abgerundet und eigentlich recht fein und durchaus nicht grob. Selbst die unterschiedlichen (und teilweise ziemlich »elastischen«) Teile vom Schweinsfuß haben hier keinerlei Penetranz, sondern sind prächtig ein-gebunden.

Wir verstanden also sofort. Als wir vor einiger Zeit wieder einmal dort waren, haben wir ein wenig mit dem Sohn des Hauses gesprochen, der einige Jahre in der »Auberge de l'Ill« gearbeitet hat und nun nach Sélestat zurückgekommen ist und die Küche seines Vaters übernommen hat. Er erzählte uns eine Geschichte aus der letzten Lebensphase von Paul Haeberlin, in der er nicht mehr in der Küche mitgeholfen hat, sondern nur noch im Eckzimmer der Auberge saß und gerne Champagner trank (was er sein Leben lang nur selten gemacht hatte). Paul Haeberlin rief dann ab und zu im »Au Bon Pichet« an und bat darum, ihm doch den Schweinsfuß vorbeizubringen, er würde den gerne mal wieder essen. Das Problem war, dass die Ärzte ihm längst verboten hatten, solche Dinge zu essen. Dennoch: Paul Haeberlin bestand darauf, und so brachte ihm sein ehemaliger Schüler das Essen vorbei. So ging das eine ganze Zeit und es fiel natürlich auf. Und trotzdem: Es gab immer wieder diese Anrufe und er bekam immer wieder seinen Schweinsfuß.

Ganz abgesehen davon ist das Restaurant auch unter dem jungen Küchenchef eine unbedingt zu empfehlende Adresse – wenn denn Küche und Gäste wirklich zusammenpassen. Wir haben hier zum Beispiel auch schon einen exzellenten Kalbskopf gegessen, bei dem das Fleisch zu einer Rolle geformt war, die rundum eine Schicht »Maske« hatte (also die gelatinöse obere Schicht, die eine ganz spezielle, »glatte« Textur besitzt) und extrem fein schmeckte. Oder ein prächtiges Kalbskotelett aus dem Aubrac, oder eine der wirklich guten Baeckeoffa-Versionen des Elsass. Man sollte diese Art von Essen übrigens in meinen Augen nie gegenüber kreativer Gourmetküche oder klassischer Gourmetküche in Stellung bringen oder aufwiegen. Aus tiefster Überzeugung und nach einem mittlerweile doch langjährigen Daueressen in allen möglichen Restaurants finde ich es am besten, wenn man die guten Sachen aus allen möglichen Richtungen parallel genießen kann. Ich habe nach wie vor keine »Lieblingsgerichte«, sondern esse alles gerne, was wirklich gut ist – auf welche Weise auch immer, ob traditionell oder experimentell. Das »Au Bon Pichet« macht einfach immer wieder Spaß, und falls Sie Paul Haeberlin noch gekannt haben sollten, werden sie einen wunderbaren Zusammenhang erleben.

»La Chassagnette« in Le Sambuc in der Camargue. (Foto JD)

REISE 11

»LA CHASSAGNETTE« –
BIO, REGION, GEMÜSE

Saint-Rémy-de-Provence war für uns immer einer der schönsten Orte im Süden von Frankreich. Das lag vielleicht auch daran, dass wir zweimal die Gelegenheit hatten, in einer schönen Unterkunft am Rande von Saint-Rémy zu logieren, die eine ganz besondere Atmosphäre hatte. Madame Lilamand wohnte in dem noch sehr altertümlich wirkenden Gebäude, das sich deutlich von den neuen oder umgebauten Luxus-Mas-Versionen unterschied, die man ansonsten in der Gegend findet. Alles bei ihr war sehr persönlich. Es gab keine Verträge, keine Anzahlungen, alles lief auf Treu und Glauben, und schon beim ersten Besuch hing ein Zettel an der Tür mit dem Hinweis: »Ich komme gleich, der Schlüssel liegt auf dem Sims rechts um die Ecke.« Wir waren allein dort; außer Madame, die ihre kranke Mutter pflegte, wohnte niemand hier. Vor allem aber stand das Haus mitten in einer unglaublichen Landschaft. Vorne ein Olivenhain und ein Blick in die Ferne, hinter dem Haus eine große Wiese, auf der sich alle möglichen Kräuter fanden, und nur ein paar Meter weiter begannen schon die Alpilles. Im Haus gab es eine kleine Küche mit ein paar etwas älteren Geräten und ansonsten viel authentisch wirkende Atmosphäre, die uns die Illusion gab, hier eine Zeit lang zu leben und mit der Hektik in Saint-Rémy wenig zu tun zu haben. Ich fuhr jeden Morgen in den Ort zum Bäcker und zum örtlichen Zeitungsladen, der auch eine ganz ordentliche Buchhandlung hat. Jeden Morgen kam ich nicht nur mit allen möglichen Zeitungen zurück, sondern auch mit neuen Büchern. Ansonsten waren die Angebote in Saint-Rémy unterschiedlich. Es gab einen guten Käsehandel mit einer großen Auswahl provenzalischer Ziegen- und Schafskäse und einen bekannten Chocolatier (Joël Durand), der auch Schokolade mit Oliven und Infusionen von Kräutern herstellte.

Ich kannte sie schon von einer Filiale in Rennes in der Bretagne und war nicht vollständig glücklich über die Proportionen zwischen Kuvertüre und Infusion. Man muss einen Punkt treffen, in dem sich Thymian und Schokolade zu etwas ganz Speziellem verbinden und beide nicht verlieren. Mir schien das teilweise etwas zu plakativ. Was mich natürlich nicht davon abhielt, immer wieder Schokolade bei ihm zu kaufen.

Der wichtigste Einkauf am ersten Tag galt jedoch einer Reihe von Olivenöl-Erzeugern in der Gegend. Darunter war auch das Château d'Estoublon in Fontvieille, wo es sehr gute Öle verschiedener Sorten gibt, und die Coopérative in Maussane-les-Alpilles, wo es das »Cornille«-Öl gibt, das ich für bestimmte Verwendungen für eines der besten Öle der Welt halte. Dazu eine kleine Anmerkung. Der Olivenöl-Kult konzentrierte sich vor Jahren noch stärker als heute auf Italien, während man die französischen Produzenten ziemlich stiefmütterlich behandelte. Für mich sind viele italienische Öle eher für die italienische Küche zu gebrauchen, oft aber nicht besonders gut für eine etwas vielfältigere mediterrane Küche nach französischem Vorbild. Das »Cornille«-Öl zum Beispiel hat eine Eigenschaft, die viele italienische Öle nicht haben. Es behält sein Aroma auch beim Erhitzen. Wenn ein gegartes Stück Fisch oder Fleisch wirklich nach Olivenöl schmecken soll, nehme ich »Cornille«. Die Unterteilung in »stark fruchtig«, »mild fruchtig« usw. halte ich nach wie vor für verschwurbelt. Das »Cornille«-Öl schmeckt zum Beispiel vor allem nach dunklen, reifen Oliven. Wie dem auch sei, zurück zu unserer Unterkunft: Nach wenigen Stunden sah die Küche in unserer Wohnung schon sehr gut aus. Es gab Weine, Olivenöle, Tapenaden, Oliven, Kräuter, Ziegenkäse, einen

Stapel Zeitungen und neue Bücher. So konnten die Dinge sich ganz prächtig entwickeln.

Das wichtigste Erlebnis in der Gegend war nicht der Stierkampf oder Arles, auch nicht der wirklich bemerkenswerte Restaurantklassiker »L'Oustau de Baumanière« von Jean-André Charial, sondern ein Bauernhaus in der Camargue mit einem Restaurant namens »La Chassagnette«. Ich hatte davon gehört und von den Rezepten her den Eindruck, dass Koch Jean-Luc Rabanel wirklich einen eigenwilligen Stil praktizierte, der damals noch nicht so stark von der Biobewegung und schon gar nicht von der Öko-Schickeria beeinflusst war. Kurz: Da schien sich Revolutionäres zu tun, und dass Rabanel einmal Koch des Jahres im französischen Gault-Millau werden würde, war wirklich noch kein Thema.

Wenn man Arles Richtung Süden verlässt, geht es eigentlich recht schnell in eine karge Landschaft. Einen Moment lang hält man die Ausläufer der Stadt zwar noch für einen Mix aus Industriebrache und Gewerbegebiet, dann aber wird es schnell anders, ein wenig spröde und an dieser Stelle noch nicht übermäßig touristisch. Man fährt eben durch, zu den Salinen von Giraud, oder biegt ab Richtung Saintes-Maries-de-la-Mer. »La Chassagnette« liegt rechts der Straße und wirkte auf den ersten Blick nicht besonders spektakulär. Das änderte sich aber ganz schnell, als klar wurde, dass die großen Gärten, die so gar nicht wie die Schein-Kräutergärten vieler Köche aussahen, sondern mehr wie eine Gemüse- und Kräuter-Großproduktion, komplett zum Restaurant gehörten. Bei einem der frühen Besuche erzählte uns Rabanel, dass er acht Köche und acht Gärtner beschäftigt und – was Gemüse und Kräuter angeht – völlig autark arbeiten kann.

Bei unserem ersten Besuch waren wir mittags dort, es war sehr ruhig und fast ein wenig verschlafen, Frühjahr eben und noch nicht Saison. Wir kamen schnell mit einem älteren Herrn ins Gespräch, der sich als Professor und Weinsammler aus Arles vorstellte und uns die ganze Zeit mit prächtigen Geschichten aus der Gegend unterhielt. Das war sehr schön, und die Einladung, ihn zu besuchen und seine Bestände in Augenschein zu nehmen, war auch höchst interessant. Aber ich war abgelenkt, elektrisiert von einem Essen, wie wir es vorher noch nie bekommen hatten. Auf dem Papier klang es nicht unbekannt: Artischockencreme, Tarte Tatin, Beignets de Morue, Tapenaden und Caviar d'Aubergines, Selleriecreme und Tomatensorbet. Aber das war es nicht. Hier ein paar weitere Details.

Die **Artischockencremesuppe** zu Beginn wurde kalt serviert und hatte einige Kräuter als Einlage. Obenauf gab es einige Erbsensprossen. Die Suppe besaß eine gute, kräftige Würze, die aber den Produktgeschmack nie übertünchte. Die Wirkung der Erbsensprossen war erstaunlich, was daran lag, dass ihr frisches Aroma und die leicht knackige Textur in den Kräutern der Suppe eine Art Vertiefung erfuhr, während die Artischockencreme dafür einen feinen Hintergrund lieferte.

Die **Tarte Tatin** war eine mit Filet von junger Makrele belegte Scheibe Brot, konfiertem und in Scheiben geschnittenem Knoblauch und einem Tomatenconfit von einer recht fleischigen Sorte. Man hatte den Eindruck einer echten kleinen Komposition, zumindest wenn man das Brot »ernst« nahm und es als ganz normales Element eines Gerichtes akzeptierte. Der Geschmack aller Elemente war weit jenseits dessen, was man normalerweise damit assoziiert, also frischer, klarer, intensiver und im Zusammenhang wie eine Welt für sich. Undenkbar, so etwas mit den Produkten zu machen, die man bei uns auf dem Markt bekommt.

Bei den **Beignets de Morue** (Kabeljau) handelte es sich um mit zurückhaltenden Röstnoten ausgebackene Krapfen von Kabeljau mit einer pikanten, mit Ingwer angereicherten Sauce. Der Akkord, der sich in der Spitzenküche in ähnlicher Form häufiger findet, war im Prinzip gut, hatte aber vielleicht etwas zu viel Schärfe im Nachhall.

Zum Essen wurde übrigens ein ganzes, noch dampfend warmes Landbrot serviert, dazu ein sehr mildes, frisch und »grün« schmeckendes Olivenöl, Fleur de Sel und Pfeffer.

Der nächste Teller bestand aus drei Nocken mit einer **schwarzen Tapenade,** einer **grünen Tapenade** und einem **Caviar d'Aubergines.** Das klingt heute, da wir mittlerweile solche und ähnliche Elemente häufig finden, nicht besonders überzeugend, glänzte aber wieder durch die schiere Qualität der Zubereitung, bei der deutlich wurde, dass es nicht

nur um die Qualität der Produkte, sondern auch um den Geschmack geht, den Rabanel realisieren konnte. Er war der Katalysator für diese Küche, ein Koch mit einem ganz besonderen Blick auf die Produkte seiner Gegend und vor allem auf die Wertigkeit von Gemüse und regionalen Produkten. Später wurde klar, dass es vergleichsweise wenig nützt, wenn ein Koch ohne subtiles Verständnis der kulinarischen Zusammenhänge arbeitet, und dass gerade in dieser Art von Küche das A und O ein personalisierter Zugang ist (siehe »Für Kopf und Küche«).

Auch die simpel »**Selleriecreme**« genannte Zubereitung überzeugte mit einem angesichts der Zutaten bemerkenswert individuellen Aroma. Die unter Verwendung von Kartoffeln hergestellte Creme hatte obenauf frittierten Lauch und Zucchini-Julienne. Der Lauch war mit Beignet-Teig zu ziemlich wilden Büscheln ausgebacken, und es ergab sich über die Erweiterung durch Frische, die Röstnoten und die Textur eine Finesse, die man nicht erwarten konnte. Wohlgemerkt: Ich bin sicher, dass ein anderer Koch einen solchen Zusammenhang kaum in der Art realisieren kann, wie es Rabanel damals schon gelang.

FÜR KOPF UND KÜCHE
GESCHMACK HABEN UND GESCHMACK REALISIEREN KÖNNEN

Die Frage war also, wie es zu diesem ungewöhnlichen und – wie sich in den nächsten Jahren zeigen sollte – sehr zukunftsträchtigen Geschmack der Gerichte im »La Chassagnette« kommen konnte. Wenn man die Sache einmal etwas systematischer betrachtet, fällt zunächst auf, dass man zwischen den Köchen unterscheiden muss, die nur Rezepte reproduzieren und jegliche Geschmacksentscheidung sozusagen an das Rezept delegiert haben, und denjenigen, die ein Essen so zubereiten, dass sie über gewisse Variablen (also eine Art »freien« Willen) verfügen. Dabei stellt sich gleich die nächste Frage, nämlich die, ob es einen solchen freien Willen, der letztlich zu individuellen, originellen oder sogar weitgehend neuartigen Geschmacksbildern führt, überhaupt geben kann.

Man schmeckt als Koch natürlich zuerst einmal (und noch sehr lange) in Richtung von Geschmacksbildern ab, die man gut findet. Was man allerdings gut findet, hängt ganz entschieden von den Erfahrungen und Vorbildern ab. Es macht also ohne Weiteres Sinn, dass ein aufstrebender Koch bei den besten seines Faches lernt, nicht nur wegen der Kochtechnik, sondern auch wegen der Geschmacksbilder, die er dort verinnerlichen kann. Wann die Balance in einer Suppe oder einer Sauce gut ist, wird man zuerst einmal gänzlich danach entscheiden, was man gelernt hat. Ein einfaches Beispiel dazu: Bei Saucen mit Wein im Aufbau, die am Ende tatsächlich nach dem Wein schmecken sollen, den man in ihnen verwendet hat (sagen wir: eine Sauce zu Fisch mit Chassagne-Montrachet) gibt es einen bestimmten, am besten mindestens dreistufigen Aufbau. Für den Saucenansatz, also das Ablöschen der angeschwitzten Schalotten, empfiehlt sich ein Wein der gleichen Familie, der aber nicht unbedingt die Qualität des am Schluss verwendeten Chassagne-Montrachet haben muss. Der Wein des Saucenansatzes wird sich mit dem Fond und etwaigen anderen Zutaten im Verlauf der Reduktion stark vermischen und nicht mehr wirklich schmeckbar sein. Man gießt also Wein und Fond an, dann vielleicht auch etwas Sahne und lässt alles friedlich vor sich hin köcheln. In die Mitte des Prozesses sollte man noch einmal etwas Wein zugeben, um sein Aroma im Mittelgrund zu verankern. Wenn dann alles fertig ist, also die Sauce die richtige Bindung/Reduktion hat und sie durch ein feines Sieb passiert ist, sollte man kurz vor dem Servieren zum endgültigen Wein greifen und die Sauce so mit ihm abschmecken, dass einerseits der gute Wein schmeckbar ist, andererseits der komplexe Saucenaufbau mit seinem tiefen Hintergrund richtig wirken kann. Ist es perfekt, hat die Sauce eine tiefe, eingebundene und sehr beeindruckende Weinnote. Das Gelingen einer solchen Sauce hängt ausschließlich davon ab, dass der letzte Schritt, also die Dosierung des abschließenden Weines, präzise funktioniert. Wenn nicht, schmeckt sie entweder sinnlos neutral oder hat eine zu starke Weinnote. – Doch wie kommt man nun an die Erfahrung, an die innere Stimme, die sagt: »Exakt so ist es genug, so muss es sein?« Woher hatte Rabanel den Maßstab, der ihn die grüne und schwarze Tapenade und das Auberginenpüree in einen Zustand bringen ließ, die dem Außenstehenden erst einmal rätselhaft erschien?

Es reicht nicht, nur auswendig zu lernen. Der gute Koch (egal ob Profi oder Privatkoch) ist derjenige, der wirklich perfekt ein bestimmtes Bild reproduzieren kann (das würde dann auch für die Großmutter gelten, die nie ein Rezept von ihrem Eintopf hatte, ihn aber immer bestens realisieren konnte). Der sensationelle Koch aber, der nicht nur reproduzieren, sondern auch Neuland erreichen kann, muss sich von seinen Erfahrungen auch ein Stück weit entfernen können. Es ist dabei noch nicht einmal dringend notwendig, dass er das absicht-

lich und in vollem Bewusstsein macht. Er kann durchaus auch die grundsätzliche Angewohnheit entwickeln, mit dem Gelernten nicht aufzuhören, sondern ihm immer wieder
ein Stück hinzuzufügen. In der Realität des Kreativen entpuppt sich dieses Entfernen vom
Reproduzierbaren als eine dichte Folge von Aktion und Reaktion, bei der das, was wir
»Erfahrung« nennen, noch eine weitere Spezifizierung erfährt. Sich »von seinen Erfahrungen ein Stück weit entfernen zu können«, bedeutet nicht allein, dass man einer klassisch aufgebauten Cremesauce auch einmal ein Aroma hinzufügt, das nicht klassisch ist.
In einem solchen Falle würde dann vielleicht einer Fischsauce mit Butter, Schalotten,
Wein, Fischfond, Sahne und vielleicht etwas Zitrone eine Vadouvan-Infusion zugefügt, die
man sorgfältig überwachen kann und die dann vielleicht zu einer deutlichen, aber nie aus
dem Rahmen fallenden Veränderung führt. Ich habe eine solche Kreativität eine »eingebundene« Kreativität genannt, weil sie sich in einem vorhandenen Rahmen entwickelt.

Der Koch kann aber auch seine Erfahrungen ein Stück weit von konkreten Beispielen lösen
und sich mehr darauf beziehen, was Ausgewogenheit sein könnte oder was einen Reiz oder
einen Kontrast produziert. Ein solcher Koch könnte dann im Prinzip – um beim Beispiel
zu bleiben – eine Sauce herstellen, bei der ausschließlich Elemente beteiligt sind, die in
dieser Form ansonsten nie zusammenkommen. Also beispielsweise – ein radikales Beispiel
– Schweineblut mit gemahlenen Tonkabohnen, einer Reduktion von exotischen Zitrusfrüchten und einer Räucherfisch-Infusion. Wenn er richtig gut ist, wird es ihm gelingen,
die ihm zur Verfügung stehenden, vielleicht zigtausend Variablen und Möglichkeiten zu
nutzen und die aromatische Schnittmenge zu finden, die diese scheinbar bizarren Zutaten
zu einer genialen Mischung zusammenfügt. Und wieder wird man sagen müssen, dass es
durchaus möglich ist, dass ein solcher Koch so etwas nicht bewusst macht, so wie viele
Kreative keine Erklärung dafür finden, warum sie etwas gemacht haben.
Das klingt nun unerklärlich und nach großem Geheimnis. Das ist es aber nur – unter
Umständen – im konkreten Fall und nicht im Prinzip. Wer zu neuen Ufern aufbrechen
will, wird dies am ehesten tun können, wenn ihm möglichst viele Variablen zur Verfügung
stehen. Am erfolgreichsten wird er sein, wenn er den Zusammenhang zwischen Altem und
Neuem möglichst perfekt überschaut. Rabanel, der später zum Beispiel im französischen
Gault-Millau-Restaurantführer mit Höchstnote zu einem der besten Kreativen des Landes
aufstieg, ist so ein Fall.

Schon der erste Besuch in »La Chassagnette« brachte mich also zu einer Menge unterschiedlicher Gedanken, und der für mich interessanteste war, dass man mit scheinbar normalen Elementen eine ganz und gar ungewöhnliche Küche realisieren kann. Der nächste Besuch war aus verschiedenen Gründen noch ungewöhnlicher. Wir waren auf der Durchreise in den Südwesten und wohnten in Maussane-les-Alpilles in einem Hotel. Es war Ende September, und schon im Zimmer hatten wir einige Probleme mit den Mücken. Gegen Abend ging es los Richtung »La Chassagnette«, wo es bei unserer Ankunft schon dunkel war. Wir parkten, öffneten die Türen und wurden sofort von wahren Heerscharen von Mücken attackiert. Man hatte das Gefühl, die Luft bestünde nur aus Mücken. Wir liefen zum Restaurant, wo wir beinahe in große Netze gerannt wären. Das ganze Haus inklusive der Außenplätze war mit großen, sehr feinmaschigen Netzen abgehängt, die man nur durch eine Art Schleuse passieren konnte. Bizarr.

Wir kamen nach drinnen und staunten, weil das Restaurant zwar normal beleuchtet, aber komplett leer war. Wenig später erfuhren wir den Zusammenhang. Man hatte schon den ganzen Tag über die Medien vor dieser Mückenplage gewarnt, und die Angestellten von »La Chassagnette« hatten deswegen alle Reservierungen storniert – außer unserer, weil sie uns nicht erreichen konnten. Sie wollten uns aber – obwohl mich Rabanel bisher nicht als Journalist kannte – nicht an der Tür abweisen. Und so gab es das volle Programm, an diesem Abend ein Menü mit rund 15 Gerichten und dazu noch die Möglichkeit, uns nach dem Essen in aller Ruhe mit Rabanel zu unterhalten. Der Unterschied zum letzten Besuch war, dass man nun den Eindruck hatte, er habe aus einer Reihe von Originalitäten so etwas wie eine neue Küche

geschaffen, die in vielen Parametern sehr ungewöhnlich war und in gewisser Weise sehr nach Zukunft schmeckte. Hier einige der Gerichte:

Den Anfang machte eine *Gazpacho,* die wieder diese rätselhaften Abweichungen von den Standards hatte. In diesem Falle mit einem weißen Tomatenschaum und einer großen Kapuzinerkresseblüte obenauf und mit einer Art retronasalen Akkord (bei dem der Duft eine ganz besonders große Rolle spielte): Rabanel hatte das Glas in eine Holzschale gestellt, die üppig mit diversen Kräutern gefüllt war, darunter ganze Büschel Basilikum.

Auch die *Tarte Tatin* war inzwischen ins üppige Fach übersiedelt. Was beim letzten Besuch noch wie eine abgezirkelte Kleinigkeit wirkte, war nun mit so vielen Variablen bestückt, dass jeder Bissen anders schmeckte. Es blieb eine Brotscheibe mit dem immer präsenten Brothintergrund. Dazu kamen dann aber alle möglichen Gemüsestückchen, Blüten und Kräuter – zu einer Sardine natürlich. Irgendwo rund um solche und ähnliche Geschmäcker hat sich bei mir dann festgesetzt, dass Brot ein genuiner Bestandteil selbst von Rezepten der kreativen Spitzenküche sein kann. Vor allem aber deutete sich an, welche Perspektiven eine Bio-Küche hat, wenn sie von einem sehr guten und sehr kreativen Koch angegangen wird.

Rabanel stellte immer wieder Produkte in den Mittelpunkt seiner Gerichte, die ansonsten – wenn überhaupt – nur als Beilagen auftauchten. Wenn sie dann auch noch mit einer bewussten Rustikalität kombiniert wurden (etwa mit starken, rustikalen Röstnoten oder Kräutern mit einem deutlich vegetabilen, eher herben Geschmack), veränderte sich das Spektrum so erheblich, dass immer wieder

neue Perspektiven sichtbar wurden. Vielleicht war dieser Aspekt damals der Wichtigste. Rabanel zeigte eine Richtung auf. Ob er im Detail die gleiche Finesse realisierte wie seine Kollegen in der »normalen« Spitzenküche, war überhaupt nicht von Interesse. So wie bei seinem **»Fisch-Rillette«** – aus junger Makrele und Rotbarbe, hergestellt mit Blumenkohlscheiben und Basilikum darüber und einem kross gerösteten Landbrot dazu. Solche Dinge ließen sich nicht mehr als eine Küche abtun, die mehr unter einem Bioaspekt und weniger unter kulinarischen Aspekten im engeren Sinne stand. Dazu waren die Beziehungen im aromatischen und texturellen Sektor zu interessant und originell und vor allem der assoziative Kontext (siehe Glossar) zu trickreich eingebunden.

Beim **Blumenkohlschaum** zum Beispiel schaffte es Rabanel, ein ganz »altmodisches« Aroma von Blumenkohl in traditionellen Rezepten zu etablieren und dann damit weiterzuarbeiten. Diese »alte« Vorstellung von Blumenkohl blieb auch wichtiger Bestandteil der gesamten Komposition, war also nicht nur ein Zitat. Dazu kamen dann ein Parmesantuile, darüber etwas Aceto Balsamico und ein Karamell von Puffreis – eine aromatisch hochinteressante Geschichte, die sich aus dem Blumenkohlaroma in dem ein wenig ähnlichen des Parmesans fortsetzte und dann eine Art Fassung von Säure und Süße erhielt.

Oben: »La Chassagnette« mit seinen Gärten.
Unten: Armand Arnal, Kohl mit Gravlax.
(Fotos JD)

Die Hauptgerichte zeigten zwei unterschiedliche Seiten dieser Küche. Der **Loup de mer à la plancha** war ein allseits bekanntes und beliebtes Hauptprodukt, das man üblicherweise auch eher zurückhaltend begleitet, um die Qualität des Produktes in jeder Kombination zu erhalten. Rabanel servierte den Fisch mit klaren Roh-gegart-Kontrasten (cru – cuit) mit einer Bouillon von »graines sauvages« (also von wildem Getreide im weitesten Sinne) und einem eher rohen Artischockensalat. Dazu kam diverses rohes und gegartes Gemüse, das mit vielen kleinen Kontrasten eine Menge Bewegung in die Akkorde brachte. Durchaus zulasten des Fisches – könnte man anmerken –, aber auch zugunsten eines alternativen Geschmacksbildes. Dieses Bild fand ich übrigens an Ort und Stelle nicht ganz so perfekt und notierte später, dass man das alles auch noch ein Stück feiner machen könne. Aber dann kam ein merkwürdiger Effekt. Schon ein oder zwei Tage später wurde das Essen in der Erinnerung immer besser. Man war eben im Restaurant noch mit vielen neuartigen Informationen beschäftigt und hatte Mühe, sie alle einzusammeln. Mit Abstand wurde sehr viel klarer, wie revolutionär hier gearbeitet wurde – wohlgemerkt: weit vor den großen vegetarischen Moden und den diversen Bio-Wellen, bei denen dann – man ahnt es – »La Chassagnette« in jeder Frauenzeitschrift landete und zu einer Kultadresse wurde.

Der zweite spezielle Aspekt bei den Hauptgerichten fand sich beim **Lamm,** wo es vor allem um eine ungewöhnliche »Brut«-Wirkung ging. Das Produkt war ein Biolamm aus der Aubrac-Region (also daher, wo Michel Bras arbeitet), in sich prächtig gegart und feinstens aromatisiert. Dazu kamen Elemente wie eine Kartoffel »wie aus dem Kartoffelfeuer«, das heißt leicht mit Schale und leicht eingetrocknet, und geschmorte Zwiebeln mit klaren Röstspuren. Der Trick ist nun, dass man diese rustikalen Aromen einsetzen kann, und dass sie ab einer gewissen Proportion und vor allem bei einer hervorragenden Produktqualität und Garung nicht rustikal wirken. Das Ganze schien eine Emanzipation solcher traditionellen Elemente zu sein, die sich ganz ohne Zweifel zu einem Geschmacksbild von großer Finesse fügten.

»La Chassagnette« hat mittlerweile mit Armand Arnal einen neuen Chefkoch. Jean-Luc Rabanel arbeitet in seinem eigenen Restaurant in der Altstadt von Arles und ist ein wenig mehr in Richtung eines etwas eingänglicheren Geschmacksbildes gegangen. Seitdem sind seine Bewertungen in den Führern weiter gestiegen. Er besitzt mittlerweile zwei Michelin-Sterne und die Höchstnote im Gault-Millau. Arnal hat den Kurs beibehalten und vielleicht sogar noch etwas mehr Kontur gewonnen. Wir waren im Frühjahr 2015 wieder in »La Chassagnette« und fanden zum Beispiel Gerichte wie eine »Suppe von wilden und kultivierten Kräutern mit Hüttenkäse«. Es klingt ein wenig wie Bioküche und es ist natürlich auch Bioküche. Nur: Anders als es oft bei uns der Fall ist, gibt man sich hier nicht damit zufrieden, dass die Produkte politisch korrekt »bio« sind, sondern hat längst auch eine Art eigene Ästhetik der Bioküche entwickelt. Sie schmeckt also wirklich anders. Das bedeutet beispielsweise bei dieser Suppe, dass sie einen durchgehend leicht herb-säuerlichen Ton hat, also nicht durch größere Sahnemengen »süffig« gemacht ist. Man biedert sich hier nicht an und will auch nicht unbedingt alles so machen, dass es irgendwie in das Schema der vielen internationalen Gäste passt. Und viele essbare Kräuter schmecken

nun einmal nicht besonders auffällig, sondern haben oft einen leicht herb-vegetabilen Unterton. Natürlich stellt man sich dann die Frage, ob das denn so sein muss oder ob es nicht viel schöner wäre, man würde ein sahniges Süppchen mit ein paar Thymianzweigen obenauf bekommen. Vielleicht kann man das ganz anders sehen. Vielleicht ist das sahnige Süppchen das Extrem, weil es nur mit einer kleinen Auswahl von »aromatischen« Küchenkräutern arbeitet und alles andere beiseite lässt, vielleicht auch, weil man sich in der »sahnigen Küche« so sehr darum bemüht, Produkte nicht wirklich zu Wort kommen zu lassen, oder auch, weil die »sahnige Küche« viel zu eng geworden ist und sich immer wieder wiederholt. Wenn man sich auf eine Küche wie im »La Chassagnette« einlässt (und das sollte oder muss man, wenn man so etwas noch nie gegessen hat), wird man schnell bemerken, wie ungeheuer differenziert eine solche naturnahe Küche sein kann und welch riesige Menge an Informationen sie für uns bereithält.

Armand Arnal vermeidet alle Klischees, also auch die neueren, zu denen sich die moderne Küche immer wieder verengt. Die »Rotbarbe, gegart und roh mit Rucola und Ingwer«, »Nudeln von Tintenfisch mit verschiedenen Bete-Sorten und Koriander«, »Kohl mit Gravlax vom Camargue-Stier und kräftiger Vinaigrette«, der »Spargel mit wilder Kresse und einem in einer Bouillabaisse pochierten Wolfsbarsch« oder die »Verschiedenen jungen Karotten mit wildem Knoblauch und gebratenem Lamm« schmecken nicht so, wie man sich die Gerichte vorstellt. Die Titel klingen noch eher dezent originell und nicht wirklich forciert abweichend. Der Geschmack aber ist deutlich alternativ, weil Arnal in buchstäblich allen Details anders

denkt als fast alle Kollegen. Was die Sache zusammenhält und was letztlich auch dann für Nähe
sorgen kann, die beim Verständnis hilft, ist der
immer wieder anzutreffende, klare Produktgeschmack. Man kann einen Besuch hier also nur
dringend empfehlen. Es sieht immer noch aus
wie ein Traum von einem Biorestaurant, das nach
wie vor ganze Seiten in entsprechend interessierten
Zeitschriften bekommt. Aber es ist auch ein
ganz wichtiger Ort für ausgeweitete kulinarische
Erlebnisse.

Man kann also mit all dem, was es an Produkten in
einer Region gibt, hervorragende Gerichte kochen.
Man kann Traditionen aufnehmen und dennoch
modern sein, man kann natürlich kochen und sich
dennoch nicht von der bisweilen bedrückenden
Enge alternativer Szenarien instrumentalisieren
lassen.

REISE 12
HINTERGRUNDAROMEN –
EIN EXPERIMENT
IN CHERRUEIX

Auf einem Bauernhofmarkt in der Bretagne. (Foto JD)

Wir hatten zwischen 2005 und 2010 einige Jahre lang im Sommer in Cherrueix in der Bretagne ein kleines, typisch bretonisches Ferienhaus gemietet. Cherrueix liegt an der Bucht des Mont Saint-Michel, ziemlich genau in der Mitte zwischen der Austern-Metropole Cancale und diesem Touristenmagneten. Und weil alle Touristen zum Mont Saint-Michel, nach Cancale oder nach Saint-Malo fahren, fahren sie an Cherrueix vorbei, und es ist dort wunderbar ruhig. Der Garten hat einen Ausgang direkt auf den Küstenwanderweg. Dann kommt ein Streifen mit allerlei flachen Gewächsen, und ein riesiger Strand, auf dem ab und zu ein paar Strandsegler oder Trabrennfahrer vorbeikommen. Zum Baden eignet sich das Wasser hier nicht, weil es ganz flach ist und bei Ebbe die riesigen Flächen zum Vorschein kommen, auf denen die Moules de Bouchot und die Austern gezüchtet werden.

FÜR KOPF UND KÜCHE
MOULES DE BOUCHOT

Die Moules de Bouchot aus der Bucht des Mont Saint-Michel sind mittlerweile eine der AOC-Spezialitäten Frankreichs. Das Zentrum der Zucht ist in Le Vivier, wo es eine Art großen Hafen für die typischen Amphibienfahrzeuge der Muschelzucht gibt. Die Qualität der – im Vergleich zu den Muscheln zum Beispiel aus Zeeland in Holland oder aus Föhr – recht kleinen Muscheln ist exzellent, unter anderem, weil sie durch den starken Gezeitenwechsel und die Zucht an großen Holzpfählen immer mit sehr viel frischem Wasser Kontakt haben. Den typischen Geschmack der lokalen Muschelzubereitung habe ich einmal in einer sehr authentischen Situation kennengelernt. In Hirel, einem der kleinen Küstenorte, gab es eine »Fête des Moules«. Wir fuhren entlang der schmalen Küstenstraße – eine der schönsten und atmosphärischsten Routen im Norden Frankreichs, die ich kenne –, sahen ein paar alte, große Zelte, viele Bänke, viele Einheimische und hielten an. Sofort stieg uns ein absolut überzeugender Duft in die Nase, jodig, buttrig, irgendwo in dieser Richtung. Wir hatten Hunger, und ich ging zu einem der Stände mit den riesigen Aluminiumkesseln, wo die Muscheln angeboten wurden, stellte mich in die Schlange und kaufte eine Portion. Das Ergebnis war von dieser glasklar überzeugenden Art, wie man sie meist an Ort und Stelle findet, also da, wo bestimmte Gerichte seit Urzeiten immer in einer nie geänderten Zubereitung hergestellt werden. Die Muscheln schmeckten sensationell kräftig und gleichzeitig fein, buttrig und mit einem hervorragend eingebundenen Spiel zwischen der Säure von Wein, dem Meerwasser aus den Muscheln und der Butter. Ich ging wieder zurück und sah mir an, was denn dort eigentlich gemacht wurde. Wie oft in solchen Situationen findet man keine wirklichen Geheimnisse, sondern Zubereitungen, bei denen nie jemand irgendetwas abwiegt, ausmisst oder ständig abschmeckt. Der Effekt war aber klar. Wenn sich die Muscheln öffnen, geben sie Salzwasser ab, und dieses Salzwasser macht den Sud mit jeder neuen Portion immer salziger. Man könnte natürlich regelmäßig einen neuen Sud ansetzen, was aber bei diesem Massenbetrieb kaum möglich wäre. Also muss

Ausgleich her, und zwar durch viel ungesalzene Butter und ab und zu wieder einen neuen Schuss Muscadet oder Gros Plant von der Loire, die hier als lokale Weine gelten. Im Laufe des Tages ergab sich auf diese Weise ein sagenhaft dichtes Konzentrat von Aromen mit fast öliger Konsistenz.

Ich habe später dazu ein paar Versuche gemacht, weil man schließlich zu Hause nicht Hunderte Kilo Muscheln zubereitet. Das Problem ist – bei den größeren Zeeland-Muscheln noch viel mehr – das Salzwasser, das die Muscheln abgeben. Will man es nicht durch Unmengen von Butter ausgleichen, sondern eine feine Mischung erzielen, die das Muschelaroma besser durchkommen lässt, hat man zum Beispiel auch die Möglichkeit, das Wasser in den Muscheln ein wenig zu reduzieren. Dazu reicht es normalerweise schon aus, wenn man die Muscheln einige Minuten in einer Schüssel bei Zimmertemperatur stehen lässt oder die Vakuumverpackungen, in denen sie im Binnenland meist gehandelt werden, einige Minuten vor dem Kochen öffnet. Viele Muscheln öffnen sich dann einen Spalt und verlieren einen Teil ihres Wassers.

Meine Standard-Muschelzubereitung zu Hause sieht so aus: Ich mache zuerst einen Ansatz mit einer größeren Menge ungesalzener Butter, fein gehackten Schalotten, Lauchringen, Karottenwürfeln, Staudenselleriescheiben. Das Gemüse wird in der aufschäumenden Butter angedünstet. Dann kommen noch zwei oder drei Zweige Petersilie, Lorbeer und Piment dazu. Abgelöscht wird mit Colombard (meinem Kochweißwein von Jacques' Wein-Depot, den ich seit vielen Jahren wegen seiner ausgeglichenen Frucht und Säure schätze). Der Deckel wird geschlossen, und das Ganze bekommt bei mittlerer Hitze etwa 10 Minuten Zeit für Garung und Vermischung. Danach wird die Hitze erhöht und die Muscheln kommen dazu. Wir essen die Muscheln dann meist mit einem rustikalen Baguette, das mit ungesalzener Butter bestrichen und mit Fleur de Sel gewürzt wird. Bei der Basis-Version für den Alltag trinken wir einen Crémant d'Alsace dazu, gerne den Blanc de Noir von Regine Preiss-Zimmer in Riquewihr.

Vor einigen Jahren habe ich für den »Feinschmecker« in meiner Serie »Küchengeheimnisse« auch eine Reihe anderer Rezepte entwickelt. Zum Beispiel asiatisch inspirierte Muscheln mit frischem Ingwer, Zitronengras, Sternanis und Piment. Oder Muscheln mit Apfel, Staudensellerie und Kardamom, Muscheln mit Kräutern (immer auf der Basis eines Gemüseansatzes) und eine Muschel-Curry-Cremesuppe. Natürlich bin ich dabei auch der Frage nachgegangen, warum die Muschelgerichte in Brüssel in der Rue des Bouchers immer so ganz spezifisch duften. Sie haben einen einfachen Sud aus Butter, Schalotten, relativ viel Staudensellerie und trockenem Weißwein. Der Geschmack kommt ganz wesentlich von der höheren, aromatisch »ungebrochenen« Dosierung von Staudenselleriescheibchen. Hier die Rezepte im Detail:

Muschelvariationen

1. »Klassisch«: 25 g ungesalzene Butter,
10 g Schalottenwürfel, je 20 g gewürfelte Karotte,
Lauchringe und Staudenselleriescheiben,
1 Zweig Thymian, 2 Zweige Petersilie, 1 kleines
Lorbeerblatt, 5 Pimentkörner, 100 ml trockener
Weißwein (Colombard), 500 g küchenfertig vorbereitete Muscheln (am besten Moules de Bouchot,
ansonsten eher kleine Muscheln)

✳✳ In einem hohen Topf die Butter schmelzen
lassen, Gemüsewürfel und Kräuter dazugeben und
bei mittlerer Hitze andünsten. Wenn die Schalotten
glasig werden, mit dem Wein ablöschen und sofort den Deckel auflegen. Etwa 10 Minuten köcheln
lassen. Dann die Hitze erhöhen, die Muscheln
dazugeben und wieder zugedeckt so lange garen,
bis alle Muscheln geöffnet sind, dann noch etwa
2 Minuten zugeben und servieren. Während des
Garens den Topf zweimal durchschütteln, um die
Muscheln zu wenden. Zum Servieren die Muscheln
in kleine tiefe Teller geben und anschließend
den Sud verteilen. ✳✳

2. »Belgisch«, mit Staudensellerie: 25 g ungesal-
zene Butter, 20 g Schalottenwürfel, 40 g dünne
Scheiben von nicht zu dicken Staudensellerie-
stangen, 100 ml trockener Weißwein, schwarzer
Pfeffer aus der Mühle, 500 g Muscheln (am besten
Moules de Bouchot, ansonsten eher kleine
Muscheln)

✳✳ Zubereitung wie oben bei der klassischen
Version. Der schwarze Pfeffer wird nach
dem Ablöschen mit dem Wein großzügig über
das Ganze gegeben, etwa 6 Umdrehungen
der Pfeffermühle. ✳✳

3. »Asiatisch«: 25 g ungesalzene Butter,
15 g Schalottenwürfel, je 20 g gewürfelte Karotten,
Lauchringe und dünne Staudenselleriescheiben,
10 g dünne Scheiben von frischem Ingwer,
1 aufgespleißtes Ende (etwa 10 cm) einer
Zitronengrasstange, 1 Sternanis, 5 Pimentkörner,
100 ml trockener Weißwein, 500 g Muscheln
(am besten Moules de Bouchot, ansonsten eher
kleine Muscheln)
Zubereitung wie oben bei der klassischen Version.

4. Muschelsuppe: 400 ml Fischfond,
200 ml Sahne, 1 gestrichener TL Currypulver,
1 Ansatz asiatische Muscheln, getrocknete Blätter
von Kornblume und Ringelblume, Basilikum,
500 g Muscheln

✳✳ Den Fischfond mit der Sahne und dem
Curry aufkochen und 2 Stunden leicht siedend
ziehen lassen. Den Ansatz wie oben für »asiatische Muscheln« vorbereiten. Dann pro Teller
3 Muscheln in der Schale bereithalten (warm), die
restlichen auslösen und ebenfalls warm halten.
Zur Fertigstellung einen Teil der Muscheln in der
Schale an den Rand kleiner, tiefer Teller stellen,
die restlichen Muscheln ausgelöst auf den Tellerboden legen. Die Suppe mit dem Stabmixer auf
höchster Stufe aufschlagen und vorsichtig mit einer
Schöpfkelle auf dem Teller angießen. Obenauf
die getrockneten Blüten und fein geschnittene Basi-
likumstreifen geben. ✳✳

*Drei Muschelvariationen und eine Muschelsuppe.
(Foto TR)*

Die Bucht des Mont Saint-Michel ist auch kulinarisch sehr interessant. Zwischen Küstenwanderweg und Strand liegen die berühmten Salzwiesen, die aus zweierlei Gründen bemerkenswert sind. Einmal sind es die Wiesen, auf denen die berühmten Agneau de prés salés, die Salzwiesenlämmer, weiden, und zum anderen wachsen hier allerlei essbare Pflanzen – von wildem Fenchel über Criste Marin bis zu Salicornes. Um zum Beispiel die Salicornes für ein Essen zu ernten, geht man kurz vor die Tür und schneidet sich die benötigte Menge ab. Für die berühmten Lämmer gibt es ganz in der Nähe einen Erzeuger, der sie morgens quer über die Küstenstraße auf die Wiesen treibt und abends wieder in den Stall holt. Der Anteil der Lämmer an der Herde ist groß, und vor allem werden sie nicht im Baby-Zustand (»Milchlamm«) geschlachtet, sondern erst, wenn sie fast das normale Körpergewicht eines Schafs erreicht haben. Zu diesem Zeitpunkt haben sie schon längere Zeit Gräser und Kräuter gegessen und auf diese Weise ein sehr viel komplexeres, klareres Aroma als die vor allem wegen ihrer weichen, nicht wirklich zarten Textur bei einigen, zunehmend weniger werdenden Leuten beliebten Milchlämmer.

Gekauft habe ich das Lammfleisch immer bei Monsieur Grégoire in »La Boucherie de St-Brolad'« in der Rue de la Mairie in Saint-Broladre, einem bemerkenswerten, ganz in seinem Beruf aufgehenden Metzger, der jedes Stück wie ein kleines Kunstwerk zurecht schneidet. Wenn er eine Lammhälfte aus den Kühlräumen holt und sie zerlegt, kann das schon einmal seine Zeit dauern. Aber – es ist faszinierend, einem so guten Handwerker zuzuschauen. Und ebenfalls faszinierend ist die Kundschaft. Rein optisch würde man nicht alle der wohlhabenden Seite der Bevölkerung zurechnen.

Sie wirken völlig normal. Und dann kaufen sie bestes Material in größeren Mengen und mit großer Sachkenntnis, diskutieren über die Stücke und bezahlen Summen, über die sich bei uns jeder Metzger freuen würde. So ist das eben: Wenn es kulinarisch besser werden soll, geht es immer auch um eine Umverteilung der vorhandenen Gelder, um andere Prioritäten, um Geld, das man für andere Dinge – also zum Beispiel für kostspielige Autos oder teure Häuser – nicht ausgibt.

In unserem Ferienhaus hatten wir leider nur die übliche Küche zur Verfügung. Das heißt: zwei Ceranfelder, einen Backofen und eine Mikrowelle. Punkt. Schon beim kleinsten Aufwand für ein Gericht, zum Beispiel mit Fisch, Sauce und Beilage, musste man die Dinge nacheinander garen. Natürlich waren auch viele Töpfe und Pfannen nicht von besonders guter Qualität und zudem so abgenutzt, dass sie keinen flachen Boden mehr hatten. Insgesamt war das Küchenmaterial eher ein wenig bescheiden. Aber daran hatte ich mich im Laufe der Jahre gewöhnt und geriet angesichts dieser kargen Möglichkeiten nicht mehr in Panik. Die Qualität der Gerichte war gut, solange man nicht versuchte, allzu weit ins Detail zu gehen. Die Möglichkeiten reichten also ohne Weiteres aus, um Studien mit den lokalen Produkten zu machen.

Und da kam ich eines Tages auf eine Idee, die für die Entwicklungen meines Verständnisses von Geschmack noch eine große Bedeutung bekommen sollte. Ich beschloss, ein Gericht zu machen, das ausschließlich mit den Produkten aus der unmittelbaren Umgebung hergestellt werden sollte. Das Material war ein Stück Lammrücken vom Agneau de prés salés, und zwar mit den Rippen in voller Länge, also nicht so kurz abgeschnitten, wie das handelsüblich ist. Das Stück sah ein wenig aus wie eine Brücke und machte beim Garen natürlich viel Arbeit, weil man es quasi von Hand in allen möglichen Positionen kolorieren musste. Andererseits fand ich diesen Schnitt nicht unlogisch, weil man nicht nur die Koteletts, sondern auch die »Rippchen« bekam, die während der Garung und auf dem Teller natürlich ganz andere Brat- und Röstnoten zeigten als die anämisch parierten, handelsüblichen Stücke. Dazu kamen Kartoffeln der Sorte »Charlotte« aus den sandigen Böden hinter dem Deich, Zwiebeln, Knoblauch und die berühmten Carottes de Sable, die Sandmöhren, die hier ein unnachahmliches Aroma entwickeln, sehr viel kräftiger und komplexer, als man das normalerweise kennt. Dazu kamen natürlich auch ungesalzene Butter und einige von den maritimen Kräutern der Salzwiesen. Ich habe keine Sauce dazu gemacht und natürlich auch keinerlei Fond benutzt. Das Stück Lammrücken bekam eine Garung, die ich – nach dem berühmten französischen Koch und Kochtechnik-Genie Joël Robuchon – immer »Robuchon-Garung« nenne, weil der wichtigste Punkt die Erzielung einer vollkommen gleichmäßigen Bräunung ist. An die Rippchen habe ich einen Tick mehr Hitze gegeben, sodass das Fleisch am Knochen komplett konfiert war. Zur – späten – Aromatisierung gab es ein paar Zwiebeln und Knoblauch, aber zur Garung keinerlei Salz und Pfeffer (erst auf dem Teller ein wenig Fleur de Sel). Die (kleinen) Kartoffeln habe ich natürlich in der Schale gegart und danach das gemacht, was ich häufig mit guten Kartoffeln mache: nämlich sie mit ein wenig Butter in der Pfanne leicht antrocknen lassen, bis sie ein wenig verschrumpelt sind und von außen gleichmäßige Röstnoten zeigen. Die Sandmöhren wurden mit wenig Flüssigkeit, etwas Butter, Zitrone und einer Prise Zucker langsam à

point gegart, und zum Schluss gab es aus den verschiedenen Flüssigkeiten von der Garung eine Art Summen-Jus mit den Kräutern (darunter auch Salicornes und Criste-Marin), Zwiebeln und der geringen Menge Knoblauch darin. Wohlgemerkt: Das war kein wissenschaftlicher Versuch mit tagelanger Planung, sondern einer der üblichen spontanen Einfälle, eine Cuisine du marché, bei der sich im Laufe des Tages ein paar Produkte ansammeln und dann die Rezepte dazu entstehen. Natürlich koche ich auch sonst nur mit den Produkten der Gegend, aber es darf dann zumindest schon einmal gutes Olivenöl oder – wir sind schließlich in der Nähe von Cancale – das ein oder andere Gewürz von Olivier Roellinger dazukommen.

Die Teller waren angerichtet, und sie sahen wegen einiger Röstnoten und der Kombination von warmen Elementen mit unbearbeiteten Kräutern und Pflanzen ein klein wenig rustikal aus. Aber das war längst Absicht, weil ich natürlich auch »rustikale« Elemente wie die speziell behandelten Kartoffeln als Bestandteil selbst der feinsten Küche ansehe – unabhängig davon, dass viele Spitzenköche den Bereich der »rustikalen« Aromen komplett ausklammern (auch das ist ein Punkt, der dringend einer intensiveren Diskussion bedarf. Kochkunst, die ihren Namen wirklich verdient, sollte sich nicht nur mit »Verfeinern« im Sinne von »Verdünnen« befassen, und schon gar nicht damit, alles und jedes mit Butter oder Sahne zu behandeln). Wir fingen also an zu essen und zuckten regelrecht zusammen. Es schmeckte schlicht und einfach fantastisch. Dass es deutlich anders schmeckte als ein Mainstream-Lammgericht, war schon wegen des Materials und seiner Behandlung zu erwarten. Aber hier waren Dinge im Spiel, von denen ich nicht wusste, woher sie kamen. Ja, ich hatte das so gekocht und durchaus mit voller Absicht. Und nein, ich wusste nicht, wieso es so wundervoll schmeckte. Ich hatte schon mit dem Lamm aus der gleichen Quelle gekocht, und auch schon mit allen anderen Zutaten in ähnlicher Weise. Trotzdem, es blieb zunächst ein großes Rätsel, wieso sich hier eine Art Natürlichkeit mit ungeheuer vielen, sehr sensiblen Details entwickelte, obwohl das Ganze doch so vergleichsweise »grob« aussah. Völlig aufgedreht saßen wir am Tisch, probierten immer wieder, rochen später noch an den Resten und fingen an, die Sache einmal etwas genauer zu durchdenken. War es ein Zufallsprodukt, oder steckte hinter diesem Geschmack eine Logik, die ich noch nicht

kannte? Kurz und gut: Wir haben es an diesem Abend nicht geschafft, irgendeine Erklärung zu finden, und so etwas bedeutet immer automatisch, dass mich die Sache auch nachts noch umtreibt, und natürlich auch noch am nächsten Morgen.

Und tatsächlich: Wie schon so oft hatte mich auch in diesem Falle ein unruhiger Schlaf auf die richtige Spur gebracht. Und diese Spur führte zunächst einmal aus der Bretagne nach Holzminden in Niedersachsen zu einer Firma namens Dragoco, einer der weltweit führenden Adressen zur Herstellung von künstlichen Aromen.

FÜR KOPF UND KÜCHE
HINTERGRUNDAROMEN

Die Firma Dragoco fusionierte im Jahre 2003 mit der ebenfalls in Holzminden ansässigen Firma Haarmann & Reimer zur neuen Firma Symrise. Vor der Fusion war ich zu einer Reportage für die »Frankfurter Allgemeine Sonntagszeitung« dort und erlebte einige sehr bemerkenswerte Dinge, die mich einerseits tief beeindruckten, andererseits aber auch ziemlich frösteln ließen. Der Grund war die Erkenntnis, dass man im Prinzip jedes Aroma der Welt analysieren und »nachbauen« kann. Wie perfekt das dann ausfällt, ist eigentlich nur eine Frage des Preises. Vereinfacht dargestellt sieht das Verfahren so aus: Per Gaschromatografie ist es möglich, ein Aroma so aufzuschlüsseln, dass seine chemischen Bestandteile und ihr Anteil an der Gesamtmenge des Aromas sichtbar werden. Diese Analysen bilden in den meisten Fällen recht bewegte Kurven mit einigen Spitzen und vielen nicht so ausgeprägten Bestandteilen. Kennt man die Bestandteile, ist es möglich, das Aroma künstlich herzustellen. Bei Dragoco hat man mich in Räume mit Sammlungen von Aromen geführt, die einfach unglaublich waren. Es gab dort zum Beispiel eine ganze Abteilung von Zwiebelaromen (die ja bei Tütensuppen, Brühwürfeln und ähnlichen Produkten immer eine große Rolle spielen). Zu finden war das Aroma von ganz milden Zwiebeln, von rohen Zwiebeln, von leicht angerösteten Zwiebeln, von stark angerösteten Zwiebeln oder von getrockneten Zwiebeln. Es gab bei der Firma Dutzende solcher Aromen in allen erdenkbaren Variationen für alle erdenkbaren Zusammenhänge. Das ist die eine Seite, die des Möglichen. Die andere Seite ist die des kommerziell Sinnvollen, des Machbaren. Und da gibt es eine ganz andere Logik als die des perfekten Kopierens.

Das Aroma der Vanille zum Beispiel ist eines der Aromen, das man schon vor langer Zeit erstmals künstlich hergestellt hat. Es wurde hier in Holzminden vom Chemiker und Firmengründer Wilhelm Haarmann im Jahre 1874 synthetisiert. Dass es ausgerechnet die Vanille war, liegt daran, dass ihr Aroma im Wesentlichen von einigen wenigen Teilaromen bestimmt wird. Nimmt man nur diese Aromenspitzen, schmeckt das Produkt im landläufigen Sinne »nach Vanille«. Dieses Verfahren ist relativ einfach, sodass man frühzeitig über eine künstliche Fassung der ansonsten nicht unbedingt billigen Vanille verfügte. Kulinarisch gesehen gibt es dabei aber ein Problem. Dieses Problem wird sofort deutlich, wenn man gute Vanilleschoten (also solche Qualitäten, die im normalen Handel kaum noch vorhanden sind) mit künstlicher Vanille vergleicht. Man merkt ganz klar, wie komplex und vielfältig die echte Vanille riecht und schmeckt, und wie reduziert und banalisiert die künstliche. Dass das normalerweise nicht auffällt, liegt natürlich auch daran, dass die Vanille bei industriellen Produkten stets benutzt wird, um ein anderes Produkt zu aromatisieren, ein Eis oder ein Mousse zum Beispiel. Man merkt dann, dass es nach Vanille schmeckt, kann aber weitere Details im Zusammenhang nicht ausmachen. Wie dem auch sei: Es fällt auf, dass die enorme Qualität des Marks aus einer guten Vanilleschote sich eben nicht nur aus ein paar Aromenspitzen zusammensetzt, sondern ganz entscheidend davon lebt, dass auch noch sehr viele weitere Aromen beteiligt sind. Ich nenne diese Aromen »Hintergrundaromen«. Wenn man von diesem Punkt aus noch einmal an die Funktion der künstlichen Vanille in einfachen, industriellen Verwendungen zurückdenkt, wo sie irgendwo in einer Mischung aus Sahne und viel Zucker verpackt wird, wird klar, dass ein gutes, komplexes Aroma in einem sehr viel feineren Zusammenhang durchaus auch mit seinen komplexen Hintergrundnoten schmeckbar werden kann. Wenn zum Beispiel Spitzenköche eine recht flüssige, nur leicht zuckrige Sauce auf der Basis einiger exotischer Früchte mit einer kräftigen Menge bester Vanille (vielleicht von den Riesenschoten aus Madagaskar ...) anreichern, schmeckt man eine feine und breit gefächerte Palette des Vanillearomas, das zudem durch die dezenten Fruchtnoten im Hintergrund noch teilweise verstärkt wird. Das wiederum kann bedeuten, dass es im Vordergrund klar und sehr gut nach Vanille schmeckt, die Hintergrundaromen aber ebenfalls wirksam werden.

Und wenn man das dann weiter durchdenkt, wird klar, dass viele »unergründliche« Aromen auf diese Weise zustande kommen. Wir können nicht identifizieren, um was es sich dabei eigentlich handelt, merken aber, dass da aromatische Wechselbeziehungen ablaufen, die für markante Ergebnisse sorgen.

Nun aber zurück zu dem Lammgericht mit lokalen Produkten in Cherrueix. Was wir dabei erlebt haben, war das Zusammenwirken von Hintergrundaromen, und zwar solchen, die nur mit ganz bestimmten Produkten möglich sind, und das in einem Gericht, das vielleicht auch nur in einem engen geografischen Bereich so zu realisieren ist. Es ist – wenn man so will – eine kulinarische Variante des beliebten Ausspruchs: »Ich habe da in dem kleinen italienischen Hafen in einem völlig unscheinbaren Restaurant eine Dorade gegessen, wie ich sie selbst in Spitzenrestaurants noch nie bekommen habe.« Auch in einem solchen Fall können ähnliche Gründe für die Qualität des Essens eine Rolle spielen – auch wenn natürlich oft noch die beliebten emotionalen Überhöhungen des Esserlebnisses dazukommen (vgl. auch Glossar, »assoziativer Hintergrund«). Was wir in Cherrueix erlebt haben, sind die Auswirkungen des »Terroirs«, also etwas, was wir ganz ähnlich auch beim Wein erleben. Produkte, die am gleichen Ort wachsen, haben das gleiche Klima, wachsen in der gleichen Luft, stammen aus Böden, die einen ganz ähnlichen mineralischen Aufbau haben und erleben – wie in diesem Falle – auch noch die Spezialität, dass die Luft oft von jodigem Salzwasser angereichert ist. Dazu kommt, dass diese Produkte auch noch solche sind, die im Laufe der Zeit spezifische eigene Aromen gebildet haben (wie die Sandmöhren), und dass die Lämmer sich weitgehend von dem ernähren, was ebenfalls teilweise bei diesem Gericht Verwendung findet. Noch dazu habe ich beim Kochen auf Einflüsse »von außen« weitgehend verzichtet, also zum Beispiel keine zugekauften Fonds benutzt. Das hat dazu geführt, dass die Aromen ausschließlich aus diesem natürlichen kulinarischen Ökotop stammen. Weil die Aromen sich so freigestellt

entwickeln konnten, konnten natürlich auch die Hintergrundaromen ungestört ihr Werk verrichten und ergaben schließlich ein Geschmacksbild, das so weit individualisiert war, dass wir vollkommen überrascht waren. Dass nicht nur die Originalität, sondern auch die Qualität so hoch war, mag daran liegen, dass sich die Zusammenhänge besonders natürlich ergeben haben. Die Produkte passen einfach ganz exzellent zueinander.

Wenn Sie einmal – unabhängig von einem so differenzierten und lokal definierten Gericht wie dem Lammteller in Cherrueix – mit Hintergrundaromen experimentieren wollen, empfiehlt sich ein ganz einfaches Verfahren: Würzen Sie die verschiedenen Elemente eines Gerichtes, das vielleicht aus sechs oder sieben Zubereitungen besteht, mit jeweils unterschiedlichen Gewürzen, Essigen, Ölen oder Kräutern, aber nur so stark, dass man die Zugaben nicht besonders deutlich »durchschmeckt«. Sie reichern mit solchen zusätzlichen Aromen die jeweiligen Zubereitungen also an – und das vor allem auch im Hintergrund. Wenn Sie dann probieren, werden Sie sich wundern, was sich im Aromenbild Ihres Gerichtes tut und dass eine Veränderung zu beobachten ist, die Sie keiner der einzelnen Zubereitungen zuordnen können. Das klappt bei zufällig zusammengestellten Aromen vielleicht nicht immer, aber meistens. Besser ist es, wenn Sie mit ein wenig Konzept vorgehen und zum Beispiel verschiedene Fruchtelemente (Coulis, Saucen, Gelees, Eis usw.) mit unterschiedlichen Zitrus- oder Säurenoten anreichern. Sie haben dann quasi den aromatischen Hintergrund aufgeladen und erleben, dass sich neue, klar wahrnehmbare Spitzen bilden, die unter Umständen zu sehr originellen Aromen führen.

Petersfisch mit Kartoffelpüree, Gewürzgarnelen, Shiitake und Petersiliencreme

Ich habe in den Jahren nach diesem Erlebnis immer wieder festgestellt, dass diese Analyse richtig ist, und dass sich ein in dieser Weise ortsgebundener und gleichzeitig natürlicher Geschmack an vielen Stellen mit ausgezeichneten Ergebnissen realisieren lässt. Im Laufe der Jahre habe ich dann auch erste Köche gefunden, die mit Absicht mit diesen Hintergrundaromen arbeiten und damit zu ganz überraschenden und exzellenten Ergebnissen kommen. Die Arbeit mit Hintergrundaromen ist allerdings auf beiden Seiten des Tellers eine sehr anspruchsvolle Angelegenheit und weist weit in die Zukunft der Kochkunst. Dafür gibt es zwei sehr wichtige Gründe. Aufseiten der Köche stellt das absichtliche Arbeiten mit Hintergrundaromen eine ganz neue Qualität dar, die sehr viel Wissen über aromatische Zusammenhänge voraussetzt. »Effekte« mit Hintergrundaromen gelingen vielen guten Köchen, sie sind aber meist zufällig, »aus dem Bauch« heraus entstanden. Das mag im Endeffekt egal sein. Aber das Begreifen und gezielte Einsetzen so tiefer und komplexer aromatischer Zusammenhänge kann natürlich ganze Welten von neuartigen aromatischen Verknüpfungen erschließen. Auf der Seite des Essers stößt man sicherlich im Moment noch bei der Wahrnehmung solcher Zusammenhänge an Grenzen. Die Entwicklung vieler Esser hin zu einem bewussten Wahrnehmen von Aromen steckt meist noch in ganz frühen Phasen, in der sie oft nur mit Mühe Hauptaromen unterscheiden können. »In die Tiefe« eines Geschmacksbildes vorzudringen, also in gewisser Weise Geschmack räumlich wahrzunehmen, erfordert schon etwas Übung.

Im folgenden Rezept geht es um die genannte Aromenanreicherung, und zwar in einem Gericht, das im Prinzip klassisch fundiert ist.

Gesäuertes Kartoffelpüree: 6 mittelgroße Salzkartoffeln, am besten der Sorte »La Ratte«, bestes Olivenöl, Riesling-Auslese-Essig von Erwin Gegenbauer
✳✳ Nach dem Garen der Kartoffeln das Kochwasser abschütten und die Kartoffeln im Topf zum Ausdampfen noch einmal kurz auf den Herd zurück stellen. Die Kartoffeln mit einem Kartoffelstampfer nicht zu fein zerstampfen (also nicht durch eine Kartoffelpresse drücken), mit etwas Olivenöl so aromatisieren, dass man das Öl gerade eben schmeckt, dann mit dem Essig so anreichern, dass sich eine klare Säure ergibt. ✳✳

Petersiliencreme: 15 g ungesalzene Butter, 10 g Schalottenwürfel, 15 g dünne Staudenselleriescheiben, 20 g fein gewürfelte Pastinake, 150 ml Gemüsefond, 100 ml Sahne, etwa 5 Stiele Blattpetersilie
✳✳ In einer mittelgroßen Kasserolle bei mittlerer Hitze die Butter schmelzen lassen. Die Schalottenwürfel dazugeben und andünsten, dann die Gemüsewürfel ebenfalls dazugeben und andünsten, ohne Farbe annehmen zu lassen. Mit dem Fond ablöschen und etwa 20 Minuten bei leicht geöffnetem Deckel köcheln lassen. Die Flüssigkeit soll nur ein wenig einkochen. Dann die Sahne angießen und weitere 20 Minuten leicht köcheln lassen. Die Aromen sollen sich gut vermischen. Inzwischen die Blätter von den Petersilienstängeln zupfen und in etwa 2–3 mm breite Streifen schneiden. Kurz vor dem Servieren die Sauce aufkochen und nochmals etwas reduzieren. Zum Servieren die Blattpetersilienstreifen einrühren. ✳✳

Petersfisch mit Kartoffelpüree, Gewürzgarnelen,
Shiitake und Petersiliencreme. (Foto TR)

Gewürzgarnelen: Pro Person 2–3 frische große Garnelen, Olivenöl, Gewürzmischung »Retour des Indes« von Olivier Roellinger (oder ein anderes, sehr gutes Curry oder Ras el-Hanout)

✳✳ In einer großen beschichteten Pfanne 2 EL Olivenöl erhitzen. Die Garnelen komplett dazugeben, die Hitze erhöhen und die Garnelen rundum anrösten. Es sollten leichte Röstspuren sichtbar werden. Die Garnelen herausnehmen, auf einem Küchentuch abtropfen und etwa 5 Minuten ruhen lassen. Dann jeweils den Kopf entfernen und bis auf das Schwanzsegment auch die Schale vom Schwanz. Mit etwas frischem Olivenöl zurück in die Pfanne geben. Wenden, dann beidseitig dezent mit der Gewürzmischung bestreuen und noch ein paar Minuten mit dem Öl überglänzen. Die Garnelen dürfen in diesem Zustand keine größere Hitze mehr bekommen, weil sie sonst schrumpfen und/oder das Gewürz Röstnoten entwickelt. Alternative Zubereitung mit Tiefkühlgarnelen: Für den Fall, dass man nur über Tiefkühlgarnelen verfügt, die Garnelen unter fließendem heißem Wasser antauen und dann etwa 10 Minuten bei Zimmertemperatur nachziehen lassen. Danach kann man sie (auch wenn der Kern zu Beginn noch etwas kalt ist) wie die frischen behandeln. ✳✳

Shiitake: 60 g gesäuberte Shiitake, 20 g ungesalzene Butter, 100 ml Kalbsfond, 50 ml Sahne, etwa 1 TL heller Dashi-Fond

✳✳ Die Shiitake in Scheiben bzw. Stücke schneiden. Die Butter in einer kleineren Kasserolle aufschäumen lassen, die Pilzstücke dazugeben und so weit garen, dass sie leicht koloriert sind. Mit dem Fond ablöschen, die Hitze reduzieren und köchelnd weitergaren. Nach 10 Minuten die Sahne angießen und weiter leicht köchelnd reduzieren. Dann mit dem hellen Dashi-Fond zu einer klar

wahrnehmbaren Würze abschmecken. Weiter reduzieren, bis die Flüssigkeit eine deutliche Bindung annimmt.

Petersfisch: Pro Person etwa 150 g Filet vom Petersfisch ohne Haut, 15 g Butter, Zitrone, Fleur de Sel

✳✳ In einer beschichteten Pfanne bei mittlerer Hitze die Butter schmelzen lassen; sie darf nicht braun werden. Die Fischfilets mit einigen Spritzern Zitrone würzen und in die Pfanne geben. Ohne Hast und bei eher niedriger Hitze garen, dabei zweimal wenden und ab und zu mit der Butter überglänzen. Der Fisch ist fertig, wenn er sich fest anfühlt. Bei der reinen Pfannengarung unbedingt darauf achten, dass die Hitze nicht zu hoch wird, weil es sonst zu Eiweißausflockungen kommen kann. ✳✳

FERTIGSTELLUNG

Wie auf dem Bild anrichten. Es handelt sich um eine Art optimiertes Brasserie-Gericht, bei dem es ausschließlich auf die geschmacklichen Komponenten ankommt. Beim Kartoffelpüree ist zum Beispiel deutlich zu sehen, dass es nicht wie üblich passiert ist. Die »Körnigkeit« sorgt dafür, dass das Kartoffelaroma präsenter bleibt.

REISE 13

NOVA REGIO I – RENÉ REDZEPI UND DAS »NOMA«

Das historische Speichergebäude im Hafen von Kopenhagen mit dem »Noma«. (Foto JD)

Nach dem ersten Besuch im »Noma« in Kopenhagen dauerte es nicht lange, bis ich zu der Vermutung kam, dass René Redzepi mit seiner Küche vielleicht nicht wie Ferran Adrià auf jedes Titelbild der Welt gelangen würde, aber den nachhaltigeren Einfluss ausüben könnte. Heute, da ich diesen Text schreibe, befassen sich schon fast alle Avantgarde-Köche der Welt mit einer Küche, die ich in Anlehnung an und in Abstimmung mit René Redzepi »Nova-Regio«-Küche genannt habe. Das ist die eine, sozusagen spitzenküchen-interne Seite, und sie ist wichtig und kann großen Einfluss auf verschiedene Aspekte der Küche haben. Was aber noch viel wichtiger ist, ist das geradezu revolutionäre Potenzial dieser Küche, das mittel- oder langfristig Einfluss auf das bekommen kann, was wir alle essen.

Der Bogen hin zu solchen Gedanken ist natürlich schon ziemlich groß. Aber – alles fängt einmal irgendwo an, und manchmal werden ganz plötzlich Dinge möglich, die man nie für möglich gehalten hat. Dass es zum Beispiel einmal in spanischen Tapas-Bars ein durchaus akzeptiertes Rauchverbot geben würde, hätte vor Jahren vermutlich kein einziger Mensch für möglich gehalten. Auch unsere Sicht auf das Essen kann sich sehr stark verändern – wenn einmal alle Zusammenhänge bewusst werden und zu einer dynamischen Entwicklung zusammenfließen.

Das »Noma« liegt direkt am Wasser im Erdgeschoss eines alten Speichergebäudes. Wenn man es so zurückhaltend in den Bau eingepasst sieht, kann man verstehen, dass es ursprünglich als ein ganz normales Restaurant mit einer nordischen Küche (»Nordisk mad« = Noma) gedacht war und man wahrscheinlich mit allem gerechnet hatte, nur nicht

mit einer Entwicklung, die das »Noma« an die Weltspitze der Restaurants bringt. Es ist ohnehin gastronomisch gesehen das Gegenteil eines typischen Gourmettempels. Man betritt einen eher niedrigen Raum und steht direkt mitten im Geschehen. Alle Mitarbeiter aus Service und Küche, die sich in der Nähe aufhalten, grüßen gemeinsam mit einem lauten »Good Morning« oder »Good Evening«, und es wird ganz schnell klar, dass hier nicht nur die Küche anders ist, sondern auch das Restaurant eigenen Gesetzen folgt. Zelebriert wird hier jedenfalls gar nichts, und weil auch der Raum nicht unbedingt nach Luxus aussieht, benehmen sich die Gäste auch entspannter. Es wirkt recht belebt und eigentlich relativ normal. Doch genau das ist das Essen nicht. Ich möchte hier über ein Essen aus dem Jahre 2010 berichten, bei dem es 24 »Gerichte« gab, die übrigens weitgehend von den Köchen serviert und kurz erklärt werden. Es gibt keine Speisekarte zur Auswahl, sondern nur ein einheitliches Menü, was im »Noma« aber – anders als bei vielen anderen Restaurants – ausgesprochen viel Sinn macht, weil es sich um ein exakt durchkomponiertes Menü mit klaren Abläufen und einer ausgetüftelten Dynamik handelt. Die einzelnen Gänge bestehen oft nur aus Kleinigkeiten, sodass kein Gast be-fürchten muss, überfüttert zu werden. Die Köche kann man teilweise bei der Arbeit beobachten, weil der Raum, in dem die Teller zusammengestellt werden, in den Gastraum integriert ist. Obwohl es dort immer sehr belebt zugeht, sind aber bei Weitem nicht alle Mitarbeiter zu sehen. Ein Teil arbeitet in einer Außenküche, wo alles gemacht wird, was mit offenem Feuer und Räuchern zu tun hat, eine Technik, von der so umfangreich Gebrauch gemacht wird, dass auf diesem Posten meist vier oder fünf Köche arbeiten. Ein

weiterer Teil arbeitet in einer Art Vorbereitungs-
küche, wo zum Beispiel Unmengen von Beeren und
Kräutern versäubert werden müssen, ein weiterer
Teil arbeitet in einer Versuchsküche, wo ständig
neue Rezepte ausprobiert werden.

Nun aber zu dem Essen, das zu den spektakulärsten
kulinarischen Ereignissen gehört, die man seit
einigen Jahren erleben kann. Im Folgenden möchte
ich das Menü weitgehend vorstellen und an diversen Stellen auch vertiefend analysieren.

Nasturtium and snails: »Der erste Gang steht
schon auf dem Tisch«, sagt plötzlich ein Mitarbeiter und weist auf die Blumenvase in der Mitte.
Zwischen ein paar Blumen und Kräutern gibt es
auch eine Blüte der Kapuzinerkresse, die mit einer
kleinen schwedischen Schnecke und etwas Re-
moulade gefüllt ist. Ein weiteres Element ist eine
Zucchiniblüte, die mit Muschelragout und ein
paar leicht krossen Bröseln gefüllt ist. Es schmeckt
nicht unbedingt besonders intensiv, weil Schnecke
und Muscheln nicht sehr viel Aroma haben und
man vor allem einen vegetabilen Nachgeschmack
hat. Man isst das als eine etwas spielerische Kleinigkeit und wird erst später im Menü feststellen, dass
auch dieser Beginn schon ein Teil des Konzeptes
ist. Redzepi hat eine Reihe von Gängen, die eine
Art interaktiven Charakter haben und den Gast
einbeziehen – mal mit einer kleinen Überraschung,
mal mit einem mehr oder weniger großen Schock,
mal mit Erinnerungen an frühere Zeiten.

Seabuckthorn leather and pickled hip roses:
Ab und zu wird man daran erinnert, dass René
Redzepi auch eine Zeit lang bei dem spanischen
Avantgarde-Star Ferran Adrià gearbeitet hat.
Von ihm stammt die ein oder andere avantgardistische Kochtechnik und spielerische Formgebung,
die bei diesem Gang eine Rolle spielt. Serviert wird
eine Art Rose mit Blättern und Gelee dazwischen,
wobei die Blätter aus zu »Leder« verwandeltem
Sanddorn bestehen (ein Verfahren, in dem das
ursprüngliche Produkt zuerst pulverisiert und dann
wieder zu einer formbaren Masse wird). Es ist eine
Idee, ein kleiner Geschmack, aber nicht unbedingt
nur ein »Gag«. Die verwendeten Produkte kann
man irgendwo draußen in freier Natur einsam-
meln. Hier wird eine Idee davon präsentiert, was
man mit ihnen machen könnte.

*Rye bread, chicken skin, split peas and smoked
cheese:* Die Kombination von einem Roggenbrot-
Sandwich mit getrockneter Hühnerhaut, einem
Püree von leicht geräuchertem Käse und gelben
Erbsen zielt auf eine andere geschmackliche
Ästhetik, die weder mit den traditionellen Aromen
der bürgerlichen Küche noch mit der üblichen
Gourmetküche viel zu tun hat, und schon gar nicht
mit der klassisch-französischen Küche, die auch
heute noch für viele Köche – bewusst oder unbewusst – einen großen Teil der geschmacklichen
Vorbilder liefert. Man hat ein wenig skandinavi-
sches Feeling und natürlich die für das »Noma«
typische Irritation, dass »so etwas« in einem
Restaurant angeboten wird, das an der Spitze der
Weltrangliste steht (was immer man auch davon
halten mag). Ich sehe dies erst einmal positiv
und bin grundsätzlich bereit, mich auf alles einzu-
lassen, was man mir vorsetzt. Wer bei solchen
innovativen Gerichten eine Schublade sucht und
vielleicht für sich findet, hat dann unter Umständen
den Effekt, dass die Sachen in der Schublade verschwunden, also ein für alle Mal eingeordnet sind.
Die Küche von Redzepi aber sollte man – um im
Bild zu bleiben – unbedingt nicht wegpacken und

möglichst schnell einordnen, sondern sehr lange mitten auf dem Tisch liegen lassen. Dann bleibt sie im Blick, und man kann erleben, wie sich eine Menge von Bezügen und Verbindungen in alle möglichen Richtungen ergeben.

Fried leek and garlic: Serviert wird eine Stange junger Lauch mit Wurzeln, die nach Tempura-Art ausgebacken sind. Man bekommt den Hinweis, diese Wurzeln zusammen mit einem Stück von der Stange zu essen. Dazu ist noch etwas milde Knoblauchcreme aufgebracht, die das Laucharoma fein erweitert. Das Stück Lauchstange und die Knoblauchcreme sind aber nicht das eigentliche Thema, sondern die ungewöhnliche Verwendung der Wurzeln, die man normalerweise entfernt. Sie schmecken ganz ausgezeichnet und haben durch das Ausbacken noch eine schöne Textur bekommen. Diese Wurzeln sind ein Element aus der ausgeweiteten Nova-Regio-Palette (siehe Glossar), in der sich gerade auch solche Elemente von einzelnen Gemüsesorten finden, die man in klassischen Zubereitungen kaum jemals benutzt. Nach den Erfahrungen bei Redzepi hatte ich immer ein schlechtes Gefühl, wenn ich für eine klassische Zubereitung mal wieder nur das Weiße vom Lauch verwendet habe …

Live fjord shrimps and butter: Dieser Gang ist international oft kontrovers diskutiert worden, obwohl … Serviert wird ein Einmachglas mit Deckel, das zum größeren Teil mit Eis gefüllt ist. Auf dem Eis liegen einige zappelig-lebende Garnelen von etwa 5 Zentimeter Länge. Die Anweisung ist hier, die Garnelen schlicht und einfach komplett und lebend in den Mund zu stecken und zu essen. Sie ahnen, wohin die Kritik ging. In vielen Kommentaren wurde mehr oder weniger

direkt der Eindruck erweckt, hier würde es sich um einen nicht besonders geschmackvollen Gag handeln, der irgendwie auch einen dekadenten Zug hat, so, als würden irgendwelche überspannten Avantgarde-Köche mal wieder etwas Aufsehen erregen wollen und dabei deutlich zu weit gehen. Tatsächlich kann man an diesen Einwänden vor allem erst einmal erkennen, wie weit selbst manche Zeitschriften, die sich angeblich auf hohem Niveau mit dem Essen beschäftigen, den Kontakt zu den Grundlagen schon verloren haben. Zufällig bekam ich im gleichen Zeitraum ein Buch des bretonischen Zwei-Sterne-Kochs Patrick Jeffroy aus Carantec in die Hand. Dieser Koch, der sein Restaurant in der Nähe von Roscoff hat, gilt als einer der Klassiker der Bretagne und steht in keiner Weise im Verdacht, merkwürdige Dinge zu machen. Im Buch gibt es eine Stelle, in der er über seine Kindheitserinnerungen in der Bretagne spricht und darüber, wie schön es doch immer war, bei Ebbe am Strand entlangzulaufen, die Garnelen aufzuheben und direkt in den Mund zu stecken. Ihr Aroma wäre wunderbar jodig-frisch gewesen. Lebende Garnelen frisch aus der Natur zu sammeln und lebend zu essen, ist also an der Küste eine ganz normale, traditionelle Sache.

Oben: Besprechung vor dem Service im »Noma«.
Unten: Das schwimmende Labor des »Noma«.
(Fotos JD)

FÜR KOPF UND KÜCHE
SIND MUSCHELN TIERE ODER NICHT?

Ich will jetzt hier nicht grundlegende ethische Diskussionen zum Essen von Tieren beginnen. Mir fallen dazu aber immer ein paar Fragen ein. Wie ist das zum Beispiel mit den Austern, die man auch lebend isst und bei denen sogar oft ein Test empfohlen wird, mit dem man feststellen kann, ob sie noch leben, weil der Verzehr bereits toter Austern ungesund ist? (Wenn man bei der geöffneten Auster den äußeren Rand berührt, zieht sie sich etwas zusammen.) Ist »lebend« nur dann ein Problem, wenn das Tier noch richtig zappelt? Paul McCartney hat einmal gesagt, dass er nichts isst, was ein Gesicht hat. Ich verstehe, was er meint. Dennoch ist diese Aussage für mich merkwürdig. Meint er nur die putzigen Lämmchen oder Kälber oder Fische? Warum? Weil sie als Lebewesen dem Menschen ähnlich sind? Dann kann er beruhigt Seegurken und Seeigel und alle Muscheln essen. Sind Tiere dann ein Problem, wenn sie – wie auch immer – etwas Menschliches an sich haben, also zum Beispiel Schmerz empfinden können? Sie kennen sicher die Geschichten, in denen selbst Insekten zu Menschen werden, und dann Texte auftauchen wie: »Die Ameisenmutter ging mit ihrem Kind durch den Wald. Sie war auf der Suche nach einer Tante und wollte auf dem Rückweg noch etwas von der toten Maus mitbringen, die sie gestern im Wald gefunden hatte.« Wie wäre folgende Weiterführung: »Leider kam sie nur noch ein paar Meter weiter. Denn Lisa war mit ihrer Mutter in den Wald gegangen, um Beeren für einen Geburtstagskuchen zu sammeln. Weil Lisas Mutter Katja sehr ökologisch bewusst lebte, und Lisa die Natur so früh wie möglich erklären wollte, sollte der Geburtstagskuchen nur mit Beeren gebacken werden, die sie selbst im Wald gesammelt hatten. Lisa hatte ihre neuen Gesundheitsschuhe angezogen und sie gingen los. Dann trat Lisa mit ihren Schuhen auf die Ameisenmutter. Lisa hat davon nichts gemerkt. Sie fanden die Beeren und gingen fröhlich nach Hause. Das Ameisenkind aber war jetzt allein.« (Nichts für ungut, liebe Leser. Das war nur eine kleine Abschweifung, ein kleines Spiel mit der Psyche, so wie es im Prinzip auch beim Essen des ein oder anderen Gerichtes der Avantgarde schon mal eine Rolle spielt.)

Zurück zu Redzepi und seinen Garnelen. Die Psyche spielt immer mit, und mit den lebenden Garnelen hat Redzepi diesen Punkt perfekt getroffen. Natürlich ist das nicht der einzige und nicht der wichtigste Grund für den Einsatz dieses Ganges. Der wichtigste Aspekt ist der der Erinnerung an alte Traditionen der Ernährung und deren Wiederbelebung – im weitesten Sinne. Kulinarisch ist das Essen lebender Garnelen übrigens durchaus sehr interessant. Dass bei Garnelen in unseren Breitengraden üblicherweise nur die Schwänze ausgelöst und gegessen werden, ist eine der vielen Verschwendungen, die man beobachten kann. Schon im mediterranen Raum interessiert man sich oft vor allem für das Aroma, das »aus dem Kopf« kommt (also vom Oberteil der Garnele mit all ihren Innereien). Selbst in gemäßigteren Küchen wird dringend empfohlen, diese Karkassen nicht wegzuwerfen, sondern klein zu hacken, kräftig anzurösten und das Ganze in einen Fond zu verwandeln, der dann als Basis für Suppen oder Saucen dienen kann. Die lebenden Garnelen haben einen sehr fein maritim-jodigen Geschmack, den man bei gegarten Exemplaren nicht mehr schmecken kann. Der »Panzer« der kleinen Garnelen ist übrigens so weich, dass man ihn ohne Weiteres mitessen kann. Insgesamt ist dieser Gang typisch für eine Reihe von Gängen in Redzepis Menüs, die eine beträchtliche psychologische Komponente haben, etwas, was in normaleren Restaurants, wo es mehr darum geht, dass die Gäste möglichst stromlinienförmig das bekommen, was sie haben wollen und sich nie auf etwas Neues einlassen müssen, so gut wie nie eine Rolle spielt. Das ist eben der Unterschied zwischen einer bürgerlichen Küche oder auch der bürgerlichen Gourmetküche und der kreativen Gourmetküche (siehe Glossar).

Radish and carrot, soil and herbs: Auch hier handelt es sich um einen eher spielerischen Gang, ohne großen kulinarisch-moralischen Zeigefinger, aber mit einem klaren Hintergedanken. Serviert wird ein Blumentopf aus rotem Ton mit essbarer Erde, Karottengrün und Radieschengrün, daran eine kleine Karotte und Radieschen. Irgendwo dazwischen gibt es auch noch eine leichte Creme, die hier meist nicht aus Sahne, sondern aus Joghurt gemacht und gerne in der Funktion einer Mayonnaise eingesetzt wird. Der Gang ist natürlich ein Verweis darauf, dass man auch mit den ganz normalen Dingen aus dem Garten Vergnügen haben kann. Natürlich kann man das Grün mitessen und muss es nicht wegwerfen. Und natürlich

könnte man auch mit realer Erde etwas anfangen, zum Beispiel das, was der Spanier Joan Roca (vom »El Cellar de Can Roca« in Girona) oder der Japaner Yoshihiro Narisawa (vom »Les Créations de Narisawa« in Tokio) damit machen. Roca benutzt ein Gerät namens Rotaval (einen Rotationsverdampfer), um mit Waldboden einen Waldboden-Extrakt herzustellen. Die Flüssigkeit schmeckt »erdig« im weitesten Sinne und wird anschließend zum Beispiel eingesetzt, um einer Pilzzubereitung ein ihr besonders gut »stehendes« erdiges Aroma zu geben. Ähnlich arbeitet der japanische Kreativ-Koch Narisawa, der ganze Unterholz- oder Waldszenarien auf dem Teller nachbaut und dafür ebenfalls Waldboden-Extrakte einsetzt (zu sehen auf den Videos zum »Chef-sache«-Kongress in Köln 2013).

Pickled and smoked quail eggs: Es handelt sich um einen durchaus gelungenen Versuch, schlichte Wachteleier in eine besondere Delikatesse zu verwandeln. Auch hier ist die Präsentation wieder ungewöhnlich. Die kleinen Wachteleier werden in einem stark vergrößerten, täuschend ähnlich aussehenden Wachtelei aus Holz serviert. Sie sind mit Heu geräuchert, werden auf Heu liegend präsentiert und sollen wegen des noch etwas weichen Kerns komplett gegessen werden. Die Räuchernote ist dabei sehr dezent, das Ei bekommt damit eine Art natürliche Erdung.

Aebleskiver: Aebleskiver sind ein traditionelles dänisches (aber auch norddeutsches, dort »Förtchen« genanntes) Gebäck, eine Art Krapfen. Redzepi hat hier einen kleinen Trockenfisch durch die runden Gebilde gesteckt und erinnert an lokale Traditionen – mit einer Fassung, die mit dem Fisch besonders bodenständig und traditionell wirkt.

Toast, herbs, smoked cod roe and vinegar: Bis zu diesem Gang handelt es sich bei den Gängen des Menüs ausschließlich um das, was hier »Snack« genannt wird und was sich durch eine enorme Bandbreite der Ideen und Aromen auszeichnet. Nach diesen Kleinigkeiten ist man wirklich auf alles gefasst oder – anders formuliert – gut vorbereitet, um sich den Dingen, die da kommen, mit Aufmerksamkeit zu widmen. Wer hier »normales« Essen erwartet hatte, wird nun wissen, dass er davon nicht viel vorfinden wird. Wer Neuartiges erwartet hatte, wird hier erst einmal die Richtung ahnen.

Der Brotchip mit geräucherten und gesalzenen Krabben, wilden Kräutern, dem getrockneten Rogen, einem Essig-Puder und der getrockneten Haut von Hühnersuppe ist eigentlich schon ein Klassiker des Hauses, bei dem ein paar wichtige Elemente dieser nordischen Küche zusammengefasst werden. Die Säure, die hier und später auch in anderen Gerichten eine Rolle spielt, ist ein wenig der Ersatz für die traditionelle »Herzhaftigkeit«, die dem normalen Esser das Gefühl gibt, »etwas Richtiges« zu essen.

Raw shrimp and sea urchin: Dies ist das erste Gericht des eigentlichen Menüs und hat eine besonders spektakuläre Präsentation. Serviert wird ein runder Teller mit einigen Kieselsteinen darauf, die mit Eis zusammengebacken sind. Auch auf dem Tellerboden ist Eis, sodass die Steine nicht verrutschen können. Auf den eiskalten Steinen liegen eine Reihe von rohen Shrimps, die teilweise noch an den kalten Steinen »festgebacken« sind. Es handelt sich dabei um Tiefwassershrimps, die etwa 3–4 cm lang sind. Das Ganze sieht aus wie ein Stück Küste bei winterlichen Wetterverhältnissen, die man im Ganzen ausgelöst und ins Restaurant transportiert hat. Dazu kommt noch ein gelboranger Seeigelschnee (von den intensiv maritim schmeckenden Seeigelzungen), einige Kräuter und etwas Kräuteröl zwischen den Steinen. Das schmeckt sehr puristisch und vor allem sehr natürlich. Die rohen Shrimps haben eine Textur, die man irgendwo zwischen schmelzend und glatt einordnen kann, sind aromatisch aber nicht so auffällig. Das besorgen dann der Seeigelschaum und die kleinen Kräuterstücke, die größtenteils von wenig bekannten, nicht unbedingt intensiv schmeckenden Gattungen stammen und mehr eine vegetabile Frische als ein prominentes Aroma bringen. Man erinnert sich unweigerlich daran, dass es zu diesem Zeitpunkt (es ist das Menü von 2010) schon diverse Pâtissiers gab, die eine Anregung von Ferran Adriàs Bruder Albert aufnahmen, der begonnen hatte, mit Dessert-Mitteln kleine Unterholz-Landschaften nachzubauen – mit Steinen, alten Wurzeln aus Schokolade, Pilzen und Pflanzen. Ein schöner Gag, der sich weltweit erheblich ausgebreitet hat und auch heute noch zu finden ist. Hier nun Redzepi, nicht mit einem Nachbau, sondern den Dingen selbst, näher dran, natürlicher, wie eine Stellungnahme gegen eine gewisse Künstlichkeit, die in der Küche immer schon eine Rolle spielte.

Gem salad and haselnut milk, white current and juniper: An dieser Stelle des Menüs fragt man sich langsam, wie die vielen Details kulinarisch so zusammenwachsen könnten, dass man den Eindruck von »Essen« hat – nicht unbedingt kritisch, weil es bis zu diesem Zeitpunkt wahrlich schon ziemlich kurzweilig war. Nun also eine Art gemischter Salat mit gleich einer ganzen Reihe eher ungewöhnlicher oder nicht in einem solchen Zusammenhang auftauchender Elemente wie Salatwurzeln, wenig bekannte Kräuter, Gurkenblüten, Haselnussscheiben, Blätter von Kapuzinerkresse, Korinthen, Haselnussmilch, Öl von Apfel, grünen Wacholderbeeren und weiße Johannisbeeren. In meinen Notizen steht zu diesem Gericht: »Neu essen lernen.« Es hat etwas davon, und dafür gibt es klare Gründe. Normalerweise hat man – auch in fast allen Gourmetrestaurants – höchstens einmal damit zu tun, dass hier und da ein eher seltenes Element auftaucht, das dann aber vor dem Hintergrund eines bekannten Zusammenhangs nur einen moderaten Effekt macht. Bei einer Komposition wie dieser ist erst einmal die Anzahl der ungewöhnlichen Elemente recht hoch. Dazu kommt, dass auch die bekannteren Elemente keine dominante Funktion bekommen, sondern Teil eines komplexen Geschehens werden. Es ist klar, dass sich unter solchen Umständen eine sehr hohe Zahl von Variablen ergibt, die dafür sorgen, dass quasi jede Gabel nicht nur anders, sondern auch sehr neuartig schmeckt. Nun kann man solche Dinge natürlich erst einmal als eher zählbare Effekte einordnen, die noch nichts darüber aussagen, welche Qualität das Gericht hat. Und hier wird es tatsächlich etwas schwieriger, weil es für solche Gerichte wenig Vorbilder und damit wenig qualitative Standards gibt. »Es schmeckt recht gut – aber … im Vergleich wozu eigentlich?«, könnte man sich fragen. Aus einer eher traditionellen Sicht könnten solche Kompositionen also unter Umständen auch glatt durchfallen, weil nicht erkennbar wird, dass sie einem elaborierten Gericht der klassischen Spitzenküche eine adäquate Qualität gegenüberstellen würden. Ich stimme zu, das kann man so sehen und das wird von entsprechend orientierten Kreisen auch so gesehen. Die Einschätzung dieses Gerichtes (und vieler neuartiger Gerichte) ändert sich aber sehr schnell, wenn man

die Kochkunst unter grundlegenderen Aspekten sieht, also nicht ausschließlich vor dem Hintergrund von Vergleichen mit bereits Existierendem. Wenn man solche Gerichte unter Anwendung einer differenziertern Telleranalyse sieht, ergibt sich zuerst einmal eine Vielzahl von sensorischen Aspekten, die allein schon so interessant und neuartig sind, dass ein solcher »Salat« eine Menge an Qualitäten besitzt. Weil eine differenzierte Betrachtung aber auch die Rezeption und die ästhetische Einordnung solcher kreativer Arbeiten beinhaltet, werden auch die von der üblichen Rezeption abweichenden Aspekte erfasst. Und dazu gehören – wie in diesem Falle – Gedanken über die Neuartigkeit und die möglichen Probleme in der Rezeption, nicht aber ein schnelles Urteil, das die Substanz gar nicht erfassen will, sondern nur nach irgendwie passenden Einordnungen sucht.

Dried scallops amd watercress, biodynamic cereals and hazelnut: Auch hier geht es nicht nur darum, mit ungewöhnlichen Elementen ungewöhnliche Akkorde zu ermöglichen. Es geht auch darum, ein Produktdogma der klassischen Küche zu relativieren, oder besser gesagt: daran zu erinnern, dass man mit einem der wichtigsten Produkte der klassischen Küche auch einmal ganz anders umgehen kann und umgegangen ist. Die Jakobsmuschel ist eine populäre Muschel, weil sie mit ihrer großen, makellosen Nuss und ihrem milden Aroma sehr vielfältig verwendet werden kann. Oft wird sie roh und in Scheiben geschnitten eingesetzt, zum Beispiel bei der berühmten Rosette von Jakobsmuschelscheiben mit Trüffelscheiben. Und nun kommt hier ein Koch und trocknet diese Scheiben, bis sie zu etwas komplett anderem geworden sind. Die rotbraunen Muschelscheiben hier bei Redzepi schmecken ein wenig wie das ein oder andere Fischfutter riecht (was ich übrigens schon als kleines Kind sehr interessant fand. Mein Vater und mein älterer Bruder hatten zeitweilig ein Aquarium). Das klassische Dogma ist, dass man mit guten Produkten möglichst nicht so viel anstellt, was ihren Geschmack verändern könnte. Und nun das. Aber: Ist die Trocknung nicht ein ganz natürlicher Vorgang, der im Übrigen in früheren Zeiten dazu diente, Produkte haltbar zu machen? Die Scheiben liegen hier auf einigen »vergessenen« Getreidesorten wie Emmer, Dinkel und Kamut, dazu kommen geröstete Haselnussstückchen, Seegrasöl und Tintenfischsauce. Man registriert die leicht süßlichen Noten der getrockneten Muscheln, die ein wenig an Trüffel-Röstnoten erinnern. (Warum? Weil sie so schmecken oder weil man in diesem Zusammenhang einfach oft Assoziationen hat, die in diese Richtung gehen?) Man erlebt wiederum viele neuartige Akkorde, die offensichtlich in dem Moment sehr gut funktionieren, wenn man nicht nach Parallelen in anderen kulinarischen Universen sucht.

Tatar and sorrel, taragon and juniper: Redzepi kommt in diesem Menü immer wieder auf interaktive Gerichte zurück (im weitesten Sinne, siehe oben). In diesem Falle geht es um die Ursprünglichkeit des Essens mit den Fingern, das hier auch deutlich über das hinausgeht, was bei den Hamburger-Restaurants sicher nicht historisierend gemeint ist. Man soll das Rindertatar, auf dem eine dichte Schicht Sauerklee liegt, mit den Fingern fassen und es mit einer ausgestrichenen Estragon-Creme und Wacholder-Pulver würzen. Kulinarisch ist das nicht unbedingt besonders speziell, und auch die Aufforderung, mit den Fingern zu essen, gewinnt erst dann eine gewisse Bedeutung, wenn man sich klar macht, dass man hier in einem extrem hoch bewerteten Gourmetrestaurant sitzt, wo üblicherweise eher eine Hysterie von Ordnung und Sauberkeit und »korrekten« Verhaltensweisen herrscht.

Mahogany clam and cucumber seeds: Die Islandmuschel ist eines der Tiere auf der Welt, die am ältesten werden. Man hat schon Exemplare gefunden, die 400 Jahre alt waren. Es gehört zum Programm dieser Küche, die nähere Umgebung (im weiteren Sinne) nach allem zu durchforsten, was man essen kann und sich intelligente Lösungen für den kulinarischen Einsatz zu überlegen. Hier nun der Kontakt mit einer seltenen, großen, sehr fleischigen Muschel, von der dickere Scheiben serviert werden, also ein wenig so, wie man üblicherweise Abalone serviert. Sie liegen auf einem Teller mit Gurkenkernen, dazu kommen Dill-Öl und einige sauer eingelegte Holunderblüten. Es schmeckt komplett neuartig. Die Muschel wurde nur etwa eine Minute in heißem Wasser erwärmt und hat durch ihre glatte und feste Textur eine gewisse Länge beim Essen, die es natürlich im Prinzip möglich macht, sie mit einer ganzen Reihe von Produkten zu kombinieren. Man nimmt auch hier die Gurkenkerne (die ebenfalls zu den wenig genutzten Produkten zählen und für manche Zubereitungen entfernt werden) eher als eine Möglichkeit denn als Endlösung. Redzepi betritt eben Neuland und macht vieles, was man vielleicht auch anders machen könnte. So offen sollte man das sehen.

René Redzepi.
Oben rechts der stark »karamellisierte« Blumenkohl mit Fichtensprossen (siehe Seite 162). Unten die uralten Islandmuscheln (siehe Seite 160). (Fotos JD)

Man ist hier eben nicht in einer Küche, in der es für die Islandmuschel wie für die Jakobsmuschel Tausende verschiedene Rezepte gibt.

Cauliflower and pine, horseradish and yoghurt whey: Bei manchen Produkten kann sich Redzepi mit seinen neuen Akkorden aber auch ohne Weiteres in den Reigen bereits existierender Rezepte einreihen, weil er in einem Rahmen bleibt, den man so oder ähnlich schon kennt. In diesem Falle gibt es ein Stück karamellisierten Blumenkohl, dem bei der Zubereitung immer wieder frische Fichtensprossen zugegeben wurden. Dazu kommt eine Sauce aus Molke und Fichtensprossen und noch ein kleiner Schlag Sahne. Es entwickelt sich eine sehr schöne Spannung zwischen den leicht süßlich-kohligen Noten und einer feinen Säure, die sich für Gourmets sofort als attraktive Lösung darstellt. Sie werden erkennen, wie fein und trickreich hier mit einem traditionellen Produkt umgegangen wird und dass sich eine Qualität entwickelt, die trägt. Auch wenn hier »nur« Blumenkohl mit etwas Begleitung auf dem Teller liegt, ist das eine Sache von Niveau. Laien könnten mit solchen Kreationen allerdings Schwierigkeiten bekommen, weil sie so etwas für »zu wenig« halten. Wenn sie so denken, sind sie in der Gesellschaft einer Reihe bekannter Köche, die bei solchen Gerichten anfangen, über Kosten bei ihnen und im »Noma« nachzudenken. Sie benutzen Trüffel und Foie gras und teuerste Meeresfrüchte, und hier kommt Blumenkohl als Hauptprodukt auf den Tisch … Doch das ist etwas kurz gedacht. Redzepi braucht wesentlich mehr Personal als die meisten Kollegen, weil er zum Beispiel einen unglaublichen Aufwand mit allerlei Beeren und seltenen Produkten treibt, die sehr viel Vorbereitung benötigen, bis sie im Restaurant verwendet werden können.

The hen and the egg: Dieser Gang ist ein weiterer Höhepunkt der interaktiven Abteilung. Es handelt sich um ein Gericht, das der Gast nach Anleitung am Tisch selbst zubereitet. Serviert wird eine heiße Eisenschale in einem Heubett auf einem Teller. An der Seite liegt ein Ei und ein halbe Eierschale mit Fleur de Sel darin. Dazu kommt ein kleiner Teller mit einem Löffel Kräuterbutter und drei Häufchen Kräuter plus Spinat. Der Service gießt Öl in die leicht schräg stehende Schale, mit der Aufforderung, das Ei an die Stelle zu schlagen, wo das Öl sich sammelt. Das wird gemacht, und der Service stellt eine Eieruhr auf den Tisch. Wenn die Zeit abgelaufen ist, wird ans obere Ende der Schale die Kräuterbutter gegeben. Sie zerläuft und es folgen die Spinatblätter, die nur kurz zusammenfallen sollen, dann die erste Partie der Kräuter. Nach kurzer Zeit gießt der Service eine Käsesauce von halbfestem Kuhkäse an. Der Gast beendet die Fertigstellung des Eiergerichtes mit den restlichen Kräutern. Über die kulinarische Qualität der Sache muss man nicht weiter nachdenken. Es schmeckt angenehm, wie alles hier sehr natürlich und immer auch dann einen Tick ungewöhnlich, wenn die Zutaten vergleichsweise normal sind. Was die Wirkung angeht, braucht man nur einen Blick in die Runde werfen. Die Gäste haben Spaß an der Sache, und zwar alle. Sie haben bei einem »Noma«-Gericht mitgewirkt.

FÜR KOPF UND KÜCHE
WANN IST EIN ESSEN VOLLENDET?
WENN ES ZUBEREITET ODER WENN ES GEGESSEN IST?

Um noch etwas weiter zu gehen: Wann ist eigentlich ein Essen vollendet? Wenn der Teller leer gegessen ist? Gerade im »Noma«, wo quasi jeder Gast auf viele für ihn neue Produkte und Aromen trifft, spielt es für das Gelingen des Essens eine entscheidende Rolle, ob er überhaupt versucht, das Essen in seiner ganzen Breite wahrzunehmen. Wenn es um die Nahrungsaufnahme geht, ist das Essen vollendet, wenn dieser Zweck erfüllt ist. Wenn es um Essen als eine komplexe kulinarische Erfahrung geht, die uns auf ganz verschiedenen Ebenen in Anspruch nimmt, ist das Essen in letzter Konsequenz erst dann vollendet, wenn es verstanden ist, wenn es entschlüsselt ist. Wenn man auch nur ansatzweise davon ausgeht, dass ein Koch wie Redzepi und viele seiner kreativen Kollegen die Dinge nicht so machen, weil es ihnen zufällig so eingefallen ist, sondern einen Inhalt vermitteln wollen, ist das Essen erst dann ganz geglückt, wenn dieser Inhalt, diese Kodierung entschlüsselt ist. Dass kein Koch das in dieser Konsequenz verlangen wird oder auch nur erwarten kann, versteht sich von selbst. Er wird glücklich sein, wenn seine Gäste ein interessantes Erlebnis haben, das sie unterhält, erfreut, zum Denken bringt, was auch immer. Diese Kodierung kann recht einfach sein und sich auf kulinarische Fragen im engeren Sinn beschränken, also zum Beispiel auf die Erkenntnis, dass zwei Produkte, die man normalerweise nicht als harmonisch erlebt, in einer bestimmten Zubereitung ganz prächtig zusammenwirken. Sie kann aber auch tief in den Bereich des assoziativen Kontextes reichen (siehe Glossar) und – wie etwa das Essen der lebenden Garnelen – den Gast möglicherweise regelrecht aufwühlen. Viele der Gerichte bei Redzepi haben verschiedene Ebenen gleichzeitig, sie sind also sehr vielschichtig kodiert, aber dabei nicht unbedingt kulinarisch kompliziert.

Weiter geht es mit dem Menü:
Deer and wild thyme, beetroots and red fruits: Ein klein wenig hält sich auch Redzepi an den Aufbau des klassischen Menüs, obwohl er ansonsten eher wie viele Köche der spanischen Avantgarde eine Art Tapas-Menü praktiziert. Hier nun folgt ein Fleischgericht, das in Richtung der Frage geht, ob denn dieser Nova-Regio-Ansatz auch im Zusammenhang mit typischen Hauptgericht-Produkten trägt. Das Gericht ist erst einmal ziemlich trickreich aufgebaut. Präsentiert wird ein längs aufgeschnittenes Filetstück mit einer sehr expressiven, frisch schmeckenden Kräuterkruste. Dazu kommen rohe Rote Bete, in Heuasche gerollte Rote Bete (man nennt diese Technik hier »ein vergessenes Gewürz der Wikinger«), Strandkoriander (davon Kapern, Blätter und kleine Stiele), Liebstöckelsamen, Zitronenthymian, erste Steinpilze in kleinen Scheiben und wilde Brombeeren. Das Zusammenspiel überzeugt sofort und nicht nur das. Mit seiner natürlichen Anmutung entsteht auch ein natürlicheres Bild für das Reh, wobei mit »Bild« durchaus nicht nur das kulinarische im engeren Sinne, sondern auch etwas von der Vorstellung gemeint ist,

wie und wo das Reh lebt, welche der Produkte es möglicherweise zu seiner Nahrung zählen könnte und welche Verknüpfungen es mit traditionellen kulinarischen Aromenwelten gibt.

Natürlich kann in solchen Zusammenhängen auch die Frage aufkommen, ob ein solches Gericht Teil eines »Retro-Konzeptes« ist, also irgendetwas mit »zurück zur Natur« oder einem kulinarischen Ansatz zu tun haben, der sich eher historisch-traditionell orientiert.

Es wäre allerdings eine merkwürdige Logik, wenn wir uns in Richtung industrieller Nahrung entwickeln, immer mehr Produkte vergessen, immer weniger mit den Produkten anfangen können und dann sagen würden, dass ein Rückgriff auf alte Techniken eine Retrobewegung wäre, die für den modernen Menschen so absonderlich ist wie die Rückkehr zum Fahrrad mit Holzrädern. Natur ist weder modern noch unmodern, sie ist kein Artefakt, das mit zeitgenössischen Mitteln bearbeitet wird und irgendwann einmal für einen Menschentypus uninteressant wird, der sich nur noch von Kunstnahrung ernährt. Natur ist eine Art überzeitliches Kontinuum, das wir im Laufe der Geschichte mehr oder weniger gut beherrscht haben. Ohne technische Hilfsmittel haben die Menschen der Vorzeit viele Dinge nicht realisieren können, die uns heute möglich sind. Dafür haben sie aber in verschiedenen Bereichen eine größere Kenntnis vom Essbaren aus der Natur gehabt. Wir können heute natürlich hingehen und die Meinung vertreten, dass zum Beispiel die Spitzenküche eine unglaubliche Finesse bei der Herstellung von Nahrungsmitteln entwickelt hat und wir auf diese Weise auch mit der kulinarischen Kultur in den

Aus einem Menü von 2013: Oben Fischköpfe, unten ausgehöhlte Kohlrabi mit Gemüsesaft. (Fotos JD)

Bereich der Hochkultur fortgeschritten sind. Ich sehe diese Entwicklung in vielen Teilen nicht nur als einen Fortschritt, sondern auch als eine Phase, in der wir gleichzeitig viele Kenntnisse über die Natur und ihre Produkte verloren haben. Ein solcher Prozess kann nicht als der Höhepunkt der Menschwerdung gelten, er ist eine Kanalisierung, eine Einengung und nicht automatisch die Spitze der Pyramide. Eine vollständige Küche – so es denn so etwas überhaupt schon gibt oder geben kann – ist eine Küche, die die Natur so weit wie möglich nutzt und gleichzeitig über alle erarbeiteten Kulturtechniken verfügt. Vor diesem Hintergrund ist Redzepis Position eine enorm wichtige auf dem Weg zu einer vollständigen Küche geworden. Er repräsentiert keinen Rückgriff auf Vergangenes (auch wenn er Traditionen aufgreift), sondern den Griff auf die tatsächlich vorhandenen Ressourcen in all ihrer Breite.

So weit die Beschreibung eines größeren Teils der Gerichte eines Menüs im »Noma« im Jahre 2010. Weil es hier um die Reise ins Innere des Geschmacks geht, ergibt sich bei Redzepi natürlich die Frage, wie weit er dabei gekommen ist und wie weit man mit seinem Ansatz überhaupt kommen kann. Sind dabei zu viele Zufälligkeiten im Spiel? Hat ein solches Konzept noch größere Perspektiven? Bei meinem letzten Besuch hatte ich den Eindruck, dass Redzepi sehr daran interessiert ist, seine Küche in eine Richtung zu verbessern, die sie der internationalen Spitzenküche etwas stärker vergleichbar macht. Er hat für das »Noma« bisher nur zwei und noch keine drei Michelin-Sterne bekommen, was unter traditionellen Michelin-Aspekten gesehen vielleicht verständlich ist, weil man eben das ein oder andere Produkt in anderen Spitzenrestaurants vielleicht in einer etwas besseren Garung und in »harmonischeren« Kompositionen bekommt – zumindest wenn man die konventionellen Maßstäbe anlegt. Ich glaube, dass nicht Redzepi das Problem hat, sondern die Leute von Michelin, die für solche Küchen noch keine Kategorien entwickelt haben.

Die Folgen der Besuche im Noma waren für mich beträchtlich, und sind das eigentlich heute noch. Ich erinnere mich, dass ich nach Hause kam und Bärbel – wie immer, wenn ich ausnahmsweise allein unterwegs war – ausführlich davon erzählte und Bilder zeigte. Sie war fasziniert, womit ich allerdings auch gerechnet hatte. Dann aber zeigte sich, dass es irgendwie nötig war, einmal etwas in dieser Richtung auf den Teller zu bringen. Als wir am Abend in unserem Dorf die Runde mit Sophie machten, ging es sofort los. Der Blick schweifte über ein Feld, auf dem gerade der Raps anfing zu blühen. Es gab neben den Blüten also auch die Knospen. Wir probierten sie und waren überrascht von der Qualität. Es ging an die Blätter, dann an die Betrachtung der Zapfen verschiedener Nadelbäume und die Frage, wie man ihr Aroma »anzapfen« könnte. Könnte man damit räuchern und so einem Produkt einen Hauch von kulinarischer Nahumgebung verschaffen? Irgendwo standen wilde Möhren, und ich machte mich auf die Suche nach den Wurzeln. Sie sind klein und weiß, und schmecken ganz ausgezeichnet. Man versteht, dass es kommerziell besser ist, solche Pflanzen so zu züchten, dass sie – anders als die wilde Sorte – über wenig Grün und viel Wurzeln verfügt. Aber – die wilde Sorte hatte etwas im Aroma, was wir nicht kannten. Es ist nicht so, dass wir am oft zersiedelten Niederrhein mitten in einem Garten Eden leben, in dem alles Mögliche zu finden ist. Aber wir fanden trotzdem in den nächsten Tagen eine ganze Menge. Zum Beispiel auch in der Wildhecke, die wir entlang unserer großen Obstbaumwiese gepflanzt hatten und die von Beeren manchmal nur so wimmelt. Wir durchsuchten unsere großen Wiesenflächen und fanden noch mehr Pflanzen, die man nutzen konnte.

Und dann war da dieser andere Blick auf die schon bekannten Kräuter und Pflanzen, der zweite Hauptaspekt der Nova-Regio-Küche, den ich später zur typischen Nova-Regio-Analyse von Produkten (siehe Glossar) weiterentwickelt habe. Im Kräutergarten ging es auf einmal um die kompletten Kräuter, um die Blüten, die Knospen, die Blätter, die Stengel, um getrocknete Stängel, die man in Asche verwandeln konnte, um die Aromatisierung mit getrockneten und vielleicht pulverisierten Stängeln, um Wurzeln, um die Blattrispen, die man sonst entfernte und so weiter. Beim Kochen fiel mir auf, dass ich quasi nicht mehr in der Lage war, irgendetwas ohne schlechtes Gewissen wegzuwerfen. Ich fing an, für alle möglichen Gemüseteile Zubereitungsarten zu notieren und stieß auch dort schnell auf die Nova-Regio-Analyse mit dem Ziel, alle möglichen Zubereitungsarten für ein Produkt zusammenzustellen, und das vor allem mit Blick auf die von der Avantgarde entwickelten Techniken. Es war gigantisch, weil sich auf diese Weise in allerkürzester Zeit ein riesiges Feld von ungewöhnlichen Zubereitungen öffnete. Und es ist frappierend. Selbst wenn man ein paar ganz normale Gemüsearten vom Markt mitbringt, also zum Beispiel komplette Lauchstangen, Wirsing, Karotten mit Grün, Petersilienwurzeln mit Grün, Mangold oder Schwarzwurzeln oder Rosenkohl: Mit der Nova-Regio-Analyse hat man plötzlich Dutzende von Dingen zur Verfügung, die man mit ihnen machen kann.

Angeregt durch Redzepis Ideen:
Ein Gang durch Garten und Feld. (Foto TR)

Ein Gang durch Garten und Feld

FÜR 2 PERSONEN

Maillard von Petersilienwurzelscheiben:
1 größere Petersilienwurzel, Butter
✳✳ Von der Petersilienwurzel aus der Mitte und dem oberen Teil gleichmäßige Scheiben von etwa 5–6 mm Dicke schneiden. Die Butter in einer beschichteten Pfanne aufschäumen lassen, die Scheiben zugeben und wie Fleisch beidseitig möglichst gleichmäßig kolorieren. ✳✳

Flocken von Karotte mit Kümmel und Rapsblüten:
1 größere Karotte, Zitrone, Zucker, Kreuzkümmelpulver (Cumin), Rapsblüten
✳✳ Die Karotte mit einer Microplane-Reibe fein reiben. Die entstehenden Flocken sind sehr empfindlich und dürfen nur vorsichtig gewendet werden. Mit einigen Spritzern Zitrone, ½ TL Zucker und 1 kräftigen Prise Kreuzkümmel würzen, dabei vorsichtig wenden. Auf dem Teller mit Rapsblüten (oder Senfblüten) bestreuen. ✳✳

Emulsion von Minze und Tannenspitzen:
10 etwa 5–6 cm lange junge Tannentriebe, 10 große Blätter Minze (am besten Blätter verschiedener Sorten), einige Spritzer Zitrone, etwa 3–4 EL Traubenkernöl
✳✳ Tannentriebe und Minzblätter mit einigen Spritzern Zitrone und dem Öl sorgfältig mixen, bis eine möglichst homogene Flüssigkeit entstanden ist. Durch ein feines Sieb passieren, kühl bereithalten. ✳✳

Fenchelasche: Getrocknete Fenchelstängel vom Vorjahr
✳✳ Die Stängel mit einem Brenner (Blow Torch, wie er üblicherweise zum Karamellisieren oder Kolorieren benutzt wird) anbrennen und zu Asche zerdrücken. Die entstandene Asche durch ein Sieb passieren. Benötigt werden etwa 3 EL Asche. ✳✳

Staudensellerie-Tempura: 4 Zweige Staudensellerieblätter, wie sie an der Spitze abgeschnittener Handelsware seitlich oder zwischen den Stängeln austreiben, Tempura-Mischung
✳✳ Die Tempura-Mischung nach Packungsangabe anrühren. Das Öl in der Fritteuse auf 180 Grad vorheizen. Die Zweige durch die Mischung ziehen und leicht bräunlich frittieren. Auf einem Küchentuch abtropfen lassen, warm halten. ✳✳

Saisonale Kräuter
✳✳ Verwendet wurden saisonale Kräuter mit einem Schwerpunkt auf Kräuterblüten, jeweils in etwas größeren Stücken, nicht gemischt und nicht mit einer Vinaigrette o. Ä. behandelt. ✳✳

FERTIGSTELLUNG
Wie auf dem Bild Seite 167 anrichten.

Die Reise ins Innere des Geschmacks führte mit der Küche des »Noma« an eine ganz unerwartete Stelle. Es war wie ein Gartentor (um im Bild zu bleiben), das man öffnet und in einen riesigen Garten voller neuer Dinge blickt. Es war sofort klar, dass es auf einmal wieder darum gehen konnte, Produkten eine neue kulinarische Funktion zu geben und neue Zusammenhänge zu entdecken, die in der »normalen« Küche vorher kaum eine Rolle gespielt haben. Und obwohl die Küche Redzepis ein so großes Anregungspotenzial liefert, zeigt sie auch gleichzeitig, wie viel man noch nachdenken und entwickeln muss. Die Frage, ob das denn gut schmeckt, oder ob man das denn so machen kann, dass es nicht nur ein paar Freunden der Avantgarde-Küche interessant vorkommt, sondern auch »die ganz normalen Leute von der Straße« erreicht, muss allerdings beantwortet werden. Natürlich wird bei dem ein oder anderen Gericht von Redzepi klar, dass die Entwicklungsarbeit hier noch nicht auf dem Stand der klassisch-französischen Küche ist. Aber das kann die Verdienste dieses noch jungen Kochs in keiner Weise schmälern. Wer im »Noma« offen und mit großer Aufmerksamkeit all das aufsaugt, was man dort aufsaugen kann, wird zu dem Punkt kommen, wo er – vielleicht erst einmal fassungslos – erkennt, wie groß und offen das kulinarische Universum tatsächlich noch ist.

REISE 14

NOVA REGIO II – KOBE DESRAMAULTS UND DAS »IN DE WULF«

Ein Teil des Kräutergartens vom »In de Wulf«
in Dranouter, Belgien. (Foto JD)

Wenn man die nordfranzösische Stadt Lille passiert und noch ein Stückchen Richtung Küste und Dünkirchen fährt, geht es wenig später in Bailleul runter von der Autobahn. Die Gegend ist ziemlich spröde-nordfranzösisch, und wenn man gute Laune hat, denkt man an den berühmten französischen Film mit den Sch'tis, der immer noch der erfolgreichste Film ist, der je in Frankreich hergestellt wurde. Wenn man schlechte Laune hat und das Wetter miserabel ist, kommen sich hier Himmel und Erde doch ziemlich nahe, wobei die Erde der Sieger ist. Es wird düster und schlammig und die enge Straße von Bailleul in Richtung der belgischen Grenze wirkt immer so, als sei man hier vollkommen falsch. Dabei verbirgt sich in diesem welligen Land mit den von Hecken gesäumten Wegen und Feldern eines der interessantesten Restaurants Europas. Irgendwann taucht ein Schild auf, und es geht den Hügel hinunter zu »In de Wulf«, dem Restaurant von Kobe Desramaults. Unser erster Eindruck war, dass es hier ziemlich flämisch und ziemlich zurückhaltend aussieht. Das alte Haus war einmal ein Bauernhaus, das im Laufe der Zeit allerlei Umbauten erfahren hat, von außen aber immer noch so wirkt, als sei es mit der Landschaft verwachsen. Die Ziegel sind dunkelbraun, und am auffälligsten sind die gepflegt-flämischen Gärten drumherum, die wir in Belgien und Holland immer schon bewundert haben. Vielleicht auch deshalb, weil sie oft so naturnah gestaltet und gut unterhalten sind, und wir selbst zwar an unserem Bauernhof sehr viel Platz, aber die Außenanlagen und Gärten aus purem Zeitmangel immer noch nicht im Griff haben. Inspiriert werden wir jedenfalls bei jedem Besuch in Belgien oder Holland. Vom Parkplatz des »In de Wulf« aus sieht man eine winzige Speisekarte und den Eingang für die Küche, einige Container und eine Art Außenküche, in der allerlei verschiedene offene Feuer und Räucherschränke zu sehen sind. Man sortiert Kobe Desramaults oft in die gleiche Schublade wie René Redzepi ein und es gibt da auch gut Beziehungen, zum Beispiel über das Projekt »Cook it Raw«, eine lose Vereinigung der ersten Gruppe von Nova-Regio-Köchen mit Mitgliedern wie René Redzepi, Kobe Desramaults, Albert Adrià, Magnus Nilsson oder Massimo Bottura. Aber es wird sich zeigen, dass Kobe Desramaults sein ganz eigenes, hochinteressantes Profil hat.

Wenn man das Haus betritt, sieht man eine Art Zweiteilung. Links eine Lounge und eine hypermoderne Küche von beträchtlicher Größe. Rechts geht es in einen Teil, der sehr viel vom alten Charme eines einfachen ländlichen Hauses behalten hat und vor allem nicht nach Gourmettempel aussieht. Die Tische sind schlicht, es ist viel Platz, und bei der Dekoration geht man ein wenig ins künstlerische Fach. Es hat also viel Atmosphäre und schafft wegen der völlig natürlich wirkenden Bescheidenheit ein klein wenig Irritation. Später wird dann glasklar, dass dies ein ideales Umfeld für diese natürliche, minimalistische und hochfeine Küche ist. Als wir vom Zimmer zum Abendessen ins Restaurant kommen, genießen wir erst einmal die sofort gefangen nehmende Stimmung. Es hat etwas Magisches, wie man hier in einen »Fluss« gebracht wird, der unterschiedliche Strömungsgeschwindigkeiten hat, der zu Inseln und Ufern bringt, aber nie die

Kobe Desraumaults: Austern aus Oostende, fermentierter Rhabarbersaft, maritime Pflanzen aus Audresselles. (Foto TR, aus »Port Culinaire« 24)

Idee aufkommen lässt, man könne ihn verlassen. Dies ist ein Gesamtkonzept – von der Landschaft und der Architektur bis zum Essen und den sorgsam ausgewählten Tellern und Präsentationsformen. Als das Menü beendet ist, haben wir das seltene Gefühl, dass es ruhig noch weitergehen könnte. Sie werden schnell merken, woran das liegt … Hier wesentliche Ausschnitte aus einem Menü von 22 Zubereitungen, für die teilweise der Begriff »Gang« zu hoch gegriffen wäre, weil es sich wirklich nur um kleine kulinarische Kostbarkeiten handelt.

Zuerst einmal ist da der Geruch. Es riecht im Restaurant leicht nach Räuchern. Im offenen Kamin liegen große Sellerieknollen, die in einer Teighülle gegart werden. Dieser retronasale Akkord spielt immer eine Rolle. Hier ist er sehr kulinarisch eingebunden und passt zum Essen und zur Umgebung. Außerdem gibt es außergewöhnlich gutes Bauernbrot, das den bodenständigen Aspekt der Küche noch weiter unterstützt.

Rose sauvage: Ein ganz ähnlicher Einstieg wie im beschriebenen »Noma«-Menü. Auf dem Tisch steht eine kleine Vase mit wilden Rosen. Man soll die Blütenblätter zupfen und essen. Auf die Blüten sind einzelne Tropfen einer Rosenwasser-Vinaigrette gesprüht, die dem Ganzen sofort einen klaren kulinarischen Charakter geben. Nach der Rückkehr von diesem Essen ging es zu Hause sofort an die Wildhecke. Auch dort wachsen diverse Heckenrosen, die ohne Weiteres in ähnlicher Funktion eingesetzt werden und übrigens auch in jedem feinfühlig ausgebauten Gericht eine Rolle spielen können. Dazu muss man »nur« seine Konzepte so gestalten, dass solche Naturaromen in einer sinnvollen Proportion zu den übrigen Elementen

stehen. Ein nicht sehr kräftig gebratener Fisch etwa könnte auch von Rosenblättern aromatisiert werden.

Rhubarbe: Serviert werden sehr dünne Rhabarberrollen mit einer ganz leichten zusätzlichen Säure und einem frischen, natürlichen Geschmack. Mehr nicht. Ist das zu wenig für ein Essen in einem berühmten Restaurant? Nicht wirklich. Die Fakten sind: Der Rhabarber als ein weit verbreitetes, sehr belastbares Element kann offensichtlich auch roh gegessen werden und schmeckt gut, wenn sein Aroma mit etwas zusätzlicher Säure von einem speziellen Essig oder einer Vinaigrette ein wenig komplexer gestaltet wird. Ein zweiter, indirekter Aspekt ist der der Sensibilisierung für das Gesamt-Menü. Man wird sehen, dass es für das Menü von Kobe Desramaults geradezu notwendig ist, seine Sinne für solche einfachen, natürlichen, direkten Zusammenhänge zu schärfen.

Oignon croustillant: Es geht weiter mit den Sensibilisierungen, hier in Form von hauchdünnen Plättchen von getrocknetem Zwiebelpüree, die in kleinen Zweigen stecken. Dazu wird eine leicht bräunliche Mayonnaise serviert, die mit fermentiertem Knoblauch aromatisiert ist. Es geht also weiter, mit einer per Avantgarde-Technik verarbeiteten Zwiebel und einer ungewöhnlichen Sauce mit dem typischen Geschmack fermentierter Zutaten. Es schmeckt würzig, aber völlig klischeefrei und durchaus so, dass man Interesse an diesem Geschmacksbild entwickelt, das mit penetrant-banalen Zwiebelnoten nichts mehr gemein hat.

Pain brûlé: Mit diesem Gang kommt eine weitere Steigerung hinzu, die Demonstration einer andersartigen Geschmacksästhetik, die man normalerweise eher als Fehler abtut. Serviert werden Stücke von sehr dunkel geröstetem Brot (das ein wenig an Madeleines erinnert), das mit dem nordfranzösischen, regionalen Maroilles-Käse gefüllt ist. Dieser Rotschmierkäse ist so kräftig, dass er eine Balance zu den heftigen Röstnoten herstellen kann. Sie werden sozusagen eingebunden und wirken eher als Textur mit einigen abstrakten Röstnoten, weil das bittere Ende dieser Röstnoten durch das aufblendende Käsearoma gefasst wird. Das schmeckt zutiefst bodenständig und wirkt gleichzeitig sehr originell.

Betterave rouge, fromage de lait battu: Mit diesem Gang geht Desramaults genau den gegenteiligen Weg. Im vorherigen Gang, dem »verbrannten Brot«, zeigte er, wie Rustikales auch dann kulinarisch interessant werden kann, wenn man ihm seine Rustikalität lässt. Hier zeigt er, wie fein man mit solchen Elementen umgehen kann. Das Gericht ist quasi ein kleines Törtchen mit einem krossen Brotplättchen als Basis, darauf der Molke-Käse, darauf eine runde Scheibe Rote Bete und zum Abschluss ein Stück konfierte Rote Bete mit Sauerklee. Ein feines, kleines Akkordgericht mit einem ländlich-ungekünstelt wirkenden Aroma.

Bulots, mayo: Bulots sind Meerschnecken (Wellhornschnecken), die hier auf einem kleinen Teller so serviert werden, dass schon ein Holzstäbchen im Muschelfleisch steckt und man sie aus dem Gehäuse ziehen kann. Es fällt auf, dass die Qualität der Muscheln deutlich besser ist als die meisten Produkte, die man an den Küsten vorgegart beim Händler kaufen kann. Der Grund dafür ist üblicherweise vor allem eine gute Bouillon, in der die Muscheln längere Zeit gar ziehen und anschließend in der Bouillon auch abkühlen. Mit ein klein wenig Mayonnaise und etwas Alge dazu schmecken die Bulots hier geradezu elegant. Eine gute Qualität dieser Schnecken und ihrer Zubereitung erkennt man zum Beispiel daran, dass sie noch ein klar jodiges, »meeriges« Aroma haben.

Die Degustation hochwertiger lokaler Produkte ist leider aus den besten Restaurants quasi verschwunden, und das ist sehr schade oder sogar kontraproduktiv. Wo solche Degustationen eingebaut werden, vermitteln sie den Gästen regelmäßig die besten Kenntnisse über die Qualität dieser Produkte, also Kenntnisse, die die Gäste häufig nicht haben. Wenn hervorragende Restaurants solche Degustationen in ihre Menüs einbauen, haben sie in der Regel auch die besten regionalen Qualitäten.

Bigorneaux, ail: Die zweite Degustation bieten die kleinen Bigorneaux-Schnecken, die wegen ihres feinwürzigen Aromas besonders geschätzt werden. Es gibt hier einen Becher mit Schnecken und einen Teller mit einer Kartoffel im Kartoffelnest, also feinen getrockneten Kartoffelstreifen. Mit dieser Degustation endet der erste Teil des Menüs, der eine Art Purifizierung der Wahrnehmungen und einige grundlegende Erfahrungen bringt. Wer also in dieses Restaurant kommt und die üblichen Amuse-Bouche-Ansammlungen erwartet, wird in diesen Erwartungen vielleicht enttäuscht werden. In gewisser Weise scheint das vor allem auf einen Typus von Esser zuzutreffen, der gerne und viel isst und oft völlig ratlos vor solchen Miniaturen sitzt.

Nach meinem ersten Bericht über »In de Wulf« in der F.A.Z.-»Geschmackssache« haben sich auch eine ganze Reihe von Köchen auf den Weg nach Dranouter gemacht. Man berichtete mir, dass sich der ein oder andere über diese Art von Menü und

Essen ziemlich aufgeregt hat. Manche Köche verstehen nicht, dass ihre Art der »Großzügigkeit« mit allen möglichen »Grüßen aus der Küche« vor und nach dem eigentlichen Menü nicht ausschließlich als solche ankommt, sondern von vielen Gästen auch schon mal als unerwünschte Überfütterung und keineswegs als sinnvoll geplante leichte Einstimmung auf die folgenden Gerichte angesehen wird.

Maquereau saumuré, concombre, oseille: Es geht nun an die »richtigen« Gänge, aber die Portionen werden nicht unbedingt größer. Im Kern stehen hier zwei kleine Stücke einer in einer Salzlake nach einer alten Technik eingelegten Makrele. Sie werden von einer Gurkencreme mit Gurkenstücken und Kräutern begleitet. Dazu gibt es Scheiben von ebenfalls traditionell eingelegten Gurken und schmale Sauerampfer-Blätter. Das alles in einer miniaturisierten Form, die noch etwas unterhalb der Portionsgrößen bei vielen spanischen Tapas-Menüs liegt. Man geht auf diese Weise eher vorsichtig an die Kompositionen heran, weil man alles mitbekommen möchte, also auch verschiedene Kombinationen. Hier gibt es einen Mix aus jodiger Frische und Salz von der Makrele mit Gartenaromen, der – ziemlich überraschend – im Zusammenhang sehr an Rhabarber erinnert, der aber gar nicht auf dem Teller ist.

Choucroute, algues, moules et petit-lait: Die Portionsgrößen bleiben begrenzt und sorgen für den Effekt, dass man gerne noch etwas mehr bekommen würde, es aber nicht bekommt. Dieser Verzicht auf die ansonsten in der Spitzenküche weit verbreiteten Überwältigungsstrategien ist sicher anfangs gewöhnungsbedürftig, zahlt sich aber im Verlauf des Menüs durch ein bleibendes Interesse

und ein großes Maß an Aufmerksamkeit aus. Hier sitzt man jedenfalls nie und wartet – leicht stöhnend – auf noch einen Gang, weil man eigentlich schon satt ist. Es geht auch nicht um Sättigung, sondern um ein spezifisches Erlebnis. Satt wird man ohnehin – auch von diesem Menü natürlich. Im Mittelpunkt steht hier eine wunderbar feine Zubereitung von Moules de Bouchot mit der leichten Säure von Molke (petit-lait) und Nussstückchen. An der Seite gibt es etwas Sauerkraut, das mit Algen gemischt ist. Diese Kombination wirkt überraschend sinnvoll, weil es gelingt Jodigkeit und die leichte Säure von Meer und Land zu verbinden. Bei dieser Verbindung lohnt sich auch ein bewusst unter sensorischen Aspekten zusammengestellter Ablauf. Wenn man nach Sauerkraut und Algen zügig etwas von der Muschelzubereitung isst (also ohne das Sauerkraut schon komplett gegessen zu haben), ergibt sich ein »unbekannter« Akkord, eine Verknüpfung der beteiligten, ja in dieser Form selten zusammen anzutreffenden Elemente zu Neuartigem.

Crabe de la mer du Nord, jeune fenouil, chou-rave saumuré: Kobe Desramaults bleibt im Vergleich zu René Redzepi in einem etwas konventionelleren, wenn man so will »kulinarischeren«, Zusammenhang mit der Region. Während Redzepi zu einem wesentlichen Teil eine Ausweitung der Produktpalette in Richtung der Nova-Regio-Idee betreibt (also zum Beispiel die Verwendung von Wurzeln, seltenen Muscheln oder Pflanzen), geht es bei Desramaults mehr in eine von modernem bis avantgardistischem Verständnis geprägte, »andere« Regionalküche. Bei seinen Rezepten spielt die Tradition eine Rolle, wird aber nur selten direkt zitiert, sondern eher neu variiert. So auch hier, wo es – wie beim vorhergehenden Gang – zwei Zubereitungen gibt, einmal das klassisch zerpflückte Fleisch des Taschenkrebses, auf der anderen Seite eine Mischung aus Stücken von jungem Fenchel mit Kräutern. Dazu kommen dünne, »gepickelte« Rollen Kohlrabi. Der Wechselakkord (siehe Glossar) bringt eine wunderbare Frische und Präsenz, obwohl er sensorisch nicht ganz präzise ausbalanciert ist, weil die rohen Gemüseelemente ein wenig zu lang sind. Der Grund ist die Größe der Stücke und die Dicke und/oder Größe der Rolle, die als festere Elemente gegenüber dem Krabbenfleisch eben wesentlich nachhaltiger sind. Es fällt allgemein auf, dass Desramaults alle Produkte in einen hervorragenden Zustand bringt, also auch so scheinbare Kleinigkeiten wie die Kohlrabiröllchen mit ihrem Salzanteil. Dieses Stilelement erinnert ein wenig an einen großen niederländischen Drei-Sterne-Koch, Sergio Herman vom mittlerweile geschlossenen »Oud Sluis« in Sluis, wo Desramaults zwei Jahre gearbeitet hat.

Œuf brouillé, petit pois et herbes: Langsam, aber sicher wird immer klarer, wie gut und sensibel hier auch dann gearbeitet wird, wenn es sich um Gerichte handelt, die an allseits bekannten Geschmacksbildern orientiert sind. Insofern schließt Desramaults mit seinen Leistungen durchaus etwas enger an die »klassischeren« Köche an, als dies manche anderen Avantgarde-Köche tun. Ein Rührei mit Erbsen, Speck und Kräutern ist nun wirklich ein häufig zu findendes Gericht, das hier durch ein moderneres Verständnis erheblich an Kontur gewinnt. Desramaults hat es vor allem auf Akkorde mit dem Kräutersalat abgesehen, der klar getrennt vom Ei an der Seite des Tellers liegt. Das Ei selbst ist nicht wirklich verrührt, sondern ein 68-Grad-Ei (ein »wachsweiches« Ei nach asiatischem Vorbild), es gibt einen Bröselmix mit Brot

und Speck und unter den Kräutern auch viele Kräuterblüten. Wenn man diese Kombinationen isst, fragt man sich, warum man in traditionellen Formen alles mehr oder weniger so zusammenrührt, dass sich eine im Prinzip homogene Masse ergibt, die an jeder Stelle gleich schmeckt. Hier verliert man den Akkord dagegen nie aus dem Blick, hat aber eine große und sehr gute Varianz mit den unterschiedlichen Kräutern.

Seiche de la mer du Nord, asperges vertes, encre: Wenn man eine gute Akkorderfindung hat, macht es wenig Sinn, sie durch allzu viele andere Elemente zu schwächen oder den Esser »abzulenken«. Wenn Einfaches wirklich genial ist, sollte man es einfach lassen. Aber man sollte sehr kritisch mit dem Wort »genial« umgehen und es keinesfalls so inflationär einsetzen, wie das viele populäre Fernsehköche tun, deren langweilige, aufgewärmte Uralt-Küche nun wirklich in fast allen Fällen noch nicht einmal die kleinste neue Idee hat und sich kochtechnisch immer mehr den Hobbyköchen nähert (wer meint, es sei umgekehrt, hat die Funktion der Abwärtsspirale kommerziellen Kochens nicht erkannt). Desramaults braucht hier nicht mehr als ein Stück Grünspargel, Tintenfischstücke, eine Tintenfischsauce und ein paar winzige Kräuter- und Algenstücke. Wieder strahlt das Gericht eine große Frische aus, es gibt keinerlei Fette, sondern äußerst zurückhaltend gegarte und aromatisierte Produkte, die auf diese Weise wesentlich »kommunikationsfähiger« bleiben, als wenn sie stärker behandelt wären. Und dennoch fügen sie sich zu einem Vollakkord von großer sensorischer Breite und einer prächtigen Balance zwischen Tintenfisch und Spargel. Und in einem solchen Fall reichen dann auch wirklich kleinste Kräuterblättchen, um exakt den Effekt zu setzen, der sinnvoll ist.

Plie de Dunkerque, radis saumuré: Dünkirchen ist von hier aus gesehen die nächste größere Hafenstadt. Die Scholle (plie) ist ein Produkt, das man in der besseren Küche eher seltener findet, weil es mangels pointiertem Aroma und Textur der Seezunge, Steinbutt, Glattbutt und Co. unterlegen ist. Es hat etwas Demonstratives, dass sie hier, wo die Küche jedes noch so einfache Produkt in feinste Gerichte verwandelt, dennoch vorkommt. Und es gelingt tatsächlich, sie mit einer leicht fermentiert schmeckenden, cremigen Sauce und einem Radieschen-»Apparat« aus dünnen Scheiben, Stücken und Radieschenblüten prächtig zu beleben. Die Kombination hat einen merkwürdigen Effekt. Man hat das Gefühl, das Aroma der Scholle würde angereichert. Voraussetzung ist allerdings, dass man die Radieschen-Elemente vorsichtig einsetzt. Sensorisch sind gerade die rohen Elemente länger als der gegarte Fisch; sie nehmen ihm im Nachhall schnell die Finesse.

FÜR KOPF UND KÜCHE
AROMENANREICHERUNG

Die Anreicherung eines Produktaromas ist etwas vollkommen anderes, als es mit Salz und Pfeffer zu berieseln. Man sollte dazu noch einmal an die Geschichte in Reise 12 denken, und dort an die Analyse und Konstruktion von Produkten in der Aromenindustrie. Bleiben wir bei der Scholle in diesem Gericht von Kobe Desramaults. Stellen Sie sich vor, es gäbe eine Analyse des Schollenaromas und Sie hätten eine Art Kurve mit verschiedenen aromatischen Bestandteilen in verschieden starken Ausprägungen. Wenn Sie nun ein Gewürz mit einer großen aromatischen Bandbreite verwenden (wie es die immer wieder völlig sinnlos verwendete Mischung von Salz und Pfeffer ist), legt es sich über alle möglichen Aromen des Fisches, weil es in der Regel stärker ist als dieses feine, mild schmeckende Produkt. Die Salz-Pfeffer-Kurve bedeckt also den Fisch in weiten Teilen seines Aromas, und man schmeckt vielleicht noch, dass es sich um Fisch handelt, ansonsten aber schmeckt man vor allem Salz und Pfeffer. Dieser Effekt ist vielen Essern gar nicht bewusst, es läuft schon so ab, dass man den Fisch plus Salz und Pfeffer für den eigentlichen Fisch hält, und mit dem Fisch ohne Salz und Pfeffer wenig anfangen kann und sich fragt, ob er denn überhaupt in Ordnung sei. Diese Form der Aromenanreicherung ist kulinarisch gesehen natürlich die reine Katastrophe – auch wenn selbst die ältere Spitzenküche noch immer so gearbeitet hat. Aromenanreicherung ist etwas anderes. Bei dieser Technik, die ein sehr sensibles Schmecken und eine Art Analyse des Produktes voraussetzt (was aber auch durchaus intuitiv erfolgen kann), geht es darum, das Aromenspektrum eines Produktes in Teilen zu verstärken und zu erweitern, und zwar so, dass man den Eindruck hat, das Produkt würde nach wie vor mit sich identisch schmecken, aber intensiver und schillernder in seinem Aromenspektrum sein. Die typische Reaktion auf eine solche Aromatisierung ist (ich benutze im Sinne der Stufentheorie – siehe Glossar – nicht das Wort »Würzung«, sondern das weiter gehende Wort »Aromatisierung«), dass man den Eindruck hat, eine solche Qualität von Scholle (um bei unserem Beispiel zu bleiben) noch nie gegessen zu haben. Diese Mischung aus Verstärkung und Ergänzung kann man ohne Weiteres regelrecht üben, was natürlich nie jemand macht, weil es in der Küche quasi immer um das Herstellen eines konkreten Gerichtes geht und die »Etüden« einfach fehlen. Manche Fertigkeiten kann man aber auch in der Küche nur entwickeln, wenn man sie regelrecht trainiert. Um die Aromenanreicherung zu praktizieren, sollte man Versuche mit unterschiedlichen Aromatisierungen machen und sie kritisch überprüfen.

Das klingt wieder nach viel Arbeit, ist aber sehr sinnvoll. Man kommt nur dann wirklich weiter, wenn man sich solche und ähnliche Fragen regelrecht erarbeitet. Ansonsten braucht man Jahre, um ein bisschen an Fortschritten zu machen. Die perfekte Aromenanreicherung ist übrigens eines der großen Geheimnisse der allerbesten Küchen dieser Welt. Sie eröffnet nämlich noch den Weg in eine Art zweite aromatische Dimension. Diese Dimension ergibt sich dann, wenn man auf einem Teller mehrere solche angereicherten Elemente hat, die alle den Eindruck erwecken, sie würden hervorragend und außerdem auch noch ein wenig originell oder individuell schmecken.

Das kommt daher, dass sich beim Zusammenwirken der Elemente die Hintergrundaromen der angereicherten Produkte oft zu einer Art neuartigem Aroma verbinden. Wenn das passiert, hat man den Eindruck, irgendetwas genial Unergründliches zu essen, obwohl man sicher ist, immer genau die Produkte zu schmecken, die man vor sich sieht. Das, was in Reise 12 passierte, weil ich in Cherrueix Produkte zusammengebracht habe, die über einen ähnlichen Hintergrund verfügen, kann man also auch – umgekehrt – in gewisser Weise selbst realisieren (siehe dazu auch das Rezeptbeispiel in Reise 12).

Nach diesem Exkurs geht es weiter im »In de Wulf« in Dranouter mit einer scheinbar sehr begrenzten, tatsächlich aber äußerst differenzierten Komposition.

Oignon et yaourt: Es gibt diverse Elemente aus der Zwiebelfamilie, wie etwa stark angeröstete grüne Teile vom Lauch, angeröstete Wurzeln von Lauchzwiebeln, Zwiebelhälften mit Kapern von Lauchzwiebeln, dünnen getrockneten Streifen, diversen Blüten und einer verbindenden Joghurtcreme.
Es wird an diesem Gericht besonders deutlich, wie weit sich die neuere Küche von der klassisch-französischen Hochküche entfernt hat. Einige Elemente von Zwiebeln hätte man dort – wenn überhaupt – nur als Beilage verwendet, vielleicht zu einem Stück Rinderfilet, bei dem man ohnehin gerne einmal mit größeren Mengen Zwiebeln arbeitet. In dem Moment, in dem man nicht mehr auf bestimmte, erlernte Geschmacksbilder fokussiert ist, sondern sich dem Geschmack »an sich« zuwendet, wird so etwas zu einem hochinteressanten Gericht, bei dem keineswegs ein Luxusprodukt oder besonders seltenes Produkt fehlt. Es ist dann aber auch klar, dass die Vertreter der traditionellen Hochküche durch eine solche Küche schnell in ihren Grundfesten erschüttert

sind, weil hier demonstrativ die »alten« Werte nicht mehr die gleiche Rolle spielen wie vorher.

Taube: Kobe Desramaults hat ein Taubengericht, das wegen seiner ganz besonderen Herstellung, Präsentation und seinem Geschmack berühmt geworden ist. Er geht mit keinem Gericht so weit in möglicherweise archaische geschmackliche Bereiche wie mit dieser Taube. Über die Herstellung mit Heu und Rauch und die Herkunft und Reifung usw. braucht man hier nicht unbedingt länger zu reden. Wichtig ist, was auf den Teller kommt. Es gibt ein paar quer aufgeschnittene Stücke der Brust und die Keulen mit den Füßen, die auch noch nach innen gekrallt sind und – Zufall oder nicht – ein Stück von dem Brustfleisch zu fassen scheinen. Wegen der archaischen Garung und Aromatisierung solle man (so der Vorschlag vom Service) das Fleisch dann auch entsprechend essen, also mit den Fingern. Besteck wird nicht serviert. Und dann kommt der »Schock«: Der Geschmack ist tatsächlich sehr »wild« und unterscheidet sich selbst bei der Brust schon gewaltig von dem, was üblicherweise in Spitzenrestaurants als Taube präsentiert wird. Wohlgemerkt: Üblich ist eher, dass man sogenannte Etouffée-Tauben einsetzt, also flugunfähig gehaltene, extra gemästete Jungtauben, die erstickt werden, damit sie nicht ausbluten, sondern maximal »saftig« bleiben. Sie schmecken in der Regel extrem mild, meist so, dass sie allein gegessen ein wenig nach Taube schmecken und im Zusammenhang mit Saucen und Beilagen oft nach gar nichts mehr. Und nun hier eine Taube, die so schmeckt, als habe man sie irgendwo selbst geschossen, mangels Gewürzen mit Heu und ein paar Aromen aus dem Wald gefüllt und über offenem Feuer und mit Raucharomen behandelt. Die Keulen, die bei der Taube

normalerweise nicht besonders auffällig und speziell schmecken, haben hier ein ganz besonders wildes Aroma, das irgendwie urtümlich, kräftig und »männlich« schmeckt (wie man normalerweise auch Wild bezeichnet, das einen ausgeprägten Wildgeschmack besitzt) und irgendwie einen lange gereiften, abgehangenen Charakter hat. Es geht mit diesem Hauptgericht also sehr weit – nicht allein in die Tradition und die Geschichte (wie ich das weiter oben geschrieben habe), sondern in die Spannweite dessen, was man an Zubereitungen zur Verfügung hat. Ist das zu viel für unseren mitteleuropäischen Magen? Es kann so wirken. Aber wenn man sich auf der Welt nur ein ganz klein wenig umsieht, entdeckt man an allen Ecken und Kanten solche oder ähnliche Dinge, die oft noch sehr viel abenteuerlicher hergestellt werden und schmecken, als diese Taube. Der Mensch ist eben Allesfresser – vielleicht nicht mehr zwischen Büro und Discounter, als Gattung aber ist er für ein wesentlich größeres Spektrum an Essen geeignet, als wir dies im Moment bei uns pflegen. Dass die Verengung unserer Ressourcen auf einige wenige populäre Gerichte ein zivilisatorischer Fortschritt ist, kann man nun wirklich nicht behaupten. Dekadenz kann auch so aussehen, dass man sich von jeder natürlichen Grundlage entfernt ... Bei Kobe Desramaults im »In de Wulf« in Dranouter in Belgien kann man jedenfalls in eine ganz eigene Form von Exerzitien eintreten, für alle sensiblen Geister mit ähnlich großer Wirkung wie im »Noma«, aber einem noch ausgeprägter stimmigen und damit näher an jedem Einzelnen liegenden Charakter. Für mich ist dies eine der wichtigsten kulinarischen Adressen weit und breit.

Angeregt durch Kobe Desramaults:
Links normale Petersilienkartoffel,
rechts Kartoffel und Petersilie »Nova Regio«. (Fotos TR)

Normale Petersilienkartoffeln –
Kartoffeln und Petersilie »Nova Regio«

FÜR 4 PERSONEN, MENÜGANG

Dieses Beispielrezept soll zeigen, was entsteht, wenn man eine ganz traditionelle, einfache Zubereitung einmal unter Aspekten angeht, die mit dem Nova-Regio-Gedankengut zu tun haben. Und das bedeutet vor allem: eine neue Sensibilität gegenüber dem Produkt. Man sieht andere als nur die klassischen Möglichkeiten, bezieht sich aber durchaus auf die Traditionen, die in diesem Falle allerdings eher dafür gesorgt haben, dass weder die Kartoffel noch die Petersilie wirklich glänzen können. Man würzt die Kartoffeln mit Butter und wälzt sie in klein gehackten Petersilienblättern. Fertig, das ist alles. Natürlich »funktioniert« so etwas in einem klaren Zusammenhang, zum Beispiel in der bürgerlichen Küche bei der Begleitung von Fischgerichten. Hier aber geht es um die Ausweitung des kulinarischen Horizonts. Und das schafft eben immer wieder wunderbare Details, auch wenn es »nur« um Kartoffeln und Petersilie geht.

Kartoffelfond-Gelee: 200 g eher kleine Kartoffeln, grobes Meersalz, 100 ml Geflügelfond, 1 TL Agar-Agar
❋❋ Die Kartoffeln schälen und in Salzwasser (10 g grobes Meersalz pro Liter Wasser) vorkochen. Das Wasser abschütten. Die Kartoffeln kurz antrocknen lassen, dann den Geflügelfond angießen und leicht köchelnd ein wenig reduzieren. Dabei mit der Gabel die Kartoffeln leicht zerdrücken. In einen kleinen Topf passieren. Das Agar-Agar einrühren und einmal aufkochen, dann in eine kleine, rechteckige Terrinenform füllen und erst abkühlen, dann im Kühlschrank fest werden lassen. ❋❋

Kartoffeln: 4 mehligkochende Kartoffeln, grobes Meersalz
❋❋ Die Kartoffeln schälen und in Salzwasser kochen. Das Wasser abschütten, die Kartoffeln kurz im Topf nachtrocknen lassen, dann in eine Schale geben, etwas andrücken und im Ofen bei 80 Grad (Ober- und Unterhitze) etwa 10 Minuten leicht antrocknen lassen. ❋❋

Kartoffelmousseline: 2 ohne Salz vorgekochte mittelgroße Kartoffeln (Charlotte), 15 g ungesalzene Butter, 10 g fein gewürfelte Schalotte, 50 ml trockener Weißwein (Colombard), 100 ml Gemüsefond, 100 ml Sahne, Muskat
Die Butter in einer mittleren Kasserolle bei mittlerer Hitze schmelzen lassen. Die Schalottenwürfel darin andünsten, mit Weißwein ablöschen und den Fond angießen. 10 Minuten köcheln lassen, dann die Sahne angießen und leicht köchelnd um etwa ein Drittel einkochen. Durch ein Sieb in einen Mixbecher passieren, die vorgekochten und gewürfelten Kartoffeln dazugeben und pürieren. Mit etwas frisch geriebener Muskatnuss abschmecken. Warm bereithalten.
Anmerkung: Das normalerweise für Pürees verpönte Pürieren einer Zubereitung mit Kartoffeln sorgt hier für eine schöne geschmeidige Bindung.

Mayonnaise: 1 Eigelb mit einem minimalen Rest von Eiweiß, 1 knapper EL Sherryessig, 1 TL Dijonsenf, 1 Prise Salz, 1 Prise Zucker, Sonnenblumenöl
❋❋ Alle Zutaten bis auf das Öl in einem Mixbecher mit dem Stabmixer auf höchster Stufe gründlich

vermischen. Dann 1 EL Öl einlaufen lassen und ebenfalls gründlich untermischen. Dabei zeigt sich schon eine deutliche Bindung. Danach in zwei oder drei Gaben weiteres Öl dazugeben bis die Mayonnaise Stand bekommt (also das »Loch«, das der herausgezogene Rührbesen erzeugt, nicht mehr zusammenfällt). ✳✳

Nussbutter: 50 g ungesalzene Butter
✳✳ Die Butter in einer kleinen Kasserolle langsam schmelzen lassen. Dann mit etwas mehr Wärme so weit erhitzen, dass sich die Farbe leicht verdunkelt und erste Röstpartikel am Boden sichtbar werden. Sofort vom Herd ziehen und warm bereithalten. ✳✳

Emulsion von Blattpetersilie: 10 handelsübliche Zweige Blattpetersilie, 4 EL Traubenkernöl
✳✳ Die Zweige grob zerteilen und mit dem Öl in einen Mixbecher geben. Mit dem Stabmixer auf höchster Stufe so weit wie möglich zerkleinern. Durch ein feines Sieb passieren. ✳✳

Frittierte krause Petersilie mit Orangencroûtons
✳✳ 6 Zweige krause Petersilie von etwa 6–8 cm Länge, Traubenkernöl für die Fritteuse, 20 g ungesalzene Butter, 1 Scheibe Toastbrot für Toastwürfelchen von etwa 3–4 mm Kantenlänge, 2 EL Orangensaft
✳✳ Die Petersilienzweige bei 180 Grad frittieren. Auf einem Küchentuch abtropfen lassen und die Stiele entfernen. Aus dem im Ofen leicht ange-

trockneten Toastbrot Würfelchen schneiden. Die Butter in einer kleinen beschichteten Pfanne aufschäumen lassen, die Brotwürfel dazugeben und unter ständigem Wenden nicht zu dunkel anrösten. Mit dem Orangensaft ablöschen und nochmals kurz wenden. Auf einem Küchentuch abtropfen lassen und mit der frittierten Petersilie vermischen.
Anmerkung: Diese Zubereitung klingt sehr einfach, ist aber von einer prächtigen Aromatik und entsprechenden Wirkung im Zusammenhang. ✳✳

Angeröstete Kartoffelwürfel: 1 mittlere festkochende Kartoffel (z. B. Charlotte), 15 g ungesalzene Butter
✳✳ Die Kartoffel schälen, erst in Scheiben von etwa 4 mm Dicke und dann in kleine Würfel von etwa 4 mm Kantenlänge schneiden. In einer kleinen beschichteten Pfanne die Butter schmelzen lassen. Die Würfel dazugeben und andünsten, dann die Hitze erhöhen und anrösten. Auf einem Küchentuch abtropfen lassen, warm halten.
Anmerkung: Es handelt sich quasi um Mini-Bratkartoffeln. ✳✳

FERTIGSTELLUNG

Wie auf dem Foto auf Seite 181 in lockerer Form ohne größere Überlappungen anrichten. Ausnahme ist die Nussbutter, die über die zerdrückten Kartoffeln gegeben wird. Mayonnaise und Kartoffelmousseline kommen nur auf jeweils eine Stelle, die Emulsion und die anderen kleinen Elemente werden verteilt. Vom Kartoffelfond-Gelee gibt es je nach Größe zwei Scheiben.

Einige Materialien aus Stefan Wiesners Küche. (Foto TR)

REISE 15

STEFAN WIESNER: EIN BLICK IN VERGANGENHEIT UND ZUKUNFT

Stefan Wiesner ist ein Ausnahmekoch oder die Ausnahme unter den Köchen oder beides gleichzeitig. Es ist auf alle Fälle vieles ziemlich anders hier mitten in der Schweiz in Escholzmatt, einem nicht besonders auffälligen Ort zwischen Luzern und Bern. Man findet hier eine der extremsten existierenden Küchen, und das in einem Restaurant mit dem Namen »Rössli«. Und man wundert sich noch mehr: Wenn man sich nämlich dem stattlichen Haus an der Durchgangsstraße mit großen Erwartungen nähert, begegnet man erst einmal einem Realismus der ganz besonderen Art, weil es nämlich möglich ist, dass im vorderen Teil des Hauses, wo sich links eine ziemlich normale Dorfgaststätte findet, gerade die örtliche Feuerwehr ihre wöchentliche Sitzung abhält. Auch rechts, im Restaurant mit regionaler Küche, deutet nichts darauf hin, dass hier ein ganz spezieller Kopf regiert, und – ehrlich gesagt – deutet auch im Gourmetrestaurant im hinteren Teil nicht so übermäßig viel darauf hin. Es ist schon merkwürdig: Bei Ferran Adrià im »El Bulli« sah es auch eher nach normalem Touristenrestaurant aus – die Küche ausgenommen. Im »Noma« könnte auch eine Cafeteria mit Smørrebrød untergebracht sein und im »In de Wulf« ein abgelegenes, einfaches Restaurant mit ein bisschen Bioküche. Nein, pompös sind diese Großkreativen wahrlich nicht.

Bei meinem letzten Besuch im »Rössli« wurde ich zu allem Überfluss auch noch von winterlichem Wetter überrascht. Das sorgte auf der engen Bahnstrecke von Luzern nach Escholzmatt für prächtige Bilder, die sich aber im Schneesturm schnell in ein merkwürdig sibirisches Gefühl auflösten. Man konnte schon den Eindruck bekommen, man wäre irgendwo ziemlich weit weg. Auch bei einem früheren Besuch mit Bärbel und Sophie ging es

teilweise eher unkonventionell zu. Wiesner hatte uns angeboten, auf einem Bauernhof von Freunden zu übernachten. Die hätten da ein paar Zimmer. Wir würden dann nachts auch von der Dame des Hauses abgeholt, die sowieso noch im Tal zu tun hätte. So war es dann auch. Irgendwann gegen Mitternacht kam sie von einem Dorffest und fuhr uns in einem abstrus hohen Tempo über die enge, zum größten Teil ungesicherte Bergstraße nach oben zu ihrem Hof. Schön war's trotzdem, vor allem am nächsten Morgen hoch auf den Bergen nach draußen zu gehen und mit gänzlich neuem Blick in die Gegend zu schauen.

Aber zurück zu dem Winterbesuch. Weil ich für eine Geschichte in »Port Culinaire« noch weitere Informationen brauchte, ging ich etwas früher ins »Rössli« und landete bald mit Wiesner in der ehemaligen Wohnung seiner Mutter, die er mit allen möglichen Behältern voller merkwürdiger Dinge vollgestopft hatte. Wiesner bezeichnet sich selbst auch gerne einmal als Alchemisten, und genau so sah es hier auch aus: wie die Mischung aus dem Lager eines mittelalterlichen Alchemisten und dem eines chinesischen Wunderheilers, der aus der Natur alles, aber auch wirklich alles gebrauchen kann, um damit etwas anzufangen. Nur – wir sind hier mitten in der wohlhabenden Schweiz, in Escholzmatt und … Stefan Wiesner sieht auch nicht unbedingt wie ein Alchemist aus, oder zumindest nicht so, wie man in einem Film die Rolle eines Alchemisten besetzen würde. Aber Wiesner hat in seiner Konzentration bei seiner Arbeit und den Themen, mit denen er sich beschäftigt, etwas sehr Ernsthaftes und scheint sich von diesen Gedanken auch nie wirklich zu entfernen. Das verschafft ihm so oder so eine gewisse Aura – zumindest dann, wenn man sich in diesen gedanklichen Regionen etwas auskennt.

AUSFLUG EIN HAUCH VON PSYCHEDELISCHER MUSIK

Ich habe da ein paar einschlägige Erfahrungen. Zu meiner Zeit als Musiker von »Wallenstein« waren wir zu Beginn bei einer Plattenfirma unter Vertrag, deren Chefs (ein Ehepaar) zunehmend esoterischer wurden. Irgendwann ging es darum, Sessions mit Musikern aus anderen Bands der Firma zu machen, die – um es einmal so auszudrücken – unter ganz besonderen psychedelischen Umständen stattfanden und jeweils von einer Art Guru begleitet wurden. Es gab Sessions mit dem LSD-Guru Timothy Leary (an denen ich nicht beteiligt war), aber auch Sessions mit zwei Schweizern (an denen ich mit zwei Musikern meiner Band dabei war), und zwar Sergius Golowin und dem Künstler Walter Wegmüller. Beide haben eine schillernde Biografie und eine Menge Aktivitäten im mythisch-psychedelisch-esoterischen Bereich entfaltet. Die Ereignisse rund um diese Produktionen, die ein Mix aus elektronischer Musik und ziemlich viel Freestyle-Improvisation waren, haben damals eine beträchtliche Intensität erreicht. Für mich war Golowin mehr der Psychedeliker, und Wegmüller wurde für mich zu einem Synonym für vieles, was sich in der Schweiz – weitgehend unbemerkt von der Öffentlichkeit – im alternativen Sektor abspielte. Die freie Schweiz war und ist eben immer auch ein Ort für viele freie Gedanken, also das eigentliche Zeichen für eine echte Zivilgesellschaft, in der vieles möglich ist, solange man niemanden ernsthaft stört. Walter Wegmüller, mit dem wir eine Doppel-LP zum Thema »Tarot« aufgenommen haben, hat übrigens auch ein Set Tarot-Karten entworfen, der der Kassette beigegeben ist. Die Gruppe von Musikern, die die Sessions eingespielt haben, wurde von der Plattenfirma dann »Cosmic Jokers« genannt. Unter diesem Namen wurden weitere Platten veröffentlicht, die in weiten Teilen ein Merkmal hatten, das noch eine große Bedeutung bekommen sollte. Sie hatten einen durchgehenden Beat und darüber mal Konkretes, meist weniger Konkretes, also viele merkwürdige Sounds und Melodiefetzen. Ich hatte diese Aufnahmen aus dem Jahre 1973 schon weitgehend vergessen, als ich einmal wieder Kontakt mit meinem alten Wallenstein-Schlagzeuger Harald Grosskopf hatte, der auch heute noch elektronisch dominierte Musik macht. Er erzählte mir, dass diese merkwürdigen Sessions zu einer Art Vorläufer für die Techno-Szene geworden waren und die Musiker der »Cosmic Jokers« von vielen frühen Techno-Größen wie Sven Väth als Pioniere der Zunft hoch in Ehren gehalten werden. Wie dem auch sei: Weil die beiden Schweizer (vor allem Walter Wegmüller) einen unnachahmlichen Schweizer Tonfall hatten, und die Gespräche über alle möglichen einschlägigen Themen für mich von diesem Tonfall geprägt waren, habe ich da eine Verschaltung, die auch bei der Begegnung mit Stefan Wiesner eine Rolle spielte. Aber das nur am Rande.

Das Essen bei Wiesner klingt schon auf der ausführlichen Speisekarte sehr ungewöhnlich. Hier die Inhaltsangabe von »Nussbaum«, einem Gericht, bei dem er die Nova-Regio-Materialschöpfung ganz extrem betreibt, also hingeht und überlegt, was man mit einem Nussbaum und seinen Teilen alles kulinarisch anfangen kann:

Nussbaum
– Klare Rindfleischsuppe, gekocht mit Baumnusskreuzen [dem unteren Teil der Frucht], gewürzt mit getrockneten und zerriebenen Grünschalen der Nuss
– Baumnussholzrauch
– Jus aus Biokäse, gelagert in Amarone-Maische und mit Kohlendioxid begast
– Grüne Baumnuss, mariniert in Amarone und Aceto Balsamico
– Geschälte Baumnuss, geröstet mit Natron und Salz
– Baumnussöl
– Baumnussmehl
– Nocino, eingelegte grüne Baumnuss in Amarone-Grappa
– Topinambur, gewälzt in getrockneten Baumnussblättern

»Das ist eine Menge Holz«, ist man versucht zu sagen, vor allem wenn man sich vor Augen hält, dass man üblicherweise von einem Nussbaum die unveränderten Nüsse, eventuell Nussmehl und vielleicht die berühmten »schwarzen Nüsse« benutzt. Aber getrocknete Blätter? Oder die grüne Nuss? Andererseits hat gerade die grüne Nuss ein faszinierendes Aroma. Wenn man die ersten Nüsse unter einem Walnussbaum findet, stecken sie normalerweise noch in ihrer gerade aufplatzenden grünen Schale, und diese Schale hat einen wunderbaren Duft. Geht es um solche Dinge? Nicht wirklich. Was serviert wird, sieht erst einmal nicht unbedingt so spektakulär aus, wie man sich das vielleicht vorstellen könnte. Es gibt ein umgedrehtes Glas, in dem offensichtlich Rauch ist. Dann ein Glas mit der Rindfleischsuppe und ein Glas mit einer milchigen, ein wenig an Molke erinnernden Flüssigkeit. Dazu kommt ein rechteckiges Stück Topinambur, das in den getrockneten Blättern gewälzt ist, ein großes Blatt mit allerlei Bröseln und Öltupfern darauf, und eine geschälte Nuss. Wie wird das schmecken? Was kann man überhaupt erwarten?

Der Geruch, der über dem Teller liegt, als er serviert wird, ist leicht »grün«, er hat also einen irgendwie gearteten vegetabilen Anstrich. Die Rindfleischsuppe schmeckt einerseits wie eine Rindfleischsuppe, hat aber ein paar ungewöhnliche Noten. Der Rauch unter dem Glas riecht gut, aber ebenfalls nicht unbedingt speziell. Das ändert sich allerdings, wenn man das Glas – was ohne Weiteres möglich ist – im Laufe des Essens, also während man irgendetwas von den anderen Elementen isst, einige Male leicht anhebt. Man bekommt eine feine Räuchernote, die dann den Geschmack der anderen Sachen über den retronasalen Akkord (siehe Glossar) beeinflusst. Ebenfalls am besten im Zusammenhang mit den anderen Elementen wirkt der Jus aus Biokäse, der mit Kohlensäure begast ist und auf diese Weise ein leichtes Prickeln hat. Die Würze des Käses und die leichte Säure sorgen für einen wirkungsvollen Hintergrund in allen Zusammenhängen – vorausgesetzt, man bedient sich nur in ganz kleinen Bissen.

Oben links das »Rössli« in Escholzmatt. (Foto JD)
Stefan Wiesner und ein Ausschnitt der Komposition »Nussbaum« (unten). (Fotos TR)

Und so geht es weiter mit dezent abweichenden Aromen, die sich im Zusammenhang mit den anderen langsam, aber sicher zu einem spezifischen, neuartigen Geschmacksbild verbinden. Natürlich bleibt die Bewertung nicht aus, ob es sich bei diesem Gericht nun nicht nur um ein interessantes, sondern auch um ein gutes Geschmacksbild handelt. Die Frage scheint plausibel und berechtigt, ist aber nicht voraussetzungsfrei gestellt. Ich weiß, dass man an dieser Stelle in den Bereich einer sehr schwierigen, weil sehr komplexen Diskussion kommen kann. Also: Wer sagt denn, dass ein Gericht »gut« schmecken muss? Wenn man die Unterscheidung zwischen bürgerlicher und kreativer Gourmetküche macht (siehe Glossar), wird es auch Gerichte geben, die sich dem Vergleich mit gespeicherten und besonders gemochten Qualitäten entziehen und – sagen wir: eine besondere geschmackliche Erfahrung sind. Die Ansätze der beiden Hauptstränge der Gourmetküche sind grundverschieden. Die kreative Gourmetküche entfernt sich deutlich von vielen Parametern der bürgerlichen Küche und richtet sich an einen Gast, den – um bei diesem Wiesner-Beispiel zu bleiben – sehr interessiert, ob es gelingt, mit verschiedenen Aromen eines Nussbaumes ein Gericht zu realisieren, das entweder interessant ist oder eine sinnvolle Information »rüberbringt« oder beides zusammen und vielleicht sogar noch irgendwie auch im landläufigen Sinne gut schmeckt. Bei Wiesner isst man anders, weil man auf eine ganz andere Ebene kommt, bei der es nicht um eine vordergründige Bedürfnisbefriedigung geht, aber sehr wohl um sehr viele Gedanken rund ums Essen, um die Geschichte der menschlichen Ernährung, um den Zusammenhang zwischen Natürlichkeit und dem Wohlbefinden des Menschen, um die Nähe zur Natur im Gegensatz zu einer Küche,

die nur noch mit ausgewähltesten Spitzenprodukten auskommt. Ein Essen bei Wiesner ist immer hochinteressant, kann aber auch eine so hochkomplexe Erfahrung sein, wie man sie eben machen will. Über den Ansatz dieses Nussbaum-Gerichtes könnte man jedenfalls ohne Weiteres in größtem Umfang nachdenken. Es geht weiter zum Beispiel mit dem Stör:

Stör
– Stör aus Frutigen, gegart in flüssigem Bienenwachs, gewürzt mit Kaviar und kandierten Fenchelsamen
– Orangen, eingelegt in Salzlauge, mit Blütenpollen
– Gedünstete rote Linsen
– Garum, römische Sauce aus Honig, Fischsauce, schwarzem Pfeffer und Zwiebeln
– Wabenhonig
– Gelée Royal
– Metschaum

Auf den ersten Blick klingt dieser Gang schon etwas zugänglicher, weil man sich – anders als beim Nussbaum – vielleicht die Aromen besser vorstellen kann. Tatsächlich geht es hier sehr trickreich und mit vielfachen Verknüpfungen zu. Der Stör bekommt durch die Garung in heißem Bienenwachs eine leicht animalische Note (worunter man immer etwas wilde, nicht unbedingt elegant-harmonische Noten versteht, die oft etwas mit gereiftem Fleisch o. Ä. zu tun haben), die man allerdings nur wahrnimmt, wenn man den Stör pur isst. Ansonsten sind diese Noten Hintergrundaromen, die die Funktion haben, eine Verbindung zu der römischen Sauce herzustellen, deren süßliche Nebennoten wiederum etwas mit der Orange zu tun haben, die mit dem Einlegen in eine Salzlake wiederum den Kreis zu den animalischen Noten schließen. Das klingt kompliziert, ist es auch, wird aber beim Essen der unterschiedlichen Kombinationen erstaunlich offenkundig. Wie schon beim Nussbaum empfiehlt sich auch hier eine spezielle Degustation. Ich habe sie einmal mit »Flow Tasting« bezeichnet (siehe Glossar) und meine damit, dass man verschiedene Elemente relativ schnell nacheinander isst, weil sie dann eine völlig andere sensorische Wirkung entfalten, als wenn man sie langsam und alleine isst (was auch gut ist, aber oft kaum Zusammenhänge erstellt) oder mit anderen vermischt isst (was meist dafür sorgt, dass sie ihren spezifischen Charakter zu sehr verlieren). Wenn man ein Element wie den Metschaum erst pur in den Mund nimmt, kann man ihn präzise schmecken. Wenn man ein anderes Element zügig nachgibt, kommt es zu sehr spannend zu verfolgenden Übergängen vom einen zum anderen Aroma. Was aber gerade dieses Gericht so interessant macht, ist der assoziative Kontext (siehe Glossar), der uns von einem römischen Klassiker über mediterran gesalzene Zitrusfrüchte bis zu historischem Metschaum, Gelée Royal und der puren Bienenwabe führt, also in den Bereich einer Produktgruppe, die vermutlich schon seit der frühesten Frühzeit des Menschen eine Rolle gespielt hat.

Ein weiteres Beispiel:

Ei

– Hühnerei, eingelegt in einer Mischung aus getrockneten Kräutern: Salbei, krause Petersilie, Blattpetersilie, Rosmarin, Thymian, Basilikum und Estragon; dann gegart in Gips mit dem Saft der Kräutermischung
– Frittierte Kräutermischung
– Frittierter Federkohl
– Kresse
– Nüsslisalat, gewürzt mit Steinsalz und Schwefelblüten

Ich möchte zu diesem Gericht einen Text zitieren, den ich 2012 in »Port Culinaire« geschrieben habe, und zwar in der zwölften Folge meiner Serie »Avantgarde«:

»Bei diesem ungewöhnlichen Zwischengericht nutzt Wiesner die Wärme, die entsteht, wenn man dem Gips Wasser hinzufügt. Das ist aber noch nicht alles. Zuerst wird das Ei zwei bis drei Wochen in der oben aufgeführten Kräutermischung gelagert, die dann später – frisch – in frittierter Form auch als Beilage dient. Aus den Kräutern wird ein Kräuterwasser gewonnen, das dann zum Anrühren von Gips verwendet wird. Die Temperatur wird – wie beim Onsen-Ei – auf 68 Grad begrenzt. Der Effekt auf das Aroma des Eies ist verblüffend. Man löffelt das recht weiche Ei aus der Schale und hat aromatisch nur einen geringen Intensitäts-Unterschied zwischen Eiweiß und Eigelb, weil vor allem das Eiweiß ein ganz exzellentes, originelles, sehr nachhaltiges Aroma mitbekommen hat. Das erinnert einerseits wegen des Einlegens in Kräutern an die Praktik, Eier zusammen mit Trüffeln aufzubewahren. Andererseits ist auch deutlich das leicht trocken-stumpfe Aroma vom Gips zu erkennen. Woher man es kennen könnte? Vielleicht ein wenig vom Kreide-Essen, das zumindest älteren Semestern vielleicht noch in Erinnerung ist. Ein großer Wurf ist auch die Kombination mit den frittierten Kräutern, speziell auch mit dem recht nachhaltigen Federkohl. Es gibt einen sehr schönen Akkord mit Ei und Federkohl, weil der Nachhall des Eies ein wenig wie ein cremiger Gips wirkt und sich dann mit dem Federkohl verbindet. Wer die Zutaten-Liste liest, wird bei der Kombination Ei und Schwefel zusammenzucken, weil dies in

diesem Zusammenhang etwas an Schwefelwasserstoff erinnert und damit an das berüchtigte Aroma von faulen Eiern. Aber wie sagt man so schön: Die Dosierung macht aus dem Gift eine Arznei. Der Schwefel als Teil des Nüssli-Salates liefert ausschließlich einen Hauch von interessanter Würze, der keineswegs etwas mit »faulen« Eiern zu tun hat. Ein ganz kleiner Tick geht dann ein wenig in Richtung der schon genannten animalischen Aromen – aber das gilt hier sicher nur für Feinstschmecker, die der Struktur dieser Küche auf der Spur sind.« (Zitiert aus: »Port Culinaire«, Heft 21, S. 54)

Das »Ei« bringt also eine ausgetüftelte Technik, ungeahnte Zusammenhänge und Mechanismen und im Endergebnis einen überraschend guten Geschmack – durchaus nicht nur im experimentellen, sondern auch im konventionellen Sinne. Ein weiterer Gang aus dem Menü geht da aber noch ein Stück weiter und signalisiert das auch direkt mit dem Titel des Gerichtes. Kann man so etwas essen? Handelt es sich vielleicht wieder um eine der ganz besonders exaltierten Ideen eines Avantgarde-Kochs, der auf der Suche nach Spektakulärem ist, um irgendwie Aufsehen zu erregen? Bei Redzepi (siehe Reise 13) ließen sich einschlägige Bedenken noch vertreiben. Aber hier? Natürlich, und ganz sicher.

Kalb
– Kalbsbacken, gegart in Teer
– Kalbsbries, gekocht mit geräuchertem Kardamom und in Backteig ausgebacken

– Kalbsjus
– Rum
– Kartoffelpüree, gewürzt mit Castoreum (Bibergeil)
– gedünstete rote Peperoni, geräuchert mit Sternanis

Zuerst eine kurze Erklärung zum »Bibergeil«: Es handelt sich hier um ein Drüsensekret vom Biber, das normalerweise eher in der Parfümherstellung Verwendung findet. Und nun zum Teer: Ja, Wiesner gart die Kalbsbäckchen tatsächlich in Teer, und wenn man sich ein Stück davon einverleibt, besteht auch kein Zweifel darüber, dass man hier etwas im Mund hat, das tatsächlich intensiven Kontakt mit Teer hatte. Oder – um den assoziativen Kontext zu bemühen – es schmeckt nach Baustelle und all dem, was damit zu tun hat, und das hat meist mit Essen ziemlich wenig zu tun. Und trotzdem blickt man in die Runde und sieht Gäste, die nun wirklich nicht nach überspannten großstädtischen Gourmets aussehen und die sich in aller Ruhe mit einem solchen Gericht beschäftigen. Und – man muss sich immer wieder in Erinnerung rufen, dass Wiesner nicht die Rolle des Provokateurs spielt, sondern sehr bodenständig ist. Wiesner wird allerdings gerne einmal als der »Hexer« bezeichnet und hat diese Bezeichnung für seine Werbung auch aufgenommen. Tatsächlich deutet alles auf den Typus des kulinarischen Alchemisten hin, der zwischen Vergangenheit und Zukunft steht, die Gegenwart gleichzeitig aus der Sicht der Vergangenheit und der Zukunft sieht, sie nicht so ernst nimmt, wie die Leute, die nur in der Gegenwart stehen und das Manko haben, auf die Erfahrungen der Vergangenheit wie die Visionen der Zukunft zu verzichten. Und wer sagt denn, dass die Alchemie nur etwas mit der Herstellung von

Es sieht abstrakt aus, schmeckt aber sehr konkret: Bildwelten bei Stefan Wiesner zu Ei und Bitumen. (Foto links: Sammlung Wiesner, rechts: TR aus »Port Culinaire« 21)

Gold, der Chemie und der Pharmakologie zu tun haben muss und nicht mit ihrer speziellen Sicht auf die Natur im kulinarischen Bereich ganz besonders gut aufgehoben ist?

Aber zurück zum Teer. Wiesner hat mit den Kalbsbäckchen ein ganz besonders typisches Produkt der klassischen Küche gewählt, das normalerweise lange geschmort wird, gerne in Rotwein und gerne so, dass man vor lauter Aromensättigung das Fleisch kaum noch erkennen kann. Insofern ist der Gegensatz zum Kalb in Teer ganz besonders groß. Für Wiesner ist Teer oder Bitumen nicht das Baumarkt-Material, das man zum Abdichten von Dächern benutzt, sondern vor allem ein archaisches Material, das schon in der Frühzeit des Menschen Verwendung fand. Es ist so gesehen erst einmal ein ganz frühes Aroma. Die Technik ist aufwendig. Die Fleischstücke werden zuerst einmal sorgfältig in Gaze eingewickelt und kommen für einige Minuten in 180 Grad heißen Teer. Nach dieser Oberflächenaromatisierung werden sie wieder ausgepackt, vakuumiert und auf die gewünschte Kerntemperatur gebracht. Wenn man die Bäckchen isst, schmecken sie erst einmal wirklich merkwürdig, weil die Verschaltung im Kopf nicht so ganz gelingen will. Man isst so-zusagen Teer mit der Textur von Kalbsbäckchen und nicht etwa Kalbsbäckchen mit dem Aroma von Teer. Das legt sich erst später, vor allem dann, wenn man die Bäckchen mit den anderen Zutaten kombiniert. Dabei fällt beim Kartoffelpüree auf, dass die Aromatisierung mit dem Bibergeil kaum für Veränderungen sorgt. Sie hat also wieder etwas mit den schon erwähnten Hintergrundaromen zu tun (siehe Glossar). Die weiteren Elemente wie das dick panierte Stück Bries mit dem geräucherten Kardamom die feine Räuchernote und der Stern-

anis für die Peperoni gehören dann eher in den »verständlicheren« Bereich der Aromen. Wenn die Theorie von den Hintergrundaromen stimmt, müsste dann also bei Vollakkorden oder der Kombination von Elementen wieder etwas Überraschendes passieren. Und so ist es auch.

Vor allem im Vollakkord verschwindet die Teernote quasi komplett und macht wieder einer Art animalischen Note Platz, die im Zusammenhang mit Naturküchen (siehe bei Redzepi und Desramaults) häufiger eine Rolle spielt. Sie wirkt »in diesem Zusammenhang archaisch, erstaunlich natürlich und auf bizarre Weise gleichzeitig so, als säße man an einem vorzeitlichen Feuer und würde trotzdem avantgardistische Küche essen«. (Zitiert aus: »Port Culinaire« 21, S. 57) Verantwortlich für dieses »neue« Aroma sind die Additionen der Hintergrundaromen vom Teer, die Räuchernoten vom Kardamom (eine sehr originelle Erfindung), das Bibergeil-Sekret und die Räuchernoten vom Sternanis bei der Peperoni. Nachdem ich dieses Gericht hin und her probiert hatte, den Zusammenhängen auf die Spur gekommen war und von der Komplexität der Aromen immer wieder überrascht wurde, hatte ich übrigens mit dem Teer keinerlei Probleme mehr. Und trotzdem ist ein Essen bei Wiesner, von dem ich hier nur einige Gerichte erwähnt habe, eine der extremsten, aber auch tiefschürfendsten Erfahrungen, die man heute in Mitteleuropa machen kann. Vielleicht werden die Leute in anderen Teilen der Welt, die zum Beispiel Schlangen erst drei Monate vergraben und dann im Feuer schwarz rösten, das völlig anders sehen. Wiesner bringt uns mit seiner gleichzeitig archaischen wie avantgardistischen Küche jedenfalls ein ganzes Stück von Zusammenhängen und Komplexität zurück.

Ein solches Essen bringt natürlich eine ganze Reihe weiterer Fragen mit sich, vor allem solche nach unseren Wahrnehmungsmöglichkeiten – wobei mir noch ein älteres Gericht Wiesners einfällt, nämlich eine Suppe unter Verwendung von Kieselsteinen, die – man glaubt es kaum – tatsächlich sehr mineralisch schmeckte. Wie kann das passieren, da doch ein Kieselstein nach landläufiger Meinung überhaupt nichts an eine ihn umgebende Flüssigkeit abgeben kann? Sind wir hier auf der Reise ins Innere des Geschmacks vielleicht an einer der Grenzen der Wahrnehmung angekommen? Die Antwort ist nicht ganz so einfach – wie sich im nächsten Abschnitt zeigen wird.

FÜR KOPF UND KÜCHE
DIE GRENZEN DES SCHMECKENS

Es gibt gute Gründe, gerade bei Stefan Wiesner nach den möglichen Grenzen des Schmeckens zu fragen. Bei Wiesner werden längst viele Grenzen überschritten, und man befasst sich teilweise sogar mit Aromen, die man normalerweise im Zusammenhang mit Essen gar nicht in Erwägung ziehen würde. Ist das nur ungewohnt und werden wir uns eines Tages auch an solche Aromen gewöhnen? Wenn man in diesen Grenzbereichen denkt, ergeben sich jedenfalls eine Unmenge von Fragen und Problemen, von denen ich hier einige aufgreifen möchte.

DIE SENSIBILITÄTSTYPEN

In der Forschung hat man eine recht einfache Aufteilung der Menschen in Hinblick auf ihre Wahrnehmungsmöglichkeiten. Es gibt einen kleinen Prozentsatz Hyposensible, einen kleinen Prozentsatz Hypersensible, und der Rest wird als eher normal bezeichnet. Das muss ich hier vielleicht nicht weiter vertiefen. Der Hyposensible wäre derjenige Typus, der ziemlich kräftige Reize braucht, bis er etwas wahrnimmt. Denken wir ihn einfach einmal so, dass er vielleicht mit kräftig gewürzter Brauhaus-Kost oder sehr süßen Stücken Torte recht zufrieden ist. Der Hypersensible nimmt sehr viel feinere Abstufungen wahr. Er ist deshalb aber nicht automatisch als Feinschmecker prädestiniert, sondern kann auch ein Typus sein, der einfach nur sehr pingelig ist und den zum Beispiel schon kleinste Abweichungen von seinem Lieblingsessen stören. Einen solchen Typus würde man normalerweise überhaupt nicht oder nur eventuell mit Feinschmeckerei in Beziehung setzen. So einleuchtend diese Aufteilung der Bevölkerung in Sensibilitätstypen auch klingen mag, so merkwürdig erscheint mir die Methode, nach der solche Ergebnisse normalerweise zustande kommen. Ein Versuch, bei dem Testpersonen sagen sollen, ob sie eine in unterschiedlichen Mengen in Wasser gelöste Substanz schon wahrnehmen oder nicht, ist eben einer der typischen Laborversuche, die mit dem Leben nur bedingt zu tun haben.

Was die Verbindung zum Essen angeht, scheint diese Forschung unter modernen kulinarisch-sensorischen Aspekten (wie ich sie in den letzten Jahren für die Gourmandise immer weiter entwickelt habe) nur bedingt brauchbar. Ich habe immer wieder darauf hingewiesen, dass die moderne Sensorik im Vergleich zu älteren Ansätzen sozusagen »demokratisch« ist. Die oben genannte Wahrnehmung misst den aromatischen Bereich, der in meinem System aber nur ein Teil der Wahrnehmung ist. Für den aromatischen Teil kann natürlich ohne Weiteres gelten, dass zum Beispiel die Wahrnehmung der Qualität einer Sauce nicht nur von der chemischen Fähigkeit zur Wahrnehmung abhängig ist, sondern von einem großen Maß an Erfahrungen, also an Vergleichsmöglichkeiten. Wer in den besten Restaurants der Welt gegessen hat, wird mit ziemlicher Sicherheit einen anderen Blick entwickeln und tiefer in die geschmacklichen Strukturen eindringen, als jemand, der diese »Schulung« nicht bekommen hat. Ob ein Kenner der Materie nun hyposensibel, normal oder hypersensibel ist, wird vermutlich unter solchen Umständen kaum jemals auffallen oder überhaupt eine Rolle spielen. Wenn die Fähigkeit zur Wahrnehmung mit Training ausgebildet werden kann, kann man sie mit solchen Laborversuchen nicht wirklich messen. Wenn allerdings die Köche und Feinschmecker einer bestimmten kulinarischen Richtung (wie etwa Teile der klassisch-französischen Haute Cuisine) immer wieder kräftige Würze loben oder eine solche verlangen, liegt zumindest der Verdacht nahe, dass sie entweder einem »Abnutzungsprozess« unterliegen (wie es z. B. die Alterung des Menschen mit sich bringt; der Mensch braucht im Alter – wenn die Sensibilität der Wahrnehmung abnimmt – in vielen Fällen kräftigeres Essen, um sich wohlzufühlen) oder hyposensibel sind. Auf der anderen Seite besteht das Essen eben nicht nur aus der Wahrnehmung mit den chemischen Sinnen wie den Geschmackspapillen, sondern ganz entscheidend auch aus physikalischen Wahrnehmungen, wie der Wahrnehmung von Temperaturen und Texturen. Und diese Wahrnehmungen unterliegen eben nicht der unterschiedlichen Disposition, sondern sind erstens allen Menschen möglich (bis auf minimale, pathologisch relevante Ausnahmen) und zweitens mehr oder weniger auch ohne komplexe Erfahrungen denkbar. Ob ein Chip sich beim Kauen im Mundraum erst einmal krachend bemerkbar macht, bevor man sein Aroma überhaupt wahrnehmen kann, kann jeder Mensch feststellen. Welches Kraut zur Infusion in einer Sauce benutzt worden ist, wird überhaupt erst derjenige feststellen, der das Kraut kennt und identifizieren kann und dazu noch in der Lage ist, seine sinnliche Wahrnehmung so fein zu fokussieren, dass er das Aroma im Zusammenhang mit vielen anderen Aromen wahrnehmen kann. Die Perspektiven in diesem Sektor sind unter den Gesichtspunkten der ausgeweiteten Sensorik (siehe Glossar) also sehr gut. Jeder Mensch kann durch adäquates Training ohne Weiteres noch eine riesige Menge lernen – egal, ob er unter Aspekten der Forschung über mehr oder weniger gute Anlagen verfügt.

WO LIEGEN DIE PHYSIOLOGISCHEN GRENZEN DER WAHRNEHMUNG?

Wenn es um das Potenzial des Menschen beim Schmecken geht, gibt es ganz einfache Grundüberlegungen. Man muss erst einmal nur das zusammenstellen, was offensichtlich an besonders differenzierten geschmacklichen Leistungen vorhanden ist. Deren Summe müsste dann – mindestens – das sein, was der Mensch im Prinzip schmecken kann. Ich denke da an die Sommeliers, die bei einem Wein in Blindverkostungen (also ohne die Flasche zu sehen) nicht nur die Herkunft erkennen können, sondern in einigen Ausnahmefällen auch noch die unterschiedlichen Jahrgänge. Ich denke an alle Professionals der verschiedensten Berufe, die mit der Herstellung von Produkten zu tun haben, und die oft geradezu davon abhängig sind, bestimmte Qualitäten erkennen zu können. Da ist der Teeprüfer im Hamburger Hafen, der jeden Tag die einkommenden Qualitäten überprüfen muss; oder der Parfumeur, der aus einer riesigen Menge von Aromen neue zusammenstellt; der Spitzenkoch, der einer Sauce eine unnachahmliche Balance gibt und Qualitäten erreicht, die niemand nur über Rezepte und Mengenangaben für Zutaten reproduzieren kann. Da sind vielleicht auch Leute wie ich, die in Unmengen von Restaurants gegessen haben und ein Gedächtnis entwickeln, das dem der Schachspieler nicht unähnlich ist. So wie diese sich manchmal nicht nur an weit zurückliegende Partien, sondern auch an jeden einzelnen Zug erinnern, verfügt der Kritiker über ein sehr gutes Gedächtnis für kulinarische Details und Aromen.

Es gibt nun aber überhaupt keinen Grund anzunehmen, dass die Summe der real existierenden Geschmacksleistungen das Maximum des Möglichen wäre. Man darf zum Beispiel nicht vergessen, dass die Geschmacksleistungen offensichtlich mit den Anforderungen steigen, und dass die Spitze in irgendeinem Fach in der Regel dann besonders gut entwickelt ist, wenn sich sehr viele Leute mit diesem Fach beschäftigen, ein gewisser Leistungsdruck herrscht und vor allem auch eine intensive Kommunikation über die Leistungen stattfindet. Auf diese Weise konzentrieren sich die Leistungen auf bestimmte Bereiche, es werden Erkenntnisse übernommen, es bilden sich Strukturen und so weiter. Wenn man nun im kulinarischen Bereich die Entwicklungen der letzten Jahre verfolgt, wird man feststellen, dass sich ein enormer »Wahrnehmungsdruck« entwickelt hat, eine Genauigkeit in der Beobachtung von Nuancen, die es bisher so noch nie gegeben hat. Gleichzeitig beschränken sich diese Wahrnehmungen im Moment noch eher auf die neuen Gourmets, sodass das Phänomen einer verbesserten Gesamtsituation durch eine Beteiligung von sehr vielen Leuten noch nicht recht trägt. Dazu kommt, dass die Kommunikation über geschmackliche Phänomene im Moment nach wie vor durch eine noch ausbaufähige Sprache behindert wird. Auch da gibt es erst einen Anfang. Alle diese Mechanismen lassen erwarten, dass wir insgesamt bei der Wahrnehmung kulinarischer Phänomene noch sehr viel weiter kommen können. Aber wohin?

WELCHE GESCHMACKLICHEN WAHRNEHMUNGEN KÖNNTEN IN ZUKUNFT MÖGLICH WERDEN?

Vorweg eine kleine grundsätzliche Anmerkung: Das Schmecken in der intensiven, konzentrierten, auf die sinnlichen Wahrnehmungen achtenden Weise (siehe Glossar, »Neue Sinnlichkeit«) ist weitgehend »schaltbar«. Wer sich während des Essens gerade angeregt unterhält, wird unter Umständen nach dem Essen kaum beantworten können, was er eigentlich gegessen hat. Wir können nur entweder reden und denken oder geschmackliche Wahrnehmungen machen. Gleichzeitig funktioniert das nicht. Sind wir nicht konzentriert, bleiben nur ein paar Grundwahrnehmungen. Wir stellen fest, dass das so schmeckt, wie wir es akzeptieren können, oder würden aufschrecken, wenn das Essen zu heiß oder in einer anderen Weise zu extrem ist. Sonst nicht. Wenn wir wirklich alle unsere Sinne zum Schmecken einsetzen wollen, müssen wir uns darauf konzentrieren. Wenn der Weg frei ist, werden wir üblicherweise erst einmal das wahrnehmen, was wir wahrnehmen können, und das ist bei vielen Essern heute noch nicht besonders viel. Selbst die Identifizierung vieler Produkte macht Schwierigkeiten, und wenn es darum geht, die Infusion von einem Kraut oder einem Gewürz in einer Sauce herauszuschmecken, wird es oft besonders schwierig.

Die Entwicklung führt vermutlich zuerst einmal in die professionelle Richtung, also zu Fähigkeiten, die Spezialisten haben. Die Identifizierung von Produkten wird regelmäßiger gelingen, ebenso das Herausschmecken aller möglichen Nuancen und die Zuordnung von Aromen, die zur Aromatisierung von Hauptprodukten eingesetzt wurden. Was die Produkte angeht, glaube ich an eine Entwicklung, die auch beim Essen vermehrt zu Fähigkeiten führt, die wir von der Wein-Degustation her kennen. Eines Tages werden wir in der Lage sein, die Herkunft von bestimmten Lämmern oder bestimmten Austern oder anderen Produkten, die sich durch einen spezifischen Geschmack auszeichnen, zu bestimmen. Konkret heißt das, dass man zum Beispiel die Austern von Gillardeau und die von Oleron von den Syltern oder denen aus Cancale unterscheiden kann und ohne Probleme auch die im freien Wasser gezüchteten Exemplare von denen aus den Zuchten (Claires). Wohlgemerkt: Es geht hier nicht um die Frage, wozu so etwas letztlich gut ist, sondern erst einmal um die Frage, in welche Richtung sich die geschmacklichen Leistungen entwickeln könnten. Zur besseren Einordnung sollte man vielleicht an die (eigene) kulinarische Sozialisation denken. Ein Kind weiß oft erst einmal überhaupt nichts und lernt dann im Laufe der Zeit, Produkte geschmacklich zu unterscheiden und – erst einmal nur für sich – Qualitäten zu bewerten. Blicken wir zurück auf die Kindheit, werden wir feststellen, dass bei den meisten Menschen der Zugewinn an kulinarischen Erkenntnissen irgendwann stark nachlässt. Wenn ein paar Dinge sortiert sind und man seine Lieblingsgerichte gefunden hat, ist der Druck, mehr zu lernen, einfach in vielen Fällen nicht mehr da. Ich glaube, dass viele Leute bei der kulinarischen Wahrnehmung noch in einer mehr oder weniger kindlichen Phase stecken und sich im Laufe ihres Lebens dann stark von denen unterscheiden, die auch das kulinarische Lernen und den Zugewinn an kulinarischen Genussmöglichkeiten zu einem lebenslangen Prozess gemacht haben.

Am interessantesten, weil auch am genussreichsten, sind die Wahrnehmungen differenzierter Geschmacksbilder, also die Wahrnehmungen von zeitlichen Abläufen, Räumlichkeiten, differenzierten Wechselbeziehungen und anderer sensorischer Phänomene, die bei quasi jedem Essen eine Rolle spielen und in den besten Küchen zu grandiosen Erlebnisformen führen können, deren Existenz vielen Gästen heute noch gar nicht bewusst ist. Da ich in diesem Sektor eine Menge geforscht habe und forsche, kann ich vielleicht hier einmal meine ganz persönlichen Überlegungen schildern. Den Einstieg in diesen Bereich machen relativ einfache, isolierte Phänomene, wie etwa das Durchblenden von Aromen. Ein Beispiel: Eine kalte Mousse mit einem warmen Stück Fleisch (am besten auf einem Löffel serviert) hat in der Regel einen klar definierten Verlauf. Erst nimmt man die Kälte wahr, dann entwickelt sich langsam das Aroma der Mousse. Währenddessen kaut man auf dem Fleisch, dessen Aroma ebenfalls nicht sofort präsent ist. Weil es sich aber langsamer entwickelt als das der Mousse, blendet es gegenüber dem Aroma der Mousse quasi durch. Wenn man solche und viele andere Phänomene schon kennt, kann man sie gezielt suchen und wahrnehmen. Die Entwicklung wird dahin gehen, dass man solche Abläufe grundsätzlich wahrnimmt und bei jedem Bissen verfolgt, was sich da im Mund abspielt.

So weit, so gut. Bei mir ist das schon seit vielen Jahren so. Aber viele Kombinationen und viele Gerichte sind sehr viel komplexer als das geschilderte Beispiel. Zudem spielt der Zeitfaktor eine Rolle. Im Moment sehe ich noch Grenzen darin, diese sensorischen Ereignisse in der Geschwindigkeit wahrzunehmen, wie sie stattfinden. Wer heute sensorisch ausgetüftelte Gerichte zubereitet, sollte darauf achten, dass er eher übersichtliche, eher »wie in Zeitlupe« ablaufende Prozesse initiiert. Ist die Dichte zu groß, werden die Gäste daran »vorbeiessen« und wenig mitbekommen. Wenn man ein Geschmacksbild hat, das sich wunderbar räumlich entwickelt und dann in vielen aromatischen und feinen texturellen Verästelungen ausläuft, kann das ein fantastisches Erlebnis sein, 3-D-Küche sozusagen. Das Problem ist und bleibt die Entwicklung einer adäquaten Geschwindigkeit der Wahrnehmung, die sich nach meinen Erfahrungen ausschließlich durch Training einstellt. Es gibt psychologische Testverfahren, bei denen der Bildschirm in kleine Quadrate aufgeteilt ist und zwar mit jeweils einem, immer unterschiedlichen Objekt darin. Der Proband sitzt davor, und es leuchten einige der Felder kurz auf. Danach hat er nur einen Bildschirm mit leeren Quadraten vor sich und soll sagen, in welchem Quadrat was zu sehen war. Die dafür notwendigen Fähigkeiten haben etwas von der Wahrnehmung komplexer kulinarischer

Abläufe und Zusammenhänge. Wenn man das zusammenfasst, was in Zukunft möglich sein wird, so läuft dies auf die Fähigkeit hinaus, mit immer mehr Variablen umzugehen und auf diese Weise zu wesentlich komplexeren Wahrnehmungen zu kommen.

Das wiederum dürfte uns nicht ganz unbekannt sein, weil es sich mit der Entwicklung des Menschen in anderen Bereichen deckt. Ein ganz normaler Mensch balanciert heute mit dem Vielfachen an Informationen, als dies vor vielleicht einhundert Jahren, in vielen Bereichen aber auch erst vor einigen Jahrzehnten der Fall war. Hierbei könnte man ebenso danach fragen, ob eine solche Entwicklung nun gut, positiv oder notwendig ist und ob es nicht genauso toll ist, wenn man an seinem Lieblingsessen sehr viel Spaß hat – ohne das ganze komplexe Drumherum. Nun, ich war ja selbst ein, sagen wir: stark unterentwickelter Esser, und das bis zu meinem 35. Lebensjahr. Heute stehe ich da und muss sagen, dass mir früher einfach ungeheuer viel entgangen ist und ein großartiges kulinarisches Erlebnis eine Dimension erreicht, die mit der Freude an einem »Lieblingsessen« einfach nicht zu vergleichen ist.

Es gibt da noch ein interessantes Detail aus der Forschung, ein Ergebnis, das sehr zu denken geben kann und das mich zu einer höchst interessanten Vermutung oder besser: Spekulation brachte. Man hat vor etlichen Jahren einmal in Italien eine Untersuchung über die Gehirntätigkeit von Sommeliers beim Schmecken gemacht. Man hat sie »in die Röhre gelegt« und beobachtet, dass im Gehirn dieser professionellen Schmecker beim Verkosten von Wein Teile hochaktiv sind, die bei normalen Menschen nicht oder kaum aktiviert werden. Wenn man dieses Ergebnis – das sich mit ähnlichen Versuchen deckt – nimmt und gleichzeitig daran denkt, dass das intensive Schmecken beim Essen noch eine sehr junge Disziplin ist, muss man die Vermutung haben, dass in unserem Gehirn von den nach wie vor recht vielen brach liegenden Teilen größere Teile für das Schmecken »reserviert« sind. Wenn das auch nur ansatzweise stimmt, darf man vielleicht spekulieren, dass der Mensch für solche Entwicklungen prädestiniert ist.

SCHMECKEN ZWISCHEN WAHRNEHMEN UND BEWERTEN

Es gibt noch einen sehr wichtigen Punkt, der etwas mit den Voraussetzungen zu tun hat, die uns überhaupt erst dazu bringen, konzentriert zu schmecken. Entgegen der landläufigen Meinung ist Essen immer Kopfsache, ob man will oder nicht. Alle wichtigen Entscheidungen laufen über den Kopf, fast immer automatisch, also ohne lange Überlegungen. Er entscheidet in vielen Fällen und Situationen kurz und bündig, dass ein bestimmtes Produkt oder ein bestimmtes Essen nicht zum Kanon der Dinge passt, die okay sind. Was hierbei durchfällt, fassen viele Leute gar nicht erst an. Wer keine Schnecken essen will, wird sofort abschalten. Manchmal dauert es mit diesen Entscheidungen etwas länger, und zwar dann, wenn der Kopf das Produkt passieren lässt (sagen wir: ein Stück Lachs), dann aber ebenfalls abschaltet, wenn das servierte Gericht aus irgendwelchen Gründen trotzdem nicht passt, zum Beispiel weil der Fisch offensichtlich zu alt ist und nicht gut riecht, oder wenn ein Stück Fleisch so gravierend untergart ist, dass es im Kern noch roh und blutig ist (der Betreffende aber blutiges Fleisch nie isst). Bevor wir also überhaupt mit dem Schmecken beginnen, muss in vielen Fällen erst einmal die interne kulinarische Zensur zugestimmt haben. Das ist bei sehr vielen Leuten so – Ausnahmen bestätigen die Regel.

Im Grunde geht es in diesen und ähnlichen Fällen darum, dass wir nicht wirklich schmecken und wahrnehmen, sondern vor allem schnell bewerten. Wer keinen Ziegenkäse mag, wird nur schwerlich davon zu überzeugen sein, dass dieses geniale Stück Käse, das von einem der besten Affineure Frankreichs stammt, wirklich etwas anderes ist als die Ware aus dem Supermarkt um die Ecke. Dieser Mechanismus findet sich im Prinzip auch bei Leuten, die sich für Feinschmecker halten und der festen Meinung sind, ein bestimmtes Produkt oder Essen sei nicht gut, nur weil sie es in dieser Form noch nie gegessen haben und jede Abweichung schon für schlecht halten.

Es geht also erst einmal darum, vom Bewerten zum Schmecken zu kommen, also die Reihenfolge zu ändern, mit der wir uns normalerweise dem Essen nähern. Jeder gute Koch wird sehr viel Vergnügen an Gästen haben, die bestimmte Produkte oder Zubereitungen aus seinem Angebot noch nie gegessen haben, sie aber auf jeden Fall probieren wollen. Wenn sie dann noch in der Lage sind, ihre Wahrnehmungen erst einmal zu beschreiben und zu sortieren und nicht gleich wieder endgültig bewertend in eine Schublade zu packen, ist sehr viel gewonnen. Leider ist dieser Typus nicht besonders häufig anzutreffen. Der Weg zum reinen Schmecken kann allerdings recht steinig sein und ist nicht ganz so einfach. Wer wirklich schmecken will, muss also zum Beispiel unbekanntes, vielleicht schwabbeliges Material in den Mund schieben, er muss Sachen essen, die nach landläufiger Meinung stinken (wie zum Beispiel warme Andouillettes in der Bretagne, oder manch abgehangenes Wildgeflügel). Er müsste vielleicht in Spanien auch Schafsaugen essen und ohnehin jede Art von Innereien – vom Kalbsherz bis zum Hirschhirn und zurück.

Und doch ist dies kein Spiel für »harte Jungs« (die ohnehin beim Essen oft sehr viel weicher sind als die Frauen), sondern ganz einfach eine mentale Disposition, die erst den Zugang zur ganzen Breite der Kochkunst möglich macht. »Wo sind denn dann die Grenzen?«, könnte man fragen, zum Beispiel wenn die üblichen Bereiche des Essbaren verlassen werden und ein Koch vielleicht auf die Idee kommt, man solle auf einem Stück gewässertem Zedernholz herumkauen und gleichzeitig Sauerampferblätter essen, weil das einen faszinierenden Zusammenhang ergäbe. Droht da – um es einmal überspitzt zu formulieren – der Gang in den Baumarkt, um auch dort noch etwas zu finden, was man in experimentelle Kompositionen einbauen könnte?

Ich glaube, dass das, was wir essen können und werden nicht unbedingt Grenzen hat. Schon ein Blick auf das, was auf der Welt so alles gegessen wird, zeigt, dass der Mensch global gesehen als klassischer »Allesfresser« (Omnivore) eine Menge von Dingen isst, die sich dem Mitteleuropäer verschließen. Dazu gehören zum Beispiel quasi alle Tiere und natürlich auch so gut wie jede genießbare Pflanze. Ob so etwas für einen Mitteleuropäer dann »lecker« schmeckt, ist die Sache des Mitteleuropäers, nicht die der Gattung »Mensch« schlechthin. Man sollte sich auch nicht zu sicher sein, dass die Art des Essens, die in Mitteleuropa üblich ist, zwangsläufig die Krone der Zivilisation bildet. Lange Jahre, um nicht zu sagen Jahrhunderte lang hat die hochentwickelte französische Küche mehr oder weniger diesen Anspruch vertreten. Er fällt schon in dem Moment zusammen, in dem sich etwa in Japan zeigt, dass dort mit noch extremer verfeinerten Verfahren völlig andere Dinge gegessen werden und dabei auch beim Schmecken noch wesentlich stärker differenziert wird als in der klassisch-französischen Haute Cuisine. Aber in dem Moment, in dem man für das Schmecken und die Herstellung von Essen über universelle Regeln zur Erzielung von Qualität nachdenkt, lassen sich auch viele scheinbare Extreme miteinander verbinden. Wenn wir uns dem reinen Schmecken und der reinen sinnlichen Wahrnehmung widmen, oder – siehe oben – sie zulassen, kommen wir in universelle Bereiche, in denen tatsächlich eine Menge von Dingen Verwendung finden können, an die wir bisher kaum gedacht haben.

Besonders interessant daran ist, dass dieser Zusammenhang unter ökologischen Aspekten geradezu erwünscht sein müsste und tatsächlich viel mit der Zukunft der Menschheit zu tun hat. Die Diskussion um das, was wir an kulinarischen Produkten wegwerfen, obwohl wir es noch gebrauchen könnten, ist nur ein kleines Detail. Wenn man weiterdenkt, kommt man erst einmal dahin, dass man beim Gemüse wie bei allen Tieren jedes Teil nutzt, also die Wurzeln vom Lauch, die Schalen von der Orange, die Haut und die Knochen vom Huhn und die Gräten und den Kopf vom Fisch. Es wird in Zukunft also darauf hinauslaufen, dass wir unsere Vorstellung von dem, was wir essen können, und von dem, was uns gut schmeckt, rigoros ausweiten – natürlich gerne mit Hilfe genialer Ideen zur Zubereitung, die auch aus scheinbaren Resten und Abfallprodukten noch etwas Wunderbares herausholen. Und dazu ist dann ein ausgeweitetes, neues Schmecken dringend notwendig und wird sich irgendwann auch in weiten Kreisen der Bevölkerung durchsetzen. Ganz besonders pikant ist, dass vor diesem Hintergrund das, was wir heute oft als hervorragende Küche ansehen (vor allem die klassisch orientierte), eher wie ein Teilaspekt wirkt, aber nicht unbedingt wie der Höhepunkt einer Entwicklung.

Materialien für Wiesner-Gerichte: Horn, rostige Nägel, Mineralien, Edelsteine. (Foto TR)

*Ein typisches Gericht im »Le Moissonnier« in Köln.
Die drei Elemente haben ein ganz speziell definiertes
Verhältnis zueinander. (Foto TR)*

REISE 16

»LE MOISSONNIER«, DIE ZIRKELDEGUSTATION UND ANDERES

Irgendwann, Jahre nachdem das Restaurant einen zweiten Michelin-Stern bekommen hatte, fragte ich Vincent Moissonnier einmal, was der zweite Stern denn so an Veränderungen gebracht habe. Die Antwort hat mich nicht verwundert. »Wir haben tatsächlich schon mal überlegt«, meinte er absolut ernsthaft, »den zweiten Stern zurückzugeben. Es kommen einfach Leute zu uns, die eine klischeehafte Vorstellung von einem Zwei-Sterne-Restaurant haben und sich vielleicht einen Gourmettempel mit Limousinenservice vorstellen.« Wer das Restaurant kennt, wird sich darüber nicht wundern. Wer es nicht kennt, wird vielleicht erst einmal ein wenig irritiert sein.

Das »Le Moissonnier« ist die große Ausnahme. Es ist ein Bistro voller Charme mitten in einem nicht besonders edlen Viertel Kölns, es sieht aus wie ein Bistro, das Personal ist gekleidet wie in einem Bistro und es ist gleichzeitig eines der erfolgreichsten und vor allem der kreativsten deutschen Gourmetrestaurants. Die Tische stehen natürlich eng, und wenn es voll ist – und das ist es hier mittags und abends eigentlich immer –, wird es auch etwas lauter. Dazu kommt, dass die Gerichte fast immer mit einem oder mehreren »Satelliten-Tellern« serviert werden und es dadurch auf den Tischen noch voller wird (oder »kommunikativer«, je nach Sehweise). Eine weitere Besonderheit ist Inhaber und Oberkellner Vincent Moissonnier, der nach Jahrzehnten in Deutschland perfekt Deutsch spricht, aber immer noch sehr französisch wirkt und die Gerichte aus der Küche von Eric Menchon jedes Mal präzise erklärt. Und das ist auch nötig, weil immer allerlei zusammenkommt. Hier ein paar Beispiele:

Les Poissons bleus: Thunfisch mit Melonengelee, Wasabikaramell und Soja – Anchovis demi-sel mit Vadouvan-Paste – Gegrillte Zucchini in Makrelen-Escabèche

Pochierter Rochenflügel mit Kapern und Sherryessig-Würfeln auf schaumiger Buttersauce – Wachtelei »Meurette« mit Räucheraal aus Vorpommern – Pizza-Baguette

Steinbutt pochiert in Ingwer-Soja-Öl auf weißer Velouté mit Kopfsalatjus – Calamari-Cannelloni mit Majoran auf roter Paprika-Minz-Sauce – Tagliolini mit Sandmuscheln

Filet vom Petersfisch, ganz leicht in Butter gebraten auf Anchovissauce – Mascarpone-Zitronen-Müsli – Seeigel-Auflauf (Flan) mit Jasmin-Karamell und Meeresfrüchten – Geräucherte Aubergine und Kartoffel mit Mandel-Panna-Cotta

Ochsenlende (aromatisch, bissfest und herzhaft, das »Metzgerstück«) englisch gebraten – Geschmorter Ochsenschwanz auf Gemüserisotto und Trockenfrüchte-Chutney – Sellerie-Lasagne mit Majoran und Trüffeljus, weiße Lamon-Bohnen puttanesca

Die umfangreichen Beschreibungen und die vielen Details sind natürlich für viele Gäste erst einmal ein undurchdringlicher Wall von Informationen. Aber – nächste Besonderheit – das Ganze läuft hier im »Moissonnier« in zwei Richtungen. Die erste hat einfach etwas mit viel Vergnügen an gutem und immer kurzweiligem und immer wieder neuartigem Essen zu tun. Dabei kann man sich voll und ganz auf die überragenden Qualitäten des Südfranzosen Eric Menchon verlassen, der – nächste Besonderheit – einen »Geschmack am Leib hat«, wie ich ihn sonst nirgendwo erlebt habe. Das Interessante an diesem oft wunderbar mediterranen Geschmack ist erst einmal, dass er absolut mehrheitsfähig ist, und fast alle Details so schmecken, dass die Gäste vielleicht erstaunt sind, aber nie das Gefühl haben, hier würde jemand verkrampft Kompliziertes servieren. Die Stammgäste dieses Hauses kennen das ganz genau und genießen exakt diese Originalität, Individualität und die üppige Fülle an Einfällen (nicht unbedingt an Kalorien). Die zweite Richtung hat etwas damit zu tun, dass das alles äußerst präzise entwickelt ist und für Leute, die ganz besonders fein und differenziert schmecken wollen, eine außerordentliche Qualität hat. Ich brauche wohl kaum zu erklären, dass mich dieses Restaurant schon seit den Neunzigerjahren fasziniert hat und ich über kaum ein Restaurant so häufig geschrieben habe wie über »Le Moissonnier«. Es bereitet mir heute viel Vergnügen, dass diese ganz speziellen Qualitäten mittlerweile von allen Seiten her anerkannt werden (bis auf einige ewig gestrige, konservative Restaurantführer, die jede kreative Küche für eine Zumutung halten). Und: Diese Küche gehört zu den wenigen Küchen, die von einer beträchtlichen Zahl von Leuten für eine der besten Küchen Europas gehalten wird.

Die Bedeutung dieser Küche für die Reise ins Innere des Geschmacks ist sehr groß, vor allem auch deshalb, weil ich hier in verschwenderischer Fülle erfahren konnte, dass Kreativität an jedem Punkt der Küche ansetzen kann, also nicht unbedingt die neuesten (Mode-)Produkte aus aller Welt braucht. Menchon schaffte es immer wieder, auch scheinbar ausgereizten Produkten und Produktkombinationen erstaunliche, neue Aspekte abzugewinnen. In einer Unterabteilung meiner F.A.Z.-»Geschmackssache« geht es ab und zu um her-

vorragende Gerichte, die so außergewöhnlich gut komponiert sind, dass ich ihrer Vorstellung eine ganze Kolumne widme. Ich nenne die Serie: »Das kulinarische Werk.« Selbstverständlich landete dort eines Tages auch eine Komposition von Eric Menchon, die ich hier etwas detaillierter vorstellen möchte. Sie wurde auf einem Hauptteller, einem kleinen tiefen Teller links davon und in einem Glas rechts davon serviert.

Hauptteller: Bretonisches Rotbarbenfilet, in Olivenöl gebraten, auf Curry-Limetten-Paste, Rotbarben-Leber-Pesto, Fenchel-Orangen-Salat

Auf dem Teller liegen zwei etwas größere Rotbarbenfilets, die kräftig gebraten sind, also ein eher traditionelles Aroma entwickeln und nicht – wie das heute häufiger vorkommt – eher roh belassen werden. Die Curry-Limetten-Paste dazu ist in einem kleinen Rechteck ausgestrichen und hat eher ein säuerliches Aroma, das vom Curry nur dezent eingefärbt wird. Das Leberpesto bringt quasi eine Verstärkung der Rotbarbennote, die von vielen Leuten als etwas »nach Leber«, manchmal auch »nach Tran« oder ähnlichen, nicht unbedingt sehr begeistert klingenden Noten interpretiert wird. Hier spielt das natürlich keine Rolle, und es geht mehr um das, was man auch das »Wild« des Meeres nennt, eine spezifische, komplexe Note, die im Gegensatz zu vielen anderen Fischen nicht sehr zart und transparent, sondern etwas kräftiger und dichter schmeckt. Wie bei vielen Innereien in Kombination mit dem Produkt, von dem sie stammen, wirkt auch hier das Pesto wie eine ideale Würze für den Fisch. Der dünn geschnittene, rohe Fenchel-Orangen-Salat (ein Klassiker in der modereneren Begleitung von Fisch) bringt Frische und Textur. Wichtig ist, dass diese Elemente den Fisch einerseits texturell sehr schön »einpacken«, andererseits im aromatischen Sektor an ihn andocken und sein Aroma in verschiedenen Richtungen ergänzen. Der Hauptteller schmeckt in sich sehr schön geschlossen und abgerundet.

In einem tiefen Teller: Risotto aus schwarzem Venere-Reis mit konfierten Navetten und rohen Navetten obenauf

Das Gebilde in dem Teller ist eine schwarze Kugel mit etwas weißem Schaum darin und hat fast etwas Ähnlichkeit mit einer Seeigel-Zubereitung. Im Teller sammelt sich Sauce, darin liegen kleine konfierte Navetten-Stückchen. Obenauf gibt es einige längere, weiße Navetten-Späne. Das Aroma ist getreidig und ganz leicht kohlig, leicht süßlich und mild. Texturell ist dieses Teilgericht eher homogen, auch der Reis und die Späne entfernen sich nicht allzu weit von den anderen Elementen.

In einem Glas: Plancha von Scheidemuscheln und Bouchot-Muscheln mit Pumpernickel und Zimt

Im Glas findet sich ein Ragout von Muschelstückchen, die ein wenig fest-elastisch gegart (also ebenfalls nicht untergart), aber nicht zäh sind. Vom Pumpernickel ist wenig durchzuschmecken, und der Zimt bildet nur einen dezenten Hintergrund. Wichtig ist hier der originelle Gesamtgeschmack dieses Teilgerichtes, der ein wenig wie eine maritim angehauchte Frikadelle schmeckt, bodenständig, herzhaft, kompakt, und fast schon etwas rustikal. Dieses Ergebnis ist unerwartet, zeigt aber, dass sowohl Pumpernickel als auch Zimt trotz zurückhaltender Dosierung eine klare Wirkung entfalten.

So weit, so gut. Nun geht es an das Zusammenwirken der einzelnen Gerichte, auf das es im »Moissonnier« immer ganz besonders ankommt.

Hier wird eben nicht nur ein wenig aufgestockt, weil man noch ein paar weitere Ideen hat, sondern hier wird die Erweiterung zum Prinzip. Wie oben gesagt, schmeckt der Hauptteller in sich geschlossen und es fehlt im Prinzip nichts, was einen guten Geschmack ausmacht. In der Regel schlägt bei diesen Gerichten Vincent Moissonnier vor, in welcher Reihenfolge man sie essen soll, und man tut gut daran, sich auch danach zu richten. Es passiert nämlich Überraschendes. Wenn man den Reis nach einem Vollakkord vom Hauptteller isst, legt er sich wie eine Wattewolke deutlich erkennbar oben an den Gaumen und entwickelt zusammen mit dem Gewürzraum (siehe Glossar) des Hauptellers ein Aromenspektrum, das man nur erhält, wenn man es in dieser Form probiert. Während der Reis alleine mild und nicht wirklich auffällig schmeckt, scheinen sich nun wundervoll ergänzende Aromen zu entwickeln, die absolut neuartig wirken. Das präsentiert sich so klar und deutlich, dass es wirklich hervorragend ist. Und wenn man dann nach dieser »Wattewolke« das dritte Teilgericht isst, ergibt sich etwas völlig anderes: Statt Himmel gibt es nun eine fundamentale Erdung. Der Hauptteller steht also auch bei den Ergänzungen in der Mitte, aromatisch und texturell präzise durchdacht und zu einem beeindruckenden Gesamtbild entwickelt.

Eine solche Technik beherrscht kein Koch so gut wie Eric Menchon vom »Le Moissonnier«, und das schon seit vielen Jahren. Für mich waren (und sind)

Und noch einmal Rotbarbe, hier aus dem Jahre 2013: Bretonische Rotbarbe, confiert und geräuchert, mit Cidre-Butter und Birnen-Gurken-Kurkuma-Garnitur. Topinambur »Anna« mit Blutorangen-Gel. Maritime Bretzel. (Foto TR aus »Port Culinaire« 26)

die Zusammenhänge dieser Küche hochinteressant, weil sie ganz klar zeigen, wie man mit einer ausgetüftelten sensorischen Struktur zu gänzlich neuen Erlebnissen kommen kann. Das hatte dann auch bei mir und dem, was ich über das Restaurant geschrieben habe, Folgen. Ich habe den Begriff der »Zirkeldegustation« (siehe Glossar) für dieses Phänomen eingeführt, der unmittelbar auch mit dem Begriff »Gewürzraum« zu tun hat, den ich schon vorher benutzt hatte. Es geht nämlich noch etwas weiter.

Es ist klar, dass sich im Mund nach einem Bissen von einem der Teilgerichte ein spezifischer Gewürzraum bildet, der auf den nächsten Bissen spezifisch reagiert. Dazu habe ich hier ein paar Testaufbauten zusammengestellt. Sie sind ganz einfach zu realisieren, notfalls auch zwischen Tür und Angel, sie können aber trotzdem einen Einblick geben, welche Art von Effekten sich mit dem Phänomen des »Gewürzraumes« und allgemein dem Essen von Produkten in einer zeitlichen Folge ergeben.

FÜR KOPF UND KÜCHE
DIE WIRKUNG DES GEWÜRZRAUMES

Vorbemerkung: Der erste Bissen des Produkts dient ausschließlich dem Studieren seines Aromas, damit man danach die Veränderungen besser verfolgen kann. Zwischen dem ersten Bissen und dem weiteren Verlauf der Degustation sollte so viel Zeit vergehen, dass man nicht mehr das Gefühl hat, das Aroma würde im Mund noch eine Rolle spielen.

BRATWURST – GEWÜRZKETCHUP – BRATWURST

Natürlich sollte man diese Probe mit einer guten Bratwurst machen, die vor allem einen klaren Fleischgeschmack hat und nicht mit einer Gewürzmischung schon weitgehend denaturiert ist. Man wird also zunächst das Fleischaroma, eine gewisse Würze und in der Regel auch Salzigkeit wahrnehmen. Der Teelöffel voll Gewürzketchup danach wird nicht nur typisch, sondern auch künstlich schmecken, weil er sich in seinem Aufbau von der relativ natürlichen Bratwurst deutlich unterscheidet. Isst man direkt danach das zweite Stück Bratwurst, ist deren Fleischaroma quasi verschwunden. Es kommt dann ein wenig zurück, wirkt aber wesentlich salziger, als das vorher der Fall war. Der Grund ist einerseits der Kontrast zu den süßlichen Ketchuparomen, andererseits aber auch die Überlagerung der anderen nicht salzigen Aromen.

GERÄUCHERTE FORELLE – CURRYCREME – GERÄUCHERTE FORELLE

Vorbemerkung: Die Currycreme ist eine Mischung aus Crème fraîche, ein paar Tropfen Orangensaft, etwas Zitrone und Currypulver (hier Pattaya-Curry). Die Creme sollte deutlich nach Curry schmecken und einen leicht fruchtig-säuerlichen Hintergrund haben.
Die Forellenfilets vermitteln meist eine Mischung aus einer eher milden Räuchernote und dem eigentlichen Aroma des Fisches. Diese Mischung schmeckt stabil und ändert sich nicht.

Ein tieferes Aroma oder aromatische Finesse existieren bei normaler Handelsware nicht. Nehmen Sie dann einen gehäuften Teelöffel der Currycreme. Sie zeigt Cremigkeit vom Fett und eine Balance von Säure und Frucht. Nehmen Sie das zweite Stück Forelle, wenn sie von der Creme noch etwas im Mund haben. Es zeigt sich eine deutlich geringere Räuchernote, und man hat den Eindruck, »mehr Fisch« zu schmecken. Weil die Forelle länger im Mund bleibt als die Creme, setzt sich nach einiger Zeit ihr Aroma deutlicher durch, wobei es salziger wirkt als das der »Referenz«-Degustation vorab.

TOMATE – TAPENADE NOIR – TOMATE

Vorbemerkung: Von der Tomate braucht man ein Stückchen mit Teilen des Kerngehäuses. Es wird mit ein paar Körnern Fleur de Sel gewürzt.

Dieser Klassiker des Zusammenspiels findet sich als Teil sehr vieler mediterraner Elemente, wo gerne im Zusammenhang mit gemischten Salaten und einer Vinaigrette auch etwas Tapenade eingesetzt wird.

Achten Sie bei der leicht mit Fleur de Sel gewürzten Tomate zu Beginn auf die volle Würze des Kerngehäuses, den leicht adstringierenden Charakter und die Tatsache, dass das Salz eher einen Hintergrund bildet.

Nehmen Sie dann etwa ein Drittel eines Teelöffels von der Tapenade und das zweite Stück Tomate, wenn noch ein wenig von der Tapenade im Mund ist. Der berühmte Akkord sorgt dafür, dass die Tomate sehr viel süßer schmeckt als zuvor, dafür aber auch etwas an Komplexität vom Aroma des Kerngehäuses verliert. Im Nachhall setzt sich dann – dezent, aber klar – die Tapenade durch.

EIGELB – BANANE – EIGELB

Vorbemerkung: Das Eigelb stammt von einem hart gekochten Ei. Die Banane sollte nicht zu reif, aber auch nicht zu unreif und fest sein.

Zugegeben: Ein solcher Akkord ist nicht gerade das, was man häufig antrifft. Er liefert aber dennoch ein überraschendes Ergebnis. Vielleicht sollten Sie, bevor Sie weiterlesen, einmal kurz darüber spekulieren, wie das schmecken könnte. Das Eigelb pur zeigt eine immer leicht trocken wirkende Textur, das typische Ei-Aroma und die für gekochte Eier ebenfalls typische »faulige« Note, also ein leicht schwefliges Aroma. Die Banane schmeckt in der vorgeschlagenen Form »normal«, also eher süß, ein wenig fruchtig und mit wenig Tiefe im Aroma. Nehmen Sie das zweite Stück Eigelb kurz nach dem Bananenstück. Sie werden vielleicht erst einmal verwundert nach Merkwürdigkeiten suchen und feststellen, dass sich die beiden Aromen durchaus vertragen. »Vertragen« ist der richtige Ausdruck, weil zwar nichts Unangenehmes passiert, aber man auch nicht sagen kann, es wäre ein besonders guter Zusammenhang. Sie werden jedoch feststellen, dass dem Ei in dieser Folge der schweflige Beigeschmack fehlt. Es schmeckt sozusagen »sauberer« nach Ei.

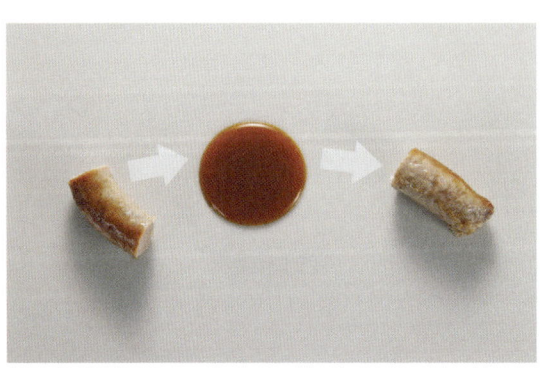

Degustationen. Von oben links: Bratwurst und Ketchup,
Forelle und Currycreme, Tomate und Tapenade noir,
Ei und Banane, Weintraube und Pekannuss, Zitrone
und Forellenkaviar. (Fotos TR)

WEINTRAUBE – PEKANNUSS – WEINTRAUBE

Im Gegensatz zu Eigelb – Banane – Eigelb klingt diese Kombination von vornherein bekannt, weil man an diverse Salate oder auch an Studentenfutter denkt, bei dem ja auch Rosinen und Nüsse eine wichtige Rolle spielen. Bobachten Sie zunächst bei der Traube die Balance zwischen Fruchtsüße und Säure (die auch dann vorhanden ist, wenn die Trauben sehr süß wirken) und die Faserigkeit, die sich ergibt, wenn Sie die Traube längere Zeit kauen. Bei der Nuss werden sie natürlich zuerst den expressiven Charakter der Textur bemerken, dann aber auch – je weiter Sie die Nuss zerlegen – leicht adstringierende Aspekte. Essen Sie die zweite Dosis Traube dann, wenn Sie noch deutlich auf den Resten der sehr nachhaltigen Nuss kauen. Der Effekt ist sehr deutlich. Die scheinbar so gut zusammenpassenden Produkte entwickeln einen unangenehmen, fast chemisch wirkenden Geschmack, der sich zwischen der Nuss und der Fruchtsäure der Traube ergibt. Die leichte Eleganz des Traubenaromas spielt keinerlei Rolle mehr.

ZITRONE – FORELLENKAVIAR – ZITRONE

Vorbemerkung: Benötigt werden kleine Zitronenstückchen von ausgelösten Zitronenfilets – je nach Produkt und Größe etwa ein Drittel oder die Hälfte eines Filets.
Die Zitrone zeigt einfach nur viel Säure – zumindest wenn es sich um handelsübliche, »ganz normale« Ware handelt. Die Säure überlagert die durchaus manchmal (bei Exemplaren hervorragender Provenienz wie denen aus Menton in Südfrankreich) vorhandenen Fruchtnoten deutlich.
Der jodig, »ölig«, salzig schmeckende Forellenkaviar scheint ebenfalls ein sehr intensives Aroma zu haben. Wenn Sie nur einen halben Teelöffel von ihm nehmen, in Ruhe sein Aroma verfolgen und dann ein kleines Stückchen Zitrone folgen lassen, wird das Aroma des Forellenkaviars so gut wie ausradiert. Das ändert sich deutlich, wenn Sie einen gehäuften Teelöffel Forellenkaviar nehmen und das Stückchen Zitrone zügig folgen lassen. In diesem Falle ergibt sich eine deutlich expressivere Verzahnung der beiden Aromen und vor allem eine wesentlich intensivere Jodnote.

Wenn also diese Gewürzraum-Wirkung und die Effekte, die entstehen, wenn man bestimmte Elemente mit Absicht in einer zeitlichen Reihenfolge isst, funktionieren (man hätte sie übrigens auch, wenn man zwischen den Gängen nach draußen ginge, um eine Zigarette zu rauchen …), dann stellt sich die logische Frage, was passiert, wenn man nach dem dritten oder vierten Teilgericht wieder auf den ersten Teller zurückkommt. Es ist ja hier im »Le Moissonnier« nicht so gedacht, dass man zuerst den Hauptteller beendet und dann weiter isst, sondern dass man sozusagen mehrere Runden dreht. Wenn man nach der ersten Runde wieder auf das »Hauptgericht« trifft, schmeckt es natürlich ein wenig anders. Je nach der Art des Gewürzraumes kann der Unterschied sogar recht deutlich ausfallen.

Wenn man nun noch einmal die kleine Liste von Tests betrachtet, die ich oben vorgestellt habe, kann man sich das vielleicht besser vorstellen. Am besten geht man nach dem Prinzip vor: Was habe ich, was kommt neu dazu und wie werden die beiden vermutlich zusammenwirken?

Die entscheidende Erkenntnis für die Reise ins Innere des Geschmacks aus der Arbeit dieses wirklich bemerkenswerten Restaurants ist, dass es solche Zusammenhänge in den zeitlichen Verläufen gibt, und dass sie natürlich im Prinzip immer eine Rolle spielen. Man hat hier einen wichtigen Grundgedanken der modernen Sensorik zu einem Prinzip erhoben und erzielt eine Wirkung, die insgesamt für das Essen Gültigkeit bekommt – nicht nur für so hochsensible Kompositionen wie hier im »Le Moissonnier«.

EIN ABSTECHER IN DIE SENSORIK VON WEIN UND SPEISEN

Zum Abschluss dieser Reise noch ein weiterer Versuch, den Sie zu Hause oder im Restaurant sehr leicht realisieren können. Ich schreibe seit einigen Jahren für das »Fine«-Weinmagazin (eine Art High-End-Zeitschrift, die sich kompromisslos mit Qualität beschäftigt) eine Serie über »Wein und Speisen«, in der ich sehr genau die Beziehung zwischen einem empfohlenen Wein und dem dazugehörenden Gericht beschreibe. Auch beim Wein spielt der Ablauf der Degustation eine große Rolle. Wenn es zum Beispiel um die einfache Kombination eines kräftigen, gut gereiften Rotweins mit einem kräftigen Schmorgericht von Rindfleisch (Typ Bœuf Bourguignon) geht, kann sich das sehr viel diffiziler entwickeln, als man es normalerweise vermuten würde. Ganz allgemein kennen Sie vielleicht den Effekt, dass Sie einen Wein empfohlen bekommen, ihn probieren und er durchaus gut schmeckt. Dann kommt das Essen und merkwürdigerweise schmeckt er dazu irgendwie recht nett, im Grunde aber nicht mehr so gut wie vorher. Die Erklärung für diesen leider sehr häufig anzutreffenden Effekt ist sehr einfach. Natürlich hinterlässt das Essen einen Gewürzraum im Mund, der kurz nach dem Schlucken am intensivsten ist und normalerweise danach schnell abflacht (was im Prinzip vice versa auch für die Reaktion des Essens auf einen kurz vorher getrunkenen Schluck Wein gilt). Es gibt aber auch Sonderfälle, zum Beispiel dann, wenn ein Koch größere Mengen Schnittlauch (oder noch schlimmer: rohe Zwiebeln) über eine Zubereitung gestreut hat. Diesen Gewürzraum wird man unter Umständen erst einmal nicht mehr los. Aber zurück zu unserem Bœuf Bourguignon, das normalerweise auch mit einer kräftigen, oft sämig reduzierten Sauce serviert wird. Das, was man hier noch an Aromen im Mund hat, steht in direkter Konkurrenz zum Wein. Dabei geht es erst einmal um die schiere Aromenstärke und noch nicht unbedingt um die Struktur des Aromenspektrums. Es kann einfach etwas viel sein, und wenn man dann den Wein trinkt, kommt vom Wein nur ein Teil durch und er schmeckt dünn, verändert oder manchmal auch unausgewogen. Ist der Wein nun eine schlechte Empfehlung? Nein, das kann man nicht so ohne Weiteres behaupten. Er ist nur unter exakt diesen Umständen nicht wirklich erfreulich.

Zur Erklärung dieses Phänomens habe ich den Begriff »Kontaktstelle« (siehe Glossar) eingeführt. Die Kontaktstelle ist der Moment, an dem man nach dem ganz normalen Essen eines Bissens (oder auch einer Flüssigkeit) einen Schluck Wein nimmt. In der Regel ist das nach ein paar Sekunden. Man kann dabei fast in jedem Fall beobachten, dass es zwischen der Kontaktstelle 0 und einer Kontaktstelle von +10 oder +20 Sekunden Unterschiede gibt, und diese Unterschiede sind oft gravierend. Wenn ein Wein bei der Kontaktstelle 0 enttäuschend flach schmeckt, kann er bei KS +10 Sekunden unter Umständen hervorragend schmecken. Im ersten Fall wird er partiell überlagert (siehe oben), im zweiten kommt er gegenüber dem Gewürzraum wesentlich besser durch und wird unter Umständen sogar durch die immer noch im Mund verbliebenen Restnoten des Essens aufgefüllt, schmeckt also noch voller als vorher. Die Konsequenz ist klar, spielt aber in der Weinberatung bisher noch kaum eine Rolle. Man müsste entweder selbst oder mit Hinweisen des Sommeliers herausfinden, wann der Wein zum Essen am besten schmeckt. Der Genuss kann auf diese Weise – also »korrekt« getrunken – so gravierend positiver ausfallen, dass man es kaum für möglich hält. Und man braucht dazu eigentlich nur ein wenig Aufmerksamkeit und keinerlei langwieriges Training.
Dieses Spiel mit der Kontaktstelle funktioniert natürlich auch umgekehrt, sozusagen in die Gegenrichtung. Man kann unter Umständen feststellen, dass ein schneller Schluck Wein nach dem Essen eine Art Spezialreaktion auslöst, die man nicht hätte, wenn man dem Wein etwas mehr Zeit lässt. Eine solche Reaktion ist vergleichsweise naheliegend, wenn der Wein einige expressive Fruchtnoten hat und man beim Essen zum Beispiel eine Marinade aus Zitrusfrüchten zu einem rohen Thunfisch vorfindet. Es kann dann von Auslöschungen bis zu Verstärkungen Effekte geben, die das Spektrum des Weines so stark verändern, dass er deutlich anders schmeckt. Auch so etwas kann man als Esser natürlich kurz ausprobieren und auch auf diese Weise sehr interessante Ergebnisse erzielen.

Diese Zusammenhänge von Essen und Wein haben mich dann irgendwann auch einmal zu einem sensorisch logischen, ansonsten aber ziemlich ungewöhnlichen Schritt gebracht. Ich habe – wie oben schon angedeutet – erst den Wein getrunken und dann etwas gegessen. Auch wenn man so etwas nur mit eher zurückhaltenden Aromen machen kann (weil das Essen sonst einfach zu kräftig ist), ist der Effekt genauso wirkungsvoll wie beim Trinken des Weines nach dem Essen. Nun ist es der Wein, der einen Gewürzraum bildet und das Essen, das darauf mehr oder weniger reagiert. Sie sehen, wie eng die Verbindungen der Gewürzraum-Sensorik zum Beispiel in der Küche des »Le Moissonnier« und der Sensorik des Weintrinkens sind.

Gemüsevielfalt bei Michael Hoffmann.
(Foto TR, aus dem Buch »Kräuter, Kressen, Sprossen«)

REISE 17
MICHAEL HOFFMANN

Mit Michael Hoffmann ist nicht alles so optimal gelaufen, wie es bei seinen Fähigkeiten eigentlich hätte laufen müssen. Sein Restaurant »Margaux« in Berlin hat er mittlerweile geschlossen und es steht weiter in den Sternen, ob und wann bei diesem begnadeten Gemüsespezialisten eines Tages doch noch Leistung und Anerkennung auf einem Level landen werden. Da fragt man sich gerade heute, wie das denn sein kann, da doch die Gemüseküche regelrecht boomt und alle Welt begierig darauf zu warten scheint, dass von guten Köchen Anregungen kommen, die dem Gemüse den Glanz und die Attraktivität verleihen, die es braucht, um sich wirklich überall durchzusetzen. Hoffmann hat nie mehr als einen Michelin-Stern bekommen, und bei den Bewertungen in vielen Restaurantführern dauerte es Jahre, bis sie wenigstens so ungefähr dort angekommen waren, wo sie eigentlich längst hätten sein müssen. Er musste viel Kritik von Leuten einstecken, die seine Küche einfach nicht verstanden haben, und das, als er dringend Popularität und Kundschaft brauchte, weil er mit seinem Restaurant in bester Berliner Lage eine Menge Kosten zu bewältigen hatte. Gleichzeitig entwickelte er sich zu einem Koch, den viele seiner Kollegen – inklusive der Drei-Sterne-Riege – nicht nur für einen der kreativsten, sondern auch für einen der besten Köche hielten.

Aber: Hoffmann war eben auch ziemlich früh dran. Es gibt ein Beispiel, das schon Aufsehen erregte, als er noch kein Gemüsespezialist im engeren Sinne war. Er benutzte damals ein Element namens »Badoit-Gelee«, also ein Gelee aus dem französischen Mineralwasser. Für viele Kritiker (aber auch Kollegen und natürlich ebenso Gäste) war das schnell ein rotes Tuch, und es gab allerlei Häme für einen Koch, der sozusagen ein Gelee »aus Nichts«

machte, und dann dafür auch noch einen strammen Preis verlangte. Für mich war das damals kein Problem, sondern eine konsequente Entwicklung in Richtung einer spezifischen, kulinarisch durchaus nützlichen Textur und Temperatur. Damals, also vor über zehn Jahren, war für viele Leute ein Produkt nur dann seriös, wenn es eine »normale« Qualität hatte und vor allem ein bestimmtes Aroma. Insofern war ein Geleewürfel aus Wasser natürlich ein »Nichts«. Hoffmann aber hatte erkannt, dass die Elemente einer Komposition auch dann sehr sinnvoll sein können, wenn sie vor allem eine bestimmte Textur und eine bestimmte Temperatur hatten. Er verwendete sie dann in Gerichten wie dem »Glattbutt mit Badoit-Gelee und Olivenöl«, einer hochfeinen Angelegenheit mit einer Sensorik, die dem makellosen Fisch bestens diente. In diesem Falle war das Gelee mit etwas Himalaya-Salz aromatisiert, und über den Fisch kamen Späne von gefrorenem Olivenöl. Es gab also eine ganz dezente Umspielung des Fisches, die seinen Eigengeschmack nie bedrängte, aber dennoch eine sensorisch plastische Begleitung mit klaren zeitlichen Verläufen hatte. Dass das Olivenöl gefroren war, hat ebenfalls klare kulinarische Gründe. Wenn man über den warmen Fisch »normal« temperiertes Olivenöl gegeben hätte, wäre es beim Kontakt mit dem Fisch weiter erwärmt worden – ganz abgesehen davon, dass es natürlich nicht auf dem Fisch liegen geblieben, sondern verlaufen wäre. Wenn man das Ziel hat, den Fisch deutlich mit dem frischen Geschmack eines guten Olivenöls zusammenzubringen, muss man es irgendwie stabiler auf ihm »verankern«. Tiefgekühlte Späne schmelzen zwar ebenfalls, aber eben verzögert. Auf diese Weise kann man den Fisch in den Mund nehmen, seine Textur und sein Aroma wahrnehmen und bekommt dann – mit einer kleinen Verzögerung – einen deutlichen Flash vom Olivenöl. Hoffmann war also mitnichten ein Koch, der Effekte suchte, sondern ganz im Gegenteil ein Koch, der zu einem sehr frühen Zeitpunkt ein differenziertes Gespür für eine neue kulinarische Sensibilität entwickelt hatte.

Den zitierten »Glattbutt mit Badoit-Gelee und Olivenöl« hatte ich bei Hoffmann im Frühjahr des Jahres 2004 gegessen und bei dieser Gelegenheit noch eine wichtige andere Beobachtung gemacht. Hoffmann kochte zum damaligen Zeitpunkt noch mehr oder weniger mit den üblichen Produkten der Spitzenküche, hatte also zum Beispiel »Gepresstes von Schwein und Entenstopfleber mit einer Mousseline von Erdgemüse und einer Apfel-Essig-Krokette«, eine »Taube mit Gewürzen«, einen »Homard bleu mit knusprigem Schweinebauch, Sauce Corail und Spinat à la creme« oder eine »Braisierte Lammschulter mit Zitrone und Aromaten im Pergament serviert, dazu Artischockensauté«. Es fiel mir aber auf, dass seine Gemüsebehandlung außergewöhnlich einfallsreich war und bei verschiedenen Gerichten so etwas wie einen Ausblick eröffnete, mit dem man gar nicht gerechnet hatte.

Wie dem auch sei: Erst einmal konnte ich Michael Hoffmann als Protagonisten der siebten F.A.Z.-»Gourmetvision« im Jahre 2005 gewinnen, also der Aktion mit speziell für die F.A.Z.-»Geschmackssache« entwickelten, kreativen Menüs (dazu später in dieser Reise noch mehr).
Ich schrieb damals unter anderem: »Anders als die effektreichen Protagonisten der molekularen Küche findet Hoffmann seine Ressourcen freilich weniger in technischen Kabinettstückchen als in einer Besinnung auf fundamentale geschmackliche Zusammenhänge, bei denen neben aromatischen durchaus auch psychische Erfahrungen des Essers eine Rolle spielen.« Und: »Wer nach den Klischees der ›normalen‹ Spitzenküche sucht, wird irritiert sein. Wer sich freilich auf die Ergründung der Zusammenhänge einlässt, wird eine beeindruckende kulinarische Erfahrung realisieren können.«

Es gab in dieser »Gourmetvision« zum Beispiel seine Fassung des »Salat Mimosa« mit einer erweiterten vegetarischen Palette von einer krossen Brotscheibe mit einem Kräutersalat, à point gegarten Schalotten, Sellerie- und Karottenstäbchen, bis zum pochierten Ei mit einer Meerrettichcreme und einer geschmorten Salat-Gemüserolle. Das mag in dieser Aufzählung heutzutage nicht weiter beunruhigen, war aber bereits so durchdacht zubereitet, dass es keinerlei Normalität hatte, sondern eher den Beweis erbrachte, dass man auch mit scheinbar normalen Zutaten grandiose Qualitäten erreichen konnte. Es gab einen in Schnittlauchbutter gegarten Wolfsbarsch mit einer Mousseline von drei alten Rote-Bete-Sorten und einer »Polnischen Vinaigrette« (Schalotten, Ei, Lauch, Croûtons) oder ein Gericht namens »Bete und Taube – in Meersalz gegart«, bei dem Gelbe Bete, Rotwurst-Gnocchi, Sauerampfer und kandierter Ingwer zum Einsatz kamen. Am Ende standen übrigens Desserts der Art, die ich mittlerweile als »Crossover-Desserts« bezeichne, also eine Kombination aus Dessertdenken und Produkten, die man nicht unbedingt in Desserts erwartet. Es gab ein »Gelee von Engelwurz« mit einem Eis von roten Paprika und kandierten Oliven und eine »Interpretation von Schokolade« mit einem Schokoladen-Olivenkuchen, marinierten Himbeeren mit Fleur de Sel, kandiertem Salbei und einem Curryeis. Das Menü war hervorragend.

*Michael Hoffmann: Perlhuhn, mit Olive und Rosmarin gefüllt,
junge Karotten und Zwiebeln. (Foto TR, aus dem Buch
»Kräuter, Kressen, Sprossen«)*

Was mich aber gar nicht mehr losließ, war die Sache mit dem Gemüse. Nach einem Text in der F.A.Z. vom 13. August 2005 mit der Forderung nach einer Ausweitung der Gemüseküche verfolgte mich das Thema auch international immer weiter. Im Jahr 2010 fragte ich Hoffmann, ob er nicht noch ein weiteres Menü für die F.A.Z.-»Gourmetvision« kreieren wollte, dieses Mal aber ausschließlich dem Thema »Gemüse« gewidmet. Hoffmann sagte zu und entwickelte eines der besten und innovativsten Menüs, die ich je gegessen habe. Dazu hier einige Details – darunter auch solche, die ich normalerweise nicht veröffentliche, weil sie die Vorbereitung des Menüs betreffen.

Für die Menüs der F.A.Z.-»Gourmetvisionen« hat sich im Laufe der Jahre ein sehr gut funktionierendes Procedere eingespielt. Zuerst gibt es einen telefonischen Kontakt, bei dem man schon einmal über ein paar Perspektiven nachdenkt und ich regelmäßig versuche, die Köche zu so viel Kreativität wie möglich zu bewegen. Dann komme ich ins Restaurant und probiere etwa die doppelte Anzahl von Gerichten, die man üblicherweise für eine »Gourmetvision« braucht, also irgendwo zwischen 12 und 25 Gerichten, die unterschiedlich umfangreich sind. Aus diesen Gerichten stelle ich dann meinen Vorschlag zusammen, den ich anschließend mit dem Koch diskutiere. Dieses Gespräch wird sehr offen und sehr professionell geführt. Es geht einfach darum, ein möglichst hervorragendes Menü zu haben, das innovativ ist und eine echte Attraktion bedeutet. Um die ganze Kreativität von Michael Hoffmann noch deutlicher zu machen, gibt es hier also nicht allein die Liste der Gerichte, die in der »Gourmetvision Gemüse« vorgekommen sind, sondern die vollständige Liste der Gerichte, die zur Auswahl standen und die

ich probiert habe. Sie zeigen das hoch entwickelte, differenzierte Spektrum seiner Arbeit noch besser:

F.A.Z.-»GOURMETVISION GEMÜSE«: LISTE DER VON MICHAEL HOFFMANN VORGESCHLAGENEN GERICHTE

Russisches Ei, Rote Bete und Kümmelkaramell: *Spoom von Roter Bete (leicht mit Himbeeressig abgeschmeckt), Polnische Vinaigrette, Kümmelkaramell, marinierte Rote Bete, Ampfer*

Toast Mimosa, Meerrettichgelee und Petersilien-Soubise: *Toast mit Gemüse (siehe oben), Meerrettichgelee, Petersilien-Zwiebel-Sauce, pochiertes Wachtelei, geschabter Meerrettich*

Berliner Löffelerbsen und Melisse: *Reischip, Erbsenespuma, getrocknete grüne Erbsenschale, Melisse frisch und getrocknet*

Wassermelone, Sauerampfer und Ingwer: *Würfel von über Holzkohle gegrillter Melone, Sauerrahmcreme mit Sauerampfer, Chiffonade von Sauerampfer und mariniertem Ingwer*

Radieschensaft und Knäckebrot: *Lauwarmer Raviolo von Radieschensaft mit Füllung von Radieschen und Joghurt, Tatar-Gurke, Radieschen, kandierte Zitrone, kalter Saft von Apfel, Meerrettich und Liebstöckel, »Knäckebrot« als Baiser von Knäckebrotbröseln*

Salat Escabèche und Vogelmiere: *Gelee von geschmorter und geräucherter Paprika, Emulsion von Paprikasaft und Vogelmiere, auf Meersalz gegarte Schalotten, glasierte Bohnenstreifen, Eis von Vogelmiere*

Havelland-Spargel, Kohlrabi, Rhabarber, Hefesauce und Fichtensprossen: Glasierte Spargelspitzen, in Arganöl marinierte, dünne Kohlrabistreifen, gegarte Kohlrabiwürfel, getrocknete Kohlrabiblätter, in Arganöl marinierter Rhabarber, Hefesauce aus Butter, Milch und Hefe, rohe Fichtensprossen

Mispeln, Algen und gestockte Schafsmilch: Marinierte und im Vakuum vorgegarte Mispel, getrocknete und pulverisierte Algen, Stücke von getrockneten Algen, gebratener junger Lauch, getrocknete Milchhaut

Frühlingsgemüsetextur, Bouillon und Gewürzbrot: 18 verschiedene, in Mineralwasser gedünstete Gemüsesorten, in verschiedenen Texturen mit Gemüsebouillon, gebratenem Gemüsebrot und verschiedenen Gemüsecremes

Aubergine, Koriander und Topinambur: Kandierte Auberginen, Topinamburcreme von in Meersalz gegarter, dann geräucherter Topinambur, in Korianderöl gegarte Salatstiele, Koriandercreme aus frischem Koriander, Rapsöl, Kreuzkümmel, Kaffirblättern und Sesamöl

Kartoffelsandwich, Kohlasche und Rübenfond: Konfitüre aus violetten Kartoffeln, getrocknetes Püree von violetten Kartoffeln, dünne, rohe Kartoffelscheiben mit marinierten Gartenkräutern, Kräutercreme mit Kohlasche, Rübenfond aus verschiedenen, in einem Sud langsam reduzierten Rüben und Rotweinzwiebeln

Fenchelblüten, Sellerie und Holunder: Mit Vanille und Fenchelholz konfierter, sehr junger Staudensellerie, Fenchelblüteneis auf Buttermilchbasis, Holunderschaum, kandierte Fette Henne und Estragon

Tomaten-Schaumbrot, kandiertes Gemüse und Parmesan: Schaumbrot vom Saft eingelegter Tomaten, kandiertes Gemüse wie schwarze Nüsse, Paprika, marinierter Fenchel, Basilikum, Bronzefenchel, knusprige Parmesanblätter

Weil Qualität und Spektrum der Arbeiten so hervorragend waren, entstand daraus ein Menü aus fünf Miniaturen und acht Gängen. Bei Hoffmann ist entscheidend, dass er vor seiner Konzentration auf die Gemüseküche schon ein gestandener Spitzenkoch war. Sich aus dieser Position heraus auf einen bestimmten Weg zu konzentrieren, ist sehr selten, hat aber enorme Vorteile. Die handwerklichen und konzeptionellen Mittel, die ihm zur Verfügung stehen, sind einfach riesig und überhaupt nicht mit dem oft eingeschränkten Repertoire diverser KochbuchautorInnen oder jüngerer Köche beim Thema Gemüse vergleichbar. Bei Hoffmann lernt man einerseits, dass Freiheit im kulinarischen Denken gerade für die Gemüseküche eine gänzlich neue Welt eröffnen kann. Andererseits setzt er durch seine Qualitätsvorstellungen die Messlatte für das, was Gemüseküche leisten kann, ziemlich hoch. Die ungeheure Popularisierung dieses Sektors der Küche läuft immer Gefahr, sich in Banalitäten zu verlieren, die das Etikett »vegetarisch« tragen, ansonsten aber ein matter Abklatsch dessen sind, was längst möglich ist. Michael Hoffmann wurde zu einem international bekannten Spezialisten, der vielleicht im Ausland höher angesehen war als bei uns. In Paris, so die Meinung vieler Kenner, hätte er längst drei Sterne. In Deutschland war er vielleicht etwas zu früh und mit seiner Gemüseküche im »Margaux« nicht an der richtigen Stelle. Die Zukunft wird zeigen, ob er an anderer Stelle zur vollen Wirkung kommen kann, was sehr zu wünschen wäre.

Gemüseteller 2015

FÜR 4 PERSONEN, MENÜPORTION

Die Menüs in verschiedenen auf Gemüse spezialisierten Restaurants von Rang gehören zu den ganz besonders inspirierenden Erlebnissen. Wenn man sich davon anregen lässt und häufiger reine Gemüsegerichte kocht, bei denen das Gemüse »ernst genommen« wird und nicht irgendwo in Salaten oder Ragouts verschwindet, wird man nach einiger Zeit feststellen, dass sich ein anderes Bewusstsein entwickelt. Wir wissen immer noch über Gemüse viel weniger als über viele andere Produkte. Insofern muss es erst einmal das Ziel sein, mit diversen Techniken und neuen Kombinationen »warm« zu werden. Was sich dann mit der Zeit entwickelt, kann absolut faszinierend sein. Ich sitze heute jedenfalls vor Gemüsetellern und komme überhaupt nicht mehr auf die Idee, dass da so etwas wie ein Hauptprodukt oder Fisch oder Fleisch fehlen könnte. Im Gegenteil. Gerade bei Gerichten mit verschiedenen, eher gleichberechtigten Elementen entwickelt sich oft ein sehr spannendes Geflecht von Beziehungen, und immer wieder entdeckt man Neues, das eine ausgesprochen große Überzeugungskraft gewinnt. Hier also nun ein von entwickelten Gemüseküchen inspiriertes Gericht mit einer Reihe von solchen speziellen Ideen und Beziehungen.

Püree von Blumenkohl mit Parmesan: 2–3 mittelgroße Blumenkohlröschen (etwa 100 g), Würfel von ½ Kartoffel, 50 ml Gemüsefond, 2 EL Sahne, Parmesan am Stück (etwa 24 Monate alt)
❋❋ Den Blumenkohl in nicht zu kleine Stücke zerteilen und mit den Kartoffelwürfeln in Salzwasser mit etwas Gemüsefond garen. Den Garfond bis auf einen kleinen Rest abschütten. Alles in einen Mixbecher umfüllen, die Sahne zugeben und sorgfältig pürieren. In einen kleinen Topf passieren und mit Parmesan, der auf einer Microplane-Reibe fein gehobelt wurde, so abschmecken, dass die Parmesannote gerade eben wahrnehmbar wird. ❋❋

Geräucherte Kartoffeln: 6 mittelgroße mehligkochende Kartoffeln, 10 g ungesalzene Butter, Rauchöl, Fleur de Sel
❋❋ Die Kartoffeln in Salzwasser garen. Das Wasser abschütten, die Kartoffeln im Topf kurz nachtrocknen lassen. Die Butter dazugeben, alles mit der Gabel zerdrücken und mit dem Rauchöl abschmecken. Die Räuchernote sollte klar erkennbar sein, das Kartoffelaroma aber nicht überlagern. ❋❋

»Duxelles« von Petersilienwurzel: 80 g fein gewürfelte Petersilienwurzel, 15 g Butter, 80 ml Geflügelfond, 50 ml Sahne, etwa 1 TL heller Dashi-Fond
❋❋ Die Butter in einer kleinen Kasserolle aufschäumen lassen. Die Petersilienwurzelwürfel dazugeben und bei etwas mehr als mittlerer Hitze kurz anrösten. Die Würfel sollten eine leichte Kolorierung bekommen. Mit dem Geflügelfond ablöschen, die Hitze reduzieren und etwa 15 Minuten köcheln lassen. Dann die Sahne angießen und weitere 15 Minuten leicht köchelnd reduzieren. Mit Dashi-Fond abschmecken und weiter reduzieren bis zu einer kräftigen Bindung. ❋❋

Blutorangennektar: Saft von 2 Blutorangen, 1 gehäufter EL tasmanischer Leatherwood-Honig
❋❋ In einer kleinen Kasserolle den Orangensaft erhitzen. Den Honig zugeben und leicht köchelnd etwa 20 Minuten einziehen lassen. Danach die Hitze erhöhen und die Flüssigkeit bis zu sirupartiger Konsistenz einkochen. Dabei einige Male umrühren. ❋❋

Gefüllte Lauchcannelloni: 1 nicht zu dünne Lauch-stange, 100 g Sellerie, 1 kleine Kartoffel, 2 EL Sahne, 1 EL Madeira

✳✳ Die Lauchstange von Wurzelansatz und grünem Teil befreien und waschen. Das oberste »Blatt« durch einen Längsschnitt ablösen und daraus 8 Quadrate von etwa 5 cm Seitenlänge schneiden. Die Quadrate in kochendem Salzwasser 30 Sekunden pochieren, dann sofort unter kaltem Wasser abkühlen und auf einem Küchentuch abtropfen lassen.

Sellerie und Kartoffel schälen und grob würfeln. In Salzwasser garen, abschütten, und in einen Mixbecher geben. Mit der Sahne und dem Madeira pürieren, dabei die Flüssigkeiten zur besseren Kontrolle in zwei Partien dazugeben, weil das Püree etwas fester bleiben soll. Zum Servieren einen gehäuften Teelöffel Selleriepüree in die Mitte jedes Lauchquadrates geben und quer ausstreichen. Dann zu Cannelloni rollen und auf der Nahtseite liegend bereithalten. ✳✳

Lauchzwiebeltempura: 8–12 (je nach gewünschter Portionsgröße) nicht zu dicke Enden von Lauch-zwiebeln mit Wurzeln, Tempura-Mischung, Trauben-kernöl für die Fritteuse

✳✳ Die Lauchzwiebeln auf etwa 5 cm Länge abschneiden und putzen. Die Tempura-Mischung nach Packungsangabe zubereiten und die Fritteuse (ich habe für solche Fälle eine Mini-Fritteuse) auf 180 Grad vorheizen. Die Lauchzwiebeln durch die Mischung ziehen und nicht zu dunkel ausbacken. Auf einem Küchentuch abtropfen lassen. ✳✳

Blumenkohlbrösel: 2 EL sehr klein zerteilte Blumenkohlröschen, 2 EL Paniermehl, 15–20 g ungesalzene Butter

✳✳ Die Butter in einer kleinen beschichteten Pfanne aufschäumen lassen. Das Paniermehl dazu-geben und leicht bräunen, dann die Blumenkohl-röschen hinzufügen und zusammen etwa 1 Minute durchschwenken, bis sich alles gut vermischt hat. Auf einem Küchentuch abtropfen lassen, die Brösel werden dabei noch etwas krosser. ✳✳

Angeröstete Blumenkohlscheiben: Scheiben von Blumenkohlröschen von etwa 6–7 cm Größe, 15 g ungesalzene Butter

✳✳ Die Butter in einer beschichteten Pfanne bei mittlerer Hitze schmelzen lassen. Die Blumenkohl-scheiben dazugeben und einige Minuten garen, dann die Hitze erhöhen und die Scheiben anrösten. Auf einem Küchentuch abtropfen lassen. ✳✳

FERTIGSTELLUNG

Kräuter und Kräuterblüten der Saison, Olivenöl

✳✳ Die Kräuterzweige und -blüten unmittelbar vor dem Servieren in einer Schüssel mit etwas Olivenöl benetzen. Dann den Teller wie auf dem Foto anrichten. ✳✳

MASSIMO BOTTURA, »OSTERIA FRANCESCANA«

Massimo Bottura: Tutte le lingue del mondo.
(Foto TR, aus »Port Culinaire« 13)

Massimo Bottura von der »Osteria Francescana« in Modena in Italien ist wirklich ein ganz besonderer Koch und vor allem eine ganz besondere Persönlichkeit – um es einmal milde auszudrücken. In den letzten Jahren hat er sich international bis in die absolute Spitze vorgearbeitet und steht im Moment auf Platz 2 der »World's Top 50 Restaurants«-Liste. Da war zum Beispiel sein Auftritt beim »Chefsache«-Kongress in Köln, dem mit Abstand wichtigsten Treffen von internationalen Avantgarde-Köchen auf deutschem Boden und mittlerweile auch eine internationale Instanz. Weil ich Bottura und seine Küche gut kenne, war ich mit der Moderation seines Auftritts befasst. Es hat sich im Laufe der Jahre so eingespielt, dass ich versuche, den von mir betreuten Köchen einen möglichst optimalen Auftritt zu ermöglichen, sie also nicht in ein starres Schema zu pressen, sondern herauszufinden, was sie auf der Bühne am liebsten machen wollen, und manchmal geht es auch darum herauszufinden, wie es ihnen geht. Normalerweise führe ich ein paar Minuten in die Arbeit des Kochs ein, stelle während seiner Vorführung vielleicht die eine oder andere Frage zum besseren Verständnis oder erläutere ein paar Details und mache am Ende ein Interview. Wenn Köche – wie Bottura – englisch sprechen, verzichten wir auch auf eine Übersetzung, um den Sprachfluss nicht zu sehr zu stören. Soweit die Theorie, die sich bislang sehr gut bewährt hat. Aber: Massimo Bottura ist eben ein anderer Fall. Er tauchte recht spät, aber immer noch früh genug auf und war in einem etwas übermüdeten Zustand. Das Problem war, dass er nicht so genau zu wissen schien, was er denn in den 45 Minuten seines Auftritts eigentlich machen wollte. Es fehlte zum Beispiel ein wichtiges Video, das er unbedingt einspielen wollte. Ich fragte ihn, was er denn als Rezept präsentieren werde – er

gab keine klare Anwort. Ich fragte seinen einzigen Mitarbeiter, der zwar ein paar Zubereitungen in ein paar Behältern mitgebracht hatte, aber anscheinend ebenfalls nicht wirklich wusste, was er daraus machen sollte. Es war bizarr, vor allem, weil Bottura immer hektischer wurde und ununterbrochen telefonierte, um irgendwie an sein Video zu gelangen. Es kam dann auch, etwa eine Minute bevor ich zu ihm sagte, dass wir jetzt unbedingt anfangen müssten. Ich ging also auf die Bühne vor das Auditorium von weit über tausend Profis und hatte nicht den blassesten Schimmer, was nun eigentlich kommen würde. Aber – wie gesagt – ich kannte Bottura schon lange und schätzte seinen ganz besonders künstlerischen Ansatz, der ihn zu einem der bemerkenswertesten Köche der Welt macht, sehr. Ich hatte schon vor Jahren längere Zeit mit ihm gesprochen und seine Mischung aus künstlerischem und kulinarischem Denken vielleicht auch deshalb so gut verstanden, weil ich selbst ursprünglich aus der Kunstszene komme.

Ich fing also an und stellte ihn und seine Arbeit vor. Dann kam er auf die Bühne und redete erst einmal etwas länger. Ich wurde ein wenig nervös, merkte dann aber, dass seine umherschwirrenden Gedanken zu seiner Region und seiner Interpretation der regionalen Küche wegen einer sehr überzeugend wirkenden Emotionalität das Publikum langsam aber sicher in seinen Bann zogen. Dann kam das Video: Es war magisch, bodenständig, optisch wundervoll gemacht und stellte einen ästhetischen Zusammenhang zu seiner Arbeit her, der bestechend gut wirkte und vor allem weit entfernt von irgendwelchen rustikalen Anwandlungen war. Anschließend ging es ans Praktische, und Bottura entwickelte unter anderem in einem seiner Teller eine Art Teich mit verschiedenen

Einlagen (siehe das von Bottura inspirierte Rezept auf Seite 233). Kurz und gut: Der Auftritt war überragend und von einer so hohen emotionalen Qualität, dass das Publikum nachhaltig beeindruckt war. Es gab noch ein Interview zum Zusammenhang von Landschaft, Ökologie und Avantgarde, und Bottura hatte es wieder einmal geschafft.

Rückblende. Ein Tag in Modena im Herbst 2007, wenige Tage nach dem Tod von Luciano Pavarotti, der hier lebte und einen legendären Ruf hatte und daher noch auf vielen Trauerplakaten in der Stadt zu sehen war. Botturas »Osteria Francescana« liegt in einer Häuserzeile in einer eher unauffälligen Altstadtstraße und zeigt von außen rein gar nichts von dem, was im Innern passiert. Die kleinen Räume sind hell, und Bottura wirkte an diesem Tag ziemlich nervös. Ich hatte ihn bei einem Kongress in Spanien (»Lo mejor de la gastronomia«) getroffen und versprochen, bald einmal nach Modena zu kommen. Während des Essens kommt er immer wieder vorbei und kritzelt auf kleinen Zetteln Erläuterungen zu seinen Gerichten, die einerseits sofort und sehr klar italienisch schmecken, andererseits aber so stark verändert sind, dass man sie keinesfalls wie ganz normales italienisches Essen wahrnehmen kann. Hier ein paar Beispiele:

Riso grigio e … nero: Bottura schrieb dazu auf einen Zettel (auf Englisch): »*Hommage an Marchesi. Seit zweieinhalb Jahren versuche ich, Reis als Risotto zu servieren, ohne ›schwere‹ Sachen als Finish einzusetzen. Am Anfang wurden diese Sachen von den traditionellen Risotto-Essern nicht akzeptiert. Dann aber überzeugten die Leichtigkeit dieses grauen Risottos und der intensive Meeresgeschmack alle, und das Gericht wurde ›Gericht des Jahres‹ im ›Espresso-Magazin‹ und in der Zeitung ›Repubblica‹.*«

Serviert wurde ein Teller mit einem eher grauen Risottospiegel. In der Mitte gab es ein von Sepiatinte schwarz gefärbtes Zentrum, darauf Malossolkaviar. Mehr nicht, aber sensorisch durchaus beeindruckend. Der Kaviar war von exzellenter, tatsächlich einmal wenig gesalzener Qualität mit einem deutlich erkennbaren, jodigen Hintergrund. Der Vollakkord changierte auf engstem Raum. Der Reis mit seinem wirklich klaren, »getreidigen« Reisgeschmack stand immer im Mittelpunkt, weil der Akkord sich immer in Richtung Reisaroma entwickelte. Am Anfang des Verlaufs stand der Kaviar, die jodigen Noten wurden durch die Sepiawürze erweitert und verlängert, und dann blendete der Reis durch. Für Freunde der Moderne ein ganz klares Programm, bestimmt von Minimalismus und Purismus, von einer klaren sensorischen Struktur, die alles intensiv erlebbar macht, was sich auf dem Teller befindet. Ob es italienisch schmeckte? Ja, und zwar mehr als jedes von Parmesan oder Sahne oder anderen Zutaten verkleistertes Risotto, bei dem man eher selten Fassungen bekommt, die wirklich nach Reis schmecken.

Fischsuppe: Zuerst wieder der Originalton Bottura: »*Warum muss ich den ganzen Fisch essen und dabei die Konzentration des Aromas verlieren und auf die Gräten achten? Ich habe die Aromen in drei verschiedenen Ravioli konzentriert (sie sehen wie Tortellini in einer Brühe aus: Die Tradition ist eben immer in mir) und serviere sie in einer klaren Fisch- und Tomatenbrühe mit einer krossen Galette an der Seite aus dehydrierten Fischen.*«
Serviert wurde ein rechteckiges Glasschüsselchen mit einer klaren, bräunlichen Brühe. In der Brühe fanden sich drei verschiedenfarbige sphärische Ravioli, also Ravioli aus dem Kalziumchloridbad der Molekularküche. Die Brühe bestand neben den

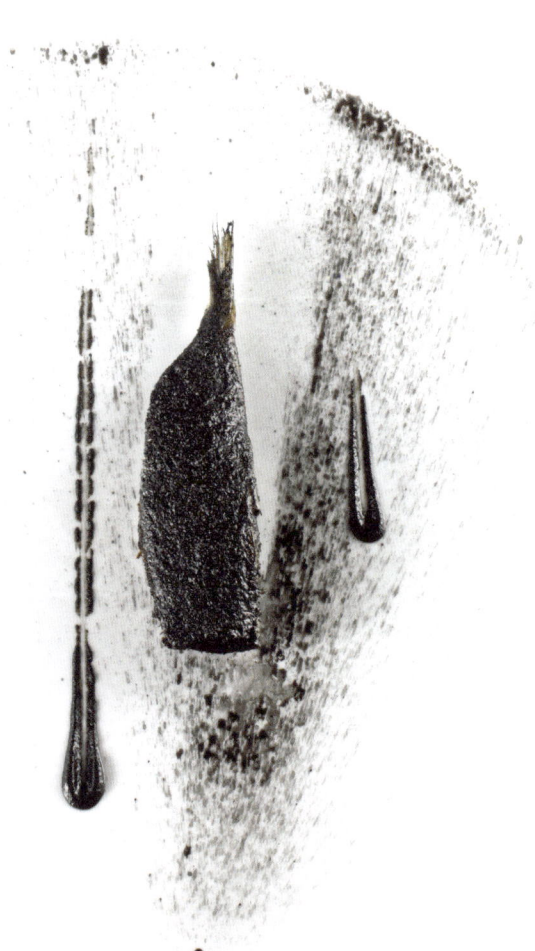

Von links nach rechts: Verbrannte Sardine. Schwein,
lackiert mit Balsamico tradizionale aus Modena.
Camouflage: Ein Hase im Wald, von Wild zu Schokolade.
(Fotos TR, aus »Port Culinaire« 25)

Tomaten aus Extrakten von Steinbutt und anderen weißen Fischen, dazu kamen etwas zusätzlicher Tomatenextrakt und ein paar Kräuter zur Infusion. Die krossen Galettes auf dem Rand waren aus dem passierten Restmaterial der Suppe und der Füllungen gemacht. Es schmeckte ein wenig wie … na ja, Tetramin, also Fisch-Trockenfutter. Die Ravioli hatten eine flüssige Füllung, die im Mund – wie bei sphärischen Ravioli üblich – ziemlich expressiv platzte und den Mund dadurch mit dem Aroma der Füllung flutete. Füllung 1 stammte von weißen Fischen und schmeckte sehr fein und elegant. Füllung 2 stammte von Krustentieren und hatte den etwas kräftigeren, mediterranen Krustentiergeschmack, der entsteht, wenn man auch den Kopf und die Innereien verarbeitet. Füllung 3 schließlich stammte von Muscheln und hatte ebenfalls ein eher kräftiges, gemischtes Muschelaroma. Und weil dann immer noch als Hintergrund bzw. Gewürzraum die Suppe dazukam, hatte man immer ein sehr vielfältiges und immer ein mediterranes Aroma.

Bollito misto … not boiled: Zuerst wieder der Originalton Bottura: »*Why do we have to boil in water a great piece of meat? We loose everything: vitamin and protein, flavours. For the Rosemary-Jus we create a water of ›Salsa verde‹ as air: it's always too strong.*«
Zu diesem Zeitpunkt begannen viele Avantgarde-Köche mit einer konsequenten Anwendung der Vakuumgarung, mit der auch Fleischstücke in den Bereich der Spitzenküche vordrangen, die dort bisher eher selten Verwendung fanden. Serviert wurden acht verschiedene Stücke vom Schwein, darunter auch eine kleine Terrinenscheibe. Alle Stücke stammten aus der Vakuumgarung mit einer jeweils unterschiedlichen, kaum spürbaren Würze.

Die Fleischstücke waren in einem hervorragenden Zustand, mit einer Art weichen Textur, wie man sie vom konventionellen Garen her nicht kennt. Anders als viele Köche in anderen Bereichen der Spitzenküche haben die Avantgarde-Köche teilweise eine andere Art Ästhetik für vakuumgegarte Fleischstücke entwickelt. Der Schweinebauch bei Bottura zum Beispiel hatte eine gelatinösschmelzende Textur, bei der die Textur der Fettschichten und die der Fleischschichten enger zusammenlagen. Gleichzeitig hatte man trotz der ungewöhnlichen Texturen den Eindruck, dies sei natürlicher als konventionell gegartes Schwein. Die Fleischstücke lagen in einer Reihe, daneben war auf der einen Seite ein Streifen von der Rosmarin-Air angelegt, der natürlich wegen der luftigen Konsistenz nur einen Hauch von Aroma an das Fleisch abgab und es wirklich als vorrangiges Produkt bestehen ließ. Auf der anderen Seite gab es zwei Streifen einer eher dezenten Peperonata-Creme, und damit eine Aromatisierung, die auf keinen Fall zu kräftig für das Produkt war.

Insgesamt gefiel mir die Kombination aus immer bodenständig-identischen Aromen, moderner Sensorik und Purismus außerordentlich gut. Das galt dann auch für »Caesar's Salat – nur der aromatische Part«, für den »Gemischten Fischsalat«, einen gemischten Fisch- und Algensalat von bester Qualität, die Foie gras als Eis am Stiel mit Nüssen oder »Pasta (nicht Pasta) and Beans«, eine Versammlung typischer Pasta-Aromen in einem mehrschichtig gefüllten Glas. Es war dies eine Auseinandersetzung mit der Form der traditionellen Präsentation und deren Umbau zugunsten einer produktnäheren Variante im Duktus der Avantgarde-Küche.

Nage und Einlagen – regionale Version

FÜR 4 PERSONEN, MENÜPORTION

Wenn man Botturas Arbeit als Anregung nimmt, kann die Konsequenz nur eine Art regionale Avantgarde sein. Für mich am kulinarisch nicht so üppigen Niederrhein klingt das einerseits wie eine besonders fordernde Aufgabe. Andererseits wird man ohne üppige mediterrane Vegetation vielleicht sogar noch etwas kreativer.

Nage von Steckrüben, Bier und Rübensirup:
500 g geschälte Steckrübe, 300 ml Gemüsefond, 150 ml Mineralwasser mit Kohlensäure, 1 EL Altbier, 1 TL Rübensirup
✳✳ Die Steckrübe grob würfeln und in einen passenden, hohen Topf geben. Den Fond angießen und gegebenenfalls noch Wasser zugeben, bis die Rübenstücke knapp bedeckt sind. Weich garen und dann in einen zweiten Topf passieren, dabei die Rüben vorsichtig ausdrücken, aber nicht durch das Sieb drücken. Das Mineralwasser zugeben, dann das Bier und den Rübensirup. Aufkochen, dann zweimal durch ein feines Sieb passieren. ✳✳

Rübenkraut-Reduktion: 75 ml Gemüsefond, 75 ml Geflügelfond, 1 EL Rübensirup
✳✳ Alle Zutaten zusammen aufkochen, umrühren und zu sirupartiger Konsistenz einkochen. ✳✳

Toast: 4 Toastscheiben, etwa 100 g Blutwurst, Rübenkraut, angetrocknete Honigkuchenbrösel
✳✳ Die Brotscheiben toasten und aus der Mitte vier Stücke von etwa 8 × 4 cm Größe schneiden. Dünn mit Rübenkraut bestreichen, danach die unter dem Grill vorgewärmte/erweichte Blutwurstmasse daraufstreichen. Obenauf leicht kross getrocknete Honigkuchenbrösel geben. ✳✳

Einlagen: Knoblauchrauke, Gundermann, Minze, Wiesenkerbel, Schafgarbe, Punkte von Leinöl, krosse Blutwurstbrösel, rohe und angeröstete Maiskörner, Rübenkraut-Reduktion. Das Toastbrotstück kommt auf den Rand des Tellers.

Anmerkungen: Dieses Gericht ist nicht unbedingt mit einer »normalen« Suppe zu vergleichen. Es orientiert sich nicht an konkreten geschmacklichen Vorbildern im engeren Sinne, sondern verlässt sich ausschließlich auf die Produkte, die zur Verfügung stehen. Natürlich sind sie so zusammengesetzt, dass ein fein abgestimmter Geschmack realisiert wird, bei dem alle Produkte ihren Raum haben und sich interessante Akkorde ergeben. Und dennoch wird es ungewöhnlich schmecken. Es ist ein wenig wie die Behauptung, dass man auch »so etwas« essen kann, selbst wenn es noch nie irgendwo auf dem Speiseplan gestanden hat. Insofern gehört es in die experimentelle Abteilung, wie ich sie auch schon in meinem Buch »Himmel und Erde« skizziert habe.

Die regional inspirierten Gerichte sind nur die eine Seite der Küche Massimo Botturas. Ab und zu gelingen ihm, dem Sohn eines Architekten und durch und durch künstlerisch geprägten Koch, Geniestreiche von einer enormen künstlerischen Komplexität, die man bei anderen Köchen weltweit eher selten findet und schon gar nicht bei denen, die eher in der Abteilung »lecker essen« arbeiten. Bottura schafft es bisweilen, den assoziativen Kontext (siehe Glossar) so intensiv zu gestalten, dass man beim Essen von der Wirkung geradezu irritiert ist. Ist dies noch Essen oder schon etwas anderes, von dem wir noch gar nicht genau wissen, was es mit uns macht?

Es gibt von Buttura ein Gericht namens »Tutte le lingue del mondo«, das aussieht wie ein Meteorit oder etwas Ähnliches. Ich habe dieser Kreation eine ganze Folge der F.A.Z.-»Geschmackssache« gewidmet und möchte hier aus dem Text zitieren. Ich schrieb: »Mit seinem ›Tutte de lingue del mondo‹ hat Bottura in frappierender Weise einen Punkt getroffen, der diese Kreation in einer späteren Rückschau einmal zur Ikone eines neuen Zweiges der Kochkunst machen könnte. Ausgangspunkt sind Arbeiten des italienischen Künstlers Lucio Fontana aus dem Jahre 1959/60, und zwar schwarze Kugeln, die unter Titeln wie ›Nature‹ oder ›Concetto Spaziale‹ bekannt wurden. Fontana hat die Arbeiten als Reaktion auf die sich entwickelnde Raumfahrt konzipiert. Es ging ihm um eine Antwort auf die Frage, welche universell verständliche Spur man auf einem Objekt hinterlassen müsse, um zu beweisen, dass menschliches Denken am Werk sei. Seine Lösung war ein Schnitt in die Kugel, den er als ein ursprüngliches ›Zeichen des Lebendigen‹, als einen unverwechselbaren Eingriff in das leblose Material sah. Bottura hat sich von diesen Gedanken inspirieren lassen und eine bemerkenswert sinnfällige Umsetzung gefunden, die schon mit dem doppeldeutigen Titel eine wundervoll komplexe Verbindung zwischen Kulinarischem und der Idee des Universellen schafft. Der Titel kann ›alle Sprachen dieser Welt‹, aber auch ›alle Zungen dieser Welt‹ bedeuten. Bottura präsentiert also eine schwarze Kugel (auch ›Meteorit‹ genannt), in deren Innerem sich ein Stück Kalbszunge befindet. Vor der Garung wird in die Kugel ein Schnitt gemacht, der nicht bis ins Innere reicht, bei der Garung aber dann für eine expressive Ausformung sorgt, die den Schnitten Fontanas sehr ähnlich ist.« Dazu noch kurz einige Details: Die Kalbszunge wird mit Holzkohleöl von duftenden Hölzern vakuumiert und bei niedriger Temperatur (24 Stunden bei 69 Grad) gegart. Dann macht Bottura einen Teig aus gemahlener Holzkohle, Mehl, Salz und Wasser, der mit etwas Eiweiß stabilisiert wird. Die Zunge wird in größere Stücke geschnitten, die dann von diesem Teig ummantelt werden. Vor dem Garen (15 Minuten bei 180 Grad) bekommt die Kugel dann ihren Schnitt.

Von Bottura inspiriert: Nage und Einlagen – regionale Version. (Foto TR)

Das Emblem von »La Grenouillère«: Frosch auf einem Brunnen im Garten. Im Hintergrund die Festungs-anlagen von Montreuil-sur-Mer. (Foto JD)

ALEXANDRE GAUTHIER, »LA GRENOUILLÈRE«

Die Küchen mancher Länder gehen ganz auffällig durch bestimmte Phasen. Es hat eigentlich wenig damit zu tun, ob es gerade ganz große Namen gibt oder nicht. Es hat eher etwas damit zu tun – wie das Alain Ducasse einmal sagte –, dass eine Küche »in Phase mit der Zeit« ist. Wenn man dem zustimmt, kann man auch zwei grundsätzlich unterschiedliche Typen von Köchen feststellen, die in Phase mit der Zeit sind. Die einen halten sich für obenauf, weil sie gerade einen großen kommerziellen Erfolg haben (vor allem prominente TV-Köche oder Spitzenköche mit diversen, oft weltweit verteilten Restaurants); die anderen halten sich meist selbst für gar nicht so wichtig, sind aber gerade ein Höhepunkt der Kochkunst. Wenn der Erfolg da ist, kann ein Koch also durchaus seinen Höhepunkt schon überschritten haben. Um so interessanter sind die Fälle, bei denen sich hervorragende, moderne Küchenleistungen und ein guter Publikumszuspruch gleichzeitig einstellen. Das ist deshalb nicht so einfach, weil man mit einer mutigen, kreativen Arbeit natürlich auch sehr schnell seine Gäste verscheuchen kann. Es ist ein Tanz auf Messers Schneide, und es passt ein wenig zum deutschen Wesen, dass diesen Tanz in Deutschland bisher kaum jemand wirklich gewagt hat.

In Frankreich hat sich die Gourmetküche nach der ersten großen Welle von Kreativköchen rund um Gagnaire, Roellinger, Bras, Passard usw. erst einmal wieder beruhigt. Diese auch heute noch bedeutenden (und bis auf Roellinger auch noch aktiven) Köche reihten sich ein in die Phalanx der französischen Großmeister vom Typ Ducasse, Robuchon und Co. Es ist leicht, sich vorzustellen, was jüngere Köche angesichts einer solchen Übermacht an älteren Herren denken. Einer von ihnen sagte mir

einmal: »Ja, es ist wirklich nicht zu glauben, was die immer noch für eine Macht haben. Die fahren in ihren dicken Geländewagen durch die Gegend und halten sich immer noch für die besten Köche aller Zeiten. Und – sie sind alle noch topfit!« Soll heißen: Für die jüngeren Köche bedeutete das erst einmal eine gewisse Lethargie, der sie mit kaum wirklich prägnanten Entwicklungen wie der »Bistronomie« begegneten. Wenn man schon angesichts dieser Phalanx von Großmeistern nicht mitmischen konnte, dann machte man eben sein eigenes Ding. Bistros mit kreativer Küche, keine Gourmetpaläste, keine teure Tischkultur, keine weißen Kochmützen, sondern gerne auch mal lange Haare, Bart und Tätowierungen. Auch wenn ich diese Entwicklung immer beschrieben habe, hatte ich einige Jahre lang den Eindruck, dass es noch etwas dauern wird, bis wieder Großes passiert. Ich hatte allerdings die Vermutung, dass sich bei der traditionell guten Ausbildung französischer Köche eine Art von Überdruck aufbauen könnte, und die Szene eines Tages »explodiert«.

Und dann erzählte mir Monsieur Moissonnier (siehe Reise 16) von diesem Koch in Montreuil-sur-Mer im Norden von Frankreich, zu dem ich unbedingt einmal gehen müsse. Aber wie es so ist, passte der Besuch lange nicht richtig in meine Reiseplanung. Dann aber bekam ich ein Buch in die Hand, das mich sofort beeindruckte (Alexandre Gauthier, Cuisinier, »La Grenouillère«, Éditions de La Martinière, 2014). Auf den ersten Blick waren es die schönen, atmosphärisch dichten Bilder der Landschaft, auf den zweiten verstörende Bilder von Gerichten, die auf Scherben von Tellern angerichtet waren, und auf den dritten und entscheidenden Blick eine Küche, die eine ganz wichtige Lücke zu füllen schien. Hier war endlich ein junger französischer Koch, der offensichtlich die Avantgarde der Küche kannte, aber nicht ins Kopieren verfiel, sondern sich selbstbewusst seiner Stärken als französischer Koch bediente. Und das ist nach wie vor ein anderes Verständnis von den Produkten, als es fast überall sonst der Fall ist. Einen solch wichtigen Punkt muss man etwas erläutern, weil er zum Beispiel auch im Vergleich zur deutschen Spitzenküche von großer Bedeutung ist.

Ich habe schon früher lange darüber nachgedacht, warum man in Frankreich oft das Gefühl hat, es würde hier einfach »gesünder« schmecken, nicht so verändert, nicht so überfrachtet, nicht so verdreht, nicht so manipulativ, nicht so weit weg gedacht vom Produkt. Ich kenne viele Leute, die dem zustimmen würden und es ganz ähnlich sagen. Aber was ist es eigentlich, das diesen Effekt bewirkt? Es ist das gleiche Prinzip, das auch für jeden Esser gilt. Welchen Geschmack man beim Kochen realisiert und wie das Essverhalten aussieht, hängt ganz wesentlich von der kulinarischen Sozialisation ab. Ein junger Koch, der in einem »normalen« Restaurant gelernt hat und danach mal bei einem Fusion-Koch, dann wieder bei einem Altmeister der Gourmetküche, dann in einem Bistro und dann bei einem Kreativkoch gearbeitet hat (wie das bei vielen deutschen Köchen der Fall ist), besitzt einen eher diffusen geschmacklichen Horizont. In Frankreich wird es ihm von der Grundausbildung bis zu seinen weiteren Stationen anders ergehen. Er wird – wo immer er landet – sehr viel mit sehr ähnlichen Vorstellungen zu tun haben, mit unumstrittenen Gartechniken und Aromen, weil man sich hier eben noch in einem ganz anderen Maß einig ist, als das bei uns der Fall ist. Und so kann man in Frankreich selbst bei stark klassisch orientierten und eher kreativ orien-

tierten Köchen immer wieder viele Ähnlichkeiten in Details ausmachen. Man hat die gleiche Wurzel und den gleichen Stamm, und dann eben unterschiedliche Verästelungen. Bei uns wird das zwar bisweilen auch so oder ähnlich behauptet, trifft aber oft nicht wirklich zu – unter anderem deshalb, weil viele unserer deutschen »Altmeister« nicht wirklich so in ihrer Kultur verwurzelt sind wie ihre französischen Kollegen. Wenn sie es wären, hätten sie zum Beispiel nicht das hier schon diskutierte Problem mit den eigenen Traditionen …

Nun aber zurück zu Alexandre Gauthier. Montreuil-sur-Mer ist einer dieser Orte, die wegen ihrer wunderbaren Lage und traditionellen Ausstrahlung in Deutschland eine große Touristenattraktion wären, in Frankreich aber wegen der großen Anzahl solcher Orte kaum weiter auffallen. Wir kamen von Boulogne-sur-Mer her und waren erstaunt, wie schnell sich die Gegend vor Montreuil änderte. Obwohl das Meer gar nicht weit ist, fährt man plötzlich durch ein Moorgebiet, das die See sofort vergessen lässt. Es ging weiter durch Montreuil und dann wieder ein kleines Stück hinunter ins Marais, und wir landeten recht plötzlich vor einem alten, weiß gestrichenen, verwinkelten Bauernhaus, dem Hotel und Restaurant von Alexandre Gauthier, »La Grenouillère« genannt. Drinnen wie draußen wirkt das Ganze sehr nordfranzösisch-flämisch, alt, aber nicht rustikal, mit viel Gefühl für einen ästhetischen Zusammenhang renoviert, der an vielen Stellen des Hauses sehr authentisch wirkt. Was ebenfalls sofort auffällt, ist die Kombination der alten Teile des Hauses mit einem hochmodernen Pavillon für das Restaurant und die ultramoderne Küche. Überall gibt es hier Kunst der besseren Art – also nicht das, was sich manche Betreiber von Gourmetrestaurants von ihren

Innenarchitekten aufschwatzen lassen. Gauthier steht der bildenden Kunst nah und hat aus diesem Bereich viele Freunde. Das merkt man. Im Garten, der zum größeren Teil als Kräuter- und Gemüsegarten genutzt wird, stehen einige merkwürdige »Hütten« (sie werden so genannt), die die besten Zimmer des »Relais & Châteaux«-Hotels beherbergen und von außen eher einfach aussehen, weil sie sensibel an diese Landschaft angepasst sind.

Gauthier macht einige Dinge ziemlich anders als seine Kollegen. Zu Beginn hat man erst einmal den Eindruck, dass er ein paar Zeichen setzen will, die regelrecht Anti-Gourmettempel sind: Der Service trägt Hosen mit Hemden und Hosenträgern in einer Art ländlichem Stil. Dann kommt ein Kellner mit einem Tablett, auf dem zerknüllte Papierblätter liegen. Es handelt sich um die Speisekarte des Hauses, die auf ein durchaus sorgfältig gestaltetes dünnes Papier gedruckt ist, dann aber ebenso sorgfältig zerknüllt wurde. So wie der Service optisch das Gegenteil von den schwarz gekleideten Mitarbeitern in vielen Häusern ist, ist diese Speisekarte das Gegenteil der oft riesigen, aufwendig gestylten Karten in vielen Spitzenrestaurants. Zu diesem kleinen Antiprogramm gehört dann natürlich auch die Verwendung von Scherben als Teller und geschmiedetes Besteck – ebenfalls das komplette Antiprogramm zur berühmten und viel beschworenen »Tafelkultur«. Interessant ist das Endergebnis dieser demonstrativen und immer sehr künstlerisch wirkenden Maßnahmen. Es wirkt nicht provokant, es wirkt auch nicht so, als wolle man etwas zerstören. Es wirkt eigentlich völlig natürlich und authentisch und demonstriert damit aufs Beste, dass man sich mit einem kreativen Essen unabhängig von eingespielten Traditionen machen kann und dass man sie nicht zum Gelingen des Ganzen braucht. Die Gäste im ausverkauften Haus jedenfalls benahmen sich entspannt, aber unaufdringlich und zivilisiert und »ganz normal«. Dass das Publikum bei diesem Besuch weitgehend französisch war, merkte man auch daran, dass keinerlei verspannte Verhaltensweisen auffielen, wie man sie leider in Deutschland häufig erleben muss.

Die neue, überraschend klare Information beim Essen ist die Verbindung einer französisch basierten Klarheit im Produktverständnis mit einem Avantgarde-Denken. Und: Gauthier provoziert manchmal auch beim Essen, unauffällig, aber doch sehr wirksam. Ich sprach später einmal mit einem deutschen Drei-Sterne-Koch über das Essen dort. Auch ihm hatte es sehr gut gefallen, aber er fand manche Gerichte sehr knapp formuliert. Es gibt bei Gauthier manchmal eben wirklich nur drei Elemente. Aber was ist dabei das Problem?

Da ist zum Beispiel die Jakobsmuschel, die hier mit fein geriebener schwarzer Trüffel und einem Löffel Olivenöl präsentiert wird. Punkt. Mehr ist da nicht. Und trotzdem schmeckt es ganz exzellent. Man könnte bei einem solchen Gericht natürlich die Frage stellen, ob so etwas denn nun wirklich eine größere Kochleistung ist, und ob nicht – gehen wir ins Extrem – schon die Anfertigung eines klassischen Kalbsfonds eine wesentlich größere Leistung darstelle. Die Frage kommt so oder ähnlich tatsächlich häufiger vor, und das natürlich vorzugsweise aus dem Lager der klassischen Köche, die oft nicht verstehen, warum um manche Kreativköche »so viel Wind gemacht wird«. Bei Gauthier scheiden sich die Geister anscheinend ganz besonders intensiv. Zum Zeitpunkt unseres Besuches hatte er nur einen Michelin-Stern (in Frankreich gibt es über 500 Restaurants mit Michelin-Sternen), aber die Höchstnote von 5 Kochmützen im französischen Gault&Millau-Guide. Oder: In einer Umfrage einer französischen Gastronomie-Fachzeitschrift nach dem einflussreichsten Koch des Landes landete er im Jahre 2014 nach Alain Ducasse auf dem zweiten Platz. Was also passiert hier?

Gauthier ist in der Tat nicht nur wegen seiner zerknüllten Speisekarte oder dem Servieren der Gerichte auf Tellerscherben ein ziemlicher Alternativentwurf zur eingefahrenen Luxus-Gourmetküche nach typisch französischer Art, wie man sie – um einigermaßen in der Gegend zu bleiben – zum Beispiel im »Chateau Les Crayères« in Reims antrifft. Dort schaffen es die Mitarbeiter regelmäßig, eine Stimmung aufkommen zu lassen, die sich vermutlich erst dann ein wenig verbessern würde, wenn man aus der sagenhaften Weinkarte des Hauses einige Flaschen für jeweils ein paar Tausend Euro trinken würde. Sie gehen ihrer Arbeit nach, und tun dies so, dass sie eine latente Unfreundlichkeit und Distanz verströmen und sich viele Gäste irgendwie unter Druck gesetzt fühlen. Die Küche des Hauses passt dazu. Es ist eine von den entsprechenden kulinarischen Haus- und Hofberichterstattern hochgepuschte aufwendige Küche mit einem großen Mangel an Individualität, Kreativität, manchmal verfummelt, manchmal mit teuren Produkten, eher schwer als leicht und vor allem ohne jeden Esprit.

Im »La Grenouillère« ist solches weit weg. Weit weg ist auch die manchmal unerträglich banalisierende Business-Atmosphäre, wie sie sich in manchen Pariser Spitzenrestaurants breitmacht, weit weg auch das in allen Ländern mancherorts anzutreffende Luxuspublikum, das meint, quasi der Finanzier der besten Restaurants zu sein und eine entsprechende Behandlung zu verdienen. Bei Gauthier geht es ums Essen in einer ästhetisch adäquaten, künstlerischen und völlig entspannten Atmosphäre, die mit einem enorm leichten, oft geradezu transparenten Geschmack ein Menü zu einem auch kulinarisch wunderbar leichten Ereignis macht. Wenn man fertig ist mit dem Essen, möchte man am liebsten am nächsten Tag wiederkommen. Bei vielen Menüs in »normalen« Gourmetrestaurants wird dagegen ein solcher Grad an Überfüllung erreicht, dass man Wochen oder Monate braucht, um sich davon mental zu erholen (ich fasse hier eigene Erlebnisse, aber vor allem auch die Aussagen vieler Gäste zusammen). Und doch ist dies nicht einfach steif gegen locker, zumindest nicht so, wie das in Deutschland hier und da schnell missverstanden werden könnte, weil man in Deutschland unter »locker« gerne laut, grob und grobschlächtig versteht und kulinarisch dann meist Banales. Dies hier hat Intelligenz und macht Sinn, es setzt auf den Typus zivilisierter Gourmet, dem jede verkrampfte Hyperaktivität fremd ist, der sich für die Kochkunst interessiert und damit automatisch natürlich auch Interesse und Neugierde besitzt. Dies hier ist eine sinnliche Angelegenheit im Wortsinn, während man – um es einmal sehr plakativ auszudrücken – viele Gourmetszenarien ohne Weiteres für völlig unsinnig und abgestumpft halten kann. Vielleicht merken die Kritiker Gauthiers aus den Reihen der traditioneller orientierten Köche sogar unbewusst, dass dieser noch junge Meister im Grunde sehr viel konsequenter arbeitet als sie und eine Küche praktiziert, die sehr viel näher am Kern der Grundregeln des Faches ist.

Bei der oben genannten Jakobsmuschel geht es erst einmal um eine exzellente Produktqualität, also

zum Beispiel darum, Exemplare zu haben, die nicht tagelang im eigenen Sud liegen, sondern sozusagen fangfrisch sind. Auch bei Muscheln spielt so etwas eine Rolle. Sodann geht es um eine Garung, die mit den weiteren Elementen des Gerichts korrespondiert. Für die Jakobsmuschel gibt es im Grunde keine einzelne, sondern mehrere perfekte Zubereitungen – je nach Zusammenhang. Sie kann roh sehr gut sein, sie kann komplett durchgegart sehr gut sein, sie kann glasig prächtig schmecken oder sie kann à point (also gerade auf der Grenze zur Eiweißgerinnung) sehr gut sein. An dieser »À point«-Stelle aber gibt es zum Beispiel noch Unterschiede, weil der Punkt nicht wirklich ein Punkt ist, sondern eine gewisse Spannbreite hat. Optisch ist das manchmal nicht zu erkennen, geschmacklich aber meist sehr genau. Im einen Fall geht der Geschmack mehr in Richtung der durchgegarten Muschel, also mit seinem typischen, leicht süßlichen Aroma. Im anderen Fall geht er eindeutig in Richtung jodiger Aromen und wirkt maritimer. Das ist hier der Fall, und es ist ein Kunstwerk an Balance und Präzision. Der Akkord Jakobsmuschel-Trüffel ist ein Klassiker der Zunft und erscheint am häufigsten in Form einer Rosette, bei der sich Trüffelscheiben und Scheiben von Muschelfleisch abwechseln. Solche Gerichte funktionieren mehr oder weniger gut – meist abhängig von der Qualität der Trüffel. Hier benutzt Gauthier einen ebenso einfachen wie effektiven »Trick«, der allerdings nur sinnvoll ist, wenn sich

die Trüffelqualität der Hochsaison nähert, also etwa ab Februar. Er reibt die Trüffel auf einer Microplane-Reibe zu einem ganz feinen Gespinst, bei dem dann durch die größere Oberfläche die Trüffel vor Aroma regelrecht »dampfen«. Ganz besonders gelungen ist auch die Idee mit dem Olivenöl, das zu einer wunderbar erdigen Abrundung des Aromas führt, die gleichzeitig einen hohen Grad an Originalität hat. Summa summarum ist hier Gauthier ganz einfach ein hervorragendes Gericht gelungen, das nur entstehen konnte, weil er ein so hoch entwickeltes Produktverständnis besitzt. Ein Koch von weniger Format oder gar ein Hobbykoch würde so etwas wohl kaum in dieser Form lösen können. »Einfach« ist dieses Gericht also wirklich nur auf den ersten Blick.

Und es gibt bei ihm eine ganze Reihe solcher Qualitäten. Da ist zum Beispiel die wieder sehr klar und knapp formulierte, aber ausgesprochen modern aussehende Kombination aus Blumenkohl und Buchweizen. Im Kern steht ein sehr luftiges Blumenkohlpüree, das durch diese Textur eine elegante Konzentration auf das Aroma erfährt. Obenauf liegt ein dünner Buchweizenchip mit einigen Röstnoten und einer zerbrechlich krossen Textur, und zwischen dem Chip und dem Püree angeröstete Buchweizenkörner. Erst einmal ergibt sich über die unterschiedlichen Texturen ein sehr plastisches Geschmacksgeschehen, das sich je nach Proportion verändert. Wegen des kontrastierenden Prinzips (siehe Glossar) nimmt man trotz der krossen Elemente die luftige Blumenkohlcreme immer ganz klar wahr und registriert ihr Aroma in jeder Proportion sehr früh. Während man den Chip und die Körner zerkaut, geben auch diese Elemente langsam ihr getreidiges Aroma ab, das sich dann mit dem Blumenkohl vermischt und

Details aus Gauthier-Gerichten. Von oben links:
Blumenkohl und Buchweizen. Zuckerkugel mit Sauerampfer
und Minze. Wachteleier und Algen. Taschenkrebs
und Rettich. (Fotos JD)

einen wunderschön bodenständigen Akkord produziert. Wieder ist man geneigt zu sagen: So einfach ist das, und wieder kann man nur konstatieren, dass ein Koch solche präzisen Lösungen erst einmal finden muss. Hier verläuft sich auch der Esser nicht in vielen Details, sondern kommt ganz automatisch und an einer konzentrierten Form zum Kern dieses Geschmackserlebnisses. »Falsch« essen kann man so etwas nicht.

Danach wird ein Gebilde serviert, das man auf den ersten Blick nicht identifizieren kann. In einem weißen Schaum liegen dünne, ebenfalls weiße, leicht durchscheinende Platten. Es handelt sich um die Kombination von Taschenkrebs und schwarzem Rettich. Der Schaum ist eine Krustentier-Air, also ein sehr leichter, luftiger Schaum mit einem Hauch von Aroma. Die Platten sind nach japanischer Art dünn geschnittene, leicht temperierte Scheiben vom schwarzen Rettich, und unter ihnen liegt warmes, gezupftes Taschenkrebsfleisch. Normalerweise würde man vermutlich davon abraten, Taschenkrebsfleisch überhaupt mit schwarzem Rettich zu kombinieren, weil das Krebsfleisch eher mild und der Rettich ziemlich kräftig ist. Gauthier aber hat anscheinend die Idee gehabt, dass die Noten vom Rettich und die Krustentiernoten sehr wohl einen sinnvollen Zusammenhang ergeben können, wenn man denn den richtigen Schnittpunkt der beiden Aromen findet. Und das bedeutet in der modernen Küche automatisch, dass man über die Inszenierung der Temperaturen und Texturen nachdenkt, weil diese mit ihrer zeitlichen Staffelung des Geschmackserlebnisses die Aromen so zuordnen, dass sie ihr Zusammenspiel beginnen können. Genau das passiert hier, über den kalten Schaum, das danach wirksam werdende Krustentierfleisch und die später aufblendenden Aromen

des Rettichs. Natürlich ist der Rettich im Prinzip kräftiger als das Krustentierfleisch. Weil er aber sehr dünn geschnitten ist und sich sein Aroma verzögert entfaltet, bekommt man eine zeitlich gestaffelte aromatische Wahrnehmung, die nur in dieser Form ein Zusammenspiel der beiden scheinbar so gegensätzlichen Aromen ermöglicht. Das Resultat ist faszinierend und gibt dem Taschenkrebs ein leicht ländliches, also wiederum natürlich-bodenständiges Aroma. So etwas findet man sehr selten, weil es rund um das Taschenkrebsaroma längst eine Art Mainstream der Zubereitungen gibt, und die haben mit allem Möglichen (sagen wir: Avocado oder Mayonnaise), aber nie etwas mit Rettich zu tun.

In ähnlicher Konzentration serviert Gauthier auch einen Hummer, der ausschließlich unter Verwendung von Wacholderholz gegart ist und am Tisch in einem Wacholderzweig präsentiert wird, der kurz vorher noch einmal mit einem Brenner angeflämmt worden ist und noch glüht. Man bekommt also auch noch einen Hauch Wacholderrauch dazu. Weil der Hummerschwanz recht dick ist und eine unregelmäßige Oberfläche hat, die vom Garen unterschiedlich intensive Noten besitzt, funktioniert auch dies prächtig. Es schmeckt immer wieder anders.

Besonders effektiv wirkt die puristisch-produktnahe Denkweise, wenn sie neue Interpretationen auch bei Hauptgerichten schafft, bei denen es oft so scheint, als seien sie ausgereizt und ließen sich nicht mehr weiter interpretieren. Insofern erbringt Gauthier Nachweise, dass er eine hervorragende neue Interpretation schaffen kann, dass solche Interpretationen nach wie vor möglich sind und die Kochkunst eben nach wie vor in alle Richtungen offen ist. Bei diesem Menü war es die Taube mit »blé vert«, also dem grünen Getreidesaft, den er mit Getreidekörnern und Kräutern kombiniert, darunter Minze, Koriander und Blattpetersilie. Die Wirkung dieses sehr natürlich und irgendwie auch »bio« wirkenden aromatischen Umfeldes ist erheblich. Es geht hier nicht mehr darum, die Taube mit, sagen wir, süßlichen orientalischen Aromen oder Trockenfrüchten oder Foie gras oder Trüffel in einen traditionell wohlschmeckenden Rahmen einzupassen, sondern um eine echte Interpretation mit einem beträchtlichen assoziativen Hintergrund. Es ist dabei nicht so, dass man diese Begleitung naturnäher o. Ä. empfindet. Es ist vielmehr so, dass man – was hier ganz von selbst kommt – einen Zusammenhang aufbaut, zum Beispiel mit dem, was die Taube isst, oder mit dem Ökotop, in der sich die Taube bewegt. Mit Kräutern und dem Saft des Korns und dem Korn selbst zu arbeiten, hat auch einen Aspekt von großer Natürlichkeit der Kochtechnik. Man geht nicht in komplexe Zubereitungen wie etwa eine Innereien-Pastilla oder Geschmortes von den Keulen, sondern bleibt nahe am Produkt. Dass das Ganze gleichwohl hervorragend schmeckt, liegt wiederum an der präzisen Technik und vor allem an der perfekt durchdachten Struktur dieses Gerichts.

Es passt dann natürlich auch ins Bild, dass es zum Vordessert einfach ein vor dem Gast abgeschnittenes Stück einer Honigwabe mit etwas Zitrone gibt, wenn man einmal von der Süße-Säure-Balance mit der Zitrone absieht, also ein reines Naturprodukt. Niemand hält so etwas in diesem Zusammenhang für simpel, sondern ausschließlich – von dem guten Geschmack einmal abgesehen – für eine klare Demonstration des Konzepts dieser Küche.

Auch bei den Desserts selbst geht es konsequent zu. Da gibt es zum Beispiel ein Apfeldessert ausschließlich aus Elementen vom Apfel, also zum Beispiel auch aus getrockneter Schale, konzentriertem Saft und konfierten Stücken. Oder die faszinierend schmeckende Crossover-Dessert-Kombination (siehe dazu auch Reise 21) aus Trüffel, Kastanien und einem Eis mit Senf oder eine hauchdünne »Glaskugel« aus Zucker, gefüllt mit einem Sauerampfereis, einem Minzeis und diversen Kräutern.

Bei Alexandre Gauthier gibt es einen wichtigen Teil der Küche der Zukunft zu bestaunen. Produktnah, enorm klar in den Aromen wie in der Aussage, sehr leicht, sehr unterhaltsam und absolut unprätentiös präsentiert. Und weil man das alles gleichzeitig bekommt, verdient dieser Koch allerhöchste Wertschätzung.

Illustration von Oliver Sebel für die »F.A.Z. Geschmackssache«.

REISE 20
JOACHIM WISSLER

Detail aus Joachim Wisslers »Schneckengarten«. (Foto JD)

Joachim Wissler ist neben Harald Wohlfahrt der deutsche Koch, mit dem ich mich am meisten beschäftigt und mit dem ich eine ganze Reihe von speziellen Aktionen unternommen habe. Dazu zählen zum Beispiel eine Folge der F.A.Z.-»Gourmetvision« (siehe auch Reise 17), dann eine sechsteilige Serie zur Kochkunst für »Aspekte« im ZDF, eine ganze Reihe von größeren Texten in der F.A.Z.-»Geschmackssache«, zwei Folgen der großen »Avantgarde«-Serie in »Port Culinaire« oder auch die Vorbereitung eines von deutschen Spitzenköchen gemeinsam gekochten Menüs beim spanischen Kongress »Lo mejor de la gastronomia«. Wissler ist einfach in den letzten zehn Jahren der-jenige deutsche Koch, der sich am stärksten entwickelt und einen enormen Ideenreichtum an den Tag gelegt hat.

Dabei war diese Entwicklung nicht unbedingt von Anfang an vorgezeichnet. Als Wissler im Jahre 2000 das »Vendôme« übernahm, war er schon ein bekannter Koch, der im »Marcobrunn« in Schloss Reinhartshausen bereits mit zwei Michelin-Sternen ausgezeichnet worden war. Ich hatte seine Arbeit zwar beobachtet, fand sie stilistisch aber nicht interessant, um wirklich umfangreicher darüber zu berichten. Auch der erste Besuch im »Vendôme« war für mich nicht unbedingt überzeugend. Wissler hielt sicherlich sein Niveau, aber ich konnte noch nicht so recht erkennen, wo und wie er eigentlich weitermachen wollte, um eines Tages das große Ziel zu erreichen, also die drei Michelin-Sterne. Es war von Anfang an klar, dass Wissler ins Schloss Bensberg und in dieses neue Restaurant gekommen war, um hier einen dritten Stern zu realisieren. Die Fixierung auf dieses Ziel war ihm absolut an-zumerken – vielleicht auch deshalb, weil sich jahre-lang alle möglichen Leute an den Diskussionen

um das Wenn und Aber einer solchen Auszeich-nung und das Potenzial Wisslers beteiligten. Auch wenn mein erster Eindruck nicht so überragend war, hatte ich doch eine Art zweiten Eindruck im Hintergrund bekommen, nämlich den, dass hier ein Koch mit einer großen Energie an seinem Fortkommen arbeitete und dass er vor allem die Voraussetzungen dafür besaß. Es folgten also immer neue Besuche und immer prägnantere Gespräche, die nicht unbedingt ausschweifend lang, aber immer sehr konkret, also nahe am Mate-rial geführt wurden. Im Jahre 2004 schrieb ich die Geschichte zum »Koch des Jahres« im »Fein-schmecker«, ein Jahr später gab es die »Gourmet-vision«, und fast zeitgleich bekam Wissler den dritten Stern. Ich rief ihn an, um ihm zu gratu-lieren, und habe einen etwas flapsigen »Spruch« benutzt, in etwa so: »Lieber Herr Wissler, ich gratu-liere Ihnen ganz herzlich. Dann können Sie sich ja jetzt entspannen und endlich vernünftig kochen.« Das klingt vielleicht arrogant, war aber nicht so gemeint, weil er längst wusste, wie ich das meinte, und ich die ganze Geschichte mit dem »Druck«, den dritten Stern zu bekommen, in vielen Details kannte. Wie dem auch sei: Genau so kam es dann. Nachdem diese Stufe erreicht war, machte sich Wissler mit großer Konsequenz daran, sich auch international durchzusetzen – unter anderem, weil er erkannt hatte, dass ein kreatives Spitzen-restaurant in Deutschland ohne internationales Publikum nicht auskam.

Im Laufe der Jahre stellte sich heraus, dass Wissler seine Entwicklung unglaublich umfassend geplant hatte. Er wurde zu einem der ganz wenigen Köche der Welt, die von der klassischen Küche bis zu allen Kochtechniken der Avantgarde das ganze Spektrum beherrschen und damit eine virtuose und immer wieder überraschende Küche inszenieren können. Ich möchte hier Teile aus einem Menü vorstellen, das ich im Jahre 2013 bei ihm gegessen habe, um anschließend gleich zwei Folgen der »Geschmackssache« darüber zu schreiben. Das Faszinierende an dieser Küche ist nach wie vor die schiere Menge an neuen Informationen. Sie entstehen durch die unvergleichlich große Menge an Details, die dann auch noch eine fast unbegrenzte Menge an Kombinationen ergeben. Für neugierige Esser ist das ein Erlebnis, das man sich irgendwie immer wieder einmal gönnen muss.

Im Jahr 2013 ging es zum Beispiel um die Feststellung, dass das Dogma, wonach man ausgereifte Klassiker der Kochkunst nicht mehr verbessern kann, bei Köchen wie Wissler keine Gültigkeit besitzt. Um das festzustellen, braucht man oft nur Kleinigkeiten. Der Titel dieses Amuse-Bouche-Gerichts war denkbar einfach: »*Weinbergschnecke – Sherrybouillon, Kartoffelschale*«. Serviert wurde ein einzelnes Schneckenhaus, das auf einem Holzlöffel fixiert war. In dem Schneckenhaus sah man den weißen Schaum der aufgeschäumten Sherrybouillon und ein kleines Holzstäbchen mit dem Schneckenfleisch. Im Innern der Schnecke gab es dann noch die klassische Petersilie. An der Seite lag ein Segment von einer dicken, getrockneten Kartoffelschale mit etwas Kartoffelfruchtfleisch, darauf etwas Sherrycreme und weißer Schneckenkaviar von der Wiener Schnecke. Das Ganze schmeckte einfach bestechend, weil das Produkt endlich einmal konsequent »ernst« genommen wurde. Die übliche Verbindung der Schnecke mit viel Petersilie und Knoblauch und Butter hat regelmäßig den Nachteil, dass man von der Schnecke wenig mitbekommt. Nun könnte man natürlich sagen: Da ist ohnehin nicht viel mitzubekommen, weil die

Schnecke keinen sehr ausgeprägten Eigengeschmack hat. Hier nun hatte man jedoch den gegenteiligen Eindruck. Irgendwo in den Tiefen des Aromas der Schnecke kann man eben doch »andocken« und Verstärkungen herstellen, irgendwo gibt es eben doch sozusagen Verbindungen des Schneckenaromas »nach außen«. Wissler hat sie gefunden, wenn man so will, in einer ganz typischen Reise ins Innere des Geschmacks. Die Schnecke schmeckte elegant durch die feine Umspielung mit der Sherrybouillon (nehmen Sie Amontillado, er ist für die Küche fast immer die mit Abstand beste Wahl), die wiederum die Petersilie als Aroma und als Element für den assoziativen Kontext ein wenig im Zaum hielt. Noch mehr Finesse gab es durch den feinen Schneckenkaviar und dann wiederum einen Hauch von Rustikalität und Bodenständigkeit durch die Kartoffelschale. Auch das ist typisch für den Wissler-Stil: Selbst ein Element wie die Kartoffelschale wird irgendwann noch einmal daraufhin überprüft, ob man noch etwas Spezielles damit anfangen kann. So entsteht mit der Zeit eine Unzahl von ungewöhnlichen Produkten, die die Ausdrucksmöglichkeiten eines Kochs ganz erheblich erweitern.

Wissler steht als internationaler Spitzenkoch mitten im Leben und hat quasi sämtliche Informationen über das, was seine Kollegen auf der ganzen Welt machen. Das klingt erst einmal selbstverständlich, ist es aber nicht. Viele erfolgreiche Kreative neigen dazu, ihre eigene Arbeit irgendwann einmal zu überschätzen, also für etwas zu gut zu halten. Die Folge ist der Verzicht auf neue Informationen, weil man meint, man brauche sie nicht, weil man ja sowieso besser als alle anderen ist. Außerdem kann sich in einem solchen Zusammenhang auch schnell die Meinung einstellen, man würde durch allzu viel Einfluss »von außen« schlechter werden. Für mich ist das die Haltung von Halbkreativen. Ein wichtiger Teil des Denkens der großen Kreativen ist auch immer Neugier. Alle wirklich großen Kreativen, die ich kenne, bleiben an Neuigkeiten regelrecht hängen, und man sieht ihnen geradezu an, dass der Kopf sofort alle möglichen neuen Aspekte durchspielt. So geht es offensichtlich auch Wissler, und das führt zu dieser großen Vielfalt. In seinem sehr beeindruckenden Buch »JW 4« und vor allem in den dazu gehörenden Online-Informationen kann man quasi das gesamte Spektrum an Kochtechniken der internationalen Avantgarde finden.

Im Mittelpunkt stehen bei Wissler übrigens immer Hauptprodukte, die nicht nur von der Produktqualität, sondern auch von der überragenden Qualität der Garung her sofort auffallen. Um einen Vergleich anzustellen: Bei einem durchschnittlichen Sternekoch sollte die Qualität von Produkten und Garung so sein, dass ein Gast, der noch nie in einer solchen Küche gegessen hat, sofort zu dem Schluss kommt, er habe noch nie im Leben ein so gutes Lamm oder was auch immer gegessen. Bei einem Koch vom Range Wisslers können das Gleiche bei vielen Gerichten selbst jene Gäste und Spezialisten sagen, die schon seit vielen Jahren in der Gourmetküche zu Hause sind. Wissler ist eben immer auch ein »Koch der Köche« (so auch ein Online-Votum der Website www.restaurant-ranglisten.de), eine Referenz für alle möglichen Aspekte der Kochkunst.

Und so geht es an die »*Makrele mit Mixed Pickles und Sardinencreme*«, ein Gericht, dessen Titel normalerweise nicht unbedingt Begeisterungsstürme provozieren dürfte. Aber: Das ist ein Teil der Unterhaltung, weil hier selbstverständlich alles anders ist und beim Titel nur ein wenig mit dem assoziativen Kontext gespielt wird. Erst einmal ist der Fisch in jedem Punkt exzellent und so gut, dass er jeden Einwand (»Ich mag keine Makrele«) zum Verstummen bringen kann. Die Makrele ist gegrillt, aber eben nur so kurz, dass man das Aroma der Grillnote bekommt, aber der Fisch trotzdem nicht übergart wird. Angegossen wird Colatura di alici, eine italienische Gewürzsauce, die aus Sardellen hergestellt wird. Dazu kommen Tupfer einer Sardinencreme, Melonenkügelchen, Sauerklee, Shiso-Kresse und noch ein paar Mikroelemente. Was hier mit Fisch, der Colatura di Alici, der mild-cremigen Sardinencreme, den überraschenden Fruchtnoten und dem blendend gut inszenierten Sauerklee (der bei vielen Köchen zwar dekorativ auf dem Teller landet, geschmacklich aber kaum jemals wirkliche Auswirkungen hat) an Unbekanntem, aber sofort Überzeugendem zusammenkommt, ist beträchtlich. Köche wie Wissler (also nicht sehr viele) sind in meinen Augen immer wieder in der Lage, Gedanken an die Erweiterung der Grenzen der Wahrnehmung auszulösen. Sie tun dies aber nicht so, dass man ratlos vor dem Essen stünde und nicht weiß, was man damit anfangen soll. Dazu schmeckt es einfach immer zu gut, und das so, dass auch »untrainierte« Gäste begeistert sind. Wissler zeigt die Grenzen und macht gleichzeitig klar, dass es jenseits dessen, was wir im Moment wahrnehmen, noch wesentlich weiter geht (vgl. den Text in Reise 15 über die Grenzen des Schmeckens). Das ist kein Widerspruch, sondern

Oben: Maibock Royal – Cassis, Rübstiel, Birnen, Selleriecreme. Unten: Makrele mit Mixed Pickles und Sardinencreme. (Fotos JD)

für mich eher wie eine immer wieder neue Aufforderung, die Reise ins Innere des Geschmacks unbegrenzt fortzusetzen. Es ist eine wunderbare Erfahrung festzustellen, dass man bei der Wahrnehmung von Essen vermutlich an keinerlei Grenzen stoßen wird und ein wahrer Kosmos von Erlebnissen auf Entdeckung wartet.

Ach ja, die Mixed Pickles. Sie finden sich in einem Extraglas, sind in einem prächtigen Zustand, die wie Kritik an industrieller »Qualität« wirkt, und werden am besten abwechselnd zu den Elementen des Haupttellers gegessen. Tut man dies, entfaltet sich die Beziehung der Elemente intensiver und relativer, Ausgang ungewiss, je nach Proportion immer anders, bei jedem Bissen. Und noch etwas wird zu der Makrele serviert: eine Pappschachtel mit einem seltsamen Gebilde darin, das aussieht wie ein Schwamm und international auch »sponge« genannt wird. Man produziert diese Gebilde in der Mikrowelle, wo ein leicht aufgehender Schaum sich schnell zu dieser Form verfestigt. Obwohl »verfestigt« etwas übertrieben ist. Die Textur fällt sehr schnell zusammen zu einer Masse, die ein wenig an plattgedrückte Watte erinnert. Hier bei Wissler ist sie aus Melonenschaum gemacht, verlängert also einerseits den fruchtigen Aspekt des Haupttellers, ist andererseits aber vor allem wegen der Textur wichtig. Sie schafft zwischen den Bissen von Hauptteller und Mixed Pickles eine ganz ungewöhnliche sensorische Erfahrung, eine Art Stumpfheit, deren Wirkung vor allem ist, die anderen Dinge besonders frisch und präsent erscheinen zu lassen.

Bei »*Bachforelle – ›Bismarck‹, Büsumer Krabbensalat*« geht es wieder an eine Individualisierung, hier geradezu prototypisch mit dem Effekt, dass all das, was man je unter den Bezeichnungen Bachforelle, Bismarckhering und Büsumer Krabbensalat

gegessen hat, gründlich relativiert wird. Die Produkte gewinnen schlicht und einfach eine neue Dimension und bei allem Vergnügen fragt man sich dann, wie grob eigentlich mit solchen Produkten normalerweise umgegangen wird.

Es geht weiter über »Bachkrebse – Kohlrabi, Tandoori, Marsalacreme«, »Rochen – Flügel, Couscous, Bouillabaisse«, »Mark und Bein – Thunfischbauch, gegrilltes Rindermark« und »Kalbsbries – Zitrus erfrischt, schwarzer Spargel, Zuckererbsen« bis zum »*Maibock Royal – Cassis, Rübstiel, Birnen, Selleriepüree*«, bei dem ich wieder ins Detail gehen will. Wissler hatte jahrelang ein gewisses »Problem« mit den Hauptgerichten, das übrigens viele seiner Kollegen ebenfalls haben. So modern oder avantgardistisch auch die Vorspeisen waren, so relativ klassisch waren die Hauptgerichte. Ich fand diesen häufig anzutreffenden Effekt immer sehr schade, weil in meinen Augen die Hauptgerichte ohnehin meist recht ähnlich sind. Wenn es Reh gibt, scheint den Köchen nichts anderes als die üblichen Begleitungen einzufallen, als ob es unmöglich wäre, bei solchen Produkten etwas anderes zu machen oder vom Mainstream abzuweichen. Ganz abgesehen davon finde ich die Idee des umfangreichen »Hauptgerichts« bei größeren Menüs ohnehin nicht zwingend. Bei vielen spanischen Menüs der Avantgarde-Spitzenklasse zum Beispiel geht es zwar dann irgendwann zum Fleisch über, die Portionen und Konzeptionen werden aber nicht unbedingt umfangreicher. Andererseits kann ich mir natürlich immer auch Gerichte vorstellen, die eine ganze Reihe von Elementen in Beziehung zu einem Hauptprodukt stellen. Wie dem auch sei: Wissler hatte in diesem Menü aus dem Jahre 2013 seinen ganz eigenen Weg gefunden.

Erst einmal sah der Maibock so aus wie eines der üblichen »klassischen« Hauptgerichte von Wissler, nämlich ziemlich normal. Es gab ein Stück Rücken mit einer dünnen Scheibe Foie gras obenauf, etwas Geschmortes, Saucenfäden und auch sonst nichts Ungewöhnliches. Aber das täuschte. Zuerst einmal lag über dem Teller ein kräftiger Wildgeruch mit einem Hauch von Innereien-Duft, also nicht gerade das, was man bei einem Reh normalerweise bekommt. Auch das Aroma des Fleisches war deutlich prägnanter – was für eine gewisse Reifezeit spricht. Tatsächlich hatte es der gesamte Aromen- und Texturapparat ziemlich in sich, von der Rehleber bis zu »falschen Johannisbeeren«, einer würzig-herzhaften Creme von Innereien, Stilmus in verschiedenen Zubereitungen und Leberwürfel auf dem Stilmuspüree.
Neben den aromatisch ungewöhnlichen Kombinationen gab es noch eine klare Temperatur- und Textursteuerung mit einer ganzen Reihe von Varianten, die für ein räumliches Geschmacksbild mit zeitlichen Verläufen zuständig sind. Das Ganze hatte einen beträchtlichen Innovationsgrad und schmeckte deutlich anders.

Die Folgerungen, die man aus einem Gericht wie diesem Maibock ziehen kann, sind umfangreicher, als es den Anschein hat. Die Reise ins Innere des Geschmacks ist eben immer auch eine Reise in detaillierte aromatische Aspekte und nicht allein ins spektakuläre Äußere. Ich will damit sagen: Eine neue bizarre Form für ein Fruchtpüree, das in einem komplizierten Verfahren in eine kristalline Struktur verwandelt wird, wird jederzeit und überall sofort als avantgardistisch durchgehen – auch wenn sich aromatisch gar nicht viel tut oder vielleicht sogar die Frage auftaucht, ob das überhaupt ein Gewinn oder nicht doch ein Verlust ist.

Ich will jetzt hier aber nicht den Anti-Modern-Stammtischen nach dem Mund reden, die ohnehin bei der Kochkunst gedanklich meist noch in einer Phase sind, wie wir sie von der Entwicklung der Malerei beim Übergang von gegenständlicher zu abstrahierter oder abstrakter Kunst her kennen: Wenn es nicht gegenständlich ist, ist es falsch. Ich möchte dafür werben, die Kochkunst in alle möglichen Richtungen weiterzuentwickeln, auch dahin, wo die Form sich kaum verändert, der Inhalt und die Zusammenhänge aber ein völlig neues Bild ergeben. In der Zeitschrift »Port Culinaire« von Herausgeber und Fotograf Thomas Ruhl, in der ich seit Jahren die Serie »Avantgarde« schreibe, füllen wir den »Avantgarde«-Begriff genau so: Manchmal geht es an spektakuläre neue Produkte und neue Techniken, manchmal aber auch ins Innere der Aromenkonstruktion und an Gerichte, die auf den ersten Blick eher konventionell aussehen, auf den zweiten aber durchaus revolutionär sein können.

Joachim Wissler ist mit seiner Küche ein »Fass ohne Boden«, weil er buchstäblich an allen möglichen Aspekten der Kochkunst gleichzeitig arbeitet. Das hatte allerdings ein paar Nebeneffekte, die ich durchaus als problematisch ansehe, die er aber in letzter Zeit abzumildern versucht. Wissler hatte eine Zeit lang Degustationsmenüs im Programm, die rund zwanzig Gänge umfassten. Ich habe sie einige Male gegessen und das auch noch mit großer Konzentration, weil ich alle Details notieren muss. Weil diese Gänge aber teilweise aus komplexen Gebilden auf mehreren Tellern bestanden, war so etwas echter Hochleistungssport, der eine größere körperliche Belastung war, als nötig ist. Wissler (und andere Köche, die so etwas machen) hatte dabei natürlich keinerlei böse Absichten, sondern wollte nur sein ganzes Können in einer überwältigenden großen kulinarischen »Oper« präsentieren (so hat man das früher genannt). Irgendwann habe ich dann einmal in der F.A.Z.-»Geschmackssache« das Thema aufgegriffen und mich für leichtere, entspannter zu essende Menüs eingesetzt. Das möchte ich hier wiederholen, aber ohne die hervorragenden Leistungen der Köche angreifen zu wollen. Es handelt sich auch nicht nur um meinen privaten Eindruck, sondern um ein Phänomen, auf das ich immer wieder von anderen Gästen angesprochen werde. Am besten ist es, wenn man ein Restaurant verlässt und am nächsten Tag schon wieder Lust auf einen neuen Besuch verspürt. Bei Redzepi, Desramaults oder Gauthier ist das übrigens weitgehend so. Natürlich soll es, muss es und darf es auch andere große kulinarische Momente geben. Aber müssen sie etwas mit Masse zu tun haben? Man könnte auch – was ich seit Jahren vorschlage – versuchen, das Niveau der einzelnen Kreationen noch weiter zu optimieren und wirklich nur noch völlig Überragendes und Perfektes anbieten. Und das – so viel ist sicher – haben auch die besten Köche über die Dauer eines großen Menüs nicht automatisch zu bieten.

Im Raum steht die Forderung, auch angesichts vieler neuer Ansätze nie zu vergessen, bestehende Ideen wirklich zu vertiefen und dorthin zu bringen, wo die wirklich großen Gerichte der Kochkunst zu finden sind. Auch da gehört Wissler zu den ganz wenigen Köchen, die dazu wirklich in der Lage sind. Es gibt ein gutes Beispiel. Vor einigen Jahren erregte Wissler damit Aufsehen, dass er scheinbar ganz einfache Produkte wieder in die Spitzenküche zurückbrachte. Dazu gehörten bei ihm vor allem Schweinekinn und Schweinebauch, also Produkte, die man in Deutschland eher in der traditionellen,

rustikalen Küche findet. Wissler verwandelte sie in präziser und langwieriger Zubereitung in schiere Delikatessen, die so gut schmeckten, dass sie völlig gleichberechtigt neben Filets und Rücken standen – wenn sie nicht sogar besser schmeckten. Leser, die wissen, wie gut auch die Fettschichten eines Schweinebauchs schmecken können, werden verstehen, was ich meine.

Es gab da nur ein kleines Problem, und zwar die krosse Haut. Wer jemals Schweinebauch oder Schweinshaxe in einem Brauhaus oder sonstigen Restaurant der traditionellen Küche gegessen hat, weiß, dass die krosse Haut oft sehr gut schmeckt, aber eben auch oft sehr hart und manchmal kaum zu essen ist. So etwas ist natürlich für die Spitzenküche »unmöglich«, man möchte die Gäste nicht mit solchen Problemen behelligen und schon gar nicht an einen Punkt kommen, an dem ein Gast passen muss, weil er so etwas einfach nicht zerbeißen kann. Die Haut musste also kross, aber essbar sein, und sie musste selbstverständlich den guten Geschmack einer lange gerösteten Haut besitzen. Was tun? Weil Wissler auf nichts verzichten wollte, entwickelte er eine Technik, mit deren Hilfe die Haut genau diese Qualität hatte. Das Verfahren ist aufwendig, zeigt aber in wunderbarer Weise, wie sich ein Koch mit der Lösung von Problemen und mit der Optimierung einer Zubereitung befassen kann. Wissler erzeugte erst einmal auf klassische Weise die krosse Haut – im Prinzip ganz ähnlich, wie das traditionell der Fall ist. Dann nahm er die dicke, geröstete Hautschicht ab (die Schwarte also) und zermahlte sie zu feinen Körnern. Diese Körner wurden daraufhin – um das Verfahren verkürzt darzustellen – zu einer Paste verarbeitet, die wiederum im Ofen flach ausgestrichen und gebacken wurde.

Am Ende stand dann eine krosse, aber eben keineswegs harte Platte, die wieder oben auf dem Schweinebauchstück landete. Sie schmeckte »wie das Original«, ließ sich aber viel besser essen und produzierte ganz nebenbei auch noch viel bessere Proportionen. Wenn man ein Stück Schweinebauch mit einer harten Originalkruste isst, kann es passieren, dass man die Kruste so lange kaut, dass man die weicheren Schichten darunter aromatisch überhaupt nicht wahrnimmt. Die Kruste bei Wissler dagegen zerlegt sich sehr viel besser und macht nicht nur keine Probleme mit den darunter liegenden Schichten, sondern ermöglicht auch etwas Neues, nämlich Akkorde zwischen Kruste, Fett- und Fleischschichten. Das kann man dann mit Fug und Recht »Optimierung« nennen.

Von diesen Optimierungen kann es übrigens noch eine ganz Menge geben. In dem Moment, in dem man Rezepte der klassischen Kochkunst unter modernen sensorischen Aspekten betrachtet, findet man immer wieder Stellen, an denen optimiert werden könnte. Irgendwann hat man einmal Ferran Adrià gefragt, welche Dinge man denn in der »normalen« Küche noch erfinden könne. Er überraschte mit einer ganz einfachen Antwort: »Man müsste einmal eine Technik finden, mit der man ein Huhn perfekt im Ganzen garen kann.« Nun wird jeder, der ein wenig vom Kochen versteht, sagen, das sei doch kein Problem, das mache man ja sogar in Imbissstuben nicht schlecht, weil man das Huhn am Grill dreht und es dadurch gleichmäßig Hitze abbekommt und gleichmäßig gebräunt wird. Außerdem gibt es oft mehrere Reihen Hühner übereinander, und das Fett der oberen tropft auch noch auf die unteren, sodass sie »saftig« bleiben. Das klingt plausibel, deckt sich aber überhaupt

nicht mit den Vorstellungen der Meister über die optimale Garung für ein Huhn. Viel Fett von außen jedenfalls meint man nicht, und eine schonend gegarte, butterweiche Brust unterscheidet sich um Welten von dem, was normalerweise vom Grill kommt. Es ist nun mal so, dass die Garzeiten für Brust und Keulen sehr unterschiedlich sind und das Garen am Stück (und möglicherweise auch noch über offenem Feuer) zwar einen sehr speziellen Geschmack produzieren kann, aber nicht unbedingt das, was die Meisterköche unter optimalen Garzeiten verstehen. Das ist nur ein kleines Beispiel der Geflügelgarung, bei der man – wie beim Fleisch – normalerweise alle optimalen Kerntemperaturen aufs Grad genau kennt. Aber was ist, wenn man auf der Suche nach Optimierungen zum Beispiel einmal an Gemüse denkt? Wie sind denn eigentlich die optimalen Kerntemperaturen beim Gemüse?

CHRISTIAN HÜMBS ODER: WARUM DIE DESSERTS GASTRONOMISCH WERDEN SOLLTEN

Neue Dessert-Welten: Details aus einem Dessert von Christian Hümbs. (Foto JD)

In der Reihe der großen Köche, die in diesem Buch eine Rolle spielen, ist Christian Hümbs ein noch eher wenig bekannter. Und doch hat er eine ganz besondere Bedeutung dadurch bekommen, dass er sich mit einem Bereich befasst, der lange Jahre in der kreativen Küche eher stiefmütterlich behandelt wurde: dem Bereich der Desserts. Mir war schon vor vielen Jahren aufgefallen, dass die Desserts bei großen Menüs oft einen unangenehmen Nebeneffekt hatten. Wenn man beim Hauptgericht angekommen war, fühlte man sich meist noch ganz gut.

Dann aber kamen Vordessert, Dessert, manchmal noch ein zweites Dessert und am Schluss Petits Fours und/oder Pralinen. Allein diese Abteilung vereinte die Kalorien eines vollständigen Essens und sorgte nicht selten dafür, dass sich im Körper der unschöne Effekt der Anstrengung einstellte. So gut es auch gewesen sein mag: So etwas kann man sich nur ein paar Mal im Jahr antun. Ich habe die Köche auch öfter darauf hingewiesen, dass sie unter Umständen mit dieser Dessert-Großzügigkeit vieles zerstören, was sie vorher aufgebaut haben.

FÜR KOPF UND KÜCHE
VON CAFÉS, EISCAFÉS UND GASTRONOMISCHEN DESSERTS

Der Wunsch nach Süßem hat oft ganz einfach etwas mit Alkohol zu tun, und das auch außerhalb der Gastronomie. Wenn nach mehreren Gängen das Hauptgericht erreicht ist, haben viele Gäste bereits eine adäquate Dosis Wein zu sich genommen und verspüren dann Lust auf Süßes oder brauchen Süßes – je nach Sehweise. Wer je versucht hat, seinen Körper im Zusammenhang mit dem Essen ein wenig zu erforschen, wird das kennen: Wenn man abnehmen will, bedeutet der Verzicht auf Alkohol oft automatisch auch eine erhebliche Reduzierung von Süßem. Man kommt dann einfach nicht auf die Idee, man müsse jetzt dringend Süßes haben. Die Joschka-Fischer-Diät – so erzählte er mir einmal – funktionierte ganz einfach und weitgehend nach dieser Erkenntnis. »Keinen Alkohol, keinen Zucker und möglichst wenig Kohlenhydrate – das baut kolossal ab«, sagte Fischer mir einmal nach einem Empfang beim Bundespräsidenten, bei dem ich das Essen im Bundespräsidialamt etwas genauer betrachtet habe.

Es gibt aber auch spezifisch kulinarische Gründe, die Desserts in der Gourmetküche etwas kritischer zu sehen. Viele Köche sind nicht unbedingt große Freunde von Süßem (wenn auch manche wie etwa Jean-Claude Bourgueil vom »Im Schiffchen« in Düsseldorf große Freunde der »Douceurs« sind) und kümmern sich nicht wirklich um die Desserts. Selbst wenn sie einen oder mehrere Spezialisten für diese Funktion eingestellt haben, fehlt den Chefs oft das Gefühl fürs Süße. Sie behandeln die Sache einfach nicht so aufmerksam wie die herzhafte Abteilung. Das hat dazu geführt, dass bis auf den heutigen Tag die Desserts zwar oft technisch und optisch ausgetüftelt aussehen, sich aromatisch aber nicht viel tut. Es bleibt im Bereich von Zucker und Sahne und Früchten und Schokolade, mal von links nach rechts, mal von rechts nach links. Wenn man solche Desserts isst, sind sie oft penetrant süß und ziemlich langweilig. Diese Art von Desserts hat einfach zu viel mit normalen Cafés oder Eiscafés zu tun und lässt nur selten erkennen, dass es sich hier um große Kochkunst auch im süßen Bereich handeln soll. Selbst das Naheliegende, also eine ähnliche Optimierung klassischer Formen, wie man sie im herzhaften Bereich bisweilen findet, ist extrem selten. Das beste Stück Blätterteigtarte mit Apfel habe ich nicht etwa in einem Restaurant, sondern bei einem belgischen Konditor bekommen. Und eine solche Tarte ist nun wahrlich ein Objekt, das man sorgfältig optimieren und zu ganz exzellenter Qualität bringen kann.

Als die spanische Avantgarde ihre neue Ästhetik und ihre neuen Techniken auch auf den Dessertbereich ausweitete, sah es einen Moment lang so aus, als ob sich die Lage ändern würde. Aber auch das war ein wenig Augenwischerei. Es sah zwar alles neuartig und spektakulär aus, schmeckte im Grunde aber immer noch nicht so viel anders als vorher. Selbst eines der einflussreichsten Bücher zur Pâtisserie, »Natura« von Ferran Adriàs Bruder Albert, blieb im Grunde im aromatischen Bereich konventionell, auch wenn sich die Gebilde nun zu künstlichen Landschaften und zu der Natur täuschend ähnlich nachgeformten Wurzeln und Zweigen formten. Am Ende einer F.A.Z.-»Geschmackssache« vom 15.4.2006, in der ich mich mit der »Dessertschwäche« der avancierten Küche befasste, kam ich dann auch zu dem Schluss: »Bei aller Achtung für die handwerklichen Grundlagen des Faches und trotz wahrlich grandioser technischer Entwicklungen etwa beim spanischen Pâtissier Oriol Balaguer (›La Nouvelle Cuisine des Desserts‹, Barcelona 2001) ist man geneigt, für den Dessert-Sektor ein gründliches Umdenken, nein, Neudenken zu wünschen. Auch hier gibt es noch Welten zu entdecken – von einer dringend notwendigen Wiederbelebung des klassischen Sektors bis zu einer Moderne, die wir bestenfalls erahnen können.«

Meine Ahnungen gingen in eine Richtung, die ich damals »gastronomische Desserts« genannt habe, also eine Arbeit im süßen Bereich, aber mit anderen als den klassischen Dessertprodukten, also im Grunde mit allen Produkten. Das »gastronomisch« muss man in diesem Zusammenhang französisch verstehen, da ein »restaurant gastronomique« ein Gourmetrestaurant bezeichnet, einen Ort, in dem man sich auch immer mit der Kochkunst als solcher beschäftigt und nicht vor allem – wie in der »normalen« Gastronomie – funktionale Aspekte im Sinn hat. Im Laufe der Zeit gab es immer wieder einmal kleinere Ansätze in dieser Richtung zu sehen, aber noch keinen wesentlichen Durchbruch, was vor allem daran lag, dass die verführerische Optik der Desserts von Albert Adrià erst einmal weltweit kopiert wurde. Man hatte also zu tun. Die Anklänge sahen meist so aus wie einmal bei Roger van Damme im »Het Gebaar« im Botanischen Garten in Antwerpen, ein Restaurant, das trotz seines Namens zu den kreativsten des Landes gehört. Van Damme hat

nur mittags und nachmittags geöffnet und bietet nur Hauptgerichte und Desserts an, wobei er vor allem Dessertspezialist ist. Eine seiner ebenfalls deutlich im Stil von Albert Adrià gearbeiteten »Landschaften« trug den Titel »Violette: Mousse von Cassis, Violette, Himbeeren und Schokolade, mit einem Coulis von Cabernet Sauvignon, garniert mit Mikrokräutern und Basilikumeis«. Das war im Jahre 2008.

Nun aber zurück zu Christian Hümbs, von dessen Entwicklung ich nur vage gehört hatte. Ich wusste, dass er bei Johann Lafer und bei Sven Elverfeld gearbeitet hatte und von dort zu Sebastian Zier ins »La Mer« auf Sylt gegangen war. Bei Elverfeld war er nicht in der Position des Chefpâtissiers gewesen und hatte insofern noch keine klaren Gestaltungsmöglichkeiten gehabt. Offensichtlich hatte er sich aber auf seinen Posten als Pâtissier im »La Mer« vorbereitet und überraschte dort mit neuartigen Arbeiten, die offensichtlich in Richtung der »gastronomischen« Desserts gingen. Wir fuhren also nach Sylt und hatten unser ganz normales Programm mit verschiedenen Restaurants zwischen Spitzenklasse und bürgerlich-populären Häusern. Das Essen im »La Mer« war sehr gut, und eigentlich war ich auch in erster Linie dort, um diesen exzellenten Koch zu besuchen, den ich später dann auch einmal als »Koch des Jahres« in der Frankfurter Allgemeinen Sonntagszeitung benannt habe. Sebastian Zier möge mir verzeihen, wenn ich an dieser Stelle nicht von »Wasser und Land – Lachsforelle in Harmonie mit Joghurt und Granatapfel«, »Tauchgang – Gebratene Jakobsmuschel mit Chorizoschaum, Estragoneis und

Limonenstampf« oder »Aus dem Versteck gelockt – Gebratener Kaisergranat in Verbindung mit Nuss und Chicoree« berichte, sondern von einem Gang, der uns als Vordessert präsentiert wurde. Er hatte den Titel »Kopfsalat, weiße Schokolade, Gurke und Passionsfrucht« und gehörte auch zu einem »Aromenmenü«, das Pâtissier Hümbs zu bestimmten Terminen anbot. Dieses erste Dessert im neuen Hümbs-Stil hatte bei mir eine beträchtliche Wirkung. Es ist mir selten passiert, dass ich vor einem Teller in einem Spitzenrestaurant saß und ihn auf Anhieb absolut überragend und geradezu stilprägend fand. Diese Komposition hatte alles – von der Optik bis zur kulinarischen Substanz, sie war neuartig, wirkte aber schon so gelungen, dass man sie ganz selbstverständlich unter die besten Gerichte einordnen konnte, die im Moment zubereitet wurden.

Wenig später habe ich dann gleich zu einem der größten Features gegriffen, die ich für überragende Gerichte habe. Innerhalb der F.A.Z.-»Geschmackssache« habe ich verschiedene Unterabteilungen wie zum Beispiel die »Gourmetvision kreativ« oder die F.A.Z.-»Regio Tapas«. Es gibt auch eine Abteilung mit dem Titel »Das kulinarische Werk«, in der ich ganz große und wichtige Gerichte vorstelle – in unregelmäßiger Reihenfolge, so wie es sich gerade ergibt. Der gesamte Text ist dann ausschließlich diesem Gericht gewidmet, das in allen Details analysiert wird. Zu den Gerichten, die ich dort

Desserts von Christian Hümbs. Oben: »Frühling«, mit allerlei Variationen von Rhabarber. Unten: »White Sensation«, mit Himbeere, Kokos, Blumenkohl und Joghurt. (Fotos JD)

vorgestellt habe, gehören zum Beispiel der »Saint-Pierre retour des Indes« von Olivier Roellinger (»Les Maisons de Bricourt«, Cancale, Bretagne), die »Brachfeldfrüchte« von Jean-Claude Bourgueil (»Im Schiffchen«, Düsseldorf), die »Gewürzente« von Helmut Thieltges (»Sonnora«, Dreis), das »Reh im Brotteig« von Heinz Winkler (»Residenz Heinz Winkler«, Aschau), »Feines vom Taschenkrebs« von Harald Wohlfahrt (»Schwarzwaldstube«, Baiersbronn) und das »Schweinekinn mit Saiblingskaviar« von Joachim Wissler (»Vendôme«, Bergisch Gladbach). Hümbs ist also in guter Gesellschaft.

Nun aber ein paar Details zu »Kopfsalat, weiße Schokolade, Gurke und Passionsfrucht«. Die Elemente sind: von der weißen Schokolade ein Biskuit, ein Sponge (ein in der Mikrowelle verfestigter Schaum mit einer porösen, an einen Schwamm erinnernden Konsistenz) und eine Creme. Von der Gurke kommen ein Carpaccio, ein Granité von Gurke und Passionsfrucht, ein Chutney und Gurkenkresse (eine Kressesorte, die deutlich nach Gurke schmeckt). Die Passionsfrucht aromatisiert Tapiokaperlen und einen Honig zum Marinieren der Salatblätter. Der Kopfsalat taucht in Form eines Süppchens, als Salatherz und mit marinierten Blättern auf. Abgerundet wird das Ganze noch von Vanillecrumble. Im »Kulinarischen Werk« schrieb ich: »Es wird klar, dass hier – trotz mehrerer Aromen – das Prinzip des sensorischen Ragouts [siehe Glossar] verfolgt wird, bei dem jeweils unterschiedliche Aggregatzustände (Texturen und Temperaturen) von Creme bis Crumble und von Zimmertemperatur bis zum Granité eingesetzt werden. Jeder Zustand kommt nur einmal vor, was zu einem dichten Geflecht von Wahrnehmungen führt, die durch ihre unterschiedliche zeitliche Staffelung eine große räumliche und zeitliche

Breite ergeben. Es gibt zum Beispiel im Vordergrund das kalte Granité und die krossen Vanillestückchen, oder durchlaufende, schmelzende Hintergründe von der Schokoladencreme. All diese Aggregatzustände sind in den Proportionen so fein abgestimmt, dass sie sich in quasi jeder Kombination ergänzen und keine Auslöschungen produzieren. Im aromatischen Sektor gilt hier die Grundregel, dass der Aggregatzustand das Aroma inszeniert. Wie deutlich man ein bestimmtes Aroma wahrnimmt und wann man es wahrnimmt, hängt von der entsprechenden ›Kodierung‹ ab. Und weil in dieser Komposition die Vielfalt dieser Kodierungen besonders groß ist, erleben wir die Produktaromen meist eher mittelbar, also sozusagen auf eine andere Ebene verschoben. Die Identifizierung einzelner Aromen wird dabei durchaus erschwert – was wiederum die Frage mit sich bringt, welche Rolle sie hier spielt.« Wohlgemerkt: Wir sind hier in Reise 21, der letzten Reise in diesem Buch, und es geht natürlich schon ziemlich ins Detail.

Ich hatte festgestellt, dass man ein solches Dessert mit seinen vielen Elementen nicht ganz so einfach essen kann. Hümbs sagte später einmal, dass es natürlich Gäste gäbe, die ein solches Dessert einfach von links nach rechts »abräumen«, ohne größeres Interesse für die Details. Mir ließ das Ganze allerdings keine Ruhe und ich ging wieder einmal dazu über, ganz besonders genau auf meine Wahrnehmungen beim Essen dieser Desserts zu achten. Für diese Desserts benutze ich übrigens den Namen »Crossover-Desserts« (also Desserts mit Elementen, die man sonst eher oder nur bei »herzhaften« Gerichten findet), weil mir die Bezeichnung »Gastronomische Desserts« etwas zu kompliziert erschien.

FÜR KOPF UND KÜCHE
FLOW TASTING

Es dauerte nicht lange, bis ich eine interessante Beobachtung gemacht hatte, die zu einer Art der Degustation führte, die bei solchen oder ähnlichen Gerichten einen ganz markanten Effekt bringt. Ich habe sie »Flow Tasting« oder »Fließ-Degustation« genannt (wie üblich führe ich solche Begriffe ein, weil es bisher keine anderen Begriffe zur Beschreibung dieses Phänomens gibt). Ausgangspunkt ist die Einsicht, dass man solche vielteiligen und kleinteiligen Kompositionen nicht wirklich nur Stück für Stück essen kann, wenn man wissen will, was das Besondere daran ist. Es bieten sich zwei Wege an. Für die Texturen, Temperaturen und Räumlichkeiten kann man sich natürlich eine Menge von verschiedenen Kombinationen zusammenstellen und wird wundervolle Erlebnisse haben. Für die Aromen allerdings ist das wegen der Flüchtigkeit vieler kleinteiliger Elemente nicht wirklich optimal. Ich hatte beobachtet, dass sich beim Essen irgendwo im Hintergrund etwas abspielte, was in gewisser Weise unabhängig von den Details war. Dass es eine Art aromatische Information auf einer weiteren Ebene als der der ganz normalen Produkt- oder Akkordwahrnehmung gab. Aus mir nicht wirklich bekannten Gründen begann ich einmal, nicht jedem einzelnen Bissen nachzuschmecken, sondern immer wieder neue Bissen zu nehmen, auch wenn ich noch mit dem vorherigen Bissen beschäftigt war. Ich bemerkte, dass sich diese weitere Ebene ständig veränderte und man mit ein wenig Übung und Konzentration eine absolut faszinierende aromatische Bewegung erleben konnte, bei der Produktaromen, aber auch Süße, Säure, Fruchtigkeit und alle möglichen Dinge eine Rolle spielten. Dieses Flow Tasting war ganz offensichtlich ein Schlüssel zu einer weiteren Dimension der Wahrnehmung, oder besser: zu einer weiteren Ebene der Entschlüsselung des geschmacklichen Potenzials von Essen. Und es war fantastisch im Zusammenhang mit den Desserts von Christian Hümbs.

Nach dieser Erfahrung habe ich dann in der folgenden Zeit noch eine Reihe von Versuchen zum Flow Tasting gemacht und das Prinzip immer wieder bestätigt gefunden. Ein einfaches Beispiel für die Funktionsweise: Wenn Sie Liebhaber von würzigen Reisgerichten sind, bei denen es verschiedene Einlagen und vor allem viel Würze und Schärfe gibt (wie bei vielen Currys), könnten Sie einmal probieren, was passiert, wenn sie in relativ zügiger Folge einen kleinen Löffel nach dem anderen essen. Es kann sein, dass Sie nach einigen Löffeln nicht mehr weiteressen können, weil sich im Mund eine extreme Schärfe aufgebaut hat.

Ich habe dann im Verlauf der kommenden Monate eine Reihe von Hümbs' Crossover-Desserts gegessen und mittlerweile wohl fast alle, die er bisher konzipiert hat. Ich habe ihn zweimal hintereinander zum Pâtissier des Jahres in der »Frankfurter Allgemeinen Sonntagszeitung« gekürt und ihn zuletzt auch noch für die »Innovation des Jahres« geehrt. Der Grund für diese Ehrungen ist nicht nur, dass ich Hümbs als einen der wenigen echten Erfinder unter den deutschen Köchen ansehe, sondern auch sein Einfluss auf die Szene. Nachdem seine Arbeit einmal die Runde unter den Köchen gemacht hatte, konnte ich bei meinen Besuchen landauf, landab seine Spuren erkennen. Hümbs wurde in kürzester Zeit zu einem der ganz großen Anreger der deutschen Pâtisserie – das konnte man bis hin zu den Arbeiten von Drei-Sterne-Köchen feststellen. Im Herbst des Jahres 2014 konnte ich Hümbs dann auch dem internationalen Publikum auf dem »Chefsache«-Kongress in Köln präsentieren. Obwohl er behauptete, extrem nervös zu sein, präsentierte er seine Arbeit mit unglaublichem Schwung und sehr viel Überzeugungskraft. Wie gesagt: eine Ausnahmeerscheinung mit einer ungewöhnlich klaren Vorstellung von etwas Neuem und einem Ansatz, der wirklich greift. Das zeigte sich auch in den Gesprächen, die es rund um seine Arbeit immer wieder gab. Hümbs denkt einfach komplex und ist in der Lage, eine ganze Anzahl von Variablen gleichzeitig zu beherrschen. Das ist – auch international gesehen– sehr selten.

Ein besonderes Phänomen war seine Rezeption in Deutschland. Sie war ein Beispiel dafür, wie klein das Karo doch im kulinarischen Bereich manchmal ist. Man denkt, dass Feinschmecker eine lebensfrohe, vor allem auch an allem Neuen interessierte Gattung Mensch sind und sich freuen, wenn es irgendwo etwas Interessantes gibt. Bei Hümbs und seiner Arbeit reagierten allerdings manche so, wie man sich Kleingärtner vorstellt, wenn ein Mitglied mit der Bepflanzung seines Gartens von der Satzung abweicht. Während Hümbs längst eine ganze Reihe seiner Desserts präsentiert hatte und alle Freunde der Moderne elektrisiert von diesen kleinen Wunderwerken waren, schafften es andere spezialisierte Medien und Restaurantführer zum Beispiel, keinen Titel des »Pâtissiers des Jahres« zu vergeben, weil sich da angeblich in Deutschland nichts getan hätte. Es ist bizarr und einer der Gründe dafür, dass sich die deutsche Spitzenküche im eigenen Land nicht der Unterstützung erfreuen kann, wie das in anderen Ländern ganz selbstverständlich der Fall ist. Mit Hümbs haben wir seit Urzeiten wieder einmal einen Koch, der etwas Neues präsentiert, was man jederzeit überall auf der Welt vorstellen kann. In Spanien oder Frankreich hätte man ihn vermutlich längst zum Weltstar ernannt. Aber ich will hier nicht weiter diskutieren, sondern die Reise ins Innere des Geschmacks weiter verfolgen. In den Kapiteln »Für Kopf und Küche Extra« (Seite 266ff.) gibt es mehr dazu.

Die Vielfalt der Elemente sorgt für ein faszinierendes Geschmacksbild, das ständig in Bewegung ist. (Foto JD)

Produktnähe, Produktgeschmack und Sensibilität

Wie sensibel muss man, sollte man, kann man eigentlich mit den Produkten umgehen? Eines ist erst einmal sicher: Mit der hoch gerühmten Produktnähe der klassisch-französischen Küche ist es nicht ganz so weit her, wie immer behauptet wird. Was ist zum Beispiel mit einem Rinderfilet in traditioneller Zubereitung? Wenn es auf dem Teller liegt und daneben nur etwas Sauce, zwei kleine geschmorte Zwiebeln und ein paar Erbsen, wird üblicherweise davon geredet, das sei nun wirklich eine puristische Zubereitung, bei der das Hauptprodukt klar im Mittelpunkt steht und an dem Hauptprodukt auch nicht mit irgendwelchen Aromen herumgebastelt wurde. Es gibt einen oft zitierten Satz des Franzosen Maurice-Edmond Sailland, genannt Curnonsky (1872–1956), nach dem es sich dann um gute Küche handelt, wenn die Produkte den Geschmack haben, den sie haben. Man darf annehmen, dass demnach dieses Rinderfilet gute Küche ist (gute handwerkliche Verarbeitung vorausgesetzt). Aber: Hat es wirklich den Geschmack, den es hat? Nein. Durch die Garung verändert sich der Geschmack natürlich erheblich, vor allem dann, wenn das Fleisch – wie bei einem Filet üblich – kräftig angebraten wird. Außerdem hat es vermutlich Salz und Pfeffer abbekommen, und davon vermutlich nicht wenig. Was soll daran puristisch sein? Der Unterschied zwischen rohem Fleisch und dem gewürzten und per Maillard-Reaktion beim Braten aromatisierten Fleisch ist jedenfalls erheblich. Sind also im Grunde nur die Gerichte der japanischen Küche akzeptabel, bei denen tatsächlich rohe Produkte zum Einsatz kommen, die dann zwar eine Begleitung erhalten, aber eben grundsätzlich auch pur zur Verfügung stehen?

Ein Dogma, bei dem nur unverarbeitete und nicht weiter behandelte Rohkost akzeptiert wird, ist vielleicht unter bestimmten medizinischen Aspekten interessant, nicht aber unter kulinarischen. Was aber von Bedeutung ist, ist eine Küche, bei der das Produktaroma ganz klar im Mittelpunkt der Bemühungen steht und alles getan wird, dass es in allen Schattierungen wahrgenommen werden kann. Wie gesagt »eine Küche«, nicht »jede« Küche. Es macht einfach keinen Sinn, Produkte ausschließlich als Folien für Massen von Salz und Pfeffer und Gewürzen und anderen aromatischen Manipulationen zu benutzen. Wenn wir uns keinen Sinn für den wirklichen Produktgeschmack erhalten, sind wir letztlich auf dem Weg zu künstlicher Nahrung oder den industriellen Geschmacksbildern, die ohnehin eines Tages auch ohne reale Produkte auskommen werden und im Bereich »normalen« Essens (also nicht nur bei den Süßigkeiten, bei denen man das schon macht) irgendein »Kaumaterial« mit Aromen produzieren.

Aber: Es ist nicht ganz so einfach mit den Produktaromen, weil wir bisher kaum in diese Richtung denken und noch viel weniger dazu bereit sind, puristische Gerichte ohne allerlei Würze überhaupt zu akzeptieren. Sie werden nämlich zwangsläufig anders schmecken und im Moment von vielen Menschen unter Umständen nicht als wirklich gutes Essen anerkannt werden. Man muss das im Grunde selbst einmal durchspielen. Und das ist durchaus etwas komplizierter, als man vielleicht meint … Zum Beispiel:

DIE KARTOFFEL

Die Kartoffel ist ein Produkt, das man kaum jemals bewusst angeht. Als einfache Salzkartoffel ist sie regelmäßig Teil der bürgerlichen Küche, in professionellen Bereichen wird sie gerne als »Sättigungsbeilage« bezeichnet. Ansonsten hat sie es in der Spitzenküche zwar bis zu einem Kultobjekt geschafft, aber – sagen wir – nicht unbedingt in ihrer originären Form. Gemeint ist das berühmte Kartoffelpüree von Joël Robuchon, bei dem im Grunde die Kartoffel vor allem als Trägermasse für Unmengen bester Butter benutzt wird. Dass die Basis die berühmte La-Ratte-Kartoffel ist, mag zwar mit zum Gesamtgeschmack gehören, spielt aber definitiv keine entscheidende Rolle. (Einer der Gründe ist übrigens, dass es auch bei Kartoffeln innerhalb der Sorten größere Qualitätsunterschiede gibt. Ich habe La Ratte in so viel verschiedenen Qualitäten erlebt, dass der Griff zu dieser Sorte mittlerweile genauso vorsichtig erfolgt wie zu vielen anderen Sorten.) Wenn man puristisch bleiben will, sollte man erst einmal bei einer Sorte beginnen, die nach etwas schmeckt. Und da geht es zuerst um eine schiere Banalität. Eine gute Kartoffel ist erst einmal eine Kartoffel, die »nach Kartoffel« schmeckt. Und schon wird es schwierig. Wissen wir wirklich, wie »Kartoffel« schmeckt? Sind wir in der Lage, die Spreu vom Weizen zu trennen und Exemplare mit faden Nebennoten oder einem unausgewogenen Geschmacksbild auszusortieren? Nun gut, gehen wir einmal davon aus, dass wir in der Lage sind, aus dem Angebot in unserer Umgebung eine solche Sorte herauszufiltern. Alternativ könnte man sich natürlich auch um Sorten kümmern, die einen eher individuellen Geschmack haben, vielleicht die Moorkartoffeln in Schleswig-Holstein oder die Sorte »Tannenzapfen«, die einen wunderbar erdigen Geschmack hat (zumindest war das bei den Exemplaren so, die ich einmal eine Saison lang bei meinem Bio-Bauern kaufen konnte. Danach hat er sie wieder aus seiner Liste entfernt, weil außer mir kaum jemand diese Sorte gekauft hat, was vielleicht daran lag, dass sie voller Aus-

buchtungen ist und so gar nicht den EU-Normen zu entsprechen scheint).

Auf der Reise ins Innere des Geschmacks geht es zuerst einmal um die Frage, ob man die Kartoffel mit oder ohne Schale gart. Probieren Sie es aus und vergleichen Sie. Und dann vergleichen Sie bei den geschälten auch noch, wie sie schmecken, wenn man sie vor der Garung abwäscht oder nicht abwäscht. All das sind Maßnahmen, die bei berühmten Köchen und ihrer Kartoffelgarung eine Rolle spielen.

Dann geht es an den Salzgehalt des Wassers, nein, stop, es geht erst einmal um das Salz, das man überhaupt benutzt. Probieren Sie verschiedene Salze und vergleichen Sie. Aber, noch einmal stop, was ist denn überhaupt Salzwasser? Robuchon schlägt 10 Gramm pro Liter vor. Probieren Sie 5 Gramm und 10 Gramm und vielleicht 20 Gramm pro Liter. Spätestens zu diesem Zeitpunkt existieren schon so viele Variablen in diesem Experiment, dass es langsam unübersichtlich wird. Und …

wo bleiben hier die Überlegungen zu Purismus und zum Produktgeschmack, wenn doch kaum ein Punkt zu fixieren ist, an dem man wirklich ein »typisches« Produkt vor sich hat? Von dem locker benutzten Begriff »Produktgeschmack« bleibt also eine eher diffuse Bedeutung übrig. Aber der Begriff kann durch etwas ersetzt werden, was wesentlich hilfreicher ist: durch die Sensibilisierung für kulinarische Feinheiten und Qualitäten. Und wenn diese erreicht wird, kann es bewusste und kulinarisch sehr gute Entscheidungen auf einem völlig anderen Level geben.

Ich möchte mich auf eine Proportion festlegen und schlage hiermit eine gute Charlotte-Kartoffel vor, die für unser Experiment in einem Wasser gegart wurde, das mit 12 Gramm grobem, bretonischem

Meersalz (das aus den 1 kg-Plastiksäcken) pro Liter gewürzt ist. Und obwohl noch aussteht festzustellen, wie weit sich der Salzgehalt des Wassers auf eine Kartoffel mit Schale und eine ohne auswirkt, nehme ich geschälte, nicht gewaschene Kartoffeln. Es zeigt sich, dass die Kartoffel ganz exzellent schmeckt und das Meersalz einerseits dafür sorgt, dass die Kartoffel wunderbar »kartoffelig« schmeckt und andererseits eine jodige Würze ergänzt, die der Kartoffel genau das gibt, was man braucht, um zu sagen: »Diese Kartoffel kann man auch ohne weitere Elemente essen, sie schmeckt einfach hervorragend.«

Falls man nun nicht unbedingt das gesamte Essen nur mit dieser Kartoffel bestreiten möchte, ergibt sich die Frage, wie man weitermachen kann, ohne diese gerade eben erst gewonnene Qualität zu zerstören. Wenn man Apfelkompott hinzufügt, ist das Aroma weg; wenn man die Kartoffel zerdrückt und Butter oder Olivenöl hinzufügt, schmeckt das zwar auch gut, geht aber abermals zu Lasten des schönen Kartoffel-Meersalz-Aromas. Um es zu erhalten, braucht die Kartoffel in einem größeren Gericht also Freiraum. Das bedeutet, dass man Konkurrenzsituationen vermeiden sollte. Solche Konkurrenzsituationen treten vor allem auf, wenn ein weiteres Produkt die gleiche Textur und Temperatur wie die Kartoffel hat. Wenn man die beiden Produkte – nehmen wir die Kartoffel und ein Stück Sellerie, das ähnlich gegart ist – kombiniert, vermischen sie sich sehr schnell, und man hat einen Mischgeschmack, aber nicht Kartoffel plus Sellerie in einer – sagen wir – dynamischen Beziehung. Man kann jetzt alles Mögliche an Kombinationen durchdenken und wird in sehr vielen Fällen feststellen, dass sich die Elemente ins Gehege kommen und ein Gericht mit exzellenter Produktnähe unter

Beteiligung der Kartoffel wohl ziemlich schwierig ist. Für dieses Problem gibt es natürlich eine Lösung, und es hat – wie immer – mit der ausgeweiteten Sensorik (siehe Glossar) zu tun. Die einfachste Lösung für unsere Kartoffel wäre ein Gericht, bei dem alle Elemente nebeneinander auf dem Teller liegen und der Esser so viel kulinarische Intelligenz besitzt, dass er selbstverständlich erst einmal die einzelnen Elemente probiert und dann nach der Wirkung verschiedener Proportionen sucht. Es lägen dann vielleicht ein paar Lamellen gedünsteter Kabeljau, einige Zweiglein Tripmadam, ein paar Spalten von geschmorter Tomate mit etwas Jus und zwei rohe Tomaten-Kerngehäuse auf dem Teller. Man hätte hier gute Chancen, alles sehr sensibel miteinander in Verbindung zu bringen und selbstverständlich auch die Kartoffel in ihrem ganzen Glanz wahrzunehmen.

So etwas hat natürlich seine Grenzen, weil vermutlich der allergrößte Teil der Esser so nicht essen und die Kartoffel nach alter Sitte einfach missachten würde. Aber zum Glück gibt es ja die sensorischen Überlegungen und damit eine ganze Reihe von Möglichkeiten, wie man die Kartoffel so sensibel inszenieren kann, dass sie ihre Individualität behält. Die gedünsteten, sehr weichen Kabeljau-Lamellen aus dem ersten Konzept wären schon einmal nicht schlecht, weil sie – erstens – eine weichere Textur haben, also zusammen mit der Kartoffel gegessen sich schneller im Mund auflösen als diese und man in diesem Prozess die Kartoffel immer als dominant erleben würde. Zweitens wäre das Aroma des Fisches so zurückhaltend und sozusagen innerhalb des Geschmacksbildes der Kartoffel (zweimal leicht oder stärker Jodiges), dass es höchstens eine gewisse Verstärkung, aber keine Beeinträchtigung gäbe. Und drittens gäbe es natürlich auch keine Probleme mit einem Temperatur-kontrast. Das wäre dann gut für die Kartoffel. Aber wäre es auch gut für den Fisch? Leider nein. Für ihn würde das Ganze natürlich umgekehrt wirken und er wäre plötzlich in einer Begleitfunktion für die Kartoffel – was selbstverständlich auch ein denkbares Konzept wäre.

Nichts für ungut, lieber Leser. Aber so ist das nun einmal, wenn man darüber nachdenkt, wie nahe man an die Produktaromen gehen kann und wie Gerichte aussähen, die wirklich sensibel aufgebaut sind. Die Reise ins Innere des Geschmacks führt eben in immer neue Welten und keineswegs auf ein paar einzelne Punkte. Ein nächstes Beispiel wären:

LAMMKOTELETTS

Als der französische Spitzenkoch und exzellente Kochtechniker Joël Robuchon Jahre nach seinem Rücktritt als Küchenchef des »Restaurant Joël Robuchon« in der Avenue Raymond Poincaré in Paris sein »Atelier« in Saint-Germain eröffnete, ging diese Meldung rund um die Welt. Es war damals noch völlig unüblich, dass ein Koch von seinem Kaliber ein Restaurant eröffnete, in dem unter anderem in kleinen Portionen und zu vergleichsweise überschaubaren Preisen eine Art Haute-Cuisine-Snacks angeboten wurden. Einer dieser »Snacks« war ein Lammkotelett, das lediglich mit etwas Jus und einem Zweiglein Thymian präsentiert wurde. Als ich zum ersten Mal dort aß, habe ich das natürlich bestellt und musste schon beim Servieren lächeln, weil ich (als alter Robuchon-Schüler) sofort erkannt hatte, um was es hier ging. Das Kotelett hatte eine leicht konvexe Form, das Fleisch wölbte sich also etwas höher als

der Knochen. Und: Es war komplett »koloriert«, also wirklich rundum angebraten und das ausgesprochen gleichmäßig und sogar an den Seiten. Ich probierte es und es schmeckte grandios, hatte aber offensichtlich – wenn überhaupt – nur kurz vor dem Servieren ein paar Körner Fleur de Sel abbekommen. Der Meister setzte also vor allem auf die Maillard-Reaktion, auf die chemischen Prozesse, die durch das Anbraten von Fleisch entstehen und dem Fleisch den typischen Geschmack eines angebratenen Fleisches geben. Und damit das möglichst intensiv wird, hatte er konzentriert an einer Garung gearbeitet, bei der alle Oberflächen einen gleichmäßigen Überzug bekamen.

Ich dachte daran, dass oft empfohlen wird, Fleisch sehr scharf anzubraten, damit sich »die Poren schließen« (ein kompletter Unsinn) oder möglichst viele Röstnoten entstehen. Auch Letzteres kann man nicht so ohne Weiteres stehen lassen, weil die beliebten Röstnoten in dem Moment kontraproduktiv werden, wenn sie Bitterstoffe entwickeln, die den Geschmack des Fleisches beeinträchtigen. Jede verbrannte oder zu dunkle Stelle ist »too much«. Nun ist es aber so, dass die Maillard-Reaktion erst bei einer bestimmten Temperatur (etwa 140 Grad Celsius) einsetzt, und ein einzelnes Lammkotelett natürlich sehr schnell zu viel Hitze abbekommt und dann übergart ist. Und nun stellen Sie sich vor, Sie müssten ein Lammkotelett von beiden Seiten und rundum in einen gleichmäßig gegarten Zustand versetzen. Geht das überhaupt? Es geht, mit extremer Vorsicht und wenn man ganz genau weiß, was man will. Erleichtert wird ein solcher Prozess, wenn das Fleisch nicht schon – wie das in vielen Rezepten gefordert wird – eine Stunde oder länger »auf Zimmertemperatur« gebracht wurde, sondern kälter ist. Dann – ein ganz kleiner, aber in diesem Zusammenhang wichtiger Trick –

hat man ein wenig mehr Zeit zum Kolorieren, ohne dass der Kern übergart wird. Aber das ist jetzt hier nicht das Problem. Festzuhalten ist, dass mit dieser Sensibilität und natürlich dem Verzicht auf Unmengen von Salz und Pfeffer vor dem Garen das Fleisch auf eine sehr natürliche, sehr produktnahe Weise »Geschmack« bekommt. Wenn Sie sich daran gewöhnen, werden Sie schnell feststellen, wie gut sich das Fleisch mit dieser eher zurückhaltenden Gartechnik entwickelt und dass sie für fast alle Fleischarten ein Gewinn ist.

Wenn ich aus Frankreich zurückkomme, bringe ich mir übrigens gerne eine Côte de Bœuf mit und zwar in französischem Zuschnitt und französischer Dicke. Das Stück wiegt eineinhalb Kilo oder mehr und ist vier oder fünf Zentimeter dick. Ich lege es auf eine Antihaft-Bratplatte und gare es ohne jedes Fett und ohne jede Würze, ausschließlich darauf konzentriert, das Fleisch so gut wie möglich Farbe annehmen zu lassen. Es schmeckt wunderbar, vor allem auch, weil sich bei dieser Technik über die üppigen Fettränder usw. eine Menge von Eigenaroma entfalten kann. Je nach Lage der Dinge schließe ich mit einer kurzen Phase auf dem Grill ab, um ein paar Extra-Röstnoten zu erhalten. Auf dem Teller gibt es dann nur etwas Fleur de Sel, manchmal auch ein paar Körner Pfeffer. Das hat eine völlig andere Funktion als eine frühe Würzung, die in das Fleisch einzieht und seinen Geschmack denaturiert.

Produktnähe, Produktgeschmack und Sensibilität. Große Stücke, am Stück gebraten sind immer eine besondere Delikatesse. Unten traditionell zubereitete Lammkeulen bei einem Fest in der Bretagne. (Fotos JD)

Festzustellen, ob etwas »schlecht« schmeckt, scheint eines der einfachsten Dinge zu sein. Man nähert sich dem Objekt der Begierde und checkt es in allerkürzester Zeit durch. Dieser Prozess beginnt mit Wahrnehmungen, die man aus größerer Entfernung machen kann, er geht weiter, je näher man dem Essen kommt, bis man es schließlich im Mund hat und den Geschmack aufnehmen kann. In vielen Fällen fängt der Prozess schon bei der Auswahl von Speisen aus einer Speisekarte an. Was dort durchfällt, weil man »so etwas« grundsätzlich nicht isst (sagen wir beispielsweise Kutteln), hat normalerweise keine Chance, und das auch dann nicht, wenn es von einem hervorragenden Koch bestens zubereitet ist. Wenn man vor dem Teller sitzt, geht es erst einmal um die Optik, unter Umständen sehr schnell auch mit dem Geruch verbunden und manchmal auch mit der Textur. Ein Stück Fisch, das man sich schneeweiß und fest vorgestellt hat, irritiert vielleicht, weil es dunkelbraun aussieht; ebenso ein Stück Fleisch, weil es so untergart ist, sodass es bei der Berührung mit der Gabel noch vibriert. Und wer jemals in der Bretagne warme Andouillette gegessen hat (die berühmt-berüchtigte Innereienwurst), wird wissen, dass das servierte Gericht nach mitteleuropäischen Kategorien bemessen geradezu stinken kann. Aber es ist auch möglich, dass ein Essen alle diese Stationen positiv passiert hat, appetitlich aussieht, in unser Beuteschema passt, wir es in den Mund stecken und es dann aber am liebsten in hohem Bogen wieder ausspucken würden. Einer gut gebratenen Brust einer etwas älteren Wildtaube zum Beispiel kann man ihr ziemlich »wildes«, kräftiges Aroma nicht unbedingt ansehen. Wir haben jedenfalls normalerweise bewusst oder unbewusst (meist unbewusst) ein klares System von No-Go's verinnerlicht, das wir üblicherweise automatisch zur Anwendung bringen. Fehler finden sich dann da, wo die Abweichungen so groß sind, dass wir sie nicht mehr hinnehmen wollen.

Mit einer solchen Betrachtungsweise, die sicher jeder Esser ohne Weiteres nachvollziehen kann, ist man natürlich tief im subjektiven Bereich. Maßstab für die Beurteilung ist das, was wir an Beurteilungskriterien zur Verfügung haben. Die Qualität eines Produktes, das wir noch nie gegessen haben, können wir bestenfalls analog zu ähnlichen Produkten beurteilen, weil uns für das »neue« Produkt die Kriterien zur Einordnung fehlen. Dazu setzen wir aber in der Regel einen interessanten Prozess in Gang. Wir ziehen uns auf eine etwas abstraktere Ebene zurück (was wir ansonsten selten tun) und suchen von dort aus nach Konkretisierungen. Eine typische Äußerung dazu wäre dann: »Das schmeckt wie dies oder das.« Wer also noch nie einen frischen Ziegenkäse gegessen hat, weil er Ziegenkäse grundsätzlich nicht isst, wird ihn probieren, feststellen, dass er – entgegen den Vermutungen – nicht oder so gut wie nicht »nach Ziege« schmeckt und dann vielleicht sagen: »Das schmeckt ja wie Quark.« Interessant wäre auch – um ein etwas komplexeres Beispiel zu benutzen – ein Stück vom Kalbsherz, bei dem man sich gut vorstellen kann, dass es viele Leute gibt, die große Probleme schon mit dem Produkt haben und es am liebsten gar nicht anrühren würden. Gerade in solchen Fällen, die auch tief mit allen möglichen psychischen Aspekten verbunden sein können, ist es interessant, wenn man es dennoch schafft, auf die rein geschmackliche Ebene zu kommen, wirklich nur den Geschmack zu beurteilen und sonst nichts. Dann könnte die Konkretisierung beim Kalbsherz so aussehen, dass man einmal nur einen Hauch von einem irgendwie abstrakten »Innereiengeschmack«

feststellt, ansonsten aber einen feinen Fleischgeschmack, der sehr angenehm ist. Die im Vergleich zum üblichen Schmecken mit seinen schnellen Einordnungen und Urteilen abstrakte geschmackliche Ebene verhilft uns also zu einer gewissen Objektivität. Man könnte natürlich auch sagen, dass diese scheinbar abstraktere, weil von unseren konkreten Erfahrungen ein wenig abgekoppelte Sehweise eine übergeordnete Sehweise ist. Aber diese Sehweise spielt vor allem dann eine Rolle, wenn es um den Geschmack von Fehlern geht.

Etwas als »Fehler« zu beurteilen, hat immer etwas von der Anwendung klarer und mehr oder weniger objektiver Kriterien, die zumindest eine gewisse Gültigkeit mit entsprechenden Auswirkungen haben. Und da stößt man beim Essen schon wieder auf viele Schwierigkeiten. Weil wir in Deutschland noch nicht so weit sind, dass die wichtigsten kulinarischen Kriterien zur Allgemeinbildung gehören, sondern wir uns nach wie vor noch in einem weitgehend subjektiven Raum bewegen (»Essen ist doch Geschmackssache«), sind viele wichtige Kriterien in großen Teilen der Bevölkerung unbekannt. Wer alle möglichen Produkte überhaupt noch nicht gegessen hat, weil er sich nur für sein Lieblingsessen und für sonst nichts interessiert, hat natürlich auch erhebliche Informationslücken (um den Begriff »Bildungslücken« zu vermeiden). Insofern stellt sich hier erst einmal die Frage, was überhaupt »Fehler« im kulinarischen Bereich sind. Zur Klärung dieser Frage führt kein Weg an professionellen Kriterien vorbei, die sich schließlich über lange Zeiträume, unter Beteiligung aller möglicher Profis, von den Erzeugern der Produkte bis zu den Köchen, und unter steter Rückkoppelung an die Reaktion des Publikums herausgebildet haben. Unter diesen Kriterien gibt es sehr einleuchtende, die auch für den Laien sofort nachvollziehbar sind, wie etwa bestimmte fehlerhafte Produktqualitäten. Ein Fisch, der stinkt, weil er zu alt ist, ist ein fehlerhaftes Produkt. Es gibt aber auch solche Kriterien, für die eher Kennerschaft notwendig ist, wie etwa die Beurteilung von bestimmten Garzeiten. Ein Lammrücken, der nur noch knapp rosa, aber sehr zart ist, geht bei weiten Teilen der Bevölkerung als gut durch, während die Kenner vielleicht anmerken würden, dass eine so fortgeschrittene Garung mit größeren Partien, bei denen schon das Eiweiß geronnen ist, geschmacklich nicht das Maximum bietet. Hat ein Stück Zanderfilet eine krosse, wohlschmeckende Haut, wird der Laie das vielleicht wunderbar finden, der Profi aber vielleicht kritisieren, dass die Haut so kross ist, dass man das eigentliche Fleisch des Fisches nicht mehr schmecken kann. Für den normalen Hamburger der Fast-Food-Produzenten können sich Millionen von Menschen begeistern. Der Profi wird sich mit Grausen abwenden, weil er Überwürzung und Übertünchen des angeblichen Hauptproduktes (also des Fleisches) konstatiert und sich an einem anhaltenden Nachgeschmack im Mund stört.

Wie Fehler schmecken, hängt also von verschiedenen Aspekten ab. Die wichtigste Unterteilung ist erst einmal, dass ein Teil der kulinarischen Fehler unumstritten schlecht schmeckt, ein Teil vielleicht gar nicht feststellbar ist (wie etwa bei mikrobiologischer Verunreinigung), ein anderer Teil aber nach landläufiger Meinung durchaus gut schmecken kann. Insofern muss die folgende Darstellung charakteristischer Fehler immer berücksichtigen, wie solche Fehler einzuschätzen sind und welche Funktion sie haben können.

PRODUKTQUALITÄT

Die Beurteilung der Produktqualität ist eine typisch professionelle Aufgabe und dem Endverbraucher nur bedingt möglich. Beim Fisch zum Beispiel spielen verschiedene Aspekte zusammen. Da ist erst einmal die grobe Unterteilung in frisch und nicht-frisch, wobei mit nicht-frisch üblicherweise ein Fisch gemeint ist, der im Prinzip ungenießbar ist. Solche Fehler wird in einem zubereiteten Gericht in der Regel auch der Laie feststellen können und vom weiteren Verzehr Abstand nehmen. Es kann aber auch sein, dass die Zubereitung den Fehler überdeckt. Ein Fischfilet, das auf einem Jahrmarkt in Fett schwimmend ausgebacken und mit einer dicken, soufflierten Panierung präsentiert wird, kann fehlerhaft sein, ohne dass es auffällt. Man schmeckt es einfach nicht. Gleiches gilt auch für mikrobiologisch verunreinigten Fisch, der durchaus in verschiedenen Zubereitungen »unauffällig« sein kann. Der Profi oder auch der routinierte Feinschmecker wird wissen, dass die Frische eines Fisches oft auch für ein spezifisches Endergebnis im positiven Sinn verantwortlich ist. Die Jodigkeit im Aroma eines fangfrischen Fisches verliert sich nach dem Fang zunehmend – oder wie es einmal ein italienischer Spitzenkoch gesagt hat: Der Fisch hat 24 »Leben«. Für jede Stunde, die er aus dem Wasser ist, eines. Auch die Textur des fangfrischen Fisches ist eine deutlich andere als die eines einige Tage alten Fisches und reagiert natürlich bei der Garung entsprechend. Eine mittlere Qualität, die gleichzeitig vom Kenner wie vom Laien akzeptiert wird, geht beim Laien fast immer als sehr gut durch – immer abhängig von der Qualität der Zubereitung natürlich. Wenn es aber nun um die Einstufung hervorragender Küchen geht (also etwa Sternerestaurants), gelten bei der Produktqualität ganz besonders strenge Maßstäbe.

Die genannte mittlere Qualität kann dort schnell als fehlerhaft gesehen werden und zu Schlüssen führen wie dem, dass das Restaurant bei der Produktqualität noch etwas zulegen müsse.

Auch bei vielen anderen Produkten gilt, dass Mängel in der Produktqualität diesseits der gesundheitsgefährdenden Grenzen in vielen Fällen nicht als fehlerhaft angesehen werden. Gerade in Küchen, in denen auf die Produktqualität nicht explizit geachtet wird, sondern die Zubereitung insgesamt ein gewisses Bild ergibt, in dem die Produktqualitäten nur eine begrenzte Rolle spielen, können oft auch »schwächere« Produkte zum Einsatz kommen. In vielen orientalischen Lammragouts in entsprechenden Restaurants im mitteleuropäischen Raum zum Beispiel wird man eine eher bescheidene Produktqualität finden. Um sie überhaupt beurteilen zu können, muss man das Fleisch oft erst einmal freilegen und kann es selbst dann wegen der größeren Menge an Gewürzen kaum einschätzen. Beim Gemüse, dem Trendprodukt der letzten Jahre, ist die Lage besonders merkwürdig. Hier ist die Frage, was fehlerhaft sein könnte, besonders schwierig, weil wir in diesem Sektor noch deutlich in den Kinderschuhen stecken. Der Grund ist ein ausgeweitetes Interesse, das einen Bereich trifft, in dem man sich – von einigen Ausnahmen abgesehen – nie besonders für Qualitäten interessiert hat. Was ist zum Beispiel eine gute und was eine schlechte Karotte? Muss sie einen deutlichen Eigengeschmack haben, oder reicht es, wenn sie schön weich und buttrig mit einer Prise Zucker, Salz und Zitrone daherkommt? Beim Spargel ist man deutlich weiter. Ein wässrig-weicher Spargel mit einer leicht herben Nebennote gilt definitiv als schwach, während ein auf den Punkt und leicht al dente gegartes, kerzengerades und dickeres Luxusexemplar mit einem milden, aber typischen Aroma als sehr gut gilt. Für viele Gemüsesorten – wie etwa die Steckrübe, die Zuckerwurzel, die Kerbelwurzel, den Schwarzkohl usw. – gilt, dass sie bisher einfach noch nicht intensiv genutzt und daher nicht »erforscht« wurden und qualitative Standards noch nicht so definiert sind wie bei Sorten wie dem genannten Spargel oder den Artischocken, mit denen sich die Köche schon seit Jahrhunderten beschäftigen. Was bei diesen noch kaum sensibel wahrgenommenen Produkten fehlerhaft ist, definiert sich vor allem über allgemeine Kriterien für ein gutes Gemüse (wie etwa Frische, Reife, typisches Aroma), aber noch nicht so sehr über spezifische, jede einzelne Gemüsesorte betreffende Punkte.

Ein kurzes Wort noch zum Fleisch. Hier gibt es eigentlich eine ganz klare Linie, die auch jedem Nicht-Spezialisten schwächere Qualitäten zeigen kann. Ein gutes Fleisch mit einer entsprechend seriösen Zubereitung lässt sich auch pur essen und hat keinerlei Nebengeschmack. Wird das Fleisch beim Zerkauen fade oder entwickelt es irgendwelche unangenehmen Aromen, ist es nicht gut. Probiert man ein Produkt allein, ist die Fehlerhaftigkeit auch für den normalen Verbraucher eigentlich recht schnell zu entdecken. Fehler schmecken dann einfach schlecht. Ein strittiger Punkt, nicht nur unter ethischen Gesichtspunkten, ist die Verwendung von sehr jungen Tieren, also Milchlämmern, Milchkalb oder Spanferkeln. Hier hat sich die Erkenntnis noch nicht durchgesetzt – auch nicht in der Spitzenküche –, dass die genannten Stücke deutlich weniger Aroma haben als die Stücke von etwas älteren Tieren und sich lediglich durch eine weiche und nicht »zarte« Textur auszeichnen. Ich halte sie – wie viele Köche – für schwächere Produkte, die dem Zartheitskult (siehe unten) entsprechen und vor allem für Leute gemacht werden, die in meinen Augen keine Feinschmecker sind, sondern am liebsten einen anonymen Geschmack haben, der sie nicht allzu sehr an die Tiere erinnert.

GARUNGEN

Beim Fleisch ist das oberste Qualitätsmerkmal für viele Leute die Zartheit und nicht so sehr das Aroma. Das hat – gerade in der Spitzenküche – über die Jahre zu einem regelrechten Zartheitskult geführt. Die butterweichen Fleischstücke mit einem vollen Aroma waren (und sind es teilweise noch heute) so etwas wie der Ausweis eines guten Kochs. Mittlerweile gibt es allerdings so vereinfachte Techniken, dass Zartheit allein quasi überall realisierbar ist. Und dennoch lassen sich bei den Garungen sehr gute Begründungen für eine gute und eine schwächere Garung geben.

Bei den meisten kurz gebratenen Fleischstücken setzt sich das Aroma aus verschiedenen Teilaromen zusammen. Nehmen wir ein Rinderfilet, bei dem es eigentlich gar keine Frage sein sollte, dass man es à point gegart bekommt und weder fast roh noch durch. Wird es à point gegart, besteht das Aroma im Wesentlichen aus dem Aroma der Kruste, dem Aroma der oberen Schichten mit Eiweißgerinnung, dem Aroma des Kerns (warm, aber ohne Eiweißgerinnung) und dem des Blutes, von dem auf Druck noch ein klein wenig austreten sollte. Ein durchgegartes Stück Filet hat ein völlig anderes, sehr stark verkürztes Aroma und gilt als fehlerhaft gegart. Hier schmecken Fehler also deutlich schlechter, und nur in seltenen Fällen wird dieser Fehler von anderen Elementen eines Gerichtes kaschiert werden können.

Im Prinzip gilt die Überlegung vom Rinderfilet auch für andere Produktgruppen, nur dass sie für viele Esser nicht so evident werden wie beim Fleisch, bei dem man üblicherweise die meisten Erfahrungen hat. Finesse und Komplexität der Aromen nehmen bei optimaler Garung deutlich zu – egal ob Fisch, Gemüse oder alle anderen Produkte, die ähnlich zubereitet werden.

WÜRZE

Jeder Esser weiß, wann oder dass etwas versalzen ist oder ein scharfes Gewürz so überdosiert ist, dass man nach Luft ringt. Nach dem Statement »Das ist versalzen« folgt aber meistens keine weitere Überlegung, sondern Ablehnung wie bei einem zu alten Fisch oder einem schlechten Fleisch. Würde man einen kleinen Schritt weiterdenken, würde sich auch der Weg zu einer kritischen Betrachtung der Würze öffnen. Das Problem bei einem versalzenen Produkt ist nicht nur, dass es nicht gut schmeckt, sondern dass das Aroma des Produktes überlagert wird. Dieses häufig auftretende Problem kann man von zwei Seiten her angehen, und es ist nicht dogmatisch zu lösen.

Grundsätzlich gilt für die »normale« mitteleuropäische Küche, dass eine Würze, die den Produktgeschmack mehr oder weniger in den Hintergrund drängt, fehlerhaft ist. Jeder Koch und Kenner der Materie wird einem solchen Satz zustimmen. Aber: Der Teufel liegt im Detail, und das bedeutet hier: in der Dosierung. Es gibt – besonders bei Köchen und Gourmets der etwas älteren Schule – den ominösen Ausdruck einer »guten« Würze, womit meist eine ziemlich kräftige Würze gemeint ist. Hier ist in der letzten Zeit ein Parameterwechsel in Gang gekommen. Tatsächlich produziert die genannte »gute« Würze eine Art Mischgeschmack aus Produkt und Würze (meist Salz und Pfeffer) und geht damit im Grunde gegen den Produktgeschmack. Ich beurteile heute eine solche Würze sehr kritisch (siehe das Kapitel über die aromatische Abrüstung, Seite 295). Starke Überwürzung dieser Art ist heute ein großes Problem der industriellen Nahrung, der Fast-Food-Restaurants und der bürgerlichen Küche. An einem Essen dieser Art kann man das Problem des fehlerhaften Würzens ohne Weiteres erläutern, und es ist leicht nachvollziehbar, wann ein Produkt seinen Charakter durch zuviel Würze verliert.

Ich benutze allerdings seit Langem schon den Begriff »Aromatisierung«, weil er objektiver greift und sozusagen eine Skala von 0 bis 100 hat. Natürlich ist jede Würze eine Form der Aromatisierung und damit ein Eingriff in den Eigengeschmack des Produktes. Wann man sie als fehlerhaft bezeichnen kann, kommt ganz auf den Zusammenhang an. Es ist zum Beispiel denkbar, dass man ein Produkt und ein Gewürz zusammenbringt mit dem Ziel, einen Mischgeschmack herzustellen. Ein Robuchon-Kartoffelpüree etwa schmeckt eigentlich kaum nach Kartoffel, sondern ist ein Mischprodukt aus Butter und Kartoffel. Und natürlich hat Butter hier die Funktion eines Gewürzes und natürlich ist auch das Zusammenbringen von Aromen eine Form der Aromatisierung. Vor allem kann es durchaus sein, dass eine intensive Würzbeigabe, die die beteiligten Produkte zurückdrängt, trotzdem nicht fehlerhaft ist. Wie würde man ansonsten die vielen orientalischen Mischgerichte und Currys bewerten? Alle schlecht, weil überwürzt? Natürlich nicht.

Wann Würze als fehlerhaft gelten kann, muss sich zuerst einmal aus den Zusammenhängen eines Gerichtes ergeben. Sie erscheint sinnlos, wenn sie tragende Aromen und gute Produkte überlagert, sie erscheint sinnvoll, wenn sich aus der Aromatisierung eine spezifische, tragende, kulinarische Logik ergibt. Aber man sollte auch über den Tellerrand blicken und daran denken, wie eine Aromatisierung wirkt, wenn der Mensch ständig und ausschließlich mit stark gewürztem Essen zu tun hat. Dieses Problem habe ich ebenfalls im Kapitel über die aromatische Abrüstung aufgegriffen.

Für den Esser gilt, dass ein Fehler bei der Aromatisierung – von gravierenden Missgriffen abgesehen – manchmal nicht ohne Weiteres zu erkennen ist. Es kann auf den ersten Blick gut schmecken und doch unter kulinarischen Aspekten völlig sinnlos sein. Eine gute Aromatisierung schafft Freiräume, sie übersättigt nicht, sie ist – wie das auch für die Proportionen im folgenden Abschnitt gilt – mit einem transparenten Klangbild vergleichbar.

PROPORTIONEN UND KULINARISCHE KONSTRUKTION

Hier nun geht es um Aspekte, die vielen Essern normalerweise gar nicht auffallen, weil sich ihre Wahrnehmung in erster Linie auf den aromatischen Bereich bezieht. Man sitzt vor einem Teller, packt die Elemente mehr oder weniger unkonzentriert zusammen auf eine Gabel und kommt dann zu dem knappen Schluss, ob das okay ist oder nicht, also ob es zu den eigenen Vorlieben passt. Ob die Kombination eines Stückes Fisch mit einem Nuss-stück nun so ist, dass sich Spezielles ergibt oder nicht, fällt nicht auf. Man isst es, schmeckt die Nuss als vielleicht ungewohnte Ergänzung, findet den »Geschmack« angenehm und das ist es dann auch. Inwieweit unterschiedliche Proportionen der beiden Elemente unterschiedliche Resultate bringen können, wird nicht reflektiert. Die Phänomene rund um die Proportionen geraten auch erst seit einigen Jahren verstärkt in den Mittelpunkt der Betrachtung, weil die gesteigerte Sensibilität in allen möglichen Formen der neueren Küche natürlich auch vor dieser Frage nicht haltgemacht hat. Dabei stellte sich zum Beispiel heraus, dass nicht nur das klassische Wiener Schnitzel oder der McDonalds-Hamburger Fehlkonstruktionen sind, sondern auch viele Gerichte berühmter Köche in den Proportionen erhebliche Probleme haben. Das Handwerk ist eben fortgeschritten, und nicht alle haben diese Entwicklung wirklich mitbekommen.

Fehlerhafte Proportionen können ohne Weiteres gut schmecken – zumindest oberflächlich betrachtet. Wenn man dünne Scheiben einer Jakobsmuschel mit dem oben schon genannten Kartoffelpüree von Joël Robuchon kombiniert, wird es sehr gut schmecken, auch wenn nicht ganz sicher ist, ob und was man überhaupt von der Jakobsmuschel mitbekommt. Ein Lammrack unter der Gewürzkruste kann gut schmecken, selbst dann, wenn man kaum feststellen kann, was sich unter der Kruste verbirgt.
Man muss bei den Proportionen anders denken. Man sollte wirklich gute, durchdachte Proportionen als einen Weg ansehen, der zu kulinarischen Erfahrungen führen kann, die man bis dato nicht gemacht hat. Es ist ein Weg der Sensibilisierung, ein Weg der Achtung der Produkte, ein Weg, der das optimierte Zusammenwirken der Produkte als einen besonderen Wert und eine Steigerung des Genusses ansieht.

Man kann einem Gericht recht häufig ansehen, ob sich der Koch irgendwelche Gedanken über Proportionen gemacht hat oder nicht. Zu einer solchen Einschätzung kann man oft schon mit einer kurzen Konzentration auf das, was da auf dem Teller liegt, kommen. Misstrauen ist angesagt, wenn es ein Stück Fleisch gibt, auf dem ein Türmchen mit allen möglichen Elementen thront, wenn es eine Menge fester Elemente im Zusammenhang mit einem weichen, zarten Hauptprodukt gibt oder ein mildes Stück Fischfilet auf einem Sauerkrautberg mit einer Senfsauce ruht, von der man mit jedem Bissen Fisch automatisch eine größere Menge aufnimmt.

Es gibt natürlich auch die hohe Schule, die allerdings einen neuen Aspekt mit in die Degustation bringt. Wenn ein Koch nicht von vornherein alle Proportionen durch die Art seiner Präsentation festlegen kann (also etwa ein Würfel Fleisch mit ein paar winzigen Mikroelementen obenauf oder auch Präsentationen in Form von Löffelgerichten, die man sich »in einem Bissen« in den Mund steckt und auf diese Weise die Proportionen genau so bekommt, wie der Koch sich das gedacht hat), geht ein Teil der »Arbeit« an den Gast über. Und der wird ganz erheblich davon profitieren, wenn er sozusagen essen gelernt hat. Er wirft einen Blick auf den Teller. Dann probiert er einzelne Elemente, daraufhin entscheidet er sich für bestimmte Kombinationen in bestimmten Proportionen und versucht auf diese Weise, ein Optimum an Informationen, nein, an Genuss aus einer Komposition zu ziehen.

Fehler schmecken also oft gut, aber sie verhindern eben auch oft eine differenzierte Wahrnehmung und verkaufen die Produkte unter Wert.

Der Zustand der reinen Degustation

Der Ablauf des eigentlichen Essprozesses hat normalerweise sehr viel mit Automation zu tun. Auch wenn wir beschließen, einmal etwas genauer hinzuschmecken, geht es fast immer nur um einen mehr oder weniger unreflektierten Vorgang, bei dem so gut wie nie vorgesehen ist, dass wir über uns selbst und das, was da gerade passiert, nachdenken. Man kommt zu einem Urteil, wie »Das schmeckt glibberig und irgendwie fade« oder: »So etwas mag ich nicht, das esse ich nicht.« Warum man aber ein etwas glibberiges Stück Fett nicht isst, einen Wackelpudding aber sehr wohl, und das, obwohl beide eine ganz ähnliche Textur haben, wird quasi nie bedacht. Es geht nicht ums Reflektieren, es geht darum, den sicheren Weg zu den eigenen Vorlieben zu finden. Es geht also um eine klassisch-selektive Wahrnehmung, bei der man nur das positiv registriert, was man positiv registrieren will. Es geht nicht darum, unsere Sinne in aller Vielfalt einzusetzen, um eine möglichst komplette sinnliche Erfahrung zu machen, sondern darum, sie als kulinarische Ordnungsmacht zu nutzen. Man wird weder die Augen schließen noch sich die Nase zuhalten, weil beides verhindern könnte, dass man sein System zur Aussortierung von Unerwünschtem oder Unbekanntem in Betrieb nimmt.

Dieser Ablauf kann sich allerdings durchaus ändern, wenn uns das Essen gefällt. Die schnelle Zustimmung »lecker!« ist oft nicht nur eine banale Zustimmung, sondern auch eine kleine Differenzierung. Es passt in unser Positivschema, und es passt besonders gut in dieses Schema. Es ist eben nicht nur »gut« oder »okay«, sondern »lecker«. Und wenn man dann besonders positiv gestimmt ist, kann davon unter Umständen auch das ein oder andere Produkt auf dem Teller betroffen sein, das man normalerweise aussortieren würde. Der Fisch ist lecker und die Senfsauce köstlich. Daneben liegt auch noch etwas geschmorter Wirsing, den man sonst nicht essen würde, der aber in diesem Zusammenhang dann doch überraschend gut schmeckt. Viele hervorragende Köche nutzen solche Zusammenhänge, um Produkte »unterzubringen«, die sonst nicht zu den ganz beliebten zählen. Eine Kalbskopfpraline in einem Spitzenrestaurant geht oft glänzend durch – wenn man vorher nicht sagt, dass es sich um eine Kalbskopffüllung handelt. Der Weg zu einer ausgeweiteten Wahrnehmung und zu differenzierterem Genuss (zu »mehr« Genuss, würde die Gourmetfraktion sagen) führt eindeutig über einen Abbau bewertender Hemmschwellen. Es gibt noch weitere Situationen, die erstaunlich positive Wirkungen entfalten können, und auch diese kennt fast jeder Mensch. Es sind die Essen im Freundeskreis oder in einem anderen situativen Kontext, bei dem es leichter fällt – egal ob mit oder ohne gefühlten Zwang –, sich Produkten zu nähern, um die man sonst einen großen Bogen machen würde. Eine der am weitest verbreiteten Zusammenhänge sind Weinproben, bei denen regelmäßig ohne Probleme die Aufmerksamkeit auf geschmackliche Details gelenkt werden kann. Wenn vielleicht der Veranstalter davon redet, dass ein Wein nach nassem Hund schmeckt, löst das vielleicht sogar Heiterkeit aus, so gut wie nie aber Abwehr. Wein ist natürlich auch ein sehr geduldiges Objekt, und ob man bei einem Wein eine Alterungsnote entdeckt oder Korken herausschmeckt, ist kein besonders großes Problem. Gäbe es eine Probe, bei der man verschiedene Sorten Fett auseinanderhalten soll, sähe das vermutlich schon deutlich anders aus.

Mit diesen kleinen Beispielen möchte ich nur daran erinnern, dass das Probieren ungewohnter

Produkte in bestimmten Zusammenhängen kaum ein Problem ist. Unter heiterem Gruppendruck haben schon viele Menschen ihre erste Auster probiert, auch wenn so etwas weit außerhalb ihrer Vorstellung lag. Ich möchte auf etwas anderes hinaus, nämlich auf die Erläuterung eines Zustandes, den ich den »Zustand der reinen Degustation« nenne. Gehen wir noch einmal zum Wein zurück. Weil der Wein ein so unproblematisches Produkt ist, macht es normalerweise keinerlei Probleme, absolut jeden Wein der Welt zu probieren und sich dabei ohne Schwierigkeiten in alle möglichen Details zu begeben. Man kann über die feinsten Nuancen diskutieren, versuchen, exotische Blumen herauszuschmecken oder bestimmte zeitliche Verläufe der Wahrnehmung eines Weines im Zusammenhang mit der Temperaturentwicklung im Mund nachvollziehen: Es funktioniert ohne Probleme, weil es mit diesem Produkt kaum jemals grundsätzliche Probleme gibt. Es ist sozusagen frei von einem komplizierten assoziativen Kontext. Das Gegenteil wäre zum Beispiel Fleisch für Leute, die kein Fleisch essen, Fleisch von winzigen Milchlämmern für Leute, denen schon bei der Vorstellung, so etwas zu essen, übel wird. Oder lebende Tiere wie etwa lebende Garnelen, weil es für viele Leute ein absolutes Unding ist, Lebendes zu essen, und viele andere Dinge, die – aus welchen Gründen auch immer – schlicht und einfach nur Ekel erregen. Beim Wein gibt es so etwas wie diesen Zustand der reinen Degustation, weil die sinnliche Wahrnehmung (also alles, was wir mit unseren Sinnen an kulinarischen Informationen wahrnehmen können) nicht durch komplexe Verknüpfungen gestört wird, die uns darüber nachdenken lassen, ob wir ein bestimmtes Produkt überhaupt essen können. Auch wenn ein Wein – sagen wir ein älterer Arbois-Wein mit einer stark oxidativen

Note – nicht zu den Weinen gehört, die der jeweilige Teilnehmer an der Degustation gerne trinkt, wird er in der Lage sein, eine Probe zu nehmen und auch seine Eindrücke von dem Geschmacksbild zu schildern.

Der Zustand der reinen Degustation, bei dem es ausschließlich um die kulinarischen Details geht, wird erst dann möglich, wenn wir in der Lage sind, uns ohne jede Einschränkung den Informationen zu öffnen, die uns unsere Sinne liefern. Wie komplex sie sind, habe ich schon an anderen Stellen in diesem Buch beschrieben. Es ist ein Zustand der umfassenden Befreiung von dem Ballast, den mehr oder weniger alle Menschen beim Essen und Schmecken mit sich herumtragen. Wer schlechte Erfahrungen mit Fisch gemacht hat, weil er bisher nur auf schlechten und schlecht zubereiteten Fisch gestoßen ist, wird seine Ressentiments haben. Wer Speck immer für etwas unappetitliches Schwabbeliges hält, wird Mühe haben, einmal ein prächtiges Stück – vielleicht vom Schweinekinn – in den Mund zu nehmen, seine Textur wahrzunehmen und es langsam und genüsslich zu zerkauen. Der Zustand der reinen Degustation führt uns unmittelbar zu den Dingen und ermöglicht es uns, sozusagen in einer purifizierten Form und ohne sonstige »Belastungen« das geschmacklich wahrzunehmen, was es wahrzunehmen gibt.

Wenn so etwas möglich ist, beginnt quasi automatisch ein Prozess des Differenzierens, auch ein Trainingsprozess, eine neue Art der geschmacklichen Navigation, die uns immer wieder in hochinteressantes geschmackliches Neuland führt. Man entdeckt Nuancen, und wenn etwas – wie das bei Stefan Wiesner der Fall war – in Bitumen gegart wurde, wird man das feststellen, ohne gleich auszuspucken, weil man in seinen Speichern bisher für Bitumen ausschließlich den Bereich des Straßenbaus oder der Dachabdichtung vorgesehen hatte, nicht aber etwas, was in Zusammenhang mit dem Essen steht. Der Zustand der reinen Degustation ist etwas Wunderbares, und er ist ein Zustand, der im allerbesten Sinne adäquat ist. Die Dinge sind so. Also sollten wir sehen, dass wir auch in die Lage kommen, sie so wahrzunehmen. Und: Wer seine Fähigkeiten zur Wahrnehmung nutzt, verhält sich der nicht ganz besonders menschlich? Ist er da nicht ganz Mensch, ganz bei sich?

Es könnte nun die Frage auftauchen, ob diese Form der Wahrnehmung nicht zu technisch gedacht ist und den assoziativen Bereich (also das, was man üblicherweise verkürzend mit Emotionen beschreibt, siehe Glossar »assoziativer Kontext«) außen vor lässt. In Spanien haben die Köche und einige Theoretiker aus diesem Grund ein Wort namens »Technoemocion« geprägt, ein wenig so, als müsse man dem Vorwurf etwas entgegensetzen, die technologisch orientierte Avantgarde-Küche des Landes würde keine Emotionen kennen.

Dazu muss man zwei Dinge anmerken. Erstens wird die Emotionalität, die im Zusammenhang mit Essen erlebt werden kann, schnell ein wenig unkonkret überhöht, sehr pauschal beschrieben und gerne auch sehr pauschal instrumentalisiert. Für viele ist sie zu einem Totschlagargument geworden – auffällig sind auch kommerzielle Interessen, wenn man sich manchmal die Werbung ansieht. Küche mit Emotion ist die »Küche der Mutter«, Küche ohne Emotion jede, bei der sich irgendjemand etwas überlegt hat. Sie gilt dann als konstruiert, während das andere »aus dem Bauch kommt« und sozusagen auch mit dem Bauch

erlebt wird. Auch diese Art der Pauschalisierung öffnet den Weg ins Beliebige und dahin, dass man notfalls auch dem Gröbsten aller Grobiane nicht eine Emotionalität absprechen kann. Und wenn dann – das ist die Tücke – diese Emotionalität einen besonderen Wert darstellt, kann man im Grunde auch nichts gegen einen besonders emotionalen Imbissstubenbesuch mit ganz, ganz schlechtem Essen und ganz, ganz schlechten Fetten sagen.

Zweitens sollte man überlegen, wie man im Zusammenhang mit der kulinarischen Wahrnehmung Emotionalität definiert. Schon immer wird der Eindruck erweckt, Emotionalität beim Essen (im positiven Sinne) hätte ausschließlich etwas damit zu tun, dass bestimmte Ereignisse mit dem Essen sozusagen zusammenfallen. Da ist die Erinnerung an ein fantastisch empfundenes Pastaessen an einem kleinen italienischen Hafen auf einer sonnigen Terrasse mit neuen Freunden oder die Verknüpfung des Essens mit der beliebten Großmutter, die dem Enkelkind einfach gar nichts abschlagen konnte und ihm immer sein Lieblingsgericht gekocht hat. Da wird von der Küche der Heimat geredet, die die nach Amerika ausgewanderte Familie so vermisst und bei ihren Besuchen in der alten Heimat dringend wieder erleben muss. Es geht also immer um einen situativen Kontext,

Ein Kotelett im »Wirtshaus zum Herrmannsdorfer Schweinsbräu«, wie gewachsen, mit unterschiedlich schmeckenden Teilen in feinen geschmacklichen Abstufungen.
Chocolats von Pierre Hermé, Varianten, die man ohne Probleme probiert – auch wenn man nicht weiß, wie sie schmecken. (Foto JD)

bei dem das Essen nur einen Teil der Rolle spielt. Offensichtlich kann es dann auch für den einen eine mit einem bestimmten Essen enorm positive Verknüpfung geben, während es für andere diese Verknüpfung mit dem gleichen Essen nicht gibt. Wie viel hat nun diese Art der emotionalen Verknüpfung mit dem Essen zu tun, wenn es mal so, mal so ausgehen kann? Geraten wir dort nicht in ein Feld der Beliebigkeit, in dem jedes Essen alles sein kann, unter Umständen selbst unabhängig davon, ob es gut oder schlecht zubereitet ist? In meinen Augen stehen diese »emotionalen« Verknüpfungen auf einem höchst wackeligen Grund, vor allem dann, wenn man sie benutzt, um einem bestimmten Essen mit ihrer Hilfe besonders positive Eigenschaften zu verleihen.

Man sollte sich beim Nachdenken über Emotionen und Essen eher ein wenig an der Musik orientieren. Auch dort gibt es die sehr persönlich besetzten Erlebnisse, für die sich, siehe oben, offensichtlich jedes Musikstück eignet – manchmal eben auch für völlig entgegengesetzte Emotionen. In der klassischen Musik gibt es die Programmmusik, bei der zum Beispiel das Plätschern eines Flusses oder sein Anwachsen von der Quelle bis zur Mündung nachempfunden wird – mit so konkreten musikalischen Bildern, dass fast jeder sagen kann, dass es klingt wie ein plätschernder Bach. Die hohe emotionale Ladung von Musik zwischen Klassik und Pop hat aber im Grunde wenig mit geradezu plastischen Analogien zu tun, sondern entfaltet sich eher um genuin musikalische Merkmale. Zarte, zerbrechlich wirkende Passagen oder aggressiv-abrupte, beschleunigte, melodisch komprimierte oder fugenartig individuell geführte Stimmen sorgen für eine Art von Emotionen, die nicht an

konkrete Bilder geknüpft sind, und dennoch sehr oft ausgesprochen intensiv wirken. Wirken sie vielleicht so intensiv, weil sie nicht an konkrete Bilder geknüpft sind, sondern eine abstraktere Ebene erreichen?

An dieser Stelle entsteht eine beträchtliche Ähnlichkeit mit dem, was im Zustand der reinen Degustation erlebt werden kann. Wie in der Musik lassen sich – auch dort gibt es schließlich das Notenbild und andere technische Termini – sehr wohl eine große Anzahl von Merkmalen und Abläufen beschreiben (analog zum Notenbild), wie dort ergibt sich eine emotionale Wirkung, die nicht an konkrete Bilder geknüpft ist. Der Zustand der reinen Degustation bringt also Emotion und eine differenzierte Wahrnehmung des Geschmacklichen zusammen. Er ist der Zustand, in dem wir ganz besonders menschlich in dem Sinne sind, dass wir unsere Sinne wirklich nutzen. Der Mensch ist, wenn er mit allen Sinnen isst – sozusagen.

Nun bietet sich vielleicht die ganz einfache Frage an, was denn der Mensch davon hat, wenn er so differenziert schmeckt. Hier kann ich meine eigene Biografie bemühen. Ich war ein sehr problematischer Esser, der viele Produkte überhaupt nicht angerührt hat und für den es quasi nicht möglich war, Fett oder Schwabbeliges oder Austern oder Garnelen zu essen. Selbst Terrinen (Sülzen) waren für mich etwas, was ich nie angerührt habe, weil mir das Gelee schon gegen den Strich ging. Heute esse ich absolut alles, und das nicht nur, weil ich es als Kritiker essen muss, sondern ich esse es mit großem Interesse und ohne irgendein Problem. Ich kann also – um ein Beispiel zu bemühen – ein Stück von der Kalbskopf-Maske mit seiner »glatten« Textur genüsslich und langsam zerkauen, natürlich auch Austern und andere Muscheln oder Schnecken, ich habe Schnepfenhirn und diverse sehr kräftig schmeckende Wildtiere gegessen usw. Es war ein Akt der Befreiung von all dem, was mein kulinarisches Leben über dreieinhalb Jahrzehnte eingeengt hatte. Diese Emanzipation von all dem, was an ein Essen »herangepappt« werden kann, weil man zum Beispiel merkwürdige Assoziationen hat oder es nur in einer sehr schlechten Form kennt, habe ich als etwas Wunderbares empfunden, was mir die Tür zu einem riesigen Feld von Genuss aufgeschlossen hat, das mir vorher nicht zugänglich war. Und es ist exakt der beschriebene Prozess auf dem Weg zum Zustand der reinen Degustation, der dies bewirkt hat.

Dem so befreiten Menschen winken ungeahnte Genüsse. Er ist nicht mehr auf ein paar industriell designte Produkte angewiesen, nicht auf eine Verengung, sondern kann sich dem widmen, was die Welt für unsere sinnliche Wahrnehmung in ihrer ganzes Komplexität bereithält. Der emanzipierte Esser braucht nicht »die volle Dröhnung« in Form von heftig überwürzten Gerichten aus der Hamburger-, Imbiss- oder Brauhaus-Szene, muss sich nicht in überwürzte Ragouts im Stil diverser Ethno-Küchen stürzen, die von populären Köchen, die vielleicht gar nicht ahnen, inwieweit sie das Opfer von Manipulationen sind, unters Volk gebracht werden. Der emanzipierte Esser kann Nuancen und wenig Gewürztes (also eher Natürliches) essen und hat nicht das Gefühl, da fehle Salz und Pfeffer. Er kann sich auch mit Kräutern befassen, die nicht so intensiv wie Thymian sind und durch seine sensible Wahrnehmung vielleicht sogar zwischen verschiedenen Sorten eines Produktes unterscheiden. Er kann bei Gerichten Zusammenhänge wahrnehmen, die andere Esser

noch nicht einmal erahnen und Genusswelten erleben, die nicht nur »lecker« sind, sondern einen echten Erlebnischarakter haben.

Mit dieser Sensibilität wird er natürlich anders handeln, die Produkte vielfältiger und vollständiger nutzen, und ganz selbstverständlich einen Weg einschlagen, der auch ökologische Zusammenhänge berücksichtigt. Er wird der Vertreter einer kulinarischen Zivilisation sein, die Ressourcen nutzt statt sie auszubeuten, und man wird nicht zu weit gehen, wenn man vermutet, dass seine Sensibilität auch einen Transfer in andere Bereiche der Zivilisation möglich macht. Die Zusammenhänge rund ums Kulinarische sind von einer gewaltigen Komplexität, und kulinarisches Verhalten ist immer auch ein gesellschaftliches Verhalten. Eine solche Feststellung sollte eigentlich banal sein, ist es aber nicht, weil der große gesellschaftliche Selbstbetrug von der privat verstandenen Aussage »Geschmackssache« (»über Geschmack lässt sich nicht streiten, das ist alles Geschmackssache«), leider immer noch grassiert. Das differenzierte Schmecken und der differenzierte Umgang mit allem Kulinarischen und substanzielle kulinarische Kenntnisse gehören zu den wichtigsten Schlüsseln für die Bildung und den Fortschritt der Menschheit. Vielleicht spielen Sie einmal ein wenig mit diesem Gedanken. Es lohnt sich.

Genusstypen

Alle haben täglich mit Essen zu tun, und es ist deshalb schon aus statistischer Sicht logisch, dass es sehr unterschiedliche Verhältnisse zwischen Mensch und Ernährung gibt. Da sich aber jeder irgendwie angesprochen fühlt, wenn es irgendwo ums Essen geht, ergeben sich oft größere Probleme. Viele Leute lästern zum Beispiel über die Gourmetküche, obwohl sie überhaupt keine Kenntnisse davon haben, was dort vor sich geht. Ein Witzchen von Fernsehköchen über »Pinzettenesser« oder »Pülverchen und Schäumchen« kommt immer gut an – vielleicht auch deshalb, weil Witze über die Schnitzelesser auf der Gegenseite zwar ein sagenhaftes Ausgangsmaterial bieten würden, sich aber niemand die Mühe macht, solche Banalitäten auch noch großartig zu kommentieren. Hinter all dem stecken sehr unterschiedliche Genusstypen, die man deutlich voneinander unterscheiden kann und die auf der Reise ins Innere des Geschmacks immer wieder Bedeutung bekommen – mal als Verbündete, dann wieder als Leute, die Gutes verhindern, mal als scheinbar Vernünftige, dann wieder als erstaunlich radikale Anhänger von Tendenzen, die man eigentlich weit in der Vergangenheit wähnt. Ich möchte in diesem Kapitel vier Genusstypen und ihre Verhaltensweisen etwas genauer betrachten.

GENUSSTYP A:
HAUPTSACHE, ES SCHMECKT: DER REDUNDANZESSER

Der Genusstyp A findet sich in allen Gesellschaftsschichten, was nicht automatisch bedeutet, dass in ihm so viel Wahrheit steckt, dass er zwangsläufig massenhaft auftreten muss. Er ist der Redundanzesser par excellence – wie ich das einmal in Anlehnung an den Ressentimenthörer bei Adornos

»Hörertypen« genannt habe. Er will im Prinzip immer das Gleiche, weil ihm nur schmecken kann, was er schon kennt oder was ganz auf der Linie dessen ist, was er kennt. »Hauptsache, es schmeckt«, klingt etwas liberaler, als es in Wirklichkeit meist ist. Die Offenheit gegenüber allem und jedem ist eben gerade nicht ein Charakteristikum dieses Typus, weil er in der Regel alles ablehnt, was nicht in sein Beuteschema passt. Er gleicht ab, ob er das Objekt kennt und was er erwarten darf und sieht überhaupt nicht ein, dass er sich mit anderen Dingen befassen soll. Er isst schließlich, um Spaß zu haben, und den hat er nur unter ganz bestimmten Umständen. Die Extremform des Redundanzessers isst nur noch ein paar Lieblingsessen und rührt andere Sachen gar nicht erst an. Sein Wissensstand ist oft durch massives Unwissen gekennzeichnet. Man muss mit Aussagen wie »Ziegenkäse esse ich nicht« rechnen, um dann auf Nachfrage festzustellen, dass überhaupt nicht bekannt ist, welch riesige geschmackliche Bandbreite Ziegenkäse haben kann. Typ A ist im Grunde ein Essautomat, der nur dann arbeitet, wenn er mit den richtigen Sachen gefüttert wird. Sein wichtigstes Kennzeichen ist der komplette Mangel an Reflexion über sich und seine Vorlieben, deren Entwicklung er als seine Privatsache ansieht, also als etwas, was »Geschmackssache« im alten Sinne ist. Er besteht darauf, Herr seiner eigenen Vorlieben zu sein, obwohl er nichts weniger ist als das. Ihm ist nicht bewusst, dass seine Vorlieben Produkte seiner kulinarischen Sozialisation sind, und dass diese Sozialisation quasi immer eine außengesteuerte ist. Er hat seine Vorlieben, weil er nichts anderes kennengelernt hat, weil er immer nur bestimmte Dinge gegessen hat und es auch zu seinen erlernten Verhaltensweisen gehört, gegenüber Neuem ablehnend bis aggressiv zu reagieren.

Was völlig außerhalb seines Selbstbewusstseins liegt, ist die Tatsache, dass er oft auch eine Art Opfer ist, beispielsweise ein Produkt der Manipulationen der Nahrungsmittelindustrie, die gezielt daran arbeitet, nicht nur Kunden zu gewinnen, sondern diese Kunden auch von den Produkten abhängig zu machen. Das mag vielleicht forciert klingen, ist aber leider längst Realität. Die auffällig stark gewürzten bis überwürzten industriellen Geschmacksbilder bedienen im Grunde Strukturen, die einer Sucht ganz ähnlich sind, und spielen gezielt zum Beispiel damit, dass eine starke Würze oder Süße die Folge hat, dass man nach mehr von diesem Produkt verlangt. Die Industrie nutzt auch den Fakt, dass die bessere, produktnähere, verfeinerte Küche nicht so extrem aromengesättigt ist. Wer an industriell überwürzte Geschmacksbilder gewöhnt ist, findet so etwas schnell schlapp und uninteressant. Mittlerweile dürfte es ganze Generationen geben, die zwar scheinbar offen und liberal zwischen Fast Food, asiatischer und südamerikanischer Küche hin und her pendeln, tatsächlich aber im gleichen System bleiben: in dem einer grenzwertig gesättigten Würze, von der sie nicht mehr loskommen.

Typ A ist ein sehr viel größeres zivilisatorisches Problem als man normalerweise meint. Weil auch Nichtkonsum genauso relevant ist wie Konsum, beeinflusst er mit seinem sehr stark kanalisierten Konsum das Warenangebot ganz erheblich. Man kann oft vom Warenangebot in einem Ort darauf schließen, welche Art von Genusstypen dort vorherrschen. Das Fehlen aller spezielleren Produkte und das Fehlen aller besseren Produkte deutet sicher auf eine große Übermacht von Typ A hin. Dass viele unserer Ortschaften kulinarisch verödet sind, ist nicht in erster Linie eine Frage des Geldes.

Es ist eine Frage der Richtung der Geldströme. Um die Tendenz der Ausgaben bei der Ernährung festzustellen, reicht es üblicherweise aus, sich einmal längere Zeit die Waren anzusehen, die an den Kassen der Supermärkte landen und ein wenig über das Ernährungsprofil der Kunden nachzudenken. Sagen wir es so: Für Zigaretten, Süßigkeiten, Chips und Fertiggerichte ist immer genug Geld vorhanden.

Es wäre allerdings ein Fehlschluss, den Typ A ausschließlich mit der Unterschicht oder dem in Verbindung zu setzen, was man früher »Spießbürger« nannte, also den auch ansonsten geistig eher unbeweglichen, nicht besonders gebildeten und schon gar nicht kulturell interessierten Menschen. In meiner Heimatstadt Mönchengladbach muss es viele Tausend Akademiker wie Ärzte oder Rechtsanwälte mit entsprechend hohen Einnahmen geben. Wenn man sie nach ihren Essgewohnheiten befragen würde, würde mit Sicherheit ein großer Teil größeres Interesse am Essen bekunden und sich eher auf die Seite der anspruchsvolleren Kunden oder gar Gourmets stellen. Wenn dem so wäre, muss man sich allerdings fragen, wo sie denn in dieser Stadt eigentlich einkaufen und welche Folgen ihr kulinarisch anspruchsvollerer Konsum denn hat? Tatsächlich gibt es kaum ein gutes Fachgeschäft hier, und insgesamt ist das Angebot kläglich – zumindest verglichen mit ähnlich großen Städten zum Beispiel in Frankreich, in denen es gleich mehrere Supermärkte und exzellente Fachgeschäfte gibt, die über ein ganz ausgezeichnetes Angebot verfügen. Man kann immer wieder die Erfahrung machen, dass sich viele Angehörige der scheinbar gebildeteren Stände zwar gerne mit einem avancierteren Essverhalten schmücken, in der Realität aber weit davon abweichen.

Eine weit verbreitete Spezialform von Typ A ist auch der Konsument, der geradezu aggressiv sein Verhalten gegenüber Typ B, C und D verteidigt und sozusagen aus der »Not« eine Tugend macht. Wir finden ihn häufig in eher gebildeten Kreisen, darunter auch bei vielen Intellektuellen, die zwar in anderen Bereichen der Kultur anspruchsvoll denken und konsumieren, beim Essen aber noch verschaltet sind wie einfachste Redundanzesser. Auch sie sind oft eindeutig Opfer bestimmter Entwicklungen, stellen sich aber gerne als »Herren des Verfahrens« dar. Ihr Engagement für das Gute und Einfache ist oft vorgeschoben. Man will sich – wie in allen anderen Konsumgewohnheiten auch – distinguieren, und nennt flugs das eigene Verhalten »vernünftig« und das der Gourmets eben »unvernünftig« oder überspannt oder elitär. Eine solche, recht häufig in einem großstädtischen Milieu zu findende Haltung verkennt natürlich wichtige Zusammenhänge, will dies aber nicht wissen und nicht zugeben.

Was den Konsum angeht, erscheint diese Form von Typ A unproblematischer, weil er meist einen positiveren Beitrag leistet, also etwas mehr Geld für etwas bessere Produkte ausgibt – gerne auch mit Bio-Etikett. Weil er sich aber oft besonders aggressiv von Typ B, C und D absetzen will (die sein eigentliches Feindbild sind), ist seine Wirkung insgesamt dennoch problematisch und dem klassischen Redundanzesser sehr ähnlich.

Hauptsache, es schmeckt. Oben: Im »Calypso«, einem bretonischen Restaurant mit bodenständiger Küche. Unten: Huhn und Nudeln in einer Elsässer Weinstube. (Fotos JD)

GENUSSTYP B:
DER GOURMET ALTER SCHULE

Der Gourmet alter Schule galt lange Jahre als eine ziemlich klar definierte Erscheinung und machte fast immer eine ziemlich unproblematische, eher angenehme Figur. Er hatte vor allem Essen im Kopf und schwärmte von seinen Erlebnissen in diesem und jenem Restaurant, von unglaublichen Flaschen Bordeaux, die er mal irgendwo mit Freunden getrunken hatte, gerne auch von unentdeckten Restaurants mit unentdeckten Köchen oder von dem besten Serrano-Schinken aller Zeiten. Durch seine vielen Erfahrungen hatte er natürlich auch eine Menge an Wissen gesammelt und galt für viele Leute ganz automatisch als eine Art Experte. In fast allen Fällen zeichnete er sich auch dadurch aus, dass er sich mit dem Kritisieren des Schlechten nicht lange aufhielt, sondern seine Energie ganz auf die guten Dinge richtete. Oft kannte er auch viele Köche persönlich und war überhaupt ein eher kommunikativer Typ, der sich nirgendwo lange zurückhielt, sondern auf die Leute zuging und sie von den Vorzügen des Genusses überzeugen wollte. Er teilte auch gerne und war überhaupt gerne in Gesellschaft. Seine Variante, den stillen Gourmet, gab es zwar auch, aber irgendwie passte allzu viel Stille nicht zum alten Gourmet. Weil er nicht nur gerne Gutes aß, sondern das am liebsten auch von morgens bis abends tat, neigte er zu einer gewissen Leibesfülle. Die alte französische Unterteilung zwischen dem Gourmand, der eher ein ziemlicher Vielfraß ist, und dem wesentlich feiner differenzierenden Gourmet muss man in diesem Zusammenhang nicht unbedingt bemühen, weil sie das Problem, um das es hier geht (also um die Unterscheidung zwischen dem alten und dem neuen Gourmet) nicht wesentlich beleuchtet.

Dass ich bisher in diesem Kapitel die Vergangenheitsform benutzt habe, ist Absicht. Natürlich gibt es ihn noch, den liebenswürdigen Gourmet von altem Schrot und Korn. Aber die Realitäten sehen oft anders aus, vor allem kalkulierter: Angefangen beim Gewicht, das man unbedingt halten will, bis hin zum sozialen Status des »Feinschmeckers«. Der alte Gourmet war immer jemand, der wirklich nah an der Materie dachte und sich im Zweifel nicht unbedingt darum kümmerte, ob seine Aktivitäten etwas mit einem bestimmten sozialen Status zu tun haben. Er war jederzeit in der Lage, auch viel zu viel Geld für einen ganz besonderen Genuss auszugeben, weil ihn zum Beispiel einfach ganz furchtbar interessierte, wie denn nun ein Château d'Yquem, der berühmte Sauternes, schmeckt. Und wenn er dann in Fahrt war, spielten auch diätische Überlegungen kaum eine Rolle, und wenn der Wein wirklich überragend war, konnte man die zweite Flasche auf keinen Fall bis zum nächsten Tag aufbewahren. Sie werden diesen Typus kennen, oder wenn Sie ihn nicht kennen, wäre es vielleicht eine Bereicherung Ihres Lebens, wenn sie ein Exemplar kennen würden.

Lange Jahre ging es mit dem Gourmet alter Schule gut, weil er sich in einem sicheren System bewegen konnte. So, wie in der traditionellen Kochkunst quasi alles seine Regeln hatte, musste auch der Gourmet alter Schule keine wirklichen Überraschungen befürchten. Wohin er seine Wege auch lenkte: Das, was er unter guter Küche verstand, war ganz sicher anzusteuern, weil alle guten Köche an der gleichen Art von Küche arbeiteten. Vor allem die Spitzenrestaurants waren sich ziemlich ähnlich. Die eine Foie-gras-Terrine ähnelte der anderen, die Saucen waren klassisch und bei den Besten eben nur ganz besonders verfeinert und ganz besonders

ausgewogen oder mit einem ganz besonderen Tiefgang. Für den Gourmet alter Schule waren diese Zeiten gute Zeiten, weil sie in seinen Augen sehr zuverlässige Qualitäten bescherten. Ein Drei-Sterne-Restaurant war in der Regel ein Erlebnis. Punkt.

Dann aber passierte etwas, was den Gourmet alter Schule ziemlich aus dem Tritt brachte und bisweilen sogar Charakterzüge freilegte, die man bei ihm niemals vermutet hätte. Die Köche fingen auf einmal an, »kreativ« zu kochen, was man in diesem Zusammenhang und aus der Sicht des Gourmets alter Schule in Anführungszeichen setzen muss. Die Arbeit von Adrià und Co. wäre nicht das größte Problem gewesen, weil sie aus Sicht der alten Schule eher einfache Opfer sind, die mit den Großmeistern der klassisch orientierten Küche nun wirklich nichts zu tun haben und für sie leicht abzuqualifizieren sind. Das Problem wurde erst dann wirklich groß, als sich die Weltöffentlichkeit und vor allem viele Journalisten sehr für die kreative Küche interessierten und begannen, die alten Meister eher stiefmütterlich zu behandeln oder glatt zu ignorieren.

Diese Entwicklung brachte den Gourmet alter Schule in einen erstaunlich aggressiven Zustand. Und weil das alles nicht fruchtete, bemühten sich er und seine journalistischen Verbündeten aufs Emsigste, Kriegsschauplätze zu eröffnen, auf denen sie den neuen »Kreativen« etwas entgegenzusetzen hatten. Da wurden dann zum Beispiel – wider alle naturwissenschaftlichen Erkenntnisse – die Zutaten der Molekularküche in den Bereich der Gesundheitsgefährdung verschoben und vor allem gerne darüber berichtet, dass es Gästen von Adrià oder Heston Blumenthal nach dem Essen schlecht geworden sei. Als der britische Avantgardist einmal Probleme mit verunreinigten Austern hatte, und eine Reihe von Gästen erkrankte, wurde das gleich eine Meldung, die um die Welt ging. Als dann gerichtlich festgestellt wurde, dass nicht die Molekularküche als solche die Ursache war, sondern ganz banal eine verunreinigte Partie von Austern, wurde das natürlich nicht mehr so ausführlich berichtet. Harald Wohlfahrt sagte mir damals in seiner ruhigen, abwägenden Art: »Das kann jedem von uns passieren, das können wir nicht überprüfen. Und wenn dann irgendeine Arbeitsfläche mit Wasser aus solchen Austern in Berührung kommt, haben wir ganz schnell Probleme.«

Heute, da die Avantgarde eher besonders naturnah denkt, die Umsätze für texturgebende Mittel aus der Molekularküche aber immer neue Höhen erklimmen und selbst französische Großmeister munter mit Kalziumchlorid-Sphären arbeiten, hat sich der Gourmet alter Schule weitgehend in seine Zirkel zurückgezogen. Falls er dann doch einmal auf Neues trifft, geht es bisweilen so aus, wie es mir aus einem der besten deutschen Hotels mit einem der besten deutschen Restaurants berichtet wurde: Dort hatte ein älteres Ehepaar die beste Suite gemietet und gleich einen Platz im Gourmetrestaurant des Hauses dazu. Sie wussten aber scheinbar nicht, dass dieses Restaurant gerade für seine Avantgarde-Küche bekannt ist. Als sie dann abends ihr Essen bekamen, probierten sie die Kleinigkeiten vorweg, den ersten Gang und standen beim Servieren des zweiten auf und gingen – mit der Bemerkung, das sei nicht das, was sie haben wollten. Ich benutze in einem solchen Zusammenhang schon mal gerne den Satz: »Wer Heino will, sollte nicht in die Oper gehen.« Ich selbst setze mich seit Langem für die gesamte Breite der Koch-

kunst ein und begleite nicht nur intensiv die Avantgarde, sondern vertrete auch energisch die Bewahrung aller klassischen Qualitäten. Es fällt mir allerdings immer wieder auf, wie selten es Leute gibt, die den ganzen Bereich des Essens mit sehr viel mehr Lust am Genuss, an der Freiheit und an Neuem angehen. Ich finde es wunderbar, heute in einem super-klassischen Restaurant zu essen, und morgen eine ganz ungewöhnliche Avantgarde-Küche zu genießen.

GENUSSTYP C:
DER SCHEINSCHMECKER

Ein besonders unangenehmer und für die Kochkunst im Grunde kontraproduktiver Typus ist einer, den ich »Scheinschmecker« genannt habe. Er gibt den Feinschmecker, ist aber keiner. Es fällt mir bei ihm sogar schwer, überhaupt von »Genuss«-Typ zu sprechen, weil das nicht sein eigentliches Interesse zu sein scheint. Sein wichtigstes Interesse gilt nicht dem Essen, sondern dem sozialen Status des Luxusrestaurants; er benutzt also die Gourmetküche vor allem als eines der Elemente, mit denen er seinen Status definiert. Und weil ihm dieser Status so wichtig ist, hat das Folgen in zwei Richtungen: Einmal darf das Essen nicht wirklich außergewöhnlich (also kreativ) werden, weil er ja im Grunde kein Feinschmecker ist, und zum anderen ist es extrem wichtig, dass das ganze Drumherum immer so ist, wie er sich das vorstellt.

Die Auswirkungen dieser zwei Grundzüge sind gravierend. Der Scheinschmecker sorgt zum Beispiel oft dafür, dass das Klischee vom Gourmettempel partout nicht verschwinden will. Er braucht den demonstrativen Luxus als Element der Unterscheidung vom einfacheren Volk und erwartet ihn.

Und weil er immer noch in vielen Restaurants der Oberklasse in größerer Stückzahl anzutreffen ist, hält er sich – durchaus in gewisser Weise zu Recht – für den Finanzier des Ganzen und möchte entsprechend behandelt werden. Er reagiert ausgesprochen erfreut, wenn er schon bei einem zweiten Besuch in einem Haus der Spitzenklasse mit Namen und quasi als Stammgast bedient wird. Er hat überhaupt nichts gegen eine offensichtlich bevorzugte Behandlung, weil das seinen Drang zur Distinktion noch weiter unterstützt. Klappt einmal etwas nicht, ist irgendwo ein Staubkörnchen zuviel oder wird er gar beiläufig übersehen, bekommt er regelmäßig sehr schlechte Laune und beginnt oft sogar, das Restaurant schlecht zu machen. Wer ihn – aus seiner beengten Sicht gesehen – »schlecht« behandelt und nicht ausreichend würdigt, muss sogar damit rechnen, dass sich das auf die Einschätzung des Essens niederschlägt.

Zu seinen liebsten Beschäftigungen zählt übrigens, in einem konzentrierten Name-Dropping-Verfahren seine kulinarische Weltläufigkeit und vor allem die persönliche Bekanntschaft mit diversen berühmten Köchen und Hoteliers zu erwähnen – ganz locker, ganz nebenbei, aber sehr regelmäßig. Probleme bekommt der Scheinschmecker immer dann, wenn er seine Rolle nicht spielen kann. Auf Besuche in Pariser Luxusrestaurants etwa können viele der deutschen Scheinschmecker gut verzichten. Zum einen schlägt dort durch, dass für die wirklich Reichen dieser Welt auch ein teures

Zwei mehrheitsfähige Klassiker der Spitzenküche von Heinz Winkler und Jörg Müller. (Fotos TR aus »Heinz Winklers Meisterküche« und »Meine Sylter Küche – Jörg Müller«)

Gourmetrestaurant keinen wirklichen Kostenfaktor darstellt und sie sich dort entsprechend locker und – für die Erwartungen des Scheinschmeckers – nicht adäquat benehmen. Manchmal ist der Scheinschmecker auch nicht unbedingt der französischen Sprache so mächtig, dass er seine übliche Inszenierung voll realisieren kann. Und auf Gäste, die sich kaum verständlich machen können, haben die distinguierten Maîtres in Pariser Luxusrestaurants nicht unbedingt gewartet. Der Scheinschmecker wird dort also zu einem ganz normalen Gast, der sich in der Fremde irgendwie nicht wohlfühlt. Das gefällt ihm ganz und gar nicht.

Für besonders schwerwiegend halte ich viele Folgen dieses Scheinschmecker-Verhaltens im kulinarischen Bereich. Weil der Scheinschmecker nicht primär am Essen interessiert ist und üblicherweise sogar eine ganze Reihe von Problemen mit diversen »No-Gos« hat, braucht er sozusagen eine eigene »Diät«. Diese Diät besteht zum Beispiel aus dem Verzicht auf alles Ungewöhnliche bei Produkten und Zubereitungen, weil der Scheinschmecker nämlich ein verkappter Redundanzesser ist, der am liebsten immer das Gleiche isst und in diesem begrenzten Rahmen eine Art Kennerschaft demonstriert. Die Diät geht dann leider sehr in die kulinarischen Details und hat gerade in Deutschland, wo der Scheinschmecker mit großem Abstand zu anderen Ländern am weitesten verbreitet ist, zu einer Art Scheinschmecker-Küche geführt. Typische Details sind zum Beispiel beim Lammrücken zu finden, der am liebsten in ausgelöster Form und ohne auch nur ein Flipselchen Fett gemocht wird. Überhaupt wird sichtbares Fett rigoros abgelehnt, sodass in der Regel das Fleisch aussieht, als käme es geradewegs »aus der Fabrik«. Weil der Scheinschmecker auch noch sehr empfindlich ist, und

Verdrängen von Zusammenhängen unbedingt zu seinen Charaktereigenschaften zählt, darf es beim Essen auch nie so aussehen, als ob man es mit Tieren zu tun hätte. Halbe Tauben mit Beinen und Kopf, Schnepfen mit halbiertem Kopf zum Auslöffeln des Gehirns, ganze Fische mit Kopf oder andere, sehr »konkrete« Teile vom Tier möchte er auf dem Teller nicht sehen. Das gilt natürlich insgesamt für das, was man vom Tier isst, also am liebsten nur Filetstücke ohne viel Eigengeschmack oder stark Geschmortes – ebenfalls ohne viel Eigengeschmack. Nieren, bei denen das Aroma von Harn unbedingt ein – wenn auch sehr zurückhaltender – Bestandteil auch der besten Zubereitung sein sollte, isst er keinesfalls, wie überhaupt Innereien wegen ihres prononcierten Aromas nicht seine Sache sind – bis auf Foie gras natürlich, die wegen ihrer Mast oft überhaupt nicht mehr nach Leber schmeckt (was übrigens viele Spezialisten nicht unbedingt gut finden).

Mit solchen und ähnlichen Vorlieben und Abneigungen hat der Scheinschmecker die gastronomische Landschaft teilweise erheblich geschädigt und zu einem Hort von wenig produktnaher, recht unnatürlicher Bastelei alter Schule gemacht. Diese optisch für viele Augen immer sehr aufwendig und kunstvoll aussehende Küche verletzt im Grunde viele Regeln der Kochkunst und kann aus meiner Sicht ohne Weiteres unter Aspekten der Degenerierung diskutiert werden. Der Scheinschmecker ist allerdings mittlerweile deutlich in die Defensive geraten, schon allein deshalb, weil diese Erscheinung sich mit der Alterspyramide auswächst. Man wird weniger, und so langsam merkt auch die letzte Restaurant-Hochburg des Scheinschmeckers, dass man vielleicht lange Jahre gute Geschäfte gemacht hat, aber gleichzeitig auf einem Kurs gelandet ist, der heute von jüngeren, entspannter denkenden Gästen nicht mehr goutiert wird. Die Verbindung von deutschen Köchen, die die klassisch-französische Küche unkritisch übernommen haben, anstatt die traditionelle Regionalküche einer Revision zu unterziehen, und dem Scheinschmecker hat der Entwicklung der deutschen Küche im Grunde geschadet.

GENUSSTYP D:
DER NEUE GOURMET

Gibt es ihn schon, den neuen Gourmet, der sich wirklich nur mit der Sache beschäftigt und weder forcierten Luxus noch viele andere Formalitäten braucht, um mit gutem Essen glücklich zu werden? Der kein verkappter Redundanzesser ist und sein ganzes Rechtfertigungsgebäude eigentlich nur einsetzt, um seine begrenzte Wahrnehmung positiv darzustellen? Ja, es gibt ihn schon, und seine Zahl steigt beständig. In vielen anderen Ländern ist er längst normal und bevölkert vor allem die kreativen Restaurants, weil er in seiner Offenheit natürlich an Kreativem ganz besonders interessiert ist.

Ich habe im Jahre 2004 in der ersten Folge meiner F.A.Z.-»Geschmackssache« den Typus des neuen Gourmets skizziert, natürlich als einen Idealtypus, den es in dieser reinen Form vielleicht nicht so häufig gibt, dessen Merkmale sich aber durchaus zusammenfassen lassen. Hier einige Ausschnitte: »Der neue Gourmet ist leise, aber nicht, weil er zwangsläufig von eher zarter Natur ist, sondern weil er die wahre Dimension der alten Regel ›Mit vollem Mund spricht man nicht‹ erkannt hat: Reden blockiert die geschmacklichen Wahrnehmungen bis zu ihrer Unmöglichkeit. Er sucht auch nicht den Kurzschluss zwischen Erwartung und

Erfüllung, sondern öffnet sich den vielfältigen Sinneseindrücken beim Essen, die weit über die klassischen Parameter für Geschmack (süß, sauer usw.) hinausgehen und vom Duft bis zu Temperaturen und Texturen reichen. Er sieht in der kulinarischen Kreation Erforschbares, Erfahrbares und Interpretierbares, wobei ihm klar wird, dass die Sinneseindrücke auch durch individuelle psychische Dispositionen strukturiert werden. Die Reaktionen auf Essen – bei sich und vor allem auch bei anderen – erkennt er als ein Spiegelbild der kulinarischen Sozialisation …

Vorlieben und Ablehnungen betrachtet er als ein persönliches Handicap auf dem Weg zu gesteigertem Genuss, dessen Überwindung schnellstens angestrebt wird …

Als ›Nebeneffekt‹ beendet der neue Gourmet die Blockierung der Entwicklung der Gourmandise durch deren oft zwangsläufige Fixiertheit auf die Befriedigung geschmäcklerischer Redundanzien …
Er wird die Notwendigkeit erkennen, sowohl seinem Erleben als auch dem Erlebbaren Sprache zu verleihen, weil erst die Sprache der Kommunikation über das kulinarische Objekt jene Beständigkeit verleiht, die Vorhandenes sichert, Weitergabe möglich macht und Entwicklung fördert …

Vor allem aber ist der neue Gourmet tolerant – eine zwangsläufige Folge seines veränderten Zugangs zum Essbaren. In einer vielfach durch Ablehnungen geprägten, im alten Sinne ›geschmäcklerischen‹ Szenerie hat er ein genuines Interesse an Vielfalt, Variation und Interpretation.«

Das war im Frühjahr 2004, Sie finden den kompletten Text auf Seite 307 in diesem Buch. Mittlerweile habe ich den Typus des neuen Gourmets noch einmal um eine Variante, den Typ II, erweitert: Der Typ II des neuen Gourmets ist ein Mensch, der die Gourmandise unter ganzheitlichen Aspekten sieht. »Ganzheitlich« klingt in diesem Zusammenhang scheinbar harmlos. Tatsächlich markiert der Typ II aber einen Menschen, der sehr weit in die Zukunft denkt und dessen Verhalten sehr viel mit der Zukunft unserer Ernährung zu tun hat. Unter »ganzheitlich« verstehe ich einen Esser und Genießer, der sein kulinarisches Verhalten im Einklang mit ökologischen Aspekten, gesellschaftlichen Aspekten und damit auch zum Beispiel gesundheitlichen Aspekten sieht. Typ II ist ein Genießer, der nicht um des Genießens willen mehr Nahrungsmittel konsumiert, als eigentlich nötig ist. Er wird – um es überspitzt zu formulieren – den Hungernden dieser Welt nicht das Essen wegnehmen, weil er das Doppelte von dem isst (und in Übergewicht umwandelt), was er eigentlich braucht. Er wird sich nicht nur die Luxusstücke als Genussobjekte auswählen, sondern wird seine Vorlieben peu à peu so verändern, dass er die Finesse auch da findet, wo sie bisher kaum jemand gesucht hat. Mit einer erheblich gesteigerten Sensibilität wird er in scheinbar einfachen Gerichten große geschmackliche Erlebnisse entdecken und damit den Weg dafür öffnen, alles Essbare in einem sehr viel intensiveren Maße zu nutzen, als das bisher der Fall war. Für ihn wird man keine Produkte unter ökologisch bedenklichen Aspekten aus fernen Ländern einfliegen müssen, und man wird das, was man von einem Tier essen kann, nicht auf die Filetstücke beschränken. Vermutlich wird er eher schlank sein und auch die Gesundheitssysteme nicht in dem Maße mit Zivilisationskrankheiten belasten, wie das heute noch teilweise der Fall ist.

Ich habe vor ein paar Jahren eine Art Selbstversuch gemacht und mich ein wenig an der »Fischer-Diät« orientiert, also dem Plan, den mir Joschka Fischer einmal mitgeteilt hat und der vorsieht, wenig Zucker, wenig Alkohol und wenig Kohlenhydrate zu essen. Ich wollte damals vor allem einige Kilos abnehmen und sehen, ob und wie ich das schaffen kann, und was das mit mir, einem beruflich viel essenden Menschen, macht. Dabei fand ich recht schnell meine eigene Diät heraus, die dann allerdings von so gewaltiger Wirkung war, dass unser Hausarzt mir geraten hat, etwas weniger radikal vorzugehen. Das »Geheimnis« war, dass ich den Hunger als einen positiven Effekt gesehen habe, der mir signalisierte, dass ich auf dem richtigen Kurs bin und abnehme. Ich aß dann jeweils nur ein paar Löffel Joghurt oder Ähnliches und hatte wieder eine oder zwei Stunden Ruhe. Ich trank so gut wie keinen Alkohol mehr (außer beruflich, aber das störte in diesem Prozess erstaunlicherweise kaum), und wenn, dann so wenig wie möglich, und ich aß grundsätzlich nur so lange, bis ich das Gefühl hatte, es ist wirklich genug. Und das kam – wie gesagt – ziemlich schnell, und die Gewichtsabnahme auch.

Interessant war, wie ich mich bei dem Ganzen fühlte. Es ging mir eigentlich überraschend gut, vor allem, weil ich nicht dogmatisch an die Sache heranging, sondern bei höherem Kalorienbedarf wieder etwas mehr aß, und analog dazu nach größeren Essen meist erst einmal so gut wie gar nichts mehr. Hochinteressant war der Gewinn an Sensibilität, der ein wenig so war, wie man sich fühlt, wenn man nach einer Erkrankung langsam wieder anfangen darf, etwas zu essen und das dann sehr schonend tun muss. Ich begann, jedem einzelnen Bissen auch im nicht-beruflichen Bereich hinterherzuschmecken, Nuancen zu entdecken, auf die ich mich sonst sehr stark konzentrieren musste, und kam auf diese Weise langsam, aber sicher zu einem deutlich veränderten Essverhalten.

Dabei habe ich natürlich immer wieder in mich hineingehorcht und darüber nachgedacht, wann man dazu neigt, bestimmte Dinge zu tun. Zu Süßigkeiten zog es mich zum Beispiel so gut wie gar nicht mehr hin, und der Grund dafür wurde schnell klar. Hatte ich mit meiner Frau abends eine Flasche Wein getrunken, brauchte ich auch Süßes. Wenn nicht, verschwand das Bedürfnis oder kam gar nicht erst auf. Ich machte Erfahrungen mit gewissen sozialen Verhaltensweisen, wie dem »gemütlichen« Sitzen am Tisch nach dem Essen und der Beziehung zwischen Alkohol und Gemütlichkeit, dann der Entkoppelung dieser Zusammenhänge (was überraschend gut klappte) oder auch der Entkoppelung des Zusammenhangs, dass man nach harter hektischer Arbeit unbedingt einen Wein zur Entspannung braucht. Kurzum: Es war eine sehr beeindruckende Erfahrung, bei der ich gut 12 Kilogramm Gewicht verloren habe. Heute habe ich zwar die Hälfte davon wieder zugenommen, halte mich aber auf diesem Level recht gut und kann mit einem kurzen »Zwischenspurt« mein Gewicht ziemlich schnell wieder regulieren. Und trotzdem: Dieses ganzheitliche Verhalten ist eine recht komplizierte Aufgabe, weil man in der Regel eine sehr gründliche Verhaltensänderung anstreben muss. Man muss sehr viele Verhaltensweisen ändern, an die man sich ein Leben lang gewöhnt hat – und dabei auch viele kulinarische Vorlieben modifizieren. Ich verstehe jetzt jedenfalls, warum sich Leute oft eher das Rauchen abgewöhnen können, als auf ihre Essgewohnheiten zu verzichten. Im Zusammenhang mit meinem Selbstversuch habe ich Essen dann auch als die letzte legale Sucht bezeichnet, weil vieles von unserem Essverhalten unbedingt einem Suchtverhalten ähnelt.

Geschmack braucht Platz –
Ein Plädoyer für eine aromatische Abrüstung

Es wird immer wieder übersehen, dass man für eine komplexe geschmackliche Wahrnehmung persönliche Voraussetzungen schaffen muss. Ein Mensch, der sich mit den Tiefen des Geschmacks befassen will, braucht – vereinfacht formuliert – vor allem zweierlei: viel Übung und eine Art geschmackliche Freiheit. Um diese geschmackliche Freiheit soll es in diesem Kapitel gehen, und zwar zunächst einmal nicht um größere philosophische Zusammenhänge, sondern um einige ganz konkrete Aspekte.

Die Dinge, die man essen kann (und das sind sehr viel mehr, als wir im Moment verwenden), haben extrem unterschiedlich intensive Aromen. Es gibt Produkte, die von Natur aus ein sehr intensives Aroma haben, und es gibt Produkte, die von Natur aus ein extrem mildes Aroma haben. Sehr intensive Aromen haben zum Beispiel – neben diversen Gewürzen und Kräutern, die hier als aromatische Zutaten und nicht als Produkte im engeren Sinne betrachtet werden – die Tomaten, die in ihrem Kerngehäuse ein enorm intensives und komplexes Aroma konzentrieren. Es gibt aber auch Produkte, die sehr mild schmecken, wie etwa viele Fische und das Meeresgetier insgesamt. Von vielen Produkten wissen wir übrigens überhaupt nicht, wie sie schmecken, weil sie uns in unbehandelter Form quasi nie begegnen. Was sich bei der Zubereitung von Essen im Verlauf der Zeit entwickelt hat, ist eigentlich eine skandalöse Entwicklung, die wir zu allem Überfluss auch noch als große Kulturleistung ansehen. Wir haben uns die Produkte so zurechtgemacht, dass wir sie nur in einem im Grunde völlig überwürzten Zustand als angenehm empfinden. Warum das so ist, ist übrigens noch kaum untersucht. Mit diesen gedopten Aromen sind wir anscheinend glücklich. Dass etwas »gut gewürzt«

ist, gilt allgemein als eine gute kulinarische Qualität. Gemeint ist damit allerdings nicht, dass man ein Produkt mit einem wunderschön zarten und besonders gut passenden Aroma anreichert, sondern gemeint ist in vielen Fällen eine Würze, die das Ausgangsprodukt in etwas vollkommen anderes verwandelt. Ein »gut gewürztes« Rindertatar, wie es bis hin in die Spitzenküche vorkommt, degradiert in der Regel das Fleisch zu einer reinen Kaumasse. Was wir wahrnehmen, ist Salz und Pfeffer und vielleicht auch noch Zwiebeln und kleine Gurkenstückchen. Vom Fleisch nehmen wir nichts mehr wahr. Ob das Endergebnis dann eines ist, das nur mit dem Fleisch möglich ist, sei dahingestellt.

Vielleicht könnte man eine ähnliche Masse wie ein Rindertatar erfinden, die künstlich hergestellt ist, uns aber wegen der Würze gar nicht weiter auffallen würde. Vor allem in der bürgerlichen Küche gilt eine kräftige Würze oft als unverzichtbar. Fleisch, das nicht »kräftig« gewürzt ist, wird schnell als »geschmacklos« und fade empfunden, häufig dient die »kräftige« Würze zu allem Überfluss auch noch der Kaschierung eines schlechten Produktes. Auch die angebliche Produktnähe vieler Zubereitungen der besseren Küche ist vor diesem Hintergrund oft eine glatte Lüge. Es gibt viele Zubereitungen meisterlicher Köche, in denen buchstäblich nicht ein einziges Produkt ohne größere Mengen von Aromenzugaben vorkommt.

Wenn man einmal einen Blick in die Runde wirft, gibt es eine ganze Menge von Auswüchsen dieses Aromendopings zu beobachten. In vielen Kochbüchern werden buchstäblich alle Elemente eines Gerichtes einzeln gesalzen und gepfeffert. Alles, was verwendet wird, bekommt ausnahmslos erst einmal seine Dosis Salz und Pfeffer ab. Dass sich diese Einzeldosen zu einem völlig von Salz und Pfeffer bestimmten Gesamtbild addieren, scheint vielen Leuten nicht wirklich bewusst zu sein. Man kann diesen Effekt heute in beinahe jeder TV-Kochshow besichtigen. Ich habe schon frühzeitig dazu geschrieben, dass man Konsequenzen daraus ziehen sollte. Wenn Sie also einen Koch sehen, der ständig alle Elemente eines Gerichtes salzt und pfeffert, stellen Sie am besten den Apparat ab. Er kann nicht kochen. Bizarrerweise gilt die Verwendung des Mononatriumglutamats (kurz »Glutamat« genannt) für viele Leute heutzutage als ungesund und irgendwie als industrielle Trickserei, um aus minderwertigen Produkten das Beste herauszuholen. Mittlerweile macht die Industrie Werbung damit, wenn sie bei einem Produkt keinen Geschmacksverstärker verwendet. Dass Salz und Pfeffer oder bestimmte Hefen ganz ähnliche Effekte haben, wird glatt übersehen. Viele Köche zum Beispiel scheinen so etwas wie einen eingebauten Geschmacksverstärker zu haben. Bevor ihr Essen nicht so schmeckt, als ob es mit größeren Mengen von Geschmacksverstärkern behandelt worden wäre, sind sie mit dem Endergebnis nicht zufrieden. Mit dieser Praxis arbeiten die Köche, die sich ja gerne als Gegenteil der Nahrungsmittelindustrie darstellen, der Industrie komplett in die Hände. Der wichtigste Effekt der Gewöhnung an überwürzte Produkte ist nämlich, dass man weniger gewürzte Produkte nicht mehr als angenehm empfindet und quasi in eine Abhängigkeit von Überwürztem gerät. Das haben sich McDonald's und Co. längst zunutze gemacht. Sie haben ihre Kundschaft an extrem überwürzte Geschmacksbilder gewöhnt und bilden quasi das High End, wenn es um Überwürzung geht. Wer sich an diese Würzmengen gewöhnt hat, ist für andere Produkte früher oder später kaum noch zu

gewinnen. Vor diesem Hintergrund wirkt in meinen Augen das Buhlen von McD um ein jugendliches Publikum ganz besonders besorgniserregend.

Wie problematisch sich Essgewohnheiten auswirken können, merkt man nicht nur bei den Konsumenten von Fast Food, sondern zum Beispiel auch da, wo man sich scheinbar kultiviert zum Beispiel für die Küchen anderer Ländern interessiert. Nach allerlei kräftig gewürztem chinesischen, mexikanischen oder mediterranen Essen konnte ich schon oft erleben, dass recht seriöse jüngere Leute mit feinen Fischkompositionen der Spitzenküche kaum noch zurechtkamen. Sie empfanden ein solches Essen, bei dem ohne kräftige Würzungen gearbeitet wird, als fade. Ein anderes Beispiel: Dass Kindern oft ein mit künstlichen Aromen und viel Zucker überwürztes Erdbeereis besser schmeckt als eine natürliche Erdbeere, ist eine der schon lange bekannten Perversionen unseres Umgangs mit Aromen. Besonders peinlich erscheinen mir in diesem Zusammenhang auch diverse, immer wieder vorkommende Ausführungen von Restaurantkritikern, die im wahrsten Sinne des Wortes einer kräftigen Würze hinterherhecheln. Sie verstehen offensichtlich die Zusammenhänge nicht.

Dieser vor allem in den westlichen Zivilisationen verbreitete Umgang mit Produkten führt zu großen Problemen (von den gesundheitlichen Problemen des übermäßigen Salzgebrauchs einmal ganz abgesehen). Für eine differenzierte Wahrnehmung von Aromen und für die dringend notwendige Ausweitung der Produktpalette ist dieses Verhalten absolut kontraproduktiv. Der quasi ausschließliche Kontakt mit überwürzten Produkten blockiert die Wahrnehmung und erzeugt Vorlieben für eine Art von aromatischer Uniformität. Nicht nur eine Vielzahl von Produkten, sondern fast alle Produkte haben von Natur aus ein vergleichsweise dezentes Aroma. Vor allem die Differenzierung zwischen diversen dezenten Aromen (wie das zum Beispiel bei vielen wenig bekannten Kräutern der Fall ist) wird durch die Praxis der Überwürzung quasi unmöglich gemacht. Eine Ausweitung des von uns genutzten Produktkanons hin zu mehr pflanzlichen Produkten oder auch zu Produkten, die sich nicht sehr stark voneinander unterscheiden oder zu Zubereitungsformen, die nur dezente Veränderungen erbringen, wird durch die bisherige Praxis quasi unmöglich gemacht. Der Weg ins Innere des Geschmacks wird nur möglich, wenn man zu einer radikalen Verbesserung der geschmacklichen Sensibilität kommt, sich also von dem Diktat der gedopten Aromen befreit.

Für den täglichen Umgang mit dem Essen bedeutet dies, dass man an so etwas wie eine geschmackliche Hygiene denken sollte. Man sollte einerseits die geschmacklichen Möglichkeiten des Menschen wie einen Muskel begreifen, der ohne Training zu keiner Leistung in der Lage ist. Andererseits sollte man darauf achten, dass man seine Wahrnehmung nicht durch zu viel Einseitigkeiten, also durch zu viel Kontakt mit gedopten Aromen beeinträchtigt, sondern durch zunehmende Phasen des sensiblen Umgangs mit dem Essen langsam zu einer grundsätzlichen Verbesserung der Wahrnehmung kommt. Allgemein gilt die Forderung nach einer aromatischen Abrüstung, um dem Menschen wieder die Begegnung mit vielen natürlichen Lebensmitteln in einer gesunden, nicht zuletzt seinen Wahrnehmungsmöglichkeiten entsprechenden Form möglich zu machen.

Und wie soll das ganz praktisch aussehen? Für mich wurde frühzeitig klar, dass diese aromatische Abrüstung etwas ist, was ich notfalls selbst realisieren muss. Es hat sich im Laufe der Jahre immer deutlicher gezeigt, dass ein zügiger Sensibilitätsgewinn ohne Weiteres zu erreichen ist, wenn man so oft wie möglich versucht, zu differenzieren und immer feinere Unterschiede auszumachen. Das kann im täglichen Leben manchmal etwas schwieriger sein. Auch ich esse nach wie vor immer wieder industrielle Nahrungsmittel und – allein schon wegen meines Berufes – natürlich auch hin und wieder Fast Food. Im Laufe der Jahre hat sich aber nicht nur die Sensibilität gegenüber nichtgedopten Nahrungsmitteln erhöht, sondern auch die Sensibilität für die gewaltigen Manipulationen bei vielen industriellen Nahrungsmitteln. Wenn ich heute Dosennahrung, Fertignahrung oder Fast Food esse, nehme ich das ganze Ausmaß der Tricksereien viel deutlicher wahr, als das früher der Fall war. Wenn ich mich – auch das passiert ab und zu – einmal abends wegen terminlicher Probleme oder auch wegen einer gewissen Erschöpfung nicht dazu aufraffen kann, selbst zu kochen und dann Essen aus einer Imbissstube hole, habe ich regelmäßig ein schlechtes Gewissen. Es schmeckt mir aber auch schon lange nicht mehr gut. »Rückfälle«, bei denen ich mit Begeisterung irgendeine schwächere bürgerliche Küche esse, kenne ich allerdings nicht. Ich finde auch die immer wieder zu lesenden Aussagen von Spitzenköchen, sie würden am liebsten einfache Gerichte der bürgerlichen Küche essen, sehr merkwürdig. Vielleicht lassen sich die Schwächen in ihren Küchen – die sie bei einer sehr genauen Analyse alle mehr oder weniger haben – damit erklären, dass sie nicht das kochen, was sie auch am liebsten essen.

Taste City oder:
Wenn die Welt fein schmeckt – Eine Vision

Wie würde es eigentlich aussehen, wenn das Interesse an gutem Essen eine Massenerscheinung und fast alle Menschen mehr oder weniger täglich auf der Suche nach guten Produkten oder nach guten Restaurants wären? In einer fiktiven Stadt namens »Taste City« vielleicht, die so oder ähnlich irgendwann in der Zukunft im Prinzip überall denkbar wäre? Wo blieben dann – fällt mir zuerst auf – die Hochglanz-Gourmetmagazine, die offensichtlich so viel Wert darauf legen, elitär zu sein und immer im Verdacht stehen, diesen Zustand im Grunde dringender zu brauchen als gutes Essen?

Es gibt da eine ganz einfache Überlegung, die ein ziemlich kritisches Potenzial beinhaltet. Die Spitzenküche zum Beispiel definiert sich in ihren eher traditionell orientierten Teilen immer noch an Luxusprodukten aller Art, also zum Beispiel an den ganz großen Fisch-Exemplaren oder Produkten aus aufwendigster Zucht und Herstellung. Wäre es überhaupt möglich, von diesen Produkten so viele zu haben, dass eine massenhafte Nachfrage befriedigt werden könnte? Wenn es reine, ungezüchtete Naturprodukte sind, sicherlich nicht. Sie würden elitär bleiben und sogar noch elitärer werden, weil die möglicherweise immens steigende Nachfrage den Preis ins Unermessliche steigern würde. Diese stark gestiegene Nachfrage würde in diesem Zusammenhang ganz allgemein ein Problem werden – auch bei Produkten, die zwar initiativ vom Menschen hergestellt werden, sich aber nicht beliebig vermehren lassen.

Es gibt dazu ein schönes Beispiel, und zwar die Entwicklung der Preise für die besten Bordeaux-Weine. Noch bis in die Neunzigerjahre des letzten Jahrhunderts gab es für einen Preis von etwa 15 bis 20 Mark Bordeaux-Weine, die einen klaren Bordeaux-Charakter hatten und viel Vergnügen bereiten konnten. Wollte man sich einen großen Bordeaux gönnen, ging es vielleicht in Richtung der 60 bis 80 Mark, manchmal auch noch knapp über 100 Mark (also nicht Euro). Dann kamen mehrere Entwicklungen zusammen, die die Lage grundsätzlich veränderten. Zum einen der Zerfall der Sowjetunion und die Öffnung nach Westen, zum anderen das vermehrte Auftauchen von Japanern und Chinesen in Westeuropa. Sie alle brachten ein großes Interesse an europäischen Luxusgütern mit, darunter auch das Interesse an Wein. Heute sind wegen der enormen Nachfrage die Preise so gestiegen, dass die großen Bordeaux-Weine tatsächlich vor allem Luxusgut sind, die Preise spekulativ und die Qualitäten nivelliert. Fast alle Spezialisten sind sich darin einig, dass die Qualitäten unter der großen Nachfrage nicht etwa gestiegen sind, sondern sich eine stilistische Nivellierung ergeben hat, die für eine Art Durchschnittsbordeaux sorgt – irgendwie erkennbar, aber oft ohne Ecken und Kanten und Persönlichkeit. Wer heute für die oben genannten Summen einen guten Wein kaufen möchte, muss sich anderen Regionen zuwenden.

Die Versorgung mit guten Produkten wird allgemein zu starken Veränderungen führen. Woher sollen sie kommen, wenn ein paar Bio-Bauern bei Weitem nicht in der Lage sind, eine größere Nachfrage zu bedienen? Müssten unsere Städte von einem Ring aus kleinen Betrieben umzingelt sein? Wird es anstelle von riesigen Gewerbebetrieben wieder Lebensmittelerzeuger geben, die nicht anonym irgendwo in der Welt arbeiten, sondern nahe am Kunden, weil der Kunde schließlich sehen will, ob auch alles seine Ordnung hat? Es ist leicht vorstellbar, wie so etwas in den kleinen Ortschaften auf dem Land aussehen könnte, und es würde vermutlich sehr gut und sehr lebendig aussehen. Was aber ist mit den großen Städten? Mit zersiedelten Regionen wie dem Ruhrgebiet? Wird es – wie es heute hier und da schon ansatzweise zu sehen ist – statt Industriebrachen Hühnerhöfe mit freilaufenden Hühnern geben? Hat schon einmal jemand wirklich durchgerechnet, wie eine solche Versorgung praktisch aussehen könnte? Man hat in diesem Zusammenhang schon darüber nachgedacht, dass eines Tages die Massen an Bio-Produkten irgendwo aus den Weiten Russlands kommen müssen, auf riesigen Flächen in industrieller Herstellung massenhaft gezogen, um dann die Discounter des Westens zu beliefern. Wird dann die eine Industrie durch die andere ausgewechselt? Nur damit irgendwo »Bio« draufsteht?

Bei dem kulinarischen Bewusstseinsstand der Bewohner von Taste City geht so etwas natürlich nicht, weil man selbstverständlich über den Tellerrand blickt und Deutschland und Europa nicht als eine Enklave sieht, die vom Rest der Welt gemästet wird. Wie kann man ein solches Problem lösen? Zum Beispiel, indem man die Essgewohnheiten ändert und dabei vor allem auch eine andere Produktpalette nutzt. Wenn es nur um die klassisch-guten Stücke geht, wird es problematisch. Wenn anerkannt gutes und vor allem beliebtes Essen auch mit Produkten realisiert wird, die bisher eher nicht im Mittelpunkt genüsslicher Betrachtungen standen, sieht alles deutlich anders aus. Dazu müssten sich allerdings zwei Entwicklungslinien deutlich verstärken: Zum einen müssten sich unsere Vorlieben stark verändern, und zum anderen müsste mit solch kulinarisch grauen Mäusen faszinierendes Essen hergestellt werden. Konkret: Können Sie sich vorstellen, dass man mit dem normalen Gemüse aus dem Supermarkt Gerichte herstellt, die wirklich faszinierend schmecken? Die Gourmets werden jetzt vielleicht an ein Kartoffelpüree à la Joël Robuchon denken oder an eine getrüffelte Lauchcremesuppe oder an eine einzelne Stange Spargel, die mit vielen Mikroelementen faszinierend angereichert wird und mit jedem Bissen anders schmeckt. Aber darum geht es hier nicht. Es geht darum, dass etwas entsteht, was auch den hart arbeitenden Menschen nach Feierabend erfreut, oder – um es noch plakativer zu sagen – um Alternativen für all die Gerichte aus dem bürgerlichen Spektrum der Küche, an die wir uns unser ganzes Leben lang gewöhnt haben. Der fein schmeckende Bewohner von Taste City braucht nicht nur die konventionelle Steigerung kulinarischer Qualität, sondern wegen seines massenhaften Auftretens auch die unkonventionelle und die Tag für Tag praktikable, gesteigerte Qualität.

Zuerst einmal wird man sich Taste City wie eine Mischung aus all den wunderbaren Dingen vorstellen, die man heute bereits in einigen kulinarisch besonders attraktiven Städten Europas (oder der Welt) antreffen kann. Taste City wird nicht nur insgesamt eine Markthalle haben, sondern in jedem Stadtteil eine, und es wird in jedem Stadtteil gleich mehrmals in der Woche – wenn nicht jeden Tag – Märkte geben. Die Ausweitung spezialisierter Geschäfte wird die Innenstädte deutlich beleben oder Stadtteile schaffen, in denen sich – wie in früheren Jahrhunderten – große Mengen solcher Geschäfte finden. Es wird zum Beispiel dazu kommen, dass sich die Weinhändler in einem Viertel finden, die Fischhändler oder die Metzger. Wäre das nun ein romantischer Weg rückwärts? Nicht unbedingt. Es wäre nur der Ausdruck einer steigenden Nachfrage und einer gewissen praktischen Konzentration des Angebots. Wer Paris oder andere entsprechende Städte kennt, wird wissen, dass sich dort – eben wegen der adäquat hohen Nachfrage – solche Verhältnisse ansatzweise noch erhalten haben. Eine Entwicklung in diese Richtung ist also nur logisch und keine Überraschung.

Aber das wird nicht alles sein. Wenn wirklich eine massenhafte Nachfrage nach gutem Essen und adäquaten Produkten besteht, werden auch diejenigen reagieren, die uns heute zuverlässig mit schwachen oder bestenfalls mittelprächtigen Produkten versorgen, also die Discounter. Und der Discounter 10.0 in Taste City wird wirklich anders sein. Wie schon heute absehbar, versuchen die Discounter, sich auch an die Spitze kulinarischer Bewegungen zu setzen. Das bedeutet nicht, dass sie irgendetwas mit der Avantgarde oder der Spitzenküche zu tun haben, von deren Wirken ein normaler Konsument ja ohnehin nichts mitbekommt. Es bedeutet, dass sie sich an die Spitze dessen setzen wollen, was man als massentaugliche Trends definieren könnte. In Taste City also werden die Discounter zu regelrechten kulinarischen Zentren mutiert sein. Es wird nicht nur ein gigantisch ausgeweitetes Produktangebot geben, sondern auch Restaurants, in denen – auch mit dauernden Kochvorführungen – gezeigt wird, wie man mit den angebotenen Produkten umgehen kann. Vielleicht wird gerade die Meldung die Runde machen (und für viel Aufsehen sorgen), dass das erste Aldi-Restaurant einen Michelin-Stern bekommen hat, und zwar »für seine hervorragende Arbeit mit einfachen, aber guten Grundprodukten« (so die Begründung des Guides). Was wiederum – man ahnt es – größeres Missfallen und Proteste bei den alteingesessenen Hardcore-Gourmets provoziert, die von einem »Kulturverfall« und »den völlig falschen Signalen« reden.

Das wiederum wird allgemein nicht weiter beachtet, weil sich diese Schicht der traditionellen Feinschmecker schon seit einiger Zeit in ihre eigenen Zirkel zurückgezogen hat – ganz ähnlich, wie das früher passierte, als Tennis oder auch Golf seine Exklusivität verloren haben. In ihren Klubrestaurants, die nur für Mitglieder geöffnet sind, frönt man einer Küche, wie sie in Deutschland im ausgehenden 20. und frühen 21. Jahrhundert populär war: französisch inspiriert und mit mediterranen und asiatischen Einsprengseln.

Die ehemals exklusiven Feinschmecker sind aber nicht die einzigen, die, sagen wir, etwas pikiert auf die Tatsache reagieren, dass sie mit ihren kulinarischen Vorlieben nun nicht mehr zur besseren Gesellschaft gehören, sondern sich mitten im Trubel der ganz normalen Leute befinden. Es gibt Gegenbewegungen aller Art, die sich merkwürdigerweise ausgerechnet im Umfeld von denjenigen ergeben, die früher zu den Vorreitern einer vernünftigen, gut gemachten und preiswerten Küche gehörten, also etwa den Freunden der Bistronomie. Sie scheinen ganz besonders darunter zu leiden, dass in ihrer gemütlich-schicken Bistro-Szene nun gerne das Publikum verkehrt, das früher die Brauhäuser frequentierte und das es sich, ganz unintellektuell und ganz ohne das tägliche Feuilleton zu verfolgen, gut gehen lässt. Dass viele Mitglieder dieser noch als halbwegs intellektuell geltenden Szene sich offen zu Fast Food bekennen, wundert die Beobachter der Szene allerdings kaum. Sie hatten die Bistronomie schon immer für eine verkappte grobbürgerliche Küche gehalten (das ist kein Druckfehler), die nur das für vernünftig hält, was dem eigenen kochkunst-kulturellen Vermögen entspricht (das habe ich immer »projektive Trivialität« genannt).

Eine etwas bedenkliche Entwicklung hat sich im Lager der früheren Freunde der Bio-Küche ergeben. Ihre Reaktion auf die Popularität ihres immer ein wenig weltanschaulichen Ansatzes ist eine Art kulinarische Selbstkasteiung, die jeder Form des Üppigen und Ausschweifenden abgeschworen hat und sich nun nur noch mit Vegetabilem beschäftigt, das sozusagen keinem Tier die Nahrung wegnimmt (was auch grünen Salat ausschließt, der schließlich ein bevorzugtes Essen für Schnecken ist). Aber – lassen wir das und wenden uns Konkreterem zu.

Es gibt in Taste City eine Reihe von bemerkenswerten Einrichtungen und Entwicklungen, die ich kurz vorstellen möchte. Ein großer Erfolg ist das CCC geworden, das Culinary Community Center, das vor etlichen Jahren als eine Art städtisches Restaurant gegründet wurde. Diese Einrichtungen gibt es mittlerweile in vielen Städten – teilweise haben sie sogar die ehemaligen Stadttheater ersetzt. Diese Entwicklung ist deshalb interessant, weil sie ursprünglich aus einer Diskussion entstanden ist, in der die Stadttheater, Opern- oder Konzerthäuser eine wichtige Rolle spielten. Ausgangspunkt war die These, dass man gute Küche aus ihrem rein kommerziellen Umfeld befreien müsse, um sie auch weniger betuchten Bürgern zugänglich zu machen. Es wurden Rechnungen aufgestellt, nach denen die Bezuschussungen jedes einzelnen Platzes in einer Theater-, Oper-, oder Konzertaufführung ausreichen würde, ein hochklassiges Menü eines hochklassigen Kochs zu finanzieren. Ziel der Modellrechnungen war es seinerzeit, zum Beispiel ein Menü von Harald Wohlfahrt (einem der besten Köche des ausgehenden zwanzigsten und frühen einundzwanzigsten Jahrhunderts) zum Preis einer normalen Eintrittskarte für Theater, Oper oder Konzert zu ermöglichen. Und weil man gleichzeitig auch noch feststellte, dass – nach anfänglichen Investitionen in Räumlichkeiten und Küchentechnik – sogar das Geld für einen großen, festen Personalbestand eingespart werden konnte, ergab sich die Einrichtung städtischer Restaurants in Folge der Popularisierung der feinen Küche recht logisch und überraschend zügig. In Taste City wird mittlerweile sogar mehrgleisig gefahren – was auch an der engen Zusammenarbeit mit der Deutschen Hochschule für Kochkunst liegt, die ebenfalls in der Stadt gegründet wurde (siehe Seite 308ff.). Ursprünglich stellte die Stadtverwaltung die komplette Technik und die Räumlichkeiten ausschließlich für zeitlich befristete Auftritte von Spitzenköchen aus aller Welt zur Verfügung, die dann zu mehr oder weniger begrenzten Gastspielen anreisten (in etwa dem Konzept vom »Hangar 7« in Salzburg vergleichbar) und meist nur ein paar speziellere technische Geräte und ihre Küchenmannschaft mitzubringen hatten. Diese »große kulinarische Oper« war von Beginn an ein durchschlagender Erfolg und konnte sich über ein ständig komplett ausgebuchtes Haus freuen. Um eine breitere Streuung der Tickets zu erreichen, musste man nach kurzer Zeit auf Abonnements verzichten, weil das Haus auf Jahre hinaus überbucht war. Gleichzeitig stellten sich aber auch Überlegungen zu einer Art Förderung einer kochkünstlerischen Avantgarde ein, unter der man – im Gegensatz zur üblichen Praxis von Theatern oder Opernhäusern – nicht zwingend experimentelle Formen der Avantgarde verstand, sondern all diejenigen »Formate«, die Ausdruck einer besonders intensiven Arbeit an einem detaillierten Thema waren. Neben Serien von Menüs mit experimentellen Nahrungsmitteln, Menüs der Molekularküche, Menüs mit besonderen sensorischen

Effekten oder Menüs der Nova-Regio-Küche werden heute in den Studio-Küchen des CCC auch Menüs mit klassischer Küche, historischen Gerichten oder Menüs bestimmter historischer Köche angeboten. Die Einrichtung eines »Cook in residency«, also eines Kochs, der für einen längeren Zeitraum die Möglichkeit bekommt, seine Ideen zu verwirklichen, wurde nach den ersten Versuchen allerdings wieder abgebrochen. Der Grund: Die Ansprüche des Publikums in diesem Sektor sind mittlerweile so weit gestiegen, dass sie von einzelnen Köchen kaum noch zu befriedigen sind.

Eine besonders enge Zusammenarbeit hat sich zwischen dem CCC und der DHK, also der Deutschen Hochschule für Kochkunst ergeben, weil auch diese Einrichtung eine ganze Reihe von sehr unterschiedlich ausgerichteten Restaurants betreibt, die ihren Absolventen die Möglichkeit geben, ihre Kenntnisse parallel zum Studium in der Praxis zu realisieren. Weil das Studium an der DHK ein Aufbaustudium ist, das eine abgeschlossene Kochausbildung und eine Aufnahmeprüfung voraussetzt, ist das Niveau dieser Restaurants so hoch, dass sie trotz immer wieder wechselnder Besetzung regelmäßig höchste Auszeichnungen in den Restaurantführern erhalten. Zum gegenwärtigen Zeitpunkt wird die Mensa mit einem Michelin-Stern ausgezeichnet und das Bistro mit seinem Schwerpunkt auf preisreduzierter, guter Küche mit zwei. Das »Atelier«, das von den Studierenden des Studienschwerpunktes »Avantgarde« betrieben wird, hat ebenso drei Michelin-Sterne wie das Gourmetrestaurant, das sich einer fortgeschriebenen Moderne der Kochkunst widmet. In Planung ist auch ein Restaurant namens »KinderKochKunst«, in dem ausschließlich für junge Gäste unter 14 Jahren gekocht wird. Insgesamt hat sich die Deutsche Hochschule für Kochkunst zu einer der führenden internationalen Institutionen entwickelt, insbesondere auch deshalb, weil es in Deutschland nach anfänglichen Schwierigkeiten möglich wurde, eine Erforschung und Weitergabe der Kochkunst zu etablieren, die in ihrer Strukturierung und Konsequenz vorbildlich und absolut kompromisslos ist. Während sich in anderen Ländern wie etwa in den USA oder Italien immer noch eine gewisse einseitige Sicht auf die Kochkunst hält, die sowohl das »Culinary Institute of America« als auch die »Slow-Food-Hochschule« in Bra/Italien in ihrer Entwicklung in der letzten Zeit eher verlangsamt haben, hat sich die DHK dank ihrer offenen Konzeption, in der alle Formen der Küche ihren Platz haben, zu einem Sammelbecken kulinarischer Exzellenz entwickelt, wie es bisher noch nicht existierte. Die immer noch nicht sehr zahlreichen Köche, die das Examen zum »Grand Master of Culinary Excellence« (auch »GRandEX« genannt) bestanden haben, wurden an ihren jeweiligen Arbeitsstellen alle wenig später mit drei Michelin-Sternen ausgezeichnet. (Das Strukturmodell der »Deutschen Hochschule für Kochkunst« habe ich übrigens schon im Jahre 2007 in der »Kunstzeitung« vorgestellt. Sie finden den Text auf Seite 308ff.)

Die Kochkunst ist in Taste City mittlerweile auch in den Schulen ein fester Bestandteil des Fächerkanons und steht im Range eines Hauptfachs. Dabei hat sich gezeigt, dass die Kenntnisse und Leis-

Taste City. Überall eine Angebotsvielfalt wie heute schon in manchen Markthallen. (Fotos JD)

tungen von Schülern, die seit dem ersten Schuljahr ganz selbstverständlich auch etwas mit der Akkumulation von kulinarischem Wissen, Verständnis und praktischem Können zu tun haben, im Laufe ihres Schullebens ein sehr hohes Niveau erreichen, mit dem niemand gerechnet hätte. Ganz allgemein kann man feststellen, dass sich durch die große Selbstverständlichkeit, die kulinarisches Wissen im privaten wie im öffentlichen Bereich bekommen hat, ein völlig neues qualitatives Denken ergibt. Natürlich war es früher nie ein Ziel, dass ein Schüler mit dem Abitur quasi das Wissen und Können eines professionellen Kochs besitzt. Tatsächlich hat es sich aber so ergeben. Hier zur Illustration die Abituraufgabe im Fach »Praktische Kochkunst« des aktuellen Jahrgangs einer der Gesamtschulen von Taste City:

Sie haben folgende Produkte zur Verfügung: 3 Kalbskoteletts mit Knochen am Stück, Morcheln, jungen Knoblauch, Kartoffeln der Sorte »La Ratte«, Gewürze, Fette, Fonds und kleine aromatische Zutaten (z. B. Oliven) nach Belieben. Entwickeln und realisieren Sie mit diesen Produkten eine klassische, eine mediterrane und eine asiatische Variante eines Gerichtes.

Wie unschwer zu erkennen ist, setzt diese Aufgabe eine ganze Reihe von Kenntnissen voraus, und das nicht nur kochtechnisch, sondern auch konzeptionell. Wie kann man zum Beispiel eine mediterrane Variante entwickeln, ohne über so plakativ-mediterrane Produkte wie die typischen Gemüsesorten zu verfügen? Welche Funktion kann in einem mediterranen oder asiatischen Zusammenhang die Kartoffel haben? Oder: Was kann man mit dem Fleisch anfangen, um es in eine mediterrane oder asiatische Schiene zu bringen? Ganz offensichtlich haben die Schüler im Laufe ihres langen Küchenlebens ein kulinarisches

Denken erlernt, das sich von der bloßen Fähigkeit, Rezepte zu realisieren weit entfernt hat und ihnen einen wirklichen Umgang mit den Produkten ermöglicht. Ziel der kulinarischen Ausbildung ist es übrigens nicht primär, auf den Beruf des Kochs vorzubereiten. Im Laufe der Jahre haben sich die Standards so weitgehend verändert, dass es ganz normal geworden ist, dass jeder einigermaßen gebildete Mensch über für heutige Verhältnisse beträchtliche Kochkünste verfügt. Man hat einfach erkannt, dass es nach jahrzehntelangem kulinarischen Stillstand, bei dem das Bild vom hilflos in der Küche herumstochernden, irgendwie albern wirkenden Berufstätigen dominierte, der ab und zu in einer Art »Show-Küche« zu Messer und Pfannen greift, einen grundsätzlichen Wandel der Einstellung geben musste. Die Folge war eine Art Neudefinition dessen, was an kulinarischem Wissen und Können zum völlig normalen Bildungsstand gehören sollte.

Wenn man sich ansieht, was in Taste City so alles passiert, stellt sich eine Frage ganz schnell und unausweichlich: Woher haben die Leute das Geld, um sich so umfangreich besseren kulinarischen Qualitäten zuzuwenden? Weil man nur 100 Prozent an Mitteln zur Verfügung hat, muss es also um eine Umverteilung der Ausgaben gehen und damit darum, irgendwo weniger Geld auszugeben. Wo findet das statt? Es ist natürlich einerseits ein schleichender Prozess, bei dem zum Beispiel die Ausgaben für Autos reduziert werden, weil ein größer werdender Teil der Menschen auf Autos ganz verzichtet, andere kleinere Autos fahren, andere weniger fahren und wieder andere ihre Autos länger nutzen. Es ist ein Weniger an leichtfertigen Konsumausgaben durch einen reflektierteren Konsum, eine Reduktion der Ausgaben für Suchtmittel wie Zigaretten, Alkohol oder Unmengen von Snacks und Süßem.

Der entscheidende Punkt aber ist, was eigentlich zu dieser Veränderung geführt hat. Und da geht der Blick zurück auf Veränderungen von Genusswelten wie dem Verbot des Zigarettenkonsums in öffentlichen Räumen und damit auch in der Gastronomie. Vor vielen Jahren hätte man es für ein absolutes Unding gehalten, dass in spanischen Tapas-Bars oder deutschen Brauhäusern jemals nicht mehr geraucht wird. Es ist dennoch so gekommen und das noch nicht einmal mit großem Pomp und vielen Umständen. Es war einfach die Folge einer Art von Bewusstseinserweiterung, die ihre Zeit erreicht hatte und in Windeseile Realitäten produzierte. Man darf – um in die Jetztzeit zurückzukehren – heute davon ausgehen, dass Gleiches im kulinarischen Bereich bevorsteht. Es scheint heute so, als ob sich die Gesellschaft mit kulinarischen Informationen und entsprechenden Zusammenhängen geradezu auflädt und es nur noch die Frage einiger auslösender Faktoren ist, bis sich ein radikaler Schub zugunsten eines intensiveren und allseits erfreulicheren Lebens mit guter Ernährung ergibt. Es wird sich dabei – das zeigt die Entwicklung in Taste City – keine einzelne Gruppierung durchsetzen. Es werden also weder die Gourmets noch die Bio-Freunde, weder die Vegetarier noch die Veganer, weder die Anhänger eines weiblich orientierten Wellness-Denkens noch die eines männlich orientierten Fleisch- und Weinkultes das Rennen gewinnen. Es wird eine komplexe Entwicklung geben, die aber einen wichtigen, gemeinsamen Hintergrund hat, nämlich die Erkenntnis, dass ein positiver sinnlicher Genuss auf der Basis einer Einheit zwischen Mensch, sozialem Leben, Tier- und Umweltschutz uns allen am besten nutzt.

Es wird die Erkenntnis geben, dass ein neuer zivilisatorischer Prozess rund um alles, was im weitesten Sinne mit Ernährung zu tun hat, einen großen Schritt vorwärts für die Menschheit bedeuten kann. Das klingt gewaltig. Aber jeder weiß längst aus persönlichen Erfahrungen, dass es in vielen privaten oder auch gar nicht so privaten Bereichen genau so funktioniert. Taste City ist eine glückliche Stadt.

Laudatio anlässlich der Verleihung des Eckart-Witzigmann-Preises an Ferran Adrià am 28. November 2005 im Neuen Schloss in Stuttgart

Der Eckart-Witzigmann-Preis der Deutschen Akademie für Kulinaristik wird in seinem ersten Teil für »große Kochkunst« verliehen. Kann man einem Koch diesen Preis verleihen, der Tagliatelle aus Gelee formt oder sein Eis wie ein Stück Fleisch auf einer von flüssigem Stickstoff gekühlten Stahlplatte brät? Der sich einen Spaß daraus macht, dem Lachskaviar täuschend ähnliche Melonenkugeln zu servieren, oder der – welch mediterranes Sakrileg – sogar künstliche Oliven in einem Kalziumchloridbad erzeugt?

In fast allen Diskussionen um die Arbeit Ferran Adriàs muss man zuerst mit bisweilen größerem Aufwand das Bild ergänzen, das sich die Welt von ihm gemacht hat. So schön es ist, dass einmal wieder die Arbeit eines Kochs zu einer internationalen Nachricht wird, so bedauernswert ist es, dass die Publizität vor allem über die Reduktion seines Schaffens auf mediengerechte Kürzel erreicht wird. In Wirklichkeit geht es hier um sehr viel mehr Substanz, als dies bei oberflächlicher Betrachtung oft den Anschein hat.

Was erregt man sich zum Beispiel über die berühmt gewordenen Espumas, diese überall kopierten Schäumchen, die in den Augen vieler Puristen völlig unnütz sind? Besteht denn etwa ein grundsätzlicher Unterschied zu Mousse oder Soufflé in der klassischen Küche? Und gibt es etwa richtige und falsche Schäume? Adrià denkt einfach nicht so oberflächlich. Um seine Küche zu verstehen, empfiehlt sich die Suche nach kulinarischen Prinzipien hinter den spektakulären Formgebungen.

Sein erster großer Verdienst ist die Erschütterung der These von der Endlichkeit der Möglichkeiten, die die Küche besitzt. Natürlich kann man auf den ersten Blick keine neuen Grundprodukte erfinden. Aber – unterschätzen wir nicht ein wenig die handwerklichen Möglichkeiten der Köche, und sind es nicht gerade diese, die durch die unablässigen Erfindungen Adriàs zum Beispiel eine erheblich ausgeweitete sensorische Gestaltung des Essens ermöglicht haben? Vielleicht steht Adrià viel mehr in der klassisch-handwerklichen Tradition, als es den Anschein hat, und wirkt nur deshalb so ungewöhnlich, weil seine Fortschritte so außergewöhnlich groß sind? Die Ausweitung des sensorischen Angebots an den Esser durch die Erarbeitung aller Aggregatzustände, die ein Produkt annehmen kann, sind eine zweite große Errungenschaft. Wir haben Gelees in jeder erdenklichen Konsistenz

kennengelernt oder Eis in pulverisierter Form. Sein »Air« genannter Schaum der zweiten Generation wird nur durch Luftblasen stabilisiert, viele Dinge wirken wie die Suche nach dem texturellen Minimum, der Entmaterialisierung der Aromen. All das sind keine Eskapaden eines Grenzsuchers, sondern ein Ausloten der Möglichkeiten, die jede Küche – und ich nenne ausdrücklich auch die klassische Spitzenküche – bereichern können.

Vor einigen Jahren tauchte im Zusammenhang mit der Arbeit Adriàs der Begriff »Dekonstruktion« auf, weil der Meister Gerichte sozusagen in ihre Bestandteile zerlegte und sie dann mit veränderten Texturen neu zusammensetzte – eine Gemüsesuppe in Form von Geleewürfeln mag dafür als Beispiel ausreichen. Auch dieser, von der eher feuilletonistischen Seite begierig aufgenommene Begriff wurde benutzt, das Werk vorschnell in seiner Gesamtheit zu klassifizieren, statt die Dekonstruktion als notwendige Durchgangsstation zu begreifen.

Wohin aber führt dann die Reise? Just in den letzten Monaten hat Adrià begonnen, aus seinen vielen Einzelerfindungen größere Strukturen zusammenzusetzen. Es entstehen Gerichte von ebenso ungewöhnlicher Optik wie sensorischer Neuartigkeit. Dieser Neuaufbau mit Elementen, die ihrerseits schon recht ungewöhnlich wirken, potenziert das Ausmaß an Fremdheit. Vor gut 30 Jahren war man – wie wir heute wissen – recht großzügig mit dem Wort »Nouvelle Cuisine«. Wer heute bei Adrià diese neuen Assemblagen ungewöhnlicher Texturen probiert, wer die künstlichen Oliven mit trockenem Eispulver, dichten und weniger dichten Schäumen, konkreten Einsprengseln und sozusagen abstrahierten Aromen an seinem sprachlosen Gaumen vorbeiziehen lässt, wird nicht umhin können, mit dem Gedanken an eine wirkliche »Nouvelle Cuisine« zu spielen.

Mit Absicht möchte ich erst an dieser Stelle auf die überaus seriöse Entwicklung Adriàs verweisen, die uns dank der minutiösen Buchführung in seinen Werkverzeichnissen offenliegt. Wir finden zunächst einen jungen Kreativen, der wie kaum ein anderer Koch systematisch die Moderne der späten Achtziger- und frühen Neunzigerjahre des letzten Jahrhunderts studiert und adaptiert hat. Man erkennt unablässig kreisende Gedanken, die alles probieren und kombinieren, bis sich endlich – etwa um 1995 herum – der Überdruck entlädt. Ein wenig erinnert die Situation an den alten Holzschnitt, auf dem ein Mensch den Kopf aus dem

Halbrund des als geschlossener Raum angenommenen Firmaments herausstreckt und einen erstaunten Blick in die Weite des Weltalls tut.

Für die Einordnung der Arbeit Ferran Adriàs ist eigentlich nur eine ganz winzige Unterscheidung wichtig. Dieses vielfältige Werk ist nicht *die* Zukunft der Küche, sondern *eine* Zukunft der Küche. Dies allerdings in einer kulinarischen Landschaft, in der bisher kaum ein anderer Koch eine wesentliche Vision der Küche der Zukunft entwickelt hat, aber schon die Verwendung von etwas Zitronengras als »kreativ« gilt. Wenn wir also Adrià als *eine* Zukunft der Küche erkennen, wird er exemplarisch und weist über sein Werk hinaus. Er wird zum Vorbild dafür, wie weit man kommen kann, wenn man sich einmal wirklich intensiv mit der Materie befasst.

Nicht zuletzt sollte man auch die spielerische Seite seiner Arbeit sehen. Muss wirklich alles bedeutungsschwer sein, was wichtig ist? Kann man sich nicht selbst an den Bildern erfreuen, in denen sich merkwürdige Strukturen und beachtliche plastische Qualitäten ergeben? Sind seine Werkverzeichnisse nicht ein wunderbares Dokument für die Freiheit des kreativen Geistes, der probiert und verwirft oder für gut befindet, statt sich selbstquälerisch zu fragen, ob man denn so etwas machen könne oder ob so etwas bei Publikum und Kritik auch adäquat gewürdigt wird?
In Ferran Adrià würdigen wir nicht zuletzt die Freiheit der Künste, die dieser überragende Kreative für die Kochkunst neu definiert hat.

Meine Damen und Herren, der Eckart-Witzigmann-Preis für große Kochkunst, verliehen von der Deutschen Akademie für Kulinaristik, geht in diesem Jahr an Ferran Adrià vom Restaurant »El Bulli« in Roses in Spanien.

Erste Folge der F.A.Z.-»Geschmackssache« vom 6. März 2004 mit dem Titel »Der neue Gourmet«

Lange Jahre haben moderner werdende Köche die Gourmets hinter sich hergeschleppt, zäh um jeden Meter Verständnis gebuhlt und jede Bewegung erleichtert registriert. Seit aber vor dem Horizont der Ferran Adrià und Co. das ganze sensorische Potenzial der kulinarischen Kreation erahnbar wird, fragt man sich, ob die Schleppleine nicht aus einem kräftigen Gummi ist und – wenn die Spannung dann hoch genug ist – die nun Erweckten in eine überaus beschleunigte Bewegung versetzt. An deren Ende könnten – Revolution! – die Gourmets die Köche anfeuern, zu mehr Risiko, zu mehr Tiefe, zu mehr Genuss. Wie sieht er aus, der neue Gourmet? Hier der Versuch einer Phänomenologie – natürlich im Sinne des Weberschen Idealtypus:

Der neue Gourmet ist leise, aber nicht, weil er zwangsläufig von eher zarter Natur ist, sondern weil er die wahre Dimension der alten Regel »Mit vollem Mund spricht man nicht« erkannt hat: Reden blockiert die geschmacklichen Wahrnehmungen bis zu ihrer Unmöglichkeit. Er sucht auch nicht den Kurzschluss zwischen Erwartung und Erfüllung, sondern öffnet sich den vielfältigen Sinneseindrücken beim Essen, die weit über die »klassischen« Parameter für Geschmack (süß, sauer usw.) hinausgehen und vom Duft bis zu Temperaturen und Texturen reichen. Er sieht in der kulinarischen Kreation Erforschbares, Erfahrbares und Interpretierbares, wobei ihm klar wird, dass die Sinneseindrücke auch durch individuelle psychische Dispositionen strukturiert werden. Die Reaktionen auf Essen – bei sich und vor allem auch bei anderen – erkennt er als ein Spiegelbild der kulinarischen Sozialisation und der individuellen physiologischen Veranlagung. Die Einsicht in die Existenz unterschiedlicher Voraussetzungen von Hyposensiblen bis zu Hypersensiblen und deren nur bedingte Formbarkeit mildert zwar die Hybris des Gebildeten, lässt ihn aber auch erkennen, dass die Möglichkeiten komplexer geschmacklicher Wahrnehmung bei Weitem noch nicht ausgenutzt sind. Vorlieben und Ablehnungen betrachtet er als ein persönliches Handicap auf dem Weg zum gesteigerten Genuss, deren Überwindung schnellstens angestrebt wird. Er sucht die Befreiung von ihm bewussten oder noch unbewussten Verknüpfungen (»ich mag keinen Fisch«), um zunächst den Dingen so zu begegnen, wie sie sind, und um erst im weiteren Verlauf seiner nunmehr absichtlichen Sozialisation eine konstruktive kulinarische Erlebniswelt aufzubauen. Der fein-denkende Fein-Schmecker wird zum Rollenmodell für einen wesentlich direkteren und vielfältigeren Genuss, dessen Apotheose der Zustand der »reinen Degustation« ist, jene Verbindung von komplexer, struktureller Wahrnehmung und emotionaler Erfüllung. Als »Nebeneffekt« beendet der neue Gourmet die Blockierung der Entwicklung der Gourmandise durch deren oft zwangsläufige Fixiertheit auf die Befriedigung geschmäcklerischer Redundanzien.

307

Die kreativen Leistungen der Spitzenküche sieht er – wie dies auch bei anderen ästhetischen Fächern außerhalb des »klassischen« Feuilletons der Fall ist – unter Aspekten der Komplexität, der vielfachen Wechselwirkung zwischen Objekt und Subjekt (und damit als einen kommunikativen Prozess) und einer viele Wissenschaften tangierenden Bandbreite. Er wird die Notwendigkeit erkennen, sowohl seinem Erleben als auch dem Erlebbaren Sprache zu verleihen, weil erst die Sprache der Kommunikation über das kulinarische Objekt jene Beständigkeit verleiht, die Vorhandenes sichert, Weitergabe möglich macht und Entwicklung fördert.

Vor allem aber ist der neue Gourmet tolerant – eine zwangsläufige Folge seines veränderten Zugangs zum Essbaren. In einer vielfach durch Ablehnungen geprägten, im alten Sinn »geschmäcklerischen« Szenerie hat er ein genuines Interesse an Vielfalt, Variation und Interpretation. Er praktiziert weder den Simplizitätsterror nach Art der Toskana-Fraktion, noch die redundante Foie-gras-Seligkeit. Durch das wirkliche Interesse an der Sache ist ihm deren Instrumentalisierung in jeder Form fremd – ob als Statussymbol, als kulinarisches Feindbild oder als wohlfeiler Hintergrund diminuitiver kultureller Selektionen (wie beim Volkstümlichen). Große Aufmerksamkeit gilt stets dem Probieren, weil alles ihm Neue sein grundsätzliches Interesse findet. Die Vielfalt der Länderküchen gehört dazu, aber vor allem die Realisation kulinarischer Individualität durch gute Köche, die den notwendigen handwerklichen Nachvollzug von unnötiger Perpetuierung kulinarischer Klischees trennen können und ebenfalls die Einschränkungen ihrer Sozialisation zu überwinden suchen. Ihm, der das Maß sucht, ist das Unmäßige außerhalb seines Spektrums. Dem Schlemmer und Bonvivant alten Stils steht er in einer gewissen Ratlosigkeit, aber ohne Arroganz gegenüber. Auch wenn sich beide bisweilen die gleichen Lokalitäten teilen, sind hier für die Zukunft Reibungspunkte zu vermuten, die in eine stärkere Trennung repetitiv-redundanter Luxusküche nach Vorbild der klassisch-französischen Haut-Cuisine und Gourmetküche im engeren Sinne münden könnten. Trotz diverser Schnittpunkte sieht der neue Gourmet in ihm den Redundanzesser, der immer das Gleiche will und dessen psychische Disposition einem ähnlichen Mechanismus folgt, wie beim heißhungrig seinen Hamburger verschlingenden Fast-Food-Fan. Beide negieren in der Regel andere Inhalte als die Befriedigung simpler Reiz-Reaktions-Mechanismen. Das Schlimmste, was der neue Gourmet dem alten zum gegenwärtigen Zeitpunkt antun könnte, ist, ihn mit Beachtung zu

strafen – als Studienobjekt, und schon ein wenig der kommenden Normalität entrückt. Aus der Selbstbeobachtung wird der neue Gourmet schließen, dass die scheinbar emotionalen »Bauch-Typen« in der Gourmandise Opfer unbewusster Kopf-Mechanismen sind: Sie nähern sich dem Essen voreingenommen. Ist der neue Gourmet nun zwangsläufig ein Einzelgänger? Nein, er ist nicht ungesellig oder ein unkommunikativer Erbsenzähler, ganz im Gegenteil. Die wenigen Minuten der Hingabe und des Einlassens auf die kulinarische Kreation schaffen erst die Informationen, die Perspektiven zu einer echten Kommunikation über sie eröffnen. Es deutet sich an, dass man in naher Zukunft vielleicht tatsächlich über Essen reden kann. Und schließlich: Nicht nur, weil er selten zuviel isst, hat der neue Gourmet immer Hunger.

Strukturmodell einer zukünftigen Deutschen Hochschule für Kochkunst *(veröffentlicht in der »Kunstzeitung«, Nr. 159 vom November 2009)*

ABTEILUNG FÜR DOKUMENTATION

D 1 Geschichte der Kochkunst Historische Forschung zur Kochkunst im engeren Sinne, Auswertung und Dokumentation von Quellen, Dokumentation und Fortschreibung aktueller Entwicklungen.

D 2 Rezeptarchiv Sammlung von Rezepten, Systematisierung von Rezepten, Erforschung systematischer und historischer Zusammenhänge.

D 3 Geschichte und Dokumentation der Gastronomie Restauration in allen Formaten, von der geschichtliche Entwicklung der Gastronomie bis zu aktuellen Restaurantformaten, Sammlung und Dokumentation von Speisekarten.

D 4 Bibliothek der Deutschen Hochschule für Kochkunst Aufbau einer substanziellen, international ausgerichteten, kulinarischen Bibliothek, Zusammenarbeit mit anderen kulinarischen Bibliotheken, Initiierung und Koordination von Stiftungen zugunsten einer nationalen kulinarischen Bibliothek.

D 5 Rezeption und Rezeptionsgeschichte Beobachtung, Auswertung und Dokumentation zur Rezeption der Kochkunst in der historischen und aktuellen Medienlandschaft: Zeitschriften, Tagespresse, Rundfunk, TV, Gastronomieführer. Geschichte der Gastronomiekritik.

ABTEILUNG FÜR BEGLEITENDE WISSENSCHAFTEN

Forschung und Lehre der begleitenden Wissenschaften betreffen nicht nur die Kochkunst im engeren Sinne, sondern auch allgemeine Fragestellungen rund um die Ernährung, soweit sie einen relevanten Bezug zur Arbeit der anderen Abteilungen haben.

W 1 Ethnologie und Volkskunde des Essens Ernährungsgewohnheiten und Esskultur in Geschichte und Gegenwart mit einem Schwerpunkt im Bereich der Entstehung von Qualitätsbegriffen.

W 2 Psychologie des Geschmacks und des Essens Neben klassischen psychologischen Fragestellungen rund um das Essen geht es auch um den Bereich der Geschmacksforschung inklusive eines Geschmackslabors, Forschungen zur ausgeweiteten Sensorik, Synästhesien und Multimedia.

W 3 Soziologie der Ernährung Gesellschaft und Kochkunst im weiteren Sinne.

W 4 Philosophie und Ästhetik des Essens Zur Philosophie des Essens mit einem Schwerpunkt auf der Ästhetik der avancierten Küche. Forschung zur Entwicklung einer ästhetischen Theorie der Kochkunst.

W 5 Gesundheit und Ernährung Gesundheit, Hygiene, Nährwert, medizinisch indizierte Diäten, ökologische Aspekte.

W 6 Sprachwissenschaftliche Forschungsstelle Forschung und Dokumentation zur Entwicklung der kulinarischen Sprache, Systematisierungen, Probleme von sprachlichen Neuschöpfungen und Bedeutungswandel, Kochkunst in der Literatur.

ABTEILUNG KOCHTECHNIK

In der Abteilung Kochtechnik geht es um die handwerklichen Grundlagen der Kochkunst in einer alle klassischen Methoden und modernen Entwicklungen einbeziehenden und reflektierenden Form. Im Unterschied zu den üblichen Ausbildungsstätten für Köche handelt es sich hier um ein Aufbaustudium, das eine abgeschlossene Koch-Ausbildung und eine zweijährige Tätigkeit in einem weiter qualifizierenden Restaurant voraussetzt. Die Bewerber müssen sich einer Aufnahmeprüfung unterziehen. Die Zulassung zur Deutschen Hochschule für Kochkunst muss das Potenzial voraussetzen, Kochkunst auf hohem Niveau zu realisieren.

K 1 Produktkunde Produktkunde unter besonderer Berücksichtigung qualitativer Gesichtspunkte, Produktforschung in Zusammenarbeit mit Erzeugern (z. B. alte Sor-ten), Produktarchiv, Bezugsquellensammlung, Exploration/neue Produkte aus aller Welt, Erprobung neuer Produkte, Produktvorbereitung (Schnitte, optimierendes Mis en place) .

Beispiele für Seminarthemen: Unterschiedliche Lammrassen und ihre optimierten Verwendungen; Alte Apfelsorten – von den Problemen in der Produktion bis zu ihren kulinarischen Möglichkeiten.

K 2 Garung Angewandte Gartechniken für alle Produkte, Gerätekunde, technische Neuentwicklungen, Forschung zu neuen Gartechniken.

Beispiele für Seminarthemen: Kerntemperatur bei Gemüse: Zur Neudefinition kulinarischer Präzision bei der Gemüsegarung; Traditionelle Gartechniken in der modernen Spitzenküche.

K 3 Aromatisierung Alle Formen der Aromatisierung von Produkten (bis auf die Garungen im engeren Sinne), dazu alle Elemente zur Aromatisierung wie etwa Saucen (im weitesten Sinne), Fonds, Vinaigrettes, Würzmischungen, Chutneys usw., Gewürze, Erforschung neuer Aromen/Gewürzmischungen. Beobachtung der Arbeit mit künstlichen Aromen, Extrakte, Aromenbank. Analyse und Dokumentation von Aromen.

Beispiele für Seminarthemen: Nordafrikanische Gewürzmischungen und ihre typischen Anwendungen; Kreatives Würzen – die Arbeit mit ungewöhnlichen Kombinationen.

K 4 Aggregatzustände Texturen, Temperaturen, Kontraste. Erforschung neuer textureller Möglichkeiten, Forschung zu neuen technischen Möglichkeiten ihrer Kombinationen.

Beispiele für Seminarthemen: Klassische Küche und Variation der Aggregatzustände; Gemüse in allen Aggregatzuständen.

K 5 Kulinarische Konstruktion Klassische Komposition, strukturalistische Komposition, Proportionslehre, Kombinatorik/Akkorde, Dekonstruktion.

Beispiele für Seminarthemen: Umbau von Gerichten der Regionalküche unter strukturalistischen Gesichtspunkten; Kritik und Optimierung wichtiger Klassiker der Kochkunst.

K 6 Wein und Essen Klassische Akkord-Lehre. Moderne Verfahren der Weinbegleitung von additiver bis zu reaktiver Begleitung. Neue Formen der Weinberatung unter erweiterten sensorischen Aspekten.

Beispiele für Seminarthemen: Zur Bedeutung der zeitlichen Positionierung der Kontaktstelle; Reaktive Weinbegleitung bei Gerichten mit stark jodhaltigen Elementen.

HAUPTABTEILUNG GESTALTUNG

Das Studium der Hauptabteilung Gestaltung setzt innerhalb der Deutschen Hochschule für Kochkunst das erfolgreiche Absolvieren der Abteilung Kochtechnik voraus.

Durch die Möglichkeit, die Abteilung Kochtechnik auch ohne längere Regelstudienzeiten durch Erwerb der entsprechenden Scheine erfolgreich zu absolvieren, gibt es für entsprechend vorgebildete Profis jederzeit die Möglichkeit, mehr oder weniger direkt ein Studium in der Hauptabteilung Gestaltung aufzunehmen.

G 1 Seminar für Stilkunde Im Seminar für Stilkunde werden auf der Grundlage substanzieller Kenntnisse der Kochtechnik Küchenstile erforscht, beschrieben, analysiert und – in einem freien Nachvollzug – reproduziert. Historische Küchenstile/Epochalstile, klassisch-französische Küche, Länderküchen/Ethno-Küchen, Regionalküchen, Individualstile internationaler Spitzenköche von der Klassik bis zur zeitgenössischen Küche.
Beispiele für Seminarthemen: Deutsche Spitzenküche und Regionalität – Probleme und Lösungsansätze; Die stilistische Entwicklung im »Maison Troisgros« in Roanne; Die Entwicklung kreativer Ansätze im Werk von Ferran Adrià zwischen 1988 und 1994.
G 2 International Institute for Advanced Culinary Studies Das International Institute for Advanced Culinary Studies dient der Förderung und Ausbildung der individuellen Kreativität von Köchen auf höchstem handwerklichen und künstlerischen Niveau.
G 2 M Meisterklasse für Kochkunst Die Arbeit in der Meisterklasse folgt im Prinzip der Arbeit in entsprechen-den Klassen in Musik- oder Kunsthochschulen. Im Mittelpunkt steht die praktisch-kreative Arbeit der Studenten unter Anleitung und Korrektur durch den Leiter der Meisterklasse und wechselnde nationale und internationale Spitzenköche.
G 2 A Forschungsschwerpunkt Avantgarde in der Kochkunst Parallel oder alternativ zur Meisterklasse kann auch am Forschungsschwerpunkt Avantgarde studiert werden. Im Mittelpunkt stehen hier aktuellste Strömungen der Kochkunst und die Erarbeitung innovativer Konzepte.
G 2 T Forschungsschwerpunkt Theorie der Kochkunst In enger Zusammenarbeit mit der Abteilung für Dokumentation befasst sich der Forschungsschwerpunkt »Theorie der Kochkunst« mit der Arbeit an Theorien zur Begleitung, Grundlegung, Systematisierung und Entwicklung der Kochkunst im engeren Sinne.

ABTEILUNG FÜR ANGEWANDTE KOCHKUNST UND KOMMUNIKATION

In der Abteilung für angewandte Kochkunst geht es um die verschiedenen Konkretisierungen der Kenntnisse. Es wird davon ausgegangen, dass die Kriterien der entwickelten Kochkunst in allen Formen der Nahrungsmittelherstellung und -verbreitung eine positive Rolle spielen können.

AK 1 Restaurantbetrieb Theorie und Praxis des Restaurantbetriebs, Betriebswirtschaftslehre für Gastronomen.
AK 2 Fast Food/Systemgastronomie Arbeit an unter qualitativen Aspekten der Kochkunst optimierten Konzepten für Fast Food und Systemgastronomie. Technische Abläufe, Reduktion von Konzepten der Spitzenküche, Entwicklung neuer Restaurantformate, Beratung und Kooperation mit externen Partnern.
AK 3 Nahrungsmittelindustrie und Convenience-Food Arbeit an unter qualitativen Aspekten der Kochkunst optimierten Konzepten für industriell hergestellte Nahrungsmittel und Convenience-Food. Technische Abläufe, Reduktion von Konzepten der Spitzenküche, Entwicklung neuer Produkte, Beratung und Kooperation mit externen Partnern.
AK 4 Didaktik und Methodik der Kochkunst Didaktik und Methodik der Kochkunst für Pädagogen und Fachlehrer an allen Schulformen.
AK 5 Medien Medienschulung in allen Bereichen. Schrift, Wort, Bild, TV, Internet.
DHK-Online Das Internet-Portal der Deutschen Hochschule für Kochkunst.
DHK-TV TV-Produktionen der Deutschen Hochschule für Kochkunst.

ABTEILUNG VERWALTUNG UND TECHNIK
V 1 Verwaltung
V 2 Haustechnik
Wegen der vielen Küchen der Hochschule kommt der Haustechnik eine besondere Bedeutung zu. Neben der Wartung des Geräteparks befassen sich die Techniker auch mit der Assistenz bei etwaigen technischen Neuentwicklungen in den Abteilungen für Kochtechnik und im Forschungsschwerpunkt Avantgarde.
V 3 Materialeinkauf Die Hochschule hat einen erheblichen Bedarf an Material, das eingekauft, gelagert und verwaltet werden muss. Wegen der außergewöhnlichen Bedeutung von hervorragenden Produkten und »neuen« Produkten muss der Materialeinkauf der Hochschule eine

echte Schnittstelle zwischen Produzenten, Erzeugern, Handel und Großhandel und der Hochschule sein.

V 4 Kommunikation Pressestelle der Deutschen Hochschule für Kochkunst. Darüber hinaus Kontaktstelle für die Verbindungen zu Erzeugern, zur Gastronomie und zur Industrie.

Hochschulrestaurants Die verschiedenen Hochschulrestaurants haben einerseits die Aufgabe, die Studierenden ständig mit dem Alltag der praktischen, zeitlich begrenzten Küchenarbeit zu konfrontieren. Gleichzeitig sollen in den verschiedenen Restaurantformaten entsprechende Gestaltungsformen unter möglichst realistischen Bedingungen praktiziert werden – inklusive der entsprechenden wirtschaftlichen Überlegungen. Die Arbeit in einem der Hochschulrestaurants gehört zwingend zum Ausbildungsplan, soweit nicht in besonderen Fällen (z. B. Spitzenköche) davon abgewichen werden kann.

Verwaltung der Hochschulrestaurants

Kantine / Mensa Das Restaurant für die Lehrenden, Studierenden und sonstigen Mitarbeiter der Hochschule soll in seinem Angebot nicht grundsätzlich von dem Angebot üblicher Kantinen abweichen, dabei aber möglichst vorbildlich in der kulinarischen Qualität und dem Preis-Leistungs-Verhältnis sein.

Bistro Das Bistro der Deutschen Hochschule für Kochkunst ist ein öffentliches Restaurant. Es wird von den Studierenden der Hochschule betrieben und widmet sich preiswerten, im Fertigungsaufwand reduzierten Formen der Küche.

Atelier Das Atelier der Deutschen Hochschule für Kochkunst ist ein öffentliches Restaurant. Es wird in erster Linie von Studierenden des Forschungsschwerpunktes Avantgarde betrieben und befasst sich ausschließlich mit avantgardistischer bis experimenteller Küche.

Gourmetrestaurant Das Gourmetrestaurant der Deutschen Hochschule für Kochkunst ist ein öffentliches Restaurant. Es wird in erster Linie von den Studenten der Meisterklasse betrieben und präsentiert von einzelnen Studenten und/oder Lehrern signierte Gerichte.

Kochschule, Kinderkochschule

Museum der Kochkunst Feste Sammlung, Sonderausstellungen, der Abteilung für Dokumentation der Kochkunst zugeordnet.

Präsidium/Hochschulleitung, Selbstverwaltungsorgane, Studentenwerk

F.A.Z.-»Geschmackssache« vom 27. Oktober 2007 mit zehn Merkmalen einer Neuen Deutschen Schule

Die Köche der Neuen Deutschen Schule befinden sich in einer außergewöhnlich günstigen historischen Situation. Sie arbeiten in einem Land, in dem in vielen Bereichen die handwerklichen Aspekte hoch geschätzt werden, und haben vor diesem Hintergrund auch in ihrem Fach exzellente Grundlagen entwickelt. Dazu kommt, dass die kreativen Entwicklungen in der Kochwelt und vor allem die Entwicklungen der spanischen Avantgarde diese Generation zu einem Zeitpunkt getroffen haben, als sie »fertige« Köche waren, also auch in der Lage, die neuen Entwicklungen einem schon fortgeschrittenen eigenen Schaffen gegenüberzustellen. Parallel zur Entwicklung in Spanien hat man bemerkt, dass die alte Bastion Frankreich deutlich an Gewicht verliert, weil alte Vorbilder schwächeln und die kreativen Impulse von Gagnaire und Co. kaum die Reizschwelle überschreiten, die international wirklich für Furore sorgen könnte. Nach einer Phase gewisser Irritationen, unkritischer Adaptionen oder noch wenig ausgereiften eigenen Versuchen gab es in den letzten zwei bis drei Jahren eine wesentliche Veränderung. Man bemerkte in Deutschland, dass auch die eigenen Kreationen Format gewinnen und in der Lage sind, international zu bestehen – sozusagen als eine Art dritter Weg zwischen Frankreich und Spanien (um es einmal sehr verkürzt darzustellen). Dieser dritte Weg kann sich tatsächlich zu einem goldenen Mittelweg entwickeln, weil sich unsere modernen Meister von Wissler, Bühner und Raue bis zu Elverfeld, Amador oder Hoffmann besser von überkommenen Traditionen lösen können als die meisten Franzosen und auf der anderen Seite über wesentlich mehr Substanz verfügen als die meisten Spanier, deren technologische Fortschritte oft nicht von einer entsprechenden Qualität im aromatischen und strukturellen Bereich begleitet sind.

Es scheint nunmehr möglich, die veränderte Sicht der Neuen Deutschen Schule auf die Kochkunst in einer Liste von zehn Merkmalen zusammenzufassen, die von den Grundlagen bis zur konkreten Arbeit die wichtigsten Punkte enthält. Diese Merkmale entwickeln ein Profil, das sich natürlich nicht in jeder Kreation in Reinkultur findet, sondern die verschieden gewichteten Ansätze der Köche kondensiert und in einen Zusammenhang stellt. So, wie die Neue Deutsche Schule keine wohlfeilen »Tricks« für Berufsanfänger bereit hält, sondern kulinarische Substanz voraussetzt, setzt auch diese Zusammenstellung von Merkmalen im fortgeschrittenen Bereich an. Unverzichtbare Grundsätze des Faches, wie zum

Beispiel die Marktfrische der Produkte, oder sich aus dem Text ergebende Folgerungen wie etwa der Verzicht auf kulinarisch unwesentliche Dekorationsstücke und die Leichtigkeit der Zubereitungen werden nicht eigens erwähnt.

1. Die Neue Deutsche Schule hat eine universelle Sicht auf die Kochkunst. Aus dieser Sicht heraus schätzt sie die Qualitäten unterschiedlicher Küchen. Sie steht nicht mehr ausschließlich in der Nachfolge der klassisch-französischen Haut Cuisine, deren Leistungen sie zwischen unverzichtbaren Grundlagen des Faches und modisch-geschmacklichen Ausprägungen differenziert betrachtet.

2. Das ausgeweitete Verständnis von Kochkunst verlangt eine große Offenheit gegenüber möglichen neuen Impulsen und damit auch die Notwendigkeit einer ständigen Recherche, Bewertung und Einordnung. Bei der Umsetzung dieser Einflüsse und Erkenntnisse wird Kreativität und Individualisierung zu einem grundlegenden Merkmal der neuen Küche.

3. Aus dieser neuen Offenheit und Sensibilisierung folgt neben der stärkeren Individualisierung der Küchenstile auch eine veränderte Sicht auf die regionalen und traditionellen Ressourcen der Küche, die zu einer gleichberechtigten und selbstverständlichen Quelle der Inspiration werden.

4. Die Neue Deutsche Schule konzentriert sich nicht mehr nur allein auf die traditionellen Luxusprodukte. Jedes technisch einwandfreie Naturprodukt, aber auch viele hochwertige Artefakte von Gewürzmischungen bis zu speziellen Saucen können Material der neuen Küche werden, wenn sie den Kriterien einer entwickelten Küche entsprechen.

5. Die Köche der Neuen Deutschen Schule nutzen alle Vorbereitungs- und Kochtechniken, die ein spezifisches, unverwechselbares Ergebnis ermöglichen. Die Spannweite reicht von klassischen Techniken bis zu innovativen Entwicklungen und der Wiederentdeckung traditioneller Verfahren. Aus dem Grundsatz der ständigen Recherche ergeben sich vermehrte Anstrengungen zur weiteren Verbesserung der Kochtechniken mit dem Ziel der Optimierung des Endproduktes.

6. Die neue Küche öffnet sich den Aromen der Welt. Sie beendet damit die langjährigen Einschränkungen, die durch einseitige und meist in einem ganz bestimmten historischen Kontext zu sehende Vorgaben speziell der französischen Haut Cuisine entstanden sind.

7. Die neue Küche berücksichtigt in umfassenderer Weise als bisher die physiologischen und psychologischen Grundlagen des Essens. Ihre Kreationen überwinden das traditionelle Bild einer vorwiegend an den Aromen im engeren Sinne ausgerichteten Küche zugunsten einer komplexen Sensorik.

8. Die neue Küche antizipiert die Reaktionen der Esser und sucht Präsentationsformen, mit deren Hilfe die präzise strukturierten Absichten des Kochs und die möglichen Wahrnehmungen des Essers zunehmend synchronisiert werden.

9. In Folge dieser Überlegungen entwickelt sich als grundsätzliches Prinzip die strukturalistische Küche. Bei der strukturalistischen Küche werden alle Elemente einer Kreation unter sensorischen Gesichtspunkten präzise aufeinander bezogen. Vor allem genau durchdachte Proportionen werden zu einem Kernthema der kulinarischen Konstruktion.

10. Im Mittelpunkt eines Essens der Neuen Deutschen Schule steht der degustative Charakter der Kreationen, in dem sich stärker als bisher das Interesse an Vielfalt und Subtilität widerspiegelt. Ihren Ausdruck findet diese Form des Essens aber nicht allein in einer möglichst umfangreichen Folge von Miniaturen, sondern auch in komplexeren Kreationen, deren vielfältige Struktur hohe Ansprüche an Köche wie Esser stellt. Den Höhepunkt der Kochkunst bildet unter diesen Voraussetzungen die unter Beachtung komplexer physiologischer und psychologischer Aspekte subtil erarbeitete und ebenso rezipierte strukturalistische Kreation.

Glossar

Aggregatzustand, Variation der Aggregatzustände

Der Begriff »Aggregatzustand« gehört zu denjenigen Begriffen, die ich aus anderen Bereichen in einer modifizierten Form für die Kochkunst abgewandelt habe. Ich benutze solche Begriffe wie Thesen. Weil wir rund um das Essen bisher kaum Begriffe für eindeutig vorhandene Phänomene haben, bleibt nur die Neuerfindung oder die Abwandlung bereits vorhandener Begriffe. Das ist nicht unbedingt ungewöhnlich und hat im kulinarischen Bereich durchaus eine gewisse Tradition.

Der Begriff »Aggregatzustand« wird normalerweise in der Physik benutzt. Man unterteilt dort im Wesentlichen in die Aggregatzustände fest, flüssig und gasförmig. Ich verwende den Begriff, weil fest und flüssig und gasförmig sehr klar unterscheidbare Zustände von essbarer Materie sind. Im kulinarischen Bereich gibt es allerdings eine große Menge weiterer Zustände, die für die Sensorik des Essens ausgesprochen relevant sind. Zwischen fest und flüssig kann man Unmengen von Zuständen unterscheiden, zum Beispiel cremig bis elastisch (wie bei manchen Gelees), oder bröckelig bis wirklich hart. Aber das ist nicht alles. Wenn man davon ausgeht, dass die Aggregatzustände dafür verantwortlich sind, wie sich quasi alle Produkte im Mund entwickeln, muss man unter sensorischen Aspekten auch noch die Temperatur hinzunehmen. Es spielt eben nicht nur eine Rolle, ob ein Produkt im Mund sofort schmilzt, sondern auch, welche Temperatur es hat. Wenn man ein Gelee in den Mund nimmt, das Körpertemperatur hat, wird man das Aroma sofort wahrnehmen. Ist es kalt, wird man erst einmal die Temperaturwahrnehmung spüren und das Aroma noch nicht sofort registrieren können. Insofern beinhaltet der kulinarische Begriff »Aggregatzustand« sowohl Texturen als auch Temperaturen. Die Überlegungen zur »Variation der Aggregatzustände« im Zusammenhang mit einer kulinarischen Komposition (egal, wie einfach oder kompliziert sie ist) gehören zu den ganz entscheidenden für das Gelingen eines Gerichtes. Selbst sehr guten Köchen scheinen die möglichen Probleme oft nicht klar zu sein – meist deshalb, weil sie nicht daran denken, wie ihre Gerichte eigentlich gegessen werden sollen, werden oder können, und welche Effekte sich dabei ergeben können. Mehr Details dazu unter dem Begriff »Proportionen«.

Akkord, enger und weiter Akkord

Der Begriff »Akkord« steht nicht nur für den musikalischen Zusammenklang, sondern wird unter anderem auch bei Verhandlungen benutzt. Man hat einen »Akkord« erzielt, wenn man sich auf etwas geeinigt hat.

Dieser von der Herkunft her musikalische Begriff hat im kulinarischen Bereich bereits eine lange Tradition, allerdings bis vor einigen Jahren vor allem beim Zusammenwirken von Wein und Speisen. Beim Essen bezeichnet er ganz ähnlich das geschmackliche Zusammenwirken verschiedener Elemente. Ein »enger Akkord« liegt dann vor, wenn sich die Elemente wegen ihrer großen Ähnlichkeit in Textur und Temperatur schnell vermischen (zum Beispiel: Fisch, Püree, Sauce). Ein »weiter Akkord« hat eine große Spannweite bei den Aggregatzuständen (siehe dort), wie zum Beispiel bei einem Dessert ein Eis und ein größeres Stück Nuss. Die unterschiedlichen Aggregatzustände werden in der Regel deutlich getrennt voneinander, häufig auch zeitlich verschoben und damit oft auch plastisch-räumlich wahrgenommen.

Akkord, retronasaler Akkord

Es wird immer wieder vergessen, dass die Geruchswahrnehmung über Nase und Rachen eine ganz entscheidende Rolle spielen kann. Dennoch ist es nur dann sinnvoll, von einem »retronasalen Akkord« zu sprechen, wenn die Duftwahrnehmung mit Absicht einbezogen wird. Das ist zum Beispiel dann der Fall, wenn auf dem Teller ein Stück Lachs von einer Glasglocke abgedeckt wird, unter dem sich Rauch befindet. Der Lachs bekommt zwar auch etwas von dem Rauch ab, der Hauptanteil der Rauch-Wahrnehmung geht aber über die Nase.

Aroma

Ich benutze den Begriff »Aroma« ausschließlich für die Wahrnehmungen, die über die Geschmackspapillen ablaufen und die die Wissenschaft in süß, sauer, bitter, salzig und Umami unterteilt hat.

Aromatisieren

Der Begriff »aromatisieren« meint die erweiterte Form dessen, was man früher »würzen« genannt hat. Diese Erweiterung ist notwendig geworden, weil es auch andere Aspekte der geschmacklichen Manipulation von Produkten gibt als nur das Würzen. Aromatisieren kann zum Beispiel auch durch das Braten, allgemein die Garung, aber auch durch Techniken wie die Fermentierung erfolgen.

Assoziativer Kontext

Wie viele neue Begriffe bezieht sich auch der »assoziative Kontext« auf eine erweiterte Sicht auf bestimmte Phänomene. Man redet im Zusammenhang mit Essen oft von

»Emotionen«, kommt damit aber letztlich in einen Bereich subjektiver Aspekte, die nicht wirklich kommunizierbar sind. Der »assoziative Kontext« meint all das, was im Zusammenhang mit einem bestimmten Essen oder Produkt außerhalb der eigentlichen kulinarischen Wahrnehmung eine Rolle spielen kann. Das Spektrum dabei ist recht groß. Sehr traditionelle Geschmacksbilder können an traditionelle Zusammenhänge erinnern oder typische Ferienküchen an Urlaubserlebnisse. Die »assoziative Ladung« eines Essens kann aber auch mit Produkten zu tun haben, die für den Esser vielleicht problematisch sind, also zum Beispiel Innereien, Fett in größerer Menge, oder Teile von Tieren, die – wie die Füße von Tauben – eine für manche Esser etwas zu konkrete Erinnerung daran hervorrufen, dass man es mit getöteten Tieren zu tun hat. Der assoziative Kontext wird längst von der Industrie, aber auch gerne von vielen Köchen mit entsprechenden »Bildern« in ihre Arbeit einbezogen. Solche eher banalen Verknüpfungen können selbstverständlich auch von hochkomplexen Konstruktionen ergänzt werden, die im Moment aber noch etwas außerhalb der Möglichkeiten der meisten Köche zu liegen scheinen. Ein interessantes Beispiel dazu findet sich in Reise 18 bei Massimo Bottura.

Dekonstruktion

Die Veränderung der Textur unter Beibehaltung des Aromas war in den Neunzigerjahren des letzten Jahrhunderts ein wichtiger Einstieg in die avantgardistische Küche. Adriàs Salat in Geleeform irritierte damals die Gourmets erheblich und sorgte als eines der initialen Gerichte für eine zunehmende Trennung von bürgerlicher und kreativer Gourmetküche (siehe dort). Heute ist die Veränderung der »natürlichen« Texturen ein Mittel, das sich quasi überall findet.

Flow Tasting

Eine Form der Degustation, bei der man kleine Mengen eines Gerichtes schnell hintereinander isst. Was im ersten Moment vielleicht wie die Beobachtung eines Fernfahrers wirkt, der nur eine Minute Zeit hat, seine Currywurst hinunterzustürzen, ist tatsächlich eine sehr »trickreiche« Form des Essens, die auf weiteren Erkenntnissen über den Vorgang des Essens aufbaut. »Flow Tasting« hat etwas mit dem »Gewürzraum« zu tun (siehe dort), also den manchmal sehr nachhaltigen Aromen oder allgemein Geschmackspartikeln, die sich längere Zeit im Mundraum halten und dann unter Umständen dafür sorgen können, dass ein neuer Bissen anders schmeckt, als wenn man ihn sozusagen unbelastet

essen würde. Beim »Flow Tasting« dreht man den Spieß um und tut alles, um im Mund möglichst viel »Gewürzraum« zu erzeugen. Das kann dann – um ein extremes Beispiel zu benutzen – dazu führen, dass man vor lauter Geschmacksintensität nicht mehr weiteressen kann. Wer zum Beispiel ein scharf gewürztes Reisgericht (oder auch ein Chili con carne) isst, weiß genau, dass ein frischer Salat zwischendurch sehr entspannend schmecken kann, der Mundraum beruhigt sich dann etwas. Auch ein Schluck Bier oder kalte Cola oder auch frisch schmeckender, kalter Wein hilft da sehr. Wer aber dieses scharfe Gericht in kleinen, schnell aufeinanderfolgenden Bissen isst, wird feststellen, dass sich die Schärfe im Mund sehr schnell anreichert, bis man keine Lust mehr hat, weiterzuessen.

Den Begriff »Flow Tasting« (oder »Fließdegustation« habe ich im Zusammenhang mit der Arbeit von Christian Hümbs (siehe Reise 21) entwickelt.

Geschmack

Die Begriffe rund um das Essen sind im Laufe der Jahre aufgrund der Entwicklung der Kochkunst und eines ausgeweiteten Verständnisses von der Wahrnehmung teilweise ungenau geworden. Ich bin dafür, den Begriff »Geschmack« in einem weiteren Verständnis zu nutzen. Normalerweise meint man mit Geschmack das, was man mit dem Mund und den Geschmackspapillen registriert – obwohl für unsere geschmackliche Wahrnehmung auch die Nase eine ganz große Rolle spielt. Das ist aber nicht alles. Ich trenne zwischen der Wahrnehmung von Aromen (über die chemischen Rezeptoren / die Geschmackspapillen), Texturen und Temperaturen. Erst all diese Informationen zusammen ergeben das, was man »Geschmack« nennen sollte. Es ist zum Beispiel offensichtlich, dass die Textur das Aroma inszeniert, und wir Aromen bei einem Produkt nie unabhängig von seiner Temperatur und Textur wahrnehmen. Wenn ein Eis sehr kalt ist, kann es sein, dass wir das Aroma erst wahrnehmen, wenn das Eis schon fast aus dem Mund verschwunden ist; und bei vielen Akkorden, die aus verschiedenen Texturen und Temperaturen bestehen, nehmen wir ohnehin erst einmal alles mögliche, nur kein Aroma wahr (siehe oben). Insofern ist es besser und präziser, wenn man mit »Geschmack« die Gesamtheit dessen bezeichnet, was von einem Bissen oder Ähnlichem über Mund (und Nase) wahrgenommen wird.

Geschmackskurven

Die Geschmackskurven sind eine Form der grafischen Darstellung der geschmacklichen Wahrnehmung, die ich erstmals in meinem Buch »Geschmacksschule« 2005 vorgestellt habe. Voraussetzung für die Kurven ist die Erkenntnis, dass die Wahrnehmung jedes einzelnen Produktes eine bestimmte Verlaufskurve hat, die durch die Faktoren »Attack«, »Plateau«, »Decay« und »Sustain« bestimmt werden. Mehr Details dazu finden sich in Reise 6.

Gewürzraum

Der Begriff »Gewürzraum« bezeichnet das, was beim Essen an aromatischen Spuren auch dann noch im Mund bleibt, wenn man das Essen bereits hinuntergeschluckt hat. Beim Wein wird das normalerweise »Nachhall« genannt. Beim Essen hat der Gewürzraum eine besondere Funktion, weil er je nach Intensität die Wahrnehmung des nächsten Bissens beeinflussen kann. Das kann so weit gehen, dass ein neuer Bissen deutlich schlechter oder besser schmeckt oder auch aromatisch kaum wahrgenommen wird. Eine nachhaltige, intensive Schärfe mit starken Aromen exotischer Gewürze kann schnell dazu führen, dass ein weiteres Essen stark geprägt wird. Besonders auffällig ist dieser Effekt zum Beispiel, wenn man bei einem Essen frühzeitig viel rohe Zwiebeln oder Schnittlauch isst. Der »Gewürzraum« kann natürlich auch als absichtlicher Effekt eingesetzt werden, um einem neuen Bissen eine überraschende aromatische Färbung zu geben. Eine spezielle Technik im Zusammenhang mit dem Gewürzraum-Effekt ist das »Flow Tasting« (siehe dort).

Gourmetküche, bürgerlich

Die Gourmetküche hat mittlerweile zwei Hauptströmungen, die sich in ihrem Ansatz grundsätzlich unterscheiden – auch wenn die Grenzen fließend sind. Die »bürgerliche Gourmetküche« bedient in weiten Teilen die Mechanismen, die sich auch in der bürgerlichen Küche finden. Wie dort geht es um die klare Erfüllung von Erwartungen, um möglichst wenig und wenn, dann nur sehr moderate Innovationen, um ein »harmonisches« Geschmacksbild und keineswegs um größere Irritationen oder gar Provokationen.

Gourmetküche, kreativ

Im Gegensatz zur bürgerlichen Gourmetküche ist die »kreative Gourmetküche« auf Innovationen konzentriert und gilt als besonders gut, wenn der Innovationsgrad besonders hoch ist. Der typische Freund kreativer Küche geht in ein Restaurant mit kreativer Gourmetküche gerade wegen neuer Ideen, Irritationen und klarer Reize, die mit der Bestätigung probater Geschmacksmuster nichts zu tun haben. Insofern

ist der Ansatz der kreativen und der bürgerlichen Gourmetküche grundverschieden – auch wenn für beide in den meisten grundlegenden Kategorien (wie Produktqualität, Garungen usw.) ähnliche oder identische kulinarische Kriterien gelten.

Eine »saubere« Unterteilung zwischen bürgerlicher und kreativer Gourmetküche hilft allen Beteiligten, weil auf diese Weise viele Enttäuschungen und Missverständnisse vermieden werden können.

Hintergrundaromen

Alle Aromen bestehen aus mehr oder weniger vielen Teilaromen, besser: chemischen Bestandteilen. In vielen Fällen gibt es auf den ersten Blick einige prägende Bestandteile und eine größere Menge weniger prägende. Diese weniger prägenden, aber gerade für bessere Qualitäten wichtigen Bestandteile nenne ich »Hintergrundaromen«. Sie können bei absichtsvoller Berücksichtigung in einer kulinarischen Komposition für ungewöhnliche Effekte zuständig sein. Mehr dazu in Reise 12, wo es um ein kulinarisches Experiment und um eine der größten Firmen zur Herstellung künstlicher Aromen geht.

Kontaktstelle

Diesen Begriff habe ich für die Weindegustation geprägt. Er bezeichnet den Punkt nach dem Hinunterschlucken von Essen, an dem man ein wenig Wein zu sich nimmt. Normalerweise passiert dies innerhalb weniger Sekunden nach dem Schlucken des Essens. Für die Beziehung von Wein und Speisen ist die Kontaktstelle von ganz entscheidender Bedeutung. Es ist zum Beispiel möglich, dass ein exzellenter Wein, der nur zwei oder drei Sekunden nach dem Hinunterschlucken des Essens getrunken wird, stark durch die noch im Mund verbliebenen Aromen eingeschränkt wird (siehe auch Gewürzraum). Andererseits kann ein deutlich verzögerter Schluck Wein (etwa 15 bis 20 Sekunden nach dem Schlucken) grandios zum Essen schmecken, weil er vielleicht von den im Mund verbliebenen Aromen des Essens angereichert wird. Die meisten Freunde eines guten Weins zum Essen haben diesen Zusammenhang noch nicht realisiert.

Kontrastierendes Prinzip

Bei der Zusammenstellung von Gerichten muss es nicht immer nur um »Harmonie« gehen. Auch Kontraste können sehr interessant sein und für ganz ungewöhnliche Geschmacksbilder sorgen. Dabei kann man beobachten, dass Elemente, die sich in Aroma und Textur / Temperatur sehr stark voneinander unterscheiden, oft nicht etwa in Konkurrenz zueinander stehen, sondern klar und deutlich getrennt voneinander wahrgenommen werden. Diesen Effekt habe ich das »kontrastierende Prinzip« genannt. Die kulinarische Anregung zu diesem Begriff habe ich einmal bei Tim Raue in Berlin bekommen, und zwar in seinem ehemaligen Restaurant »44« am Kurfürstendamm. Es gab Liebstöckel und Rosengelee, eine »unmögliche« Kombination, die man aber komplett getrennt und nicht in Konkurrenz zueinander wahrnahm. Tatsächlich gibt es natürlich immer Verbindungen zwischen den Aromen, auch wenn sie »nur« über die Hintergrundaromen laufen (siehe dort). Ich vertrete die These, dass alle Aromen irgendwo miteinander harmonieren beziehungsweise interessante Beziehungen eingehen. Man muss nur die »richtige« Schnittstelle finden. Dass Liebstöckel und Rosengelee getrennt wahrgenommen, dann aber überraschenderweise nicht unharmonisch empfunden werden, liegt an Verknüpfungen im Bereich der Hintergrundaromen.

Kulinarische Konstruktion

Die kulinarische Konstruktion ist die fünfte Stufe der Stufentheorie. Es geht hier um die Überlegungen dazu, wie man die Elemente einer Komposition zusammensetzt. Die meisten Produkte – egal ob industrielle Fertiggerichte, Fast Food, bürgerliche Küche oder kreative Gourmetküche – zeigen heute an diesem Punkt noch Schwierigkeiten. Eine sehr gute kulinarische Konstruktion, bei der alle Elemente präzise bedacht werden, setzt meist ein entsprechend komplexes Wissen voraus. Es reicht für gute Lösungen längst nicht aus, nur darüber nachzudenken, was denn irgendwie zusammenpasse. Essen funktioniert – ob wir wollen oder nicht – sehr viel komplexer als wir oft meinen. Eine schlechte kulinarische Konstruktion kann völlig sinnlos sein, zum Beispiel wenn man ein wichtiges Hauptprodukt gar nicht schmeckt, weil es mit einer würzigen Sauce überzogen ist, die sein Aroma völlig unterdrückt. Sie kann aber auch so gut sein, dass sich ganz neue geschmackliche Welten auftun.

Nova-Regio-Analyse

Die »Nova-Regio-Analyse« eines Produktes hat etwas mit der Ausweitung der Produktpalette und der Kochtechniken in der Nova-Regio-Küche zu tun. Die Tendenz, die jeweiligen Regionen daraufhin zu untersuchen, was sie an essbaren Produkten zu bieten haben, erfordert zu ihrem Einsatz in der kreativen Küche teilweise neue Kochtechniken, teilweise den Rückgriff auf alte Techniken (wie etwa die Garung über offenem Feuer oder die ausgeweitete Nutzung der Fermen-

tierung). Die Nova-Regio-Analyse eines Produktes macht sich diese neue, die Möglichkeiten der klassischen Küche weit überschreitende Vielfalt zunutze. Sie stellt zusammen, was man mit einem Produkt alles machen kann – unter Umständen von der Verwandlung in Asche bis zum Trocknen oder Gefriertrocknen. Die entstehende, in der Regel sehr umfangreiche Liste gibt dem kreativen Koch ein Unzahl von Möglichkeiten, an die vor Jahren noch niemand gedacht hat. Eine Nova-Regio-Analyse eines bekannten, traditionellen Produktes der Gourmetküche (wie etwa Spargel) erweitert den bekannten Kanon um ein Vielfaches.

Nova-Regio-Küche

Die »Nova-Regio-Küche« ist die Verbindung einer vor allem hinsichtlich der Produkte ausgeweiteten Regionalküche mit regionalen Traditionen und Produkten und einem avantgardistischen Verständnis von Küche. Den Begriff habe ich geprägt, als klar wurde, dass die »Neue skandinavische Küche« nicht nur eine spezifisch skandinavische Erscheinung ist, sondern dass sie ein bestimmtes Konzept verfolgt, das analog überall auf der Welt greifen kann. Ich habe den Begriff mit René Redzepi diskutiert, er stimmte sofort zu.

Plastizität, räumliche Wahrnehmung

Der Unterschied zwischen der kulinarischen Wahrnehmung und der Wahrnehmung beim räumlichen Hören von Musik ist gar nicht so groß. Durch die unterschiedlichen Verläufe (siehe »Geschmackskurven«) jedes einzelnen Elementes einer kulinarischen Komposition ergeben sich neben zeitlichen Verläufen auch Eindrücke wie »Vordergrund« und »Hintergrund«, dazu dann alle möglichen Mischformen. Je nach der Verteilung der Elemente im Mundraum kann zu der zeitlichen Staffelung und der Tiefenstaffelung auch noch die Links-Rechts-Wahrnehmung kommen. Die Erkenntnis von Plastizität und räumlicher Wahrnehmung hat viel mit der modernen kulinarischen Sensorik zu tun. Gerichte, die unter Beachtung von Plastizität und räumlicher Wahrnehmung konzipiert werden, können eine neue Qualität der kulinarischen Wahrnehmung schaffen.

Proportionen

Die Proportionen von Elementen eines Gerichtes sind ganz entscheidend für die Qualität der möglichen Akkorde verantwortlich. Wenn eine Gratinschicht auf einem Lammrack schlecht proportioniert ist, wird man möglicherweise das Fleisch nicht mehr durchschmecken können. Sind die Proportionen gut, ergibt sich eine gute Würze für das Fleisch, ohne dass es grundsätzlich seine Eigenschaften verliert. In einer moderneren Sicht gehört zu den Proportionen auch das Verhältnis der Texturen und der Temperaturen. Ein krachender Kartoffelchip auf einem dünnen Scheibchen Carpaccio verhindert schon wegen seiner Textur jeden möglichen Akkord. Gleiches gilt zum Beispiel für ein Speckeis auf einem Fleischwürfel – es sei denn, das Fleisch ist etwas fester und so nachhaltig, dass das Eis längst geschmolzen ist, bevor man das Fleisch ganz zerkaut hat.

Redundanzesser

Eine Wortschöpfung, zu der ich von Adornos »Ressentiment-Hörern« (einer seiner Hörertypen aus: *Einleitung in die Musiksoziologie, 1968*) inspiriert wurde. Mehr dazu findet sich auf Seite 284.

Rustikalität

»Rustikalität« ist ein alter Begriff, der eine starke Wandlung erlebt hat. Aufseiten der bürgerlichen Gourmetküche ist er nach wie vor oft eine Art Kampfbegriff für das, was man nicht haben will. Wo es um »Verfeinerung« geht, gehört eben »ein Kalbskopf nicht in ein Drei-Sterne-Restaurant« – wie es einmal ein Koch gesagt hat. Durch die Öffnung der modernen und kreativen Küche gegenüber allen Produkten der Welt, die alle in gleichberechtigter Form als potenzielles Material gesehen werden, kamen dann aber auch »rustikale« Aromen wieder vermehrt zu Ehren. Im engeren Sinne handelt es sich dabei um Produkte, Aromen und Zubereitungen, wie sie früher in der bäuerlich-ländlichen Küche verbreitet waren, wo Materialien und Techniken zur »Verfeinerung« im Sinne der Gourmetküche meist fehlten. Heute ist die Suche nach traditionellen Techniken und Rezepturen vor allem in der kreativen Nova-Regio-Küche weit verbreitet.

Schwachstellenanalyse

Dies ist ein Verfahren, das ich vorgeschlagen habe, um vor allem Gerichte der deutschen Regionalküche beziehungsweise traditionelle deutsche Gerichte zu optimieren.

Um die Lücke, die in Deutschland nach wie vor zwischen Regionalküche und Spitzenküche klafft, weiter zu schließen, empfiehlt sich eine präzise Analyse dessen, was bei unseren »Traditionsgerichten« fehlerhaft oder suboptimal ist. An diesen Stellen könnte dann eine Optimierung ansetzen – natürlich immer mit dem Blick darauf, was wirklich optimiert und was eher Kosmetik ist. Die Versuche vieler deutscher Köche in den Achtzigerjahren, nach dem Motto »Essen wie Gott in Deutschland« ihre frisch gelernten Schemata aus der französischen Haute Cuisine deutschen Klassikern überzustülpen, erscheinen im Nachhinein eher als Kosmetik, weil sie zum Beispiel einseitig »Rustikales« beseitigt, dabei aber den Charakter der Gerichte oft völlig aus den Augen verloren haben.

Sensorik, ausgeweitete Sensorik

Dass Essen unter sensorischen Aspekten gesehen wird, war noch vor etwa 15 Jahren weitgehend unbekannt (siehe oben). Es ging zwar bisweilen um Proportionen und »Finesse« in den Abstimmungen, aber quasi nie um einen sensorisch durchdachten Aufbau von Gerichten, der dem Esser ein Maximum an Genuss und – durch die Präzision des Aufbaus – auch eine maximale »Treffsicherheit« bescherte. In vielen Fällen war es also Zufall, ob der Esser wirklich all das mitbekam, was der Koch auf dem Teller angeboten hatte. Wenn er zum Beispiel einen Püreetupfer mit einem frittierten Kräuterblatt belegte, war das in vielen Fällen ein eher dekorativer Akt. Heute sind die besten Köche in der Lage, eine große Spannbreite an »Angeboten« auf dem Teller zu realisieren, die dem Esser eine Vielzahl von differenzierten Wahrnehmungen ermöglichen. Die ausgeweitete Sensorik entwickelte sich vor allem unter Einfluss der Forschungen von Ferran Adrià und der spanischen Avantgarde. Die große Anzahl von neuartigen Aggregatzuständen machte plötzlich völlig neuartige Zusammenstellungen von Elementen möglich, die zum Beispiel für zeitliche Abläufe oder räumliche Geschmacksbilder sorgten.

Sensorisches Ragout

Das ist die Bezeichnung für Zubereitungen, bei denen möglichst viele sensorisch unterschiedliche Zubereitungen eines Produktes zusammengebracht werden. Sensorische Ragouts haben einen speziellen Effekt: Dadurch, dass man das Produkt in unterschiedlichen Konzentrationen zeitlich versetzt und unterschiedlich nachhaltig bekommt, entsteht ein intensiverer Eindruck als durch jede andere Zubereitung. Für ein sensorisches Ragout von der Tomate habe ich in meinem Buch »Himmel und Erde« folgende Elemente eingesetzt: Tomatenconcassé, Tomatengelee, Tomatenluft, Kerngehäuse, halbierte San-Marzano-Tomaten, Püree von getrockneten Tomaten, Tomatenmarmelade, getrocknete Tomatenhaut, Coulis Tomate-Olive, kalte Kirschtomaten, warme Kirschtomaten, Späne von tiefgekühltem Tomateneis.

Neue Sinnlichkeit

Es gab und gibt immer wieder eher krampfhafte Versuche, Essen und »Sinnlichkeit« (meist in einem älteren Verständnis) zusammenzubringen. Für mich ist die »neue Sinnlichkeit« vor allem die wirkliche Nutzung aller unserer Sinne zur kulinarischen Wahrnehmung. Sie ist die Voraussetzung für alles Weitere. Zur Erinnerung: Unser »normaler« Sinneinsatz endet meist schon da, wo es um simple Ja-Nein-Funktionen geht. Wir stellen fest, ob wir etwas mögen oder nicht. Mehr interessiert meist gar nicht. Das, was uns die neue Sinnlichkeit bringt, kann sehr intensiv und ausfüllend sein – vor allem im Zustand der reinen Degustation (siehe Seite 278)

Strukturalistische Küche

Dieser Begriff ist im Prinzip ein reiner Fachbegriff und nicht etwa ein Modewort für Küchen, in denen ein wilder Mix aus unterschiedlichen Texturen und Temperaturen eingesetzt wird. Ich habe ihn geprägt für eine Küche, in der die Gerichte konsequent unter sensorischen Aspekten konzipiert werden, also alle Elemente einer Komposition daraufhin befragt werden, welche sensorische Funktion sie im Gesamtbild haben. Eine sensorische Struktur hat natürlich jede Küche – auch die einfachste. Die konsequente Planung eines Gerichtes unter sensorischen Aspekten bedeutet aber im Gegensatz dazu, dass mit Absicht und um des möglichen sensorischen Erlebens willen bestimmte Texturen oder Temperaturen eingesetzt werden.

Stufentheorie des Kochens

Siehe Seite XXX. Die Stufentheorie des Kochens ist ein Modell, mit dem sich alle Arten des Kochens von den primitivsten Formen bis zu den verschiedenen Formen der Avantgarde in ihren Grundzügen beschreiben lassen.

Textur

Im kulinarischen Bereich versteht man unter »Textur« den haptischen Teil der Aggregatzustände, die ein Material haben oder annehmen kann. Es kann also zum Beispiel hart, weich, kross, schmelzend oder elastisch sein. Mit den thermischen Eigenschaften zusammen (also warm, kalt, heiß usw.) bestimmt die Textur den mechanischen Teil der geschmacklichen Wahrnehmung. In der modernen Küche mit ihrer ausgeweiteten Sensorik (siehe dort) spielt die Texturregie (siehe dort) eine sehr große Rolle, weil sie die tatsächlichen geschmacklichen Abläufe im Mund wesentlich strukturiert. Zudem inszeniert die Textur das Aroma, bestimmt also darüber, wann und wie man Aromen wahrnimmt.

Texturisieren – Aromatisieren

Während der Begriff »Aromatisieren« als umfassender Ausdruck für alle aromatischen Veränderungen eines Produktes stehen kann (also auch für bestimmte Arten der Garung), steht »Texturisieren« für die Bearbeitung der Produkte unter texturellen Aspekten. Je nach Art der kulinarischen Konstruktion (siehe dort) kann es einen großen Unterschied machen, ob man Kartoffeln ganz, als Püree, als Bratkartoffeln oder als getrocknete Chips einsetzt.

Texturregie

In einem modernen sensorischen Verständnis braucht jede sinnvolle kulinarische Konstruktion eine Texturregie, die alle Texturen einer kulinarischen Komposition auf ihre Funktion für das Ganze überprüft und optimiert.

Wechselakkord

Der Begriff bezeichnet einen Akkord, der zwischen zwei im Prinzip voneinander unabhängigen Elementen eines Gerichtes entsteht, die meist auch räumlich getrennt auf unterschiedlichen Tellern oder in unterschiedlichen Gefäßen angerichtet sind. Typisch ist zum Beispiel ein »Beeftea«, der in einem Glas neben einem Hauptgericht (zum Beispiel einem Schmorbraten) gereicht wird. Der Tee bringt üblicherweise eine aromatische Variante (denkbar wäre zum Beispiel eine Anreicherung durch Trüffel), die – im Wechsel zum Hauptgericht getrunken – für eine besonders auffällige Variante und Ergänzung sorgt. Zubereitungen, die für einen Wechselakkord gedacht sind, haben ihren Zweck nicht darin, gleichzeitig mit anderen Zubereitungen degustiert zu werden, sondern im Wechsel zu ihnen. Nur dann entfaltet sich ihre Wirkung optimal.

Zirkeldegustation

Bei dieser Degustationsform isst man mehrere zusammengehörende Zubereitungen (meist drei oder vier) hintereinander, wobei durch die entstehenden Gewürzräume (siehe dort) entsprechende Wirkungen hervorgerufen werden. Ein wichtiger Effekt bei der Degustation von Gerichten, die für die Zirkeldegustation vorgesehen sind, ist, dass die erste Zubereitung nach der »ersten Runde« anders schmeckt als vorher. In besonders hoch entwickelter Form kann man solche Degustationen bei Eric Menchon und Vincent Moissonnier im »Le Moissonnier« in Köln erleben.

Bibliografie

Publikationen von Jürgen Dollase

Eigene Bücher

Geschmacksschule, Tre Torri Verlag, Wiesbaden 2005
Kulinarische Intelligenz, Tre Torri Verlag, Wiesbaden 2006
Kochuniversität, Bd. 1: Tomaten, Tre Torri Verlag,
Wiesbaden 2006
F.A.Z.-Geschmackssache. Der neue Gourmet,
Tre Torri Verlag, Wiesbaden 2007
Die F.A.Z.-Gourmetvision. 15 deutsche Spitzenköche,
ihre Kreationen und ihre Visionen, Tre Torri Verlag,
Wiesbaden 2007
Kochuniversität, Bd. 2: Schwein, Tre Torri Verlag,
Wiesbaden 2009
Himmel und Erde. In der Küche eines Restaurantkritikers,
AT Verlag, Aarau und München 2014

Kooperationen und Aufsätze in Büchern

»Deutsche Spitzenküche im internationalen Vergleich«, in:
Thomas Platt (Hrsg.): Genussbarometer Deutschland.
Wie wir zu leben verstehen, Berlin 2004, Christian Links
Verlag
»Die Ernährung in 100 Jahren«, in: Grandits, Ernst A.
(Hrsg.): 2112. Die Welt in 100 Jahren, Olms Verlag,
Hildesheim, Zürich, New York 2012
Der Feinschmecker-Bookazine Nr. 9: Harald Wohlfahrt,
Jahreszeiten Verlag, Hamburg 2007
»Gut essen. Ein Aufruf zur kulinarischen Selbstbeschrän-
kung«, in: Kursbuch 172, Gut leben. Murmann-Verlag,
Hamburg 2012
Holland, Ingo: Meine Gewürze, Tre Torri Verlag,
Wiesbaden 2006 (Degustationsnotizen zu den Rezepten)
»Kleine Dekonstruktion des Geschmacksurteils.
Überlegungen zur überfälligen Überprüfung der kulina-
rischen Wahrnehmung«, in: Journal Culinaire, Bd. 1,
Edition Vincent Klink, Stuttgart 2005
»Kritik auf dem Prüfstand. Plädoyer für eine Revision der
Restaurantkritik vor dem Hintergrund einer allge-
meinen Theorie des Kochens«, in: Journal Culinaire,
Bd. 3, Edition Vincent Klink, Stuttgart 2007
Larousse Gastronomique, deutsche Ausgabe, Christian
Verlag, München 2009 (Vorwort und diverse Aufsätze)
»Der neue Gourmet und die veränderte Struktur der
Kochkunst«, in: Schütze, Irene (Hrsg.): Über Geschmack
lässt sich doch streiten. Zutaten aus Küche, Kunst und
Wissenschaft, Kadmos Verlag, Berlin 2011

»Neue Koalitionen. Was heißt schon ›Harmonie‹ in der
Kulinarik? In: Kursbuch 174, Richtig wählen, Murmann
Verlag, Hamburg 2013
»Die Restaurantkritik«. In: Satt. Kochen, Essen, Reden,
Frankfurt 2009, Museumsstiftung Post und Kommuni-
kation und Edition Braus
»Wenn der Kopf zum Magen kommt. Theoriebildung in der
Kochkunst«, in: Dell'Agli, Daniele (Hrsg.): Essen als ob
nicht. Gastrosophische Modelle, Frankfurt 2009, Edition
Suhrkamp, Band 2518

Feste Plätze, Kolumnen, Serien in Tages- und Wochenzeitungen sowie monatlichen Publikationen

Feinschmecker, Serie »Küchengeheimnisse«, 2002–2010
Feinschmecker, Serie »Wiederbesucht«, 2002–2011
Fine European Wine Magazine, Serie »Wein und Speisen«,
vierteljährlich, seit 2008
Frankfurter Allgemeine Sonntagszeitung,
Kolumne »Hier spricht der Gast«, wöchentlich
Frankfurter Allgemeine Sonntagszeitung,
Serie »Das besondere Restaurant«
Frankfurter Allgemeine Zeitung, Feuilleton, Stil-Seite,
September 1999 bis März 2004
Frankfurter Allgemeine Zeitung, Feuilleton, Kolumne
»Geschmackssache«, wöchentlich seit März 2004
Frankfurter Allgemeine Zeitung Online, Internet-Kolumne
»Esspapier«, wöchentliche kulinarische Rezensionen,
seit Januar 2010
Frankfurter Allgemeine Zeitung Online, Kulinarisches
iPhone-App, wöchentlich, von 2010 bis 2014
Kunstzeitung, Avantgarde-Küche,
Serie »Telleranalyse«, 2007–2008
Kunstzeitung, Kulinarische Avantgarde,
Serie »Fast Forward«, 2008–2009
Port Culinaire, Serie »Avantgarde«, vierteljährlich,
seit 2009

Über Jürgen Dollase

Kofahl, Daniel: Geschmacksfrage. Zur sozialen Konstruktion des Kulinarischen, Kadmos Verlag, Berlin 2010

Danksagungen

Mein ganz besonderer Dank geht an:

Urs Hunziker und die Mitarbeiter des AT Verlages für eine wunderbar offene und entspannte Zusammenarbeit.

Thomas Ruhl für die ebenso souveräne wie meisterliche Begleitung meiner Arbeit.

Petra Gril von den Ruhl Studios/Port Culinaire für die sensible Bearbeitung meiner Fotos.

Angelika Kamphausen und Marion Weinreich dafür, dass sie mit Präzision und Schnelligkeit meine Arbeiten in der Küche unterstützt haben.

Dr. Heinz-Hermann Aretz für das zuverlässige kulinarische Feedback in der Zeit der Vorbereitungen.

Alle Köche, die mir in unzähligen Begegnungen und Gesprächen immer wieder neue Varianten der Kochkunst gezeigt haben.

Ralf Bos (BosFood), den Herrn über ein Universum von Produkten, ohne die viele Entwicklungen nicht möglich wären.

Patrick Bahners und Andreas Platthaus von der FAZ für das vor mehr als sechzehn Jahren und auch heute in mich gesetzte Vertrauen.

Oliver Sebel, den begnadeten Illustrator der »F.A.Z.-Geschmackssache«, der mit seinen hintergründigen Zeichnungen meinen Texten eine weitere Dimension hinzufügt.

Vor allem natürlich meine wunderbare Frau Bärbel, mit der ich nicht nur seit über 35 Jahren quasi jeden Tag zusammen bin, sondern die auch gleichzeitig die wichtigste Instanz für meine Arbeit ist. Ohne ihre Zustimmung verlässt kein Text das Haus, und mit ihren enormen Kenntnissen als Gast und Esserin behält sie immer die richtige Balance zwischen Himmel und Erde – sozusagen.

Sophie, unsere ständige aufmerksame und einfühlsame Begleiterin, natürlich auch für ihr zuverlässig perfektes Benehmen im Restaurant und ihre bewundernswerte Geduld unter den Restauranttischen.